要件事実で構成する所得税法

伊藤滋夫 ［著］
岩﨑政明
河村　浩

中央経済社

はしがき

　この度，私たちは，『要件事実で構成する所得税法』と題する本書を世に問うこととした。以下に，本書の特色などについて，若干の説明をする。
1　本書の説明の概要
　所得税法の基本的内容を，「租税実体法」についても「租税手続法」についても，なぜそのような制度になっているかの制度趣旨を重視し，これを踏まえて，分かり易く説明するように努めた。
　取り上げた項目は，従来の基本書と同様に，所得税法の全般にわたっており，本書を読むことによって，所得税法全体をよく理解することができる，と考える。章別などの説明区分をするに当たっては，租税実体法と租税手続法の違いを明確に意識して行っている。
　説明した内容としては，所得税法の基本的内容の説明を重視し，租税特別措置法などにある例外的規定の細部までは省略したが，読者のさらなる検討のために，そうした問題があること自体は指摘するようにした。
2　類書にない本書の特色——要件事実論の視点からの説明の重視
　本書は，類書にない次のような特色を持っている。
　従来の租税法の解説書では，裁判例において立証責任が問題となった場合などを題材にして，その個々の問題についての立証責任について触れることはあっても，立証責任の問題を常に意識して，解説全般をするということは，ほとんどなかった，と考える（一部の書籍で，「要件事実」を意識した説明が行われていたとはいえるが，そのほとんどは，必ずしも網羅的ではなく，幾つかの問題についての説明を纏めたものに止まっていたのではないかと考える）。
　本書においては，どの事項についても，まずは，従来と同様に，立証のことを必ずしも念頭に置かない視点からの説明をし，それに続いて，要件事実論の視点からの説明を（その両者が一体となった説明に性質上なる場合もある），「要件事実」という表題の下にしている。そこでは，当該事項のうちの重要な問題について，要件事実を具体的に摘示している。その説明の仕方は，問題の性質に応じて多様であるが，最も詳細な説明の形は，訴訟物，請求原因，抗弁（例えば，更正処分の適法性の評価根拠事実），再抗弁（例えば，更正処分の適法性の評

価障害事実）という順序で，具体的事例について具体的事実の摘示をしている。このような要件事実論の視点からの説明を検討することによって，読者は，これまでにない次のようなメリットを得ることができる。

　第1に，読者は，従来の議論からは，見えてこなかった，新たな問題点に気づくことができる（その顕著な一例が，「所得税法35条の雑所得に関する条文は，キャッチオール規定である。」ということの真に意味するところは何かという問題点である（第2章第5節第2・10(2)2）「『一時所得に該当しないこと』の意味」137～139頁参照）。

　第2に，読者は，要件事実を具体的に摘示をした説明を読むことによって，当該問題が，訴訟のような立証が必要となる場面において，どのような形で現れ，納税者としても，税務官庁関係者としても，どのような事実を訴訟で主張立証しなければならないかを具体的に知ることができる（例えば，第3章第1節「申告納税・附帯税関係」230頁以下参照）。このようなことを理解することは，税務訴訟においてのみならず，税務調査の段階におけるさまざまな法的問題の検討をするに当たっても有益である（すべての税務上の権利義務に関する法的紛争は，最終的には訴訟を通じて解決されるものであるからである）。

　第3に，読者は，この要件事実の説明を読むことによって，ある結論的判断をするに当たって，具体的事実が，それぞれ，その結論的判断との関係で，プラス又はマイナスの方向に，どのような意味を持っているかを理解することができる（例えば，第2章第1節第2・2「要件事実」23～25頁参照）。ときに，学説においても判決においても，ある結論的判断をするに当たって，多くの要素（事実）を挙げて，「以上を総合すれば，……と判断するのが相当である。」というような説明がされることがあるが，そのような説明における判断の構造を理解し，かつ，そこに潜む問題点を見出すのに有益である（また，自ら説明をする場合にも，その判断の構造を的確に構成して行うことが可能になる）。

　ここで，「要件事実」という用語について説明をしておく。

　「要件事実」という用語は，もともとは，裁判規範としての民法（民法で実体法を代表させて使用しているに過ぎず，裁判規範としての実体法の趣旨である）の要件に該当する具体的事実をいう（第1章第1「裁判官による法的判断の構造」中の3頁参照）ものとして使用されてきたものであって，要件事実が存在すれば，そこから直接に，ある実体法上の法律効果が発生するという性質を有する事実をいう。しかし，「要件事実」という用語自体の国語的意味は，「要件に該

当する事実」ということであって，この言葉を，手続法上の要件に該当する具体的事実の意味に使っても，国語としての用法に反するわけではない。

本書では，手続法上の問題についても，要件事実論の視点から考察することが有益であることに着目し，手続法上の問題についても，広い意味で「要件事実」という用語を使用している（第３章序説第２・１「要件事実の決定基準——侵害処分・授益処分説」中の221頁参照）。

また，「所得区分の基礎にある考え方」のところ（第２章第５節第１・３「今後の説明における要件事実の摘示の仕方——読むに当たっての留意点」65～66頁）で，要件事実の摘示の仕方」についての説明があることにも留意して頂きたい。

本書は，所得税法全般にわたり基本的説明を分かり易くしており，かつ，上記２において述べたような類書にない特色を持っている。このような本書は，所得税法についての考え方を，根本的に理論上も実務上も，新たな視点から深化充実させるものとして，税法研究者，法曹三者，税理士などの租税法の専門家にとって有益であるのみならず，広く法科大学院生，司法修習生，企業などにおいて税務を扱う方々にとっても，有益なものとなっている，と考える。

本書は，著者３名の分担執筆による共著である（編者又は編著者はいない）。本書の編集・執筆などの全般にわたって，著者３名は，まったく平等の立場で関与したのであって，誰がキーパーソンということもない。著者全員による執筆打合せ会を何回も持って，充実した協議を行った。編集上の方針については，著者全員と中央経済社学術書編集部編集長露本敦氏との間に成立した合意に基づいている。各著者の担当部分の執筆内容については，著者全員で意見交換はしたが，その内容について，少数ではあっても，合意が成立しなかったものもないとまではいえず（もっとも，要件事実論について，「裁判規範としての民法説」を採るという点では，著者全員の意見は一致している），その場合には，担当の各執筆者の意見によって執筆されている。

各著者の本書における執筆内容は，いずれも個人的見解を表明したものであって，当然のことながら，各著者の所属する組織の公的見解とは無関係であることを，念のため申し添える。

本書が，このような形で世に出るにいたるまでには，一々お名前を挙げるこ

とはできないが，さまざまな方々にご支援を頂いた。また，中央経済社学術書編集部編集長露本敦氏に一方ならぬお世話になった。ここに記して，そうした皆様方に厚く御礼を申し上げる次第である。

2019年2月

伊藤滋夫

岩﨑政明

河村　浩

『要件事実で構成する所得税法』

目　次

はしがき

第1章　要件事実論の概要　　1

第1節　民事訴訟における要件事実論　　1
- 第1　裁判官による法的判断の構造　　1
- 第2　要件事実はどのようにして決定されるか　　3
- 第3　最近の要件事実論における若干の重要な問題　　4
  - 1　評価的要件の重要性　4
    - (1)　はじめに　4
    - (2)　事実と評価を区別する意味―事実的要件と評価的要件　4
    - (3)　評価的要件における要件事実　5
    - (4)　典型的評価的要件と変則的評価的要件　5
  - 2　「事案の解明義務論」の重要性　7

第2節　租税訴訟における要件事実論　　9
- 第1　租税訴訟における要件事実論の必要性　　9
- 第2　民事訴訟における要件事実論と租税訴訟における要件事実論の比較　　10
- 第3　租税訴訟における要件事実はどのようにして決定されるか　　11
  - 1　要件事実（立証責任対象事実）の決定基準（骨子）　11
  - 2　条文の構造（形式）は基準となるか　11
  - 3　立証責任対象事実の具体的決定基準　13

第4　評価的要件の重要性 ─────────────────── 17
　第5　「事案の解明義務論」の重要性 ─────────── 18

第2章　租税実体法関係　　19

第1節　納税義務者 ─────────────────────── 19

第1　納税義務者の種類 ──────────────────── 19
第2　居住者又は非居住者 ────────────────── 21
　1　住所又は居所の意義について　21
　2　要件事実　23
第3　非永住者 ─────────────────────────── 25
　1　非永住者の意義について　25
　2　要件事実　28
第4　法人又は人格のない社団等 ────────────── 28
　1　法人又は人格のない社団等の意義について　28
　2　要件事実　29

第2節　課税物件 ───────────────────────── 32

第1　課税所得 ─────────────────────────── 32
　1　所得概念（所得の意義）　32
　2　所得税法における課税所得の範囲　33
第2　非課税所得 ───────────────────────── 34
　1　非課税所得の範囲と性質　34
　2　生活に通常必要な動産の譲渡による所得について　35
　　(1)　制度趣旨　35
　　(2)　要件事実　36
　3　資力喪失の場合の強制換価手続による資産の譲渡による所得について　38
　　(1)　制度趣旨　38
　　(2)　要件事実　39

　　　　4　相続，遺贈又は贈与により取得するものについて　41
　　　　　(1)　制度趣旨　41
　　　　　(2)　要件事実　42
　　　　5　損害保険契約に基づく保険金及び損害賠償金等について　44
　　　　　(1)　制度趣旨　44
　　　　　(2)　要件事実　45
第3節　課税物件の人的帰属─────────────────47
　　第1　課税物件の帰属──────────────────47
　　　　1　人的帰属と時間的帰属　47
　　　　2　帰属の認定を誤った課税処分の法的効力　48
　　第2　実質所得者課税の原則───────────────49
　　　　1　制度趣旨　49
　　　　2　法律的帰属説と経済的帰属説との関係　49
　　　　3　複数の人により稼得された所得の帰属判定基準　51
　　第3　要件事実────────────────────51
第4節　課税物件の時間的帰属────────────────53
　　第1　所得の計算構造と所得の時間的帰属─────────53
　　第2　収入金額の確定時期（収入すべき時期の確定）────53
　　　　1　権利確定主義　53
　　　　2　管理支配基準の適用範囲　55
　　　　3　要件事実　56
　　　　　(1)　権利確定主義による原則的判断　56
　　　　　(2)　管理支配基準による例外的判断　57
　　第3　必要経費の確定時期────────────────59
　　　　1　費用収益対応原則　59
　　　　2　直接費：個別対応　59
　　　　3　間接費：一般対応　60
　　　　4　要件事実　60

第5節　課税標準，その計算及び所得控除────────62
　第1　所得区分の基礎にある考え方────────62
　　1　基本となる考え方　62
　　2　要件事実論の視点　64
　　3　今後の説明における要件事実の摘示の仕方
　　　──読むに当たっての留意点　65
　第2　所得区分────────66
　　1　利子所得　66
　　　(1)　利子取得の定義と金額　66
　　　(2)　課税方法　67
　　　(3)　要件事実　67
　　2　配当所得　67
　　　(1)　配当取得の定義　67
　　　(2)　配当所得の金額　69
　　　(3)　課税方法　70
　　　(4)　要件事実　70
　　　　1)　「株主優待金」が配当所得ではないとされた事例　70
　　　　2)　「本件分配金」が配当所得とされた事例　70
　　3　不動産所得　70
　　　(1)　不動産所得の定義　70
　　　(2)　不動産所得の金額　72
　　　(3)　課税方法　72
　　　(4)　要件事実　72
　　　　譲渡所得ではなく不動産所得とされた事例　72
　　　　〔参考〕不動産所得ではなく譲渡所得とされた事例　74
　　4　事業所得　75
　　　(1)　はじめに　75
　　　(2)　「事業」の意義　75
　　　　1)　条文上の定義　75
　　　　2)　その特質　78
　　　(3)　事業「から生ずる」所得の意義　80

(4)　事業所得の金額　81
　(5)　課税方法　81
　(6)　要件事実　81
　　1)　給与所得ではなく事業所得とされた事例　81
　　2)　給与所得ではなく事業所得とされた事例　82
　　3)　雑所得ではなく事業所得とされた事例　84
5　給与所得　87
　(1)　はじめに　87
　(2)　「給与等」の意義　87
　　1)　条文上の定義　87
　　2)　その特質　88
　(3)　給与等「に係る」所得の意義　91
　(4)　給与所得の金額　92
　(5)　課税方法　92
　(6)　要件事実　92
　　1)　事業所得ではなく給与所得とされた事例　93
　　2)　一時所得ではなく給与所得とされた事例　95
　　3)　雑所得ではなく給与所得とされた事例　97
6　退職所得　98
　(1)　はじめに　98
　(2)　「退職手当等」の意義　99
　　1)　条文上の定義　99
　　2)　その特質　99
　(3)　退職手当等「に係る」所得の意義　101
　(4)　退職所得の金額　101
　　1)　計算方法　101
　　2)　優遇措置の理由　102
　(5)　課税方法　102
　(6)　要件事実　102
　　1)　退職手当等ではない給与等であることが給与所得の要件事実　102
　　2)　具体的検討　103

7　山林所得　105
　(1)　はじめに　105
　(2)　山林所得の意義　105
　　1)　山林の定義　105
　　2)　山林「の伐採又は譲渡による」の意味　106
　(3)　山林所得の金額　106
　(4)　課税方法　106
　(5)　要件事実　106
8　譲渡所得　107
　(1)　譲渡所得の問題を検討する際の基本的考え方　107
　(2)　「資産」の意義　109
　　1)　条文上の定義　109
　　2)　その特質　110
　(3)　「譲渡」の意義　112
　　1)　条文上の定義　112
　　2)　その特質──特に，離婚に伴う財産分与と譲渡所得　114
　(4)　譲渡「による」所得の意義　117
　(5)　譲渡所得の金額　119
　　1)　概　要　119
　　2)　課税の平準化の必要性を主とする担税力の弱さに対する配慮　119
　　3)　収入と経費についての考え方　120
　　4)　譲渡所得に関する収入・経費の計算に関する特例　123
　(6)　課税方法　123
　(7)　要件事実　124
　　1)　不動産所得ではなく譲渡所得とされた事例　124
　　2)　譲渡所得とされた事例　125
　　3)　その他　127
9　一時所得　127
　(1)　はじめに　127

(2)　一時所得の意義　128
　　1)　条文上の定義のうち，他の8種類の所得に
　　　　該当しないことについて　128
　　2)　条文上の定義のうち，営利を目的とする継続的行為
　　　　から生じた所得以外の一時の所得で労務その他の役
　　　　務又は資産の譲渡の対価としての性質を有しないこ
　　　　とについて　129
　(3)　一時所得の金額　130
　(4)　課税方法　132
　(5)　要件事実　132
　　1)　譲渡所得ではなく一時所得とされた事例　132
　　2)　不動産所得，雑所得ではなく一時所得とされた
　　　　事例　134
10　雑　所　得　136
　(1)　はじめに　136
　(2)　雑所得の意義　137
　　1)　条文上の定義　137
　　2)　「一時所得に該当しないこと」の意味　138
　　3)　一時所得・雑所得を含む条文の裁判規範としての
　　　　構成　139
　(3)　雑所得の金額　142
　(4)　課税方法　142
　(5)　要件事実　143
　　1)　事業所得ではないとされた（雑所得とされたのでは
　　　　ないかと思われる）事例　143
　　2)　一時所得ではなく雑所得とされた事例　145
第3　収入金額の認定────────────────149
　1　収入は，現実に入った収入に限られるか　149
　2　現実に入った収入とはどのようなものをいうか　150
　3　現実に入った収入はすべて総収入金額に算入されるか
　　　152

4　要件事実　152
　第4　必要経費額の認定―――――――――――――――154
　　　1　はじめに　154
　　　　(1)　必要経費が非課税となる理由　154
　　　　(2)　必要経費の範囲　155
　　　　(3)　必要経費の額が不明確な場合　156
　　　2　「必要経費」の意義――条文上の一般的定義　157
　　　　(1)　必要経費に関する基本的条文である所税37条の定め
　　　　　　157
　　　　(2)　売上原価などの原則的経費　158
　　　3　家事関連費・租税公課等――所税37条の別段の定め①
　　　　　159
　　　　(1)　はじめに　159
　　　　(2)　家事関連費（所税45条1項1号）　160
　　　　(3)　所得税（所税45条1項2号），道府県民税・
　　　　　　市町村民税など（同項4号）　162
　　　　(4)　所得税以外の延滞税，罰金・科料・過料，
　　　　　　損害賠償金，課徴金など（所税45条1項3号・
　　　　　　5号～12号）　162
　　　4　資産の評価及び償却費――所税37条の別段の定め②　162
　　　5　資産損失――所税37条の別段の定め③　162
　　　　(1)　はじめに　162
　　　　(2)　貸倒損失　163
　　　6　引当金――所税37条の別段の定め④　163
　　　7　親族が事業から受ける対価――所税37条の別段の定め⑤
　　　　　164
　　　8　要件事実　164
　　　　(1)　一般経費と特別経費の区別に関する要件事実　164
　　　　(2)　家事関連費に関する要件事実　166
　　　　(3)　貸倒損失に関する要件事実　168
　第5　損益通算及び損失の繰越控除―――――――――――170

　　　　1　はじめに　170
　　　　2　損益通算の特徴　171
　　　　（1）異なった種類の所得での損益を通算する制度　171
　　　　（2）ある種類の所得でしか取り上げられない制度　171
　　　　（3）損益通算が認められない例外の場合　172
　　　　3　損益通算の方法　173
　　　　4　損失の繰越控除　174
　　　　（1）繰越控除が問題となる損失の種類　174
　　　　（2）繰越控除という考え方　174
　　　　5　要件事実　175
　　第6　所得控除額の認定──────────────────────177
　　　　1　はじめに──所得控除がされる理由　177
　　　　2　所得控除の対象　178
　　　　3　基礎的な人的控除　179
　　　　4　特別な人的控除　179
　　　　5　雑損控除・医療費控除　179
　　　　（1）雑損控除　180
　　　　（2）医療費控除　181
　　　　6　その他の所得控除　182
　　　　7　所得控除の効果　182
　　　　8　要件事実　183

第6節　税率・税額控除・税額計算────────────────186
　　第1　所得税額の計算の仕組み──────────────────186
　　第2　平均課税の制度──────────────────────187
　　第3　税額控除の制度──────────────────────188
　　　　1　配当控除　188
　　　　2　外国税額控除　189
　　第4　要件事実───────────────────────── 191
　　　　1　平均課税に係る争いの要件事実（不動産賃貸に係る臨時所得の例）　191

　　　　2　外国税額控除に係る争いの要件事実　192

第7節　租税特別措置法関係─────────194

第1　租税特別措置法の特殊性─────────194

第2　土地等・建物等に係る譲渡所得の主な特例─────196

　　1　長期譲渡所得又は短期譲渡所得に係る特例　196
　　　(1)　長期譲渡所得に係る一般的特例　196
　　　(2)　短期譲渡所得に係る一般的特例　197
　　2　居住用財産に係る譲渡所得の特例　197
　　　(1)　優遇税率の特例　198
　　　(2)　3,000万円特別控除額の適用　198
　　　(3)　特定居住用財産の買換え・交換に係る特例　198
　　3　空き家対策に係る特別控除の特例　199

第3　有価証券に係る譲渡所得の主な特例─────199

　　1　株式等に係る譲渡所得の特例　199
　　2　特定口座制度の創設と金融商品取引業者等による源泉徴収　200
　　3　特定管理株式等が価値を失った場合の譲渡所得等の特例　201

第4　要件事実─────────201

　　1　租税特別措置に係る抗告訴訟の特色　201
　　2　具体例による検討　202

第3章　租税手続法関係　205

序節　租税手続法総論─────────205

第1　行政処分の取消訴訟における訴訟物─────────208

　　1　行政処分の取消訴訟における訴訟物―違法性一般説　208
　　2　第1の留意点―行政処分の判断構造の違いに由来する「処分の同一性」問題　209

　　　　(1)　第1類型の処分と第2類型の処分　209
　　　　(2)　第1類型の処分　211
　　　　(3)　第2類型の処分　211
　　　　　1)　取消型処分　211
　　　　　2)　申請拒否型処分　212
　　　　　3)　手続上の適法要件違反を理由とする
　　　　　　　申請拒否型処分　214
　　　3　第2の留意点―「処分の同一性」の判断基準自体の
　　　　違いに由来する「処分の同一性」問題　215
　　　　(1)　判断同一説と根拠同一説　215
　　　　(2)　総額主義と争点主義　217
　第2　行政処分の取消訴訟における要件事実――――――218
　　　1　要件事実の決定基準―侵害処分・授益処分説　218
　　　2　要件事実の具体例―更正処分の取消訴訟を例として　222
　第3　最近の法改正が要件事実に与える影響
　　　　―理由附記，更正の請求，調査手続及び審査請求――――225
　　　1　理由附記　225
　　　2　更正の請求　226
　　　3　質問検査権の行使　227
　　　4　審査請求　227
　　　5　要件事実への影響　228
　　　　(1)　理由附記　228
　　　　(2)　更正の請求　228
　　　　(3)　質問検査権の行使　228
　　　　(4)　審査請求　228
　第4　国税不服審判所に対する審査請求と要件事実論――――229
　　　1　国税通則法の平成26年6月の改正　229
　　　2　審査請求に要件事実論が基本的に妥当すること　229

第1節　申告納税・附帯税関係――――――――――――――230
　第1　課税処分の取消訴訟における訴えの対象（訴えの利益）

　　　　　　―いわゆる吸収説と一部取消説―――――――――230
　　　　1　更正処分後の増額再更正―「大は小を兼ねる」吸収説
　　　　　　230
　　　　2　更正処分後の減額再更正
　　　　　　―「小は大を兼ねない」一部取消説　231
　　　　3　更正をすべき理由がない旨の通知処分後の増額更正
　　　　　　―「大は小を兼ねる」吸収説　232
　　　　4　要件事実　234
　　第2　青色申告をめぐる訴訟類型――――――――――234
　　　　1　青色申告の制度趣旨及び概要　234
　　　　　(1)　制度趣旨　234
　　　　　(2)　青色申告の承認　235
　　　　　(3)　青色申告の承認申請の却下　236
　　　　　(4)　青色申告承認の取消し　236
　　　　2　青色申告承認申請の却下処分の取消訴訟　237
　　　　3　青色申告承認の取消処分の取消訴訟　239
　　　　4　要件事実　240
　　第3　更正の請求（税通23条）をめぐる訴訟類型
　　　　　―更正をすべき理由がない旨の通知処分の取消訴訟――244
　　　　1　更正の請求，更正をすべき理由がない旨の通知処分
　　　　　　及び理由の差替え　244
　　　　　(1)　更正の請求及び更正をすべき理由がない旨の通知
　　　　　　　処分　244
　　　　　(2)　理由の差替え　245
　　　　2　要件事実　245
　　　　　(1)　授益処分の拒否処分という観点からのアプローチ　245
　　　　　(2)　まとめ　247
　　第4　加算税賦課決定処分をめぐる訴訟類型―――――249
　　　　1　附帯税と加算税　249
　　　　2　過少申告加算税の「正当な理由」　249

(1)　過少申告加算税の意義　249
　　　(2)　「正当な理由」がある場合の過少申告加算税の免除　250
　　　　1)　制度趣旨　250
　　　　2)　「正当な理由」の意義等　250
　　　　3)　「正当な理由」に関する税法解釈をめぐる
　　　　　　最高裁判決　250
　　3　重加算税の「隠ぺい」「仮装」等　251
　　　(1)　重加算税の意義　251
　　　(2)　制度趣旨　252
　　　(3)　重加算税賦課決定処分と過少申告加算税賦課決定
　　　　　処分との関係　252
　　　(4)　課税要件　252
　　　　1)　客観的要件—隠ぺい，仮装　252
　　　　2)　主観的要件—故意等　253
　　　　3)　主体的要件—納税者　253
　　　　4)　「正当な理由」による免除の規定なし　254
　　4　要件事実　254
　第5　納税の猶予等をめぐる訴訟類型────────256
　　1　納税の猶予の制度趣旨及び概要　257
　　　(1)　制度趣旨　257
　　　(2)　納税の猶予事由　257
　　　(3)　納税の猶予の不許可事由　257
　　2　納税の猶予の取消しの制度趣旨及び概要　258
　　　(1)　制度趣旨　258
　　　(2)　納税の猶予の取消事由　258
　　3　納税の猶予の不許可処分の取消訴訟　258
　　4　納税の猶予の取消処分の取消訴訟　260
　　5　要件事実　261
第2節　実額課税と推計課税────────────────263
　第1　基本的考え方────────────────────263

第２　所税156条の趣旨──────────────264
　　　第３　推計課税と実額反証との関係
　　　　　─従来の考え方──────────────266
　　　第４　推計課税と実額反証との関係
　　　　　─私見────────────────────267
　　　　　1　判断の基本的構造　267
　　　　　2　要件事実（推計課税である場合）　268
　　　　　3　要件事実（推計課税でなくなった場合）　271
　第３節　課税手続上の瑕疵と課税処分の取消し──────272
　　　第１　附記理由をめぐる問題──────────────272
　　　　　1　附記理由の趣旨及び程度，適用範囲並びに瑕疵の治癒
　　　　　　272
　　　　　(1)　附記理由の趣旨及び程度　272
　　　　　(2)　適用範囲　272
　　　　　(3)　瑕疵の治癒　273
　　　　　2　理由の差替えの可否・要件事実　273
　　　　　(1)　視点の設定　273
　　　　　(2)　要件事実　273
　　　第２　質問検査権行使をめぐる問題──────────276
　　　　　1　税務調査と処分　276
　　　　　2　違法な税務調査と更正処分の取消し　276
　　　　　3　要件事実　276
　第４節　同族会社の行為又は計算の否認規定に係る
　　　　　要件事実（所税157条関係）────────────278
　　　第１　否認規定の概要及び「設例」に係る裁判例──────278
　　　第２　制度趣旨──────────────────279
　　　　　1　制度の沿革，立法者意思　279
　　　　　(1)　制度の沿革　279
　　　　　(2)　歴史的立法者意思　281

　　　　2　あるべき制度趣旨　281
　第3　否認規定の要件・効果の分析─────────────282
　　　1　否認規定適用の法律効果──所得発生の擬制　282
　　　2　否認規定適用の要件──要件事実の分析　283
　　　(1)　総　　説　283
　　　(2)　同族会社であること　283
　　　(3)　同族会社の行為計算であること　284
　　　(4)　同族会社の行為計算を容認した場合，株主等の
　　　　　所得税の負担を減少させる結果となること　284
　　　(5)　所得税の負担の減少は不当であること　286
　　　(6)　補論・租税回避の目的ないし意図について　287
　第4　否認規定に基づく本件更正処分の取消訴訟の要件事実──289

第5節　源泉徴収関係─────────────────291

　第1　給与所得等に係る源泉徴収（所税183条1項）─────291
　　　1　源泉徴収制度　291
　　　2　源泉徴収制度の制度趣旨　292
　　　3　手続の概要　292
　　　4　源泉徴収をめぐる法律関係　293
　第2　源泉徴収所得税の納税告知処分の取消訴訟────────293
　　　1　納税告知処分の法的性質　293
　　　2　納税告知処分の取消訴訟──争い得る違法事由の範囲　293
　　　3　受給者の法的救済方法　294
　　　4　要件事実　295
　　　(1)　侵害処分という観点からのアプローチ　296
　　　(2)　要件事実決定の前提となる法令の解釈
　　　　　──租税法律主義・課税要件明確主義との関係　297

第6節　滞納処分関係─────────────────299

　第1　滞納処分と私法の適用──────────────299
　　　1　国税徴収法の制度趣旨　299

　　　　2　国税徴収における私法の一般ルールの適用　300
　　第2　国が訴訟の原告となる場合
　　　　　―差押債権取立訴訟―――――――――――――――300
　　　　1　差押債権取立訴訟の請求原因　301
　　　　(1)　手続の概要　301
　　　　(2)　差押債権取立訴訟の法的性質　301
　　　　(3)　請求原因　302
　　　　2　第三者対抗要件具備による債権喪失の抗弁
　　　　　―通知の先後関係　303
　　　　3　相殺の抗弁その1―法定相殺　305
　　　　4　相殺の抗弁その2―三者間にまたがる2つの債権の
　　　　　相殺予約に基づく相殺の主張　306
　　　　5　差押債権取立訴訟の要件事実　307
　　第3　国が訴訟の被告となる場合
　　　　　―差押処分取消訴訟―――――――――――――――309
　　　　1　本件不動産差押えに対する民94条2項類推適用の可否
　　　　　―国の「第三者」該当性　309
　　　　2　民94条2項の「善意」　310
　　　　(1)　第三者の善意と本人の帰責性との相関的判断　310
　　　　(2)　善意の意義　310
　　　　(3)　無過失の要否　311
　　　　3　民94条2項類推適用の主張の攻撃防御方法上の
　　　　　位置付け　312
　　　　4　差押処分取消訴訟の要件事実　316

第7節　国家賠償関係―――――――――――――――――――315
　　第1　国賠請求の要件事実的構造―――――――――――――316
　　　　1　国賠法の制度趣旨　316
　　　　2　国賠請求の規範構造と攻撃防御の構造　317
　　第2　国賠請求の違法性――――――――――――――――――317
　　　　1　違法性要件の要否―過失の要件との一元化の是非　317

2　違法性の要件事実　318
第3　課税処分に関し国賠請求の違法性として問題となる
　　　具体例――――――――――――――――――――――319
　　1　課税処分の取消訴訟との関係　319
　　(1)　課税処分の取消訴訟の違法性と国賠請求の違法性
　　　　との関係―違法性相対説　319
　　(2)　課税処分の取消訴訟を経由しない国賠請求の可否　321
　　(3)　課税処分の違憲性と国賠請求の違法性との関係　322
　　2　課税処分の取消訴訟に係る確定判決の既判力と国賠
　　　請求の違法性との関係　324
　　(1)　前訴の確定判決が請求棄却判決の場合　324
　　(2)　前訴の確定判決が請求認容判決の場合　326
第4　国賠請求の違法性をめぐる論点の整理――――――――327
　　1　「違法性」をめぐる学説の相互関係　327
　　2　国賠請求の要件事実　328

事項索引　330
判例事項　337

凡　例

1. **用字・用語等**

   原則として常用漢字，現代仮名づかいによるが，法令に基づく用語及び判例，文献等の引用文は原文どおりとする。

2. **関連法令**

   関連法令は，原則として，平成30年12月末日現在のものによる。

3. **本文の注記**

   判例，文献の引用や補足，関連説明は，原則として脚注を用いた。本文（表を含む），脚注及びそれぞれのカッコ書き内の法令の引用，例示などは，次記4.の法令の引用表示（略語）による。

4. **法令の引用表示**

   主要な法令名は，後記6.の〔主要法令等略語表〕による。

5. **判例の引用表示**

   本文及び脚注等における判例の引用は，原則として下記のとおりとする。略語については，後記6.の〔判例集，文献，雑誌等略語表〕による。なお，判例の原典として裁判所ウェブサイト（http://www.courts.go.jp 裁判所HPと略称）を引用している場合，そこで表記している「(〇項)」との頁数は，裁判所HPにアップロードされている当該判例中の特定の判示部分のPDFの頁数を指す。

＜例＞
平成〇年〇月〇日最高裁判決，最高裁判所民事判例集〇巻〇号〇〇頁
→最判平〇・〇・〇民集〇巻〇号〇〇頁

平成●年●月●日最高裁判決，裁判所HPにアップロードされているPDFの●頁
→最判平●・●・●裁判所HP●頁

昭和△年△月△日大阪地方裁判所判決，判例タイムズ△号△△頁
→大阪地判昭△・△・△判タ△号△△頁

　民集登載の最高裁判例については民集を掲載する。それ以外のすべての最高裁判例及びすべての下級審裁判例について，裁判所ウェブサイト（裁判所HP），集民・行集・高民・下民等の公的判例集，訟月・税資等の行政機関の裁判資料，判時，判タ又はデータベース（Lex/DB，判例秘書，D1-Law 等）のうちから1つを掲載する。

6．主要法令，文献等の引用表記
　文献の引用は，著者（執筆者）及び編者・監修者の氏名，『書名』（「論文名」），巻数又は号数（掲載誌とその巻数又は号数），発行所，刊行年，引用頁を掲載する。主要な文献は後掲の〔判例集，文献，雑誌等略語表〕による。

〔主要法令等略語表〕

略語	正式名称
憲	日本国憲法
行訴	行政事件訴訟法
行手	行政手続法
行不服	行政不服審査法
国賠法	国家賠償法
税通	国税通則法
税通令	国税通則法施行令
税徴	国税徴収法
税徴令	国税徴収法施行令
所税	所得税法
所税令	所得税法施行令
所税規	所得税法施行規則
法税	法人税法
法税令	法人税法施行令
法税規	法人税法施行規則
租特	租税特別措置法
租特令	租税特別措置法施行令
租特規	租税特別措置法施行規則

（相続税法，消費税法等についても，上記と同様の略称表記）

民	「民法の一部を改正する法律」（平成29年法律第44号）による改正前の民法，又は上記法律による改正の対象外の民法
新民	「民法の一部を改正する法律」（平成29年法律第44号）による改正後の民法
民執	民事執行法
民訴	民事訴訟法
民訴規	民事訴訟規則
税基通	国税通則法基本通達
徴基通	国税徴収法基本通達
所基通	所得税基本通達
法基通	法人税基本通達

〔判例集，文献，雑誌等略語表〕

最	最高裁判所
高	高等裁判所
地	地方裁判所
支	支部
判	判決
決	決定
民集	最高裁判所民事判例集
刑集	最高裁判所刑事判例集
集民	最高裁判所裁判集民事
行集	行政事件裁判例集
高民	高等裁判所民事判例集
下民	下級裁判所民事裁判例集
訟月	訟務月報
税資	税務訴訟資料
最判解民	最高裁判所判例解説民事編　〔　〕内の数字は，解説番号を示す。
最判解刑	最高裁判所判例解説刑事編　〔　〕内の数字は，解説番号を示す。

曹時	法曹時報
ジュリ	ジュリスト
判時	判例時報
判タ	判例タイムズ
判評	判例評論
法教	法学教室
民商	民商法雑誌
裁判所HP	裁判所ウェブサイト
D1-Law	第一法規法情報総合データベース
LEX/DB	LEX/DBインターネット（TKC法律情報データベース）

泉ほか『租税訴訟の審理』　泉德治ほか『租税訴訟の審理について〔第3版〕』（法曹会，2018年）

伊藤『要件事実の基礎』　伊藤滋夫『要件事実の基礎〔新版〕──裁判官による法的判断の構造』（有斐閣，2015年）

伊藤＝岩﨑『要件事実論の展開』　伊藤滋夫＝岩﨑政明編『租税訴訟における要件事実論の展開』（青林書院，2016年）

伊藤『環境法要件事実』　伊藤滋夫編『環境法の要件事実〔法科大学院要件事実教育研究所報第7号〕』（日本評論社，2009年）

伊藤『租税法要件事実』　伊藤滋夫編『租税法の要件事実〔法科大学院要件事実教育研究所報第9号〕』（日本評論社，2011年）

伊藤編著『新民法（債権関係）の要件事実ⅠⅡ』　伊藤滋夫編著『新民法（債権関係）の要件事実ⅠⅡ──改正条文と関係条文の徹底解説』（青林書院，2017年）

伊藤眞ほか共編『これからの民事実務と理論』　伊藤眞ほか共編『これからの民事実務と理論──実務に活きる理論と理論を創る実務』（民事法研究会，2019年）

今村『要件事実論』　今村隆『課税訴訟における要件事実論〔改訂版〕』（日本租税研究協会，2013年）

今村ほか『課税訴訟の理論と実務』　今村隆ほか共著『課税訴訟の理論と実務』（税務経理協会，1998年）

岩﨑『租税法』　岩﨑政明『ハイポセティカル・スタディ租税法〔第3版〕』（弘文堂，2010年）

大江『要件事実租税法（上）（下）』　　大江忠『要件事実租税法（上）（下）』（第一法規，2004年）

金子『租税法』　　金子宏『租税法〔第22版〕』（弘文堂，2017年）

河村＝中島『ハンドブック』　　河村浩＝中島克巳『要件事実・事実認定ハンドブック〔第2版〕』（日本評論社，2017年）

『国税徴収法精解』　　吉国二郎ほか共編『国税徴収法精解〔第19版〕』（大蔵財務協会，2018年）

『国税通則法精解』　　志場喜徳郎ほか共編『国税通則法精解〔平成28年改訂〕』（大蔵財務協会，2016年）

小早川「課税処分と国家賠償」　　小早川光郎「課税処分と国家賠償」稲葉馨＝亘理格編『行政法の思考様式（藤田宙靖博士東北大学退職記念）』（青林書院，2008年）

酒井『課税要件事実論』　　酒井克彦『クローズアップ課税要件事実論―要件事実と主張・立証責任を理解する〔第4版改訂増補版〕』（財経詳報社，2017年）

佐藤『所得税法』　　佐藤英明『スタンダード所得税法〔第2版補正版〕』（弘文堂，2018年）

塩野『行政法Ⅱ』　　塩野宏『行政法Ⅱ〔第5版補訂版〕行政救済法』（有斐閣，2013年）

司研『実務研究』　　司法研修所編『改訂　行政事件訴訟の一般的問題に関する実務的研究』（法曹会，2000年）

司研『類型別』　　司法研修所編『改訂　紛争類型別の要件事実－民事訴訟における攻撃防御の構造』（法曹界，2006年）

司研『第1巻』　　司法研修所編『増補　民事訴訟における要件事実　第1巻』（法曹会，1986年）

司研『第2巻』　　司法研修所編『民事訴訟における要件事実　第2巻』（法曹会，1992年）

品川『国税通則法』　　品川芳宣『国税通則法の理論と実務』（ぎょうせい，2017年）

『条解行訴』　　南博方ほか編『条解行政事件訴訟法〔第4版〕』（弘文堂，2014年）

『税務訴訟と要件事実論』　　平野敦士ほか著『税務訴訟と要件事実論』（清文社，

2005年）

『租税判例百選』　中里実ほか編『租税判例百選〔第6版〕』（有斐閣，2016年）

『注解所得税法』　注解所得税法研究会編『注解所得税法〔5訂版〕』（大蔵財務協会，2011年）。なお，再校時に6訂版に接したが，本書の刊行時期との関係で引用することができなかった。

『徴収訴訟の理論と実務』　租税事件訴訟研究会編『徴収訴訟の理論と実務〔改訂版〕』（税務経理協会，2000年）

『DHC所得税法』　武田昌輔編『DHCコンメンタール所得税法』（第一法規，1983年加除式）

中野＝下村『民事執行法』　中野貞一郎＝下村正明『民事執行法』（青林書院，2016年）

西埜『コンメンタール』　西埜章『国家賠償法コンメンタール〔第2版〕』（勁草書房，2014年）

深見『国家賠償訴訟』　深見敏正『リーガル・プログレッシブ・シリーズ国家賠償訴訟』（青林書院，2015年）

『法律学小辞典』　高橋和之ほか編集代表『法律学小辞典〔第5版〕』（有斐閣，2016年）

増井『租税法入門』　増井良啓『租税法入門（第2版）』（有斐閣，2018年）

増田『租税憲法学の展開』　増田英敏編著『租税憲法学の展開』（成文堂，2018年）

我妻『債権各論(中)2』　我妻榮『民法講義Ⅴ3債権各論中巻2』（岩波書店，1962年）

第1章
要件事実論の概要

第1節　民事訴訟における要件事実論

第1　裁判官による法的判断の構造

　民事訴訟における判決は，訴訟物についての要件事実（請求原因・抗弁・再抗弁など）の存否の判断の組合せでされる。ごく骨子だけをいえば，例えば，売買代金請求訴訟事件では，売買契約の締結がされた（請求原因）かどうか，同契約に要素の錯誤があった（抗弁）かどうか，要素の錯誤の表意者に重大な過失があった（再抗弁）かどうかという形で考えるのである。

　要件事実は，簡単にいえば，法律効果の発生の直接の根拠となる事実（例えば，上記の売買契約の締結，消費貸借契約の締結[1]）である。上記のような請求原因，抗弁，再抗弁などと呼ばれる事実である。多様な当事者の主張の中から，このような要件事実の主張とそれ以外の事実（上記注1）記載のような要件事実の存在を推認させる力をもつ間接事実〔ある一つの間接事実だけで十分であることは，稀である〕その他の事実）の主張を区別して，要件事実について争いがあるときに，訴訟における証拠調べの結果と弁論の全趣旨に基づいて，その存否の判断をする。そして，そうした要件事実の存在を認定することができて，はじめて当該要件事実を前提とする法律効果の発生が認められる。

　したがって，要件事実は，視点を変えていうと，主張立証責任の対象となる事実，すなわち，主張立証責任対象事実である。要件事実の決定基準というのは，主張立証の問題を中心として考えるときには，主張立証責任対象事実の決定基準という形で考えたほうが分かり易い。

　なお，私見によれば（一般的な考え方もそうである），主張責任対象事実は，

1）　被告が，いくら金銭に窮していて，原告と面談してその窮状を話したことがあったからといって，そのことが原告から金銭を借り受けたという事実に結びつかない限り，それだけでは貸金返還請求権を発生させることはない。

立証責任対象事実と同一に決定されるのであるから，以下の説明においては，特に弁論主義に関することを問題としない限りは，要件事実のことを，「主張立証責任対象事実」といわず，「立証責任対象事実」ということも多い。

　要件事実論は，理論上は，主張立証責任論に止まらないので，「要件事実論とは，このような要件事実というものが，法律的にどのような性質のものであるかを明確に理解して，これを意識した上，その上に立って民法の内容・構造や民事訴訟の審理・判断の構造を考える理論である」[2]というのが正確であるが，ここでは，要件事実論を主として，「民事訴訟の審理・判断の構造を考える理論」としての主張立証責任論に焦点を当てて，ごく簡単に説明する。

　民法の条文は，条文で決められた要件の内容となる具体的事実が，訴訟の場で争われ，審理の結果，その存否が不明になった場合のことを考えて，決められているわけではない（民又は新民117条のように証明と関係づけて要件を定めている，ごくわずかの例外はある）。民法の条文の構造（形式）は，それが立証責任の所在を明らかにした民法現代語化法（平成16年法律第147号）のようなものを除き，立証責任対象事実の決定基準として決定的な意味をもつということはない。このような性質を有する民法を「行為規範としての民法」という。

　そのような例として，重要な条文である民415条がある。民415条は，債務者に帰責事由のあることを積極的に必要とするような条文の形式（「債務者の責めに帰すべき事由によって」）となっている[3]（これは，「行為規範としての民法」の形式である）。しかし，その点が存否不明になったからといって，債務者が免責されるわけではない。なぜなら，債務者は，債権者とまったく無関係な第三者ではなく，債務を果たすことを債権者に約束しているのであるから，債務不履行があった以上，有責であり，例外として，債務者の責めに帰することができない事由によることが明らかになって（立証されて），はじめて免責されると解されている（このことには異論がない）。債務者に帰責事由がないことの根拠となる事実を立証するべきであるということになる。

　このように考えるのが，契約制度（債務不履行制度といってもよい）の趣旨の

2）　伊藤『要件事実の基礎』6頁参照。
3）　民415条の条文は，少し分かり難い表現を取っているが，普通の考え方によると，この条文は，「債務者の責めに帰すべき事由によって債務不履行が生じたときには，債権者は，それによって生じた損害の賠償を債務者に請求することができる。」と定めていると考えられている。
　　平成29年法律第44号による改正後の民法では，415条の条文構造は，次注指摘のように，現行法とは変わって，分かり易くなっている。

実現に最も適う考え方である。この後者の考え方に対応できるように，要件事実が訴訟上存否不明になったときにも，裁判官が判断をすることが不能にならないように立証責任のことまで考えて要件が定められている民法のことを「裁判規範としての民法」という[4]。視点を変えていえば，この裁判規範としての民法の要件に該当する具体的事実が要件事実である，ということになる。

以上のように考えれば，要件事実論という考え方が民事訴訟において必要不可欠な理論であるということは，あまりにも当然のことである[5]。

第2　要件事実はどのようにして決定されるか

要件事実の決定基準は，最終的には，民法などの実体法の制度の趣旨を，立証ということが問題となる訴訟という場において，最も適切に実現できるようにするということである（このことが，立証の公平〔立証責任の負担の公平と同じ意味である〕に適うということになる）[6]。

このことは，直前に述べた民法415条の例を考えてみただけでも明らかであ

---

[4]　現行民法は，その第1編「総則」，第2編「債権」を中心として，民法の一部を改正する法律（平成29年法律第44号）によって改正されている。しかし，同法による改正後の民法（新民法）においては，415条については，現行法における条文構造（形式）の上記のような問題点は解消されたが，同条についても，「履行をしないとき」という表現は残っている（立証責任対象事実は，「履行をしないこと」ではなく，「履行の提供」であるにもかかわらず）のであって，新民法においても，上述したように，条文が立証責任対象事実の決定基準として決定的な意味をもつということはない，という状況の基本に変更はない。その点についての詳細は，伊藤編著『新民法（債権関係）の要件事実Ⅰ』2〜5頁〔伊藤滋夫〕参照。

　裁判規範としての民法の意義については，伊藤『要件事実の基礎』176頁以下参照。

[5]　要件事実論に関する文献は，ほとんど無数にある。伊藤『要件事実の基礎』もその一つであるが，その「文献一覧」に主要なものは，ほぼ網羅的に掲げてある。また，拙稿「民事訴訟における要件事実論の概要」伊藤＝岩﨑『要件事実論の展開』3頁以下もその一つである。本稿は，紙幅の制約があり，主として，同稿のごく一部の紹介をしたものであり，詳細は，同稿を参照されたい。

　また，比較的分り易く要件事実論の基本を説明したものとして，拙稿「要件事実・事実認定論の根本的課題——その原点から将来まで」というビジネス法務誌の連載のうち，ビジネス法務2016年1月号138頁以下がある。

　なお，新民法における要件事実についての詳細は，伊藤編著『新民法（債権関係）の要件事実Ⅰ，Ⅱ』参照。

[6]　そうした点については，伊藤『要件事実の基礎』210頁以下，230頁，268頁以下など参照。その詳細を述べるとすると，裁判規範としての民法説（私見）を述べるとともに，修正法律要件分類説の批判的説明をすることになるが，紙幅の制限もあって，ここでは省略するほかはない。

　後記第2章第5節「課税標準，その計算及び所得控除」において，各所得区分の決定について述べている要件事実の具体例の検討を読んで頂ければ，その実践のあり方について，具体的に理解して頂けると考えている。

ろう。

第3　最近の要件事実論における若干の重要な問題
1　評価的要件の重要性
(1)　はじめに

　評価的要件に関する理論の発展は，近時特に目覚ましいものがあり，今は，要件事実論を語るには，評価的要件の考え方を理解することが不可欠であるといってもよいほど重要なことである[7]。

(2)　事実と評価を区別する意味——事実的要件と評価的要件

　なにごとかを言葉に表して表現するときは，常にそれは，その表現をしている人の評価を通じてされているということに理論上はなるが，普通は，誰でも概ね同じ共通の具体的イメージをもつことができる（例えば，「机がある」といったような命題）限りにおいては，民事訴訟における実務において，それを事実を述べているもの（事実命題）として扱ってよく，一々そのように評価した根拠を具体的に述べる形のもの（評価命題）にしなければならないと考えてはいない。

　しかし，交通事故における運転者の過失，賃貸借契約終了に基づく家屋明渡請求訴訟における正当事由，表見代理の正当理由などの場合となると，それらの内容をなす具体的事実（例えば，運転者の過失については，前方不注視，速度制限違反，信号無視などの具体的内容を示す事実）を述べないと，訴訟において，適切な攻撃防御ができない。この場合には，このような具体的事実が，要件事実（立証責任対象事実）である。

　このような評価命題を内容とし，こうした評価の内容を具体的に述べる必要があると考えられる要件を「評価的要件」という（「規範的要件」という用語も使用されることがあるが，段々と「評価的要件」という用語が使用されることが多くなってきた，と考えられる[8]）。これに対し，事実命題を内容とする要件を

---

7)　以下の説明は，評価的要件に関する考え方の基本を理解して頂くために，ごく簡単にその概要を説明しているにすぎない。同説明の詳細については，伊藤『要件事実の基礎』281頁以下（特に，292〜294頁）参照。

8)　本文で説明したような評価を根拠づけたり妨げたりする具体的事実の主張立証が必要なのは，なにも「過失」のような規範的評価に限らず，「無資力」というような非規範的評価の場合においても，変わりはない。問題は，要件の性質が事実的要件か評価的要件かということであって，その要件における評価の性質が，規範的か非規範的かではないからである。

「事実的要件」という。

なお，事実的要件と評価的要件との区別は，ときに微妙である（例えば，意思表示の「到達」）。さらに難しい問題は，普通は事実的要件と考えられているものが，ときには評価的要件となるということもある[9]，ということである。

(3) 評価的要件における要件事実

上記(2)で述べたように，評価的要件においては，このような具体的事実が要件事実であるが。その具体的事実の性質に応じて，次に述べるように，異なった種類の具体的事実があり，その総合によって，当該評価的要件で最終的に問題となる評価が決まることになる。

このような評価（例えば，「過失がある」）を根拠づける上記のような具体的事実（「速度制限違反〔厳密には，これも評価なので，制限速度が時速40キロのところを時速50キロで走行したなど〕」など）を「評価根拠事実」といい，そのような評価根拠事実（「速度の出し過ぎ」など）があるにもかかわらず，それと両立し，そのような評価（「過失がある」）をするのを妨げる事実（例えば，「車検を終えたばかりの車なのに速度計が故障していたこと」）を「評価障害事実」という。このような評価障害事実があったとすると，さらに特段の事情がない限り，運転手に過失があったと評価するのは難しい，と考えられる。

ちなみに，最判平30・6・1民集72巻2号88頁は，労働契約法第20条にいう「両者の労働条件の相違が不合理であるか否かの判断は……，当該相違が不合理であるとの評価を基礎付ける事実については当該相違が同条に違反することを主張する者が，当該相違が不合理であるとの評価を妨げる事実については当該相違が同条に違反することを争う者が，それぞれ主張立証責任を負うものと解される。」と判示している。

(4) 典型的評価的要件と変則的評価的要件

評価的要件には，典型的評価的要件と変則的評価的要件とがある[10]。このことは，租税訴訟においても，重要な問題である[11]ことを強調しておきたい[12]。

典型的評価的要件では，評価に関する要件の内容が「過失」，「正当事由」な

---

9) 例えば，「金銭を交付した」というのは，普通は事実的要件であるが，特別の状況があるときには，評価的要件として考えるべきである。このような点についての説明は，伊藤『要件事実の基礎』289〜290頁参照。
10) 変則的要件に関する詳細は，伊藤『要件事実の基礎』292頁以下参照。
11) 例えば，後記第2章第5節第2・4(2)1)「条文上の定義」(75頁)で説明する所税27条，所税令63条の構造に関係する。

どの評価そのものであり，その評価根拠事実・評価障害事実は法条の上には示されていない。

　しかし，変則的評価的要件は，評価根拠事実及び（又は）評価障害事実（厳密には，後述の民770条1項1～4号のように，そこでも評価の要素が入るものもある）が法定されている。

　その分かり易い条文例として，民108条（新民108条では，以下の点はなお明確になっている）を挙げることができる。同条は，本文において，本人の利益を害する危険が典型的に高い行為を利益相反行為の評価根拠事実として挙げるとともに，そうした行為でありながらも，特段の事情として，本人の利益を害する危険がない（厳密に理論的にいえば，本人の利益を害する危険が典型的に低い）行為を例外として，ただし書において評価障害事実として挙げている。

　ここで重要なことは，類推の当否という問題はあるものの，当該行為が，まさに，本人の利益を害する危険があるもの（又は，その危険がないもの）であるかが重要であって，当該行為が法定されている評価根拠事実（又は評価障害事実）と同一であるか自体が重要であるわけではない，ということである。民108条は評価的要件（変則的評価的要件）であることを如実に示したものとなっている。逆にいえば，同条を変則的評価的要件と理解することによって，必ずしも，同条に明示に示されている具体例に限らず，同条の適用範囲が拡張されたり[13]，縮小されたり[14]して適用されうることが，よく理解でき，具体的事案の性質に即した主張を適切に考えることができるようになる，といえよう。

　別の一例をあげる。民770条1項の1～4号の要件は，5号の「婚姻を継続し難い重大な事由」という評価の法定された根拠事実（厳密には「事実」ばかりともいえないが）である。すなわち，1項の1号から4号は，5号の「婚姻を継続し難い重大な事由」のある典型的な場合を挙げているのである。この意味で，同要件は，変則的評価的要件である。

　このことが真に理解できているならば，すでに民108条についてした前記説明に照らし，明文で上記1号から4号にただし書はついていないが，上記各号

---

12) 以下の説明については，拙稿「評価的要件における判断の構造②―要件事実・事実認定論における『事実と評価』の問題の一環として」ビジネス法務2017年9月号134頁以下参照。
13) 家屋の賃貸借契約の締結に当たり，将来の紛争に備えて，借主が貸主に，その際の自己の代理人の選任を貸主に一任することは，許されない，と考えるべきである。
14) 例えば，「債務の履行」でも代物弁済は，民108条ただし書で許されている「債務の履行」と考えるべきではない。

に該当しても，それは5号にいう「婚姻を継続しがたい重大な事由」に当たらないときがある（例えば，一方配偶者による何十年も前の不倫行為以後，他方配偶者がそれを宥恕して，双方が，その後円満な夫婦生活を最近まで送ってきたような場合には，民770条1項1号の「配偶者に不貞な行為があったとき」として，現在の裁判上の離婚事由になるかは，疑問である）ということが理解できよう。

さらに，民612条1項における賃借権の譲渡・転貸は，このような変則的評価的要件の「背信性」という評価の法定された根拠事実であり，賃貸人の承諾を得たことが法定された評価障害事実である。

他にも，多くの条文（新民542条1項など）の例をあげることができるが，かえって分かり難くなってもいけないので，ここでは省略する。

2 「事案の解明義務論」の重要性

事案の解明義務については，さまざまな議論があるが，事案の解明義務という考え方は，現代の民事訴訟を理解するためには，要件事実論と並んで非常に重要な役割を果たしている[15]。

ここでいう「事案の解明」というのは，簡単にいえば，事案，すなわち，当該事件の内容をなしている具体的状況を明らかにすることをいう。そして，すべての当事者は，事案の内容を明らかにする義務がある（最終的には，民訴2条に基づく義務である）。

要件事実論によると，それぞれの当事者が主張立証責任を負担する事実（要件事実）は決まっている。最も簡単な例でいえば，貸金返還請求訴訟事件においては，原告は被告に対する金銭の貸付の事実について，被告はこれを原告に弁済した事実について，それぞれ主張立証責任を負っている。そして，原被告とも，当該訴訟における状況をみて，必要に応じて，自己の立証責任対象事実についてその立証のための活動をし，相手の立証責任対象事実についてその立証を妨げるための活動（反証活動）を行う。これらもすべて，事案の解明のための活動である。こうした活動は，あえて義務といわなくても，当事者は，そのような活動をするであろうが，ときに不誠実な当事者がいて敗訴の危険をあ

---

[15] 以下の説明は，そのことを理解するのに必要な限りにおいて，そのような考え方の基本を，ごく簡単に説明しているに過ぎない。要件事実論の機能と事案の解明義務との関係は，特に検討するべき問題が多い。このような問題の詳細については，伊藤『要件事実の基礎』57頁以下（特に，63～65頁の事例を中心にして）参照。

まり気にしないで，民事訴訟による適正迅速な紛争の解決を妨害しないとも限らない。そのように考えると，こうした場合にも，理論上は，関係当事者に「事案の解明義務」があるというべきであろう。

ただ，このような主張立証責任対象事実を前提とした関係当事者の活動のみを考えるだけでは，どのような場合においても，例えば，被告は，原告が被告に金銭を貸し付けたという主張に関係する状況については，何も主張も立証もしなくても構わないということになってしまう。

しかし，そのように考えると，例えば，何らかの原告に責任のない事情で，原告ができる限りの立証活動をし，ある程度まで事案の状況を明らかにしたが，それ以上には，原告の方に当該事案に関する立証手段がまったくない一方，被告の方にはそれに関する立証手段が多くあるというような特別の具体的な事情がある場合（例えば，貸金返還請求訴訟において，東日本大震災における低地にあった貸主〔津波で死亡〕と高台にあった借主とで津波の被災状況が違うというような場合を考えるとよいであろう）においては，被告に，上述した一般的な「事案の解明義務」とは異なる性質の「事案解明義務」という特別の義務（「事案解明義務〔狭義〕」というのが相当であろう）を認めて，その義務が果たせる状況にあったにも関わらず，その義務を果たさなかったときには，原告（上記貸主の相続人である子）の当該事項に関する主張を真実と認めるというような効果を認めてもよい[16]。

具体的な適用基準や同義務違反の効果などについては多様な意見があるが，ある一定の要件のもとに，このような性質の義務を認めることについては，現在は異論がないものと考えられる（最高裁の判例において明確に認められているといえるかについては，筆者は消極の意見である。積極に解する意見もある）。

上記は，「例えば」として，被告を例に挙げたのみであって，同様なことは，原告についても考えるべきことであるのは，いうまでもないことである。

また，「事案解明義務（狭義）」の問題は，公害訴訟や原発問題などの専門的知見を要する訴訟において論じられることが多いが，「事案解明義務（狭義）」

---

[16] このような義務を認めないまま，単なる事実上の推定のみから認めうることには限度がある。例えば，上記の貸金返還請求訴訟において，原告がその貸付額を315万円と主張しているような場合に，帳簿などの書証も，貸し付けた当人（原告の父で津波で死亡）の供述などがないまま，被告が同貸付を全面的に否定しているようなときに，貸付額が，少なくとも300万円あったということを超えて，315万円であったとまで認めることは困難であろう（そこに，このような義務を認める実際的意義がある）。

は，何も特殊な専門的訴訟に限って考え得るというものではない。

第2節　租税訴訟における要件事実論

第1　租税訴訟における要件事実論の必要性

　租税訴訟においても，課税のために必要な法律要件に該当する具体的事実が存否不明になることは，当然あり得るのであって，そのような場合に，裁判所はどのように判断するべきかの議論がなくてよいはずはない。それは立証責任論として議論されるが，主張責任論も含めて考えれば，それは要件事実論としての議論と同じことであり，租税訴訟における要件事実論の必要性を否定することはできないであろう。

　例えば，課税要件明確主義というのみでは，課税のための要件が，実体法上も手続法上も明確に定められていなければならないということを意味するのみで，そのこと自体から要件事実を決定するための基準（ルール）（換言すれば，要件に該当する具体的事実が存否不明になったときにどのように扱うべきかの基準〔ルール〕）までが明確になっていることを意味するものではない。要件に該当する具体的事実が存否不明になったときのことを考えないで，要件の明確化ということのみをいくら説明しても，そのことは，もとより非常に重要で有益なことではあるが，当然には要件事実を説明したことになるわけではない。この点は，誤解を生じやすいところであるので，強調しておきたい。

　租税訴訟における要件事実論を述べた文献は各種ある[1]。

---

1)　拙稿「租税訴訟における要件事実論のあるべき姿」伊藤＝岩﨑『要件事実論の展開』15頁以下がある。本稿は，同稿によっている。
　　岩﨑政明「租税訴訟における訴訟物の考え方」伊藤＝岩﨑『要件事実論の展開』117頁以下（特に，119〜121頁，128頁）は，租税訴訟における私見の考え方を支持する。
　　大著として，大江『要件事実租税法（上），（下）』がある。今村『要件事実論』，酒井『課税要件事実論』も詳しい説明を展開する。
　　伊藤＝岩﨑『要件事実論の展開』は，多くの租税法の練達の士が要件事実論を論じている。伊藤『租税法要件事実』は，法科大学院要件事実教育研究所主催の研究会において，著名な研究者・実務家が集まって論議した内容（説明論文・報告論文等も含む）のすべてを収録したものであり，多様な見解を知ることができる。
　　論文の一例として，岸田貞夫「税務における要件事実論の考え方と今後の課題」税理2016年5月号2頁以下を挙げておこう。

第2　民事訴訟における要件事実論と租税訴訟における要件事実論の比較

　民事法の分野は，主として，対立する平等な（もちろん，実質的格差のある人々の間の配分的正義を十分に考えながらではあるが）当事者としての市民間の紛争解決という視点からの問題解決である。これに対して，行政訴訟（ここでは，これを租税訴訟で代表させる）の分野は，国と国民の関係，当事者と第三者との関係を常に考えなければならない法域であり，民事訴訟の分野とは多くの面で異なるところがあるのは当然である。

　しかしながら，要件事実論という視点から見る限りは，民事訴訟の分野も行政訴訟の分野も，要件事実論の考え方において異質なものはないと考える。両法の分野とも，当該実体法の制度趣旨が立証ということが問題となる訴訟の場において，最も適切に実現できるようにするということを基準として，要件事実（立証責任対象事実）を決定するべきであるからである。

　もとより，個別の法条の制度趣旨が，民事法と行政法とで異なることは多い。例えば，租税法にしかない「租税法律主義」，更には，その内容の一つである「課税要件明確主義」といったものを前提とした制度趣旨というものが，民事法にないのは当然である。例えば，課税要件明確主義の内容をなす「国民の権利を侵害する性質を有する課税処分というものは，そのための要件というものが明確に規定されなければならない。」という考え方も，民事法にはない，きわめて重要な考え方である。しかし，このような考え方も，租税法における一つの制度趣旨である（租税法の根幹をなす重要な制度趣旨である）のだから，その制度趣旨が，立証ということが問題となる訴訟の場において，最も適切に実現できるように要件事実（立証責任対象事実）を考えればよいのである。すなわち，民事法と租税法とでは，個別の制度趣旨は異なっても，いずれの法域においても，それぞれの法域における法条の制度趣旨を訴訟の場において具現するように立証責任対象事実を決定するべきである，という要件事実論の基本に変わりはないということである。租税法であるから，要件事実論の採用は慎重であるべきであるという意見があるとしたら[2]，租税法の制度趣旨を納税者の

2）　伊藤＝岩﨑『要件事実論の展開』296頁〔谷口勢津夫〕は，そうした意見のように思われる。他方，同書324頁〔田中治〕は，「租税法の領域においても，法領域における違いは違いとして認めつつ，……，民事訴訟等に関する要件事実論の議論や考え方を十分ふまえて，解釈方法論を深める必要があると考える。」と述べる。

権利保護に重点を置いて厳格に考えるべきだ又は文言にきわめて忠実に考えるべきだという論者は、その制度趣旨に従って要件事実を厳格に考えればよいのであって、そのために要件事実論を否定する理由はないのであるから、筆者には、そのような意見の根拠を理解することが困難である。

　以上のように考えれば、要件事実（立証責任対象事実）を決定するための考え方の基本は、民事訴訟と租税訴訟とで異なるところはない、と考える[3]。

　したがって、本章で説くところは、民事法における制度趣旨を租税法における制度趣旨と読み替えれば、前記本章第1節「民事訴訟における要件事実論」において説いたところと変わるところはない。裁判官の判断の構造においても変わるところはない。

　ただ、租税法における制度趣旨を具体的にどのように考えて、要件事実をどのように決めていくかについて、若干の補充的説明をしておくことが相当である、と考える。

第3　租税訴訟における要件事実はどのようにして決定されるか

1　要件事実（立証責任対象事実）の決定基準（骨子）

　すぐ直前に述べたように、要件事実（立証責任対象事実）は、当該実体法の制度趣旨が立証ということが問題となる訴訟の場において、最も適切に実現できるようにするということを基準として決定するべきものである。主張責任対象事実は立証責任対象事実と同一に決定すればよい。

2　条文の構造（形式）は基準となるか

　条文の構造（形式）は、それが立証責任の所在を明らかにした民法現代語化法（平成16年法律第147号）のようなものを除き、行政訴訟の分野においても、立証責任対象事実の決定基準として決定的な意味をもつということはない[4]

3）　ただし、民事法と租税法の両分野を通じて考える場合には、似てはいるが、本質的に意味の違う用語があることにも留意しないと、思わざる間違いを犯す恐れがある。例えば、「課税要件」という租税法上よく使われる用語がある。「課税要件」は、租税法上の用語としては「税率」も含むものとされる（『法律学小辞典』125頁。「税率」は要件事実論でいう要件「事実」ではない。要件事実論において、納税義務の発生要件事実という意味で、もし課税要件事実という用語を使用するとすれば、その場合には、少なくとも「税率」は、課税要件事実に含まれない。

4）　新民法（債権関係）と通称される民法の一部を改正する法律（平成29年法律第44号）による改正後の民法においても、状況の基本に変更はない。その点については、前記本章第1節「民事訴訟における要件事実論」注4）参照。

（参考に考えることまでを否定するわけではない）。少なくとも，一般的には，今までの租税実体法の法律では，そういうことはないと考える[5]。ただ，きわめて例外的にではあるが，本文・ただし書の構造をもって，立証責任の所在を明らかにしたという立法例もある[6]ようであるので，そのような理解を前提とした上，そのような条文に限っていえば，立証責任の所在について条文の構造（形式）を基準とするべきこととなる（しかし，そうだとしても，それがきわめて例外的であることも間違いのないところであるので，当該条文がそのような例外的立法例に該当することを立法資料をもって明らかにしてはじめて，同条文の構造〔形式〕のみを根拠にして，立証責任の所在を決定することができる）。

したがって，当該条文がそうした例外的立法例に該当することを立法資料をもって明らかにしない限り，租税法の条文構造（形式）のみを根拠にして立証責任対象事実を決定する考え方を採ることはできない。

例えば，消費税法30条は，簡単にいうと，ある期間の消費税額を定めるに当たって，所定の方法によって算出された消費税額から，当該対応期間における課税仕入れ額に係る消費税額を控除する（消費税の二重課税を防ぐ趣旨の規定である），という条文の構造（形式）で定められている。そのことを根拠に，「本法においては，これに対応する課税仕入〔税の語を補充すべきか——筆者伊藤注記〕額を，仕入税額控除の再抗弁として，事業者が主張・立証すべきこととなるのである。」[7]とする見解に賛成することはできない[8]。

5）　増田英敏「租税法における要件事実論の有用性——租税法律主義の視点から」伊藤『租税法要件事実』115頁も同旨と考えられる。
　　その点に関する興味ある裁判例としては，分野も租税法ではなく，裁判所も地裁のものではあるが，保安林内開墾作業等許可処分取消請求事件において，森林法34条5項の主張立証責任対象事実について判示した宮崎地判平6・5・30判タ875号102頁以下（特に，108頁の判示）がある。
　　この点に関し，租税訴訟については，タックスヘイブン対策税制の問題について検討することが有益であるので，以下にこの点について簡単に言及する（詳しくは，拙稿「租税訴訟における主張立証責任の考え方」租税訴訟学会編『租税訴訟№7—租税公正基準論』〔財経詳報社，2014〕25頁以下参照）。
　　東京高判平25・5・29（東京高等裁判所平成24年（行コ）第421号所得税更正処分取消請求控訴事件判決・裁判所HP）は，「居住者に係る特定外国子会社等の課税対象金額等の総収入金額算入」について定めた租税特別措置法の規定に関する主張立証責任について，「条文の構造だけからでは決められない」と判示し，詳細に判決理由を説明している。
6）　中尾睦『改正税法のすべて〔平成13年版〕』（大蔵財務協会，2001年）524～525頁の説明を前提とする限り，税通9条の2の条文の構造（形式）は，立証責任の所在を意識して立法されたことになるであろう。なお，同書の記載を筆者が知ることができたのは，今村隆教授のご教示によるものである。ここに謝意を込めて記させていただく。
7）　大江忠『要件事実租税法（下）』564頁。

3 立証責任対象事実の具体的決定基準

それでは、上記のように、租税法における制度趣旨を踏まえて、租税訴訟における立証責任対象事実の決定基準について具体的にどのよう考えるべきか。理論上の考え方の進め方としては、すでに（前記本章第1節第2「要件事実はどのようにして決定されるか」〔3頁〕）述べたように、当該租税法（租税実体法）の制度趣旨が立証ということが問題となる訴訟の場において最も適切に実現できるようにするということである（このことが、立証の公平〔立証責任の負担の公平と同じ意味である〕に適うということになる）。

もとより、租税法の制度趣旨をどのように理解するべきか、同趣旨をどのようにして探求すればよいかなどは、容易に解決することができることではない。最も抽象的にいえば、税法の基本的制度趣旨は、納税者の権利の保護に適正な配慮をしつつ適正な課税を確保するということであろうが、それでは、あまりにも抽象的であるので、要件事実論の視点から、課税処分の取消しに関して、筆者として考えるところを、訴訟物について触れた後、ごく簡単に述べておきたい。

訴訟物

行政訴訟一般について「その訴訟物は、行政処分の違法性一般である。」といわれることが多いが、行政処分である課税処分（実際には、更正処分であることがほとんどである）の取消訴訟の訴訟物についても、同様に考えればよいであろう[9]。

「侵害処分・授益処分説」

課税処分は、もとより、そうする正当な理由がある限り、必要なものであるが、課税処分自体の持つ基本的性質は、国民の権利を侵害する侵害処分であり、そうするための正当な理由の評価根拠事実が課税庁によって主張立証されなければならない。筆者は、「侵害処分・授益処分説」といわれる説に賛成である[10]。

---

8) 課税庁が控除仕入税額が○○万円以下であることについて主張立証責任を負う（納税者が控除仕入税額が○○万円＋a円以上であることについて主張立証責任を負うわけではない）、と解するべきである。詳しくは、拙稿「消費税法30条における仕入税額控除に関する立証責任——租税訴訟における要件事実論の一展開」判タ1313号（2010）5頁以下参照。

9) 岩﨑政明「租税訴訟における訴訟物の考え方」前掲注1)117頁以下、拙稿「説明の要旨　要件事実論の考え方」伊藤編『環境法要件事実』84～86頁各参照。

ここで１点だけ同説で分かり難い授益処分についての説明を簡単に繰り返しておこう（後述のように，その説明において，一部のみではあるが，本書の共著者である河村判事の説明と，残念ながら，意見の一致しない点がある）。

　課税処分取消訴訟において問題となる一般的態様は，「侵害処分」である。すなわち，原告（納税者）が，例えば事業所得1,000万円（総収入金額１億円マイナス必要経費9,000万円）として確定申告をしたのに対し，被告（課税庁）が，必要経費が8,000万円以下であるとして，事業所得を2,000万円として更正処分をして課税する（現象として見る限り原告〔納税者〕の権利を1,000万円分だけ侵害していることが表れていることになる）ような場合である。このような場合であるとすれば，原告は，一般納税者という立場以上に特別の立場を有していないから，請求原因において，本件課税処分の存在とその違法性を指摘すれば足りる。これに対し被告は，手続上及び実体上の問題に関する適法性の評価根拠事実を抗弁として主張しなければならない。

　しかし，納税者が，何らかの一般的納税者にはない特別な立場に基づいて，それを前提として何らかの特別の措置（これが処分の形を取る場合には，これが授益処分ということになる）を課税庁に対して求める場合においては，この納税者は，一般の納税者にはない，その措置を求め得る上記特別の立場にあることを根拠づける具体的事実を主張立証しなければならない[11]。租税法における授益処分が問題となる具体例の一つとしては，青色申告の承認がある。同承認があると，それによって，一般納税者とは異なる税法上の特典の認められる地位が納税者に付与されることになるので，同承認は，授益処分の一つである[12]。したがって，青色申告の承認申請に当たっては，申請者（同申請却下処分取消訴訟になれば，原告になる立場の者）は，自分がそうした同承認を求め得る特別な立場にあることを，自ら積極的に主張立証しなければならない。それは，例

---

10) その点についての詳細な説明は，拙稿「租税訴訟における要件事実論のあるべき姿」伊藤＝岩崎『要件事実論の展開』19頁以下参照。
11) 飲食店の営業許可処分を申請する場合の一定設備の具備等の事実を考えると分かり易いであろう（拙稿「要件事実論の考え方」前掲注９・90頁参照）。
12) 青色申告の制度趣旨については，後記第３章第１節第２・１「青色申告の制度趣旨及び概要」〔河村執筆部分〕（234頁以下）も，ここでの私見と基本的に同旨であると考えられる。同235頁の説明では，青色申告の承認とは，「『課税手続上及び実体上種々の特典（租税優遇措置）を伴う特別の青色申告書により申告することのできる法的地位ないし資格を納税者に付与する設権的処分』（最判昭62・10・30集民152号93頁）である」とも述べる。本書238頁では，「青色申告の承認申請は，授益処分を求めるものである」るという。

えば、「申請者（訴訟になれば、原告）は、不動産所得、事業所得又は山林所得を生ずべき業務を行う居住者である（所税143条）。」という事実である[13]。

以上のような問題は、青色申告承認申請却下処分取消訴訟においては、どのような形となって表れるであろうか。

同訴訟においても、請求原因として、原告（納税者）は、上記の一般の課税処分取消訴訟と同様に、本件青色申告承認申請却下処分の存在とその違法性の指摘をしなければならない。

被告（課税庁）は、抗弁として青色申告承認の却下処分が適法であることの評価根拠事実を手続上の問題及び実体上の問題について主張立証しなければならない。

そして、それに加えて、原告（納税者）は、一般の納税者にはない、青色申告の承認を求め得る特別の立場にあることを根拠づける具体的事実を主張立証しなければならない。

ここまでは、河村説（前記注12）、注13））も同様である。

河村説と私見とが分かれるのは、青色申告の承認を求め得る特別の立場にあることを根拠づける上記具体的事実が再抗弁と位置付けられるべき（河村説）か、請求原因として位置付けられるべき（私見）か、という点である（取り上げるべき具体的事実自体については、後記第3章第1節第2・4「要件事実」における「青色申告承認申請の却下処分の取消訴訟」〔河村執筆部分〕（237頁以下）どおりとして考えてみることで差し支えない）。

原告は、上述のように、青色申告の承認申請をするに当たっては、自分が青色申告の承認を求め得る特別の立場にあることを根拠づける具体的事実（この事実は、後記①にいう手続上の要件に関する事実ではなく、実体上の要件に関する具体的事実である。この点は、河村説も同旨であると考える〔220頁注25参照〕）を、自ら積極的に主張立証するべきなのであるから、同申請が却下され、同却下処分の取消しを求める訴訟においても、同具体的事実を、自ら積極的に、すなわち請求原因として主張立証するべきである。このことを分かり易くいえば、上述のような行政手続の場合の納税者・課税庁の対応関係をそのまま訴訟に移行させて、「自分（原告・納税者）は、○○の要件を備えて課税庁に青色申告の承認申請をした。しかし、課税庁はその却下処分をした。したがって、原告はそ

---

13) この点は、河村説（後記第3章第1節第2・2「青色申告承認申請却下処分の取消訴訟」〔河村執筆部分〕（235頁）も同じである、と考える。

の却下処分の取消しを求める。」というように，自ら積極的に主張するべきである（課税庁が何らかの抗弁を主張した後に，それに対して主張するのではなく），と考えるのである。訴訟になったからといって，この対応関係を異なったものに変更しなければならない，特段の事情はない，と考える。

後記第3章序節第2・1「要件事実の決定基準」注25〔河村執筆部分〕（220頁以下）において，このように請求原因と解することは不相当であるとする河村説の根拠が示されている（本書の中における説明であるから，河村説の内容をここで引用する必要はないであろう。読者におかれては，同所をご覧頂きたい）が，筆者として，残念ながら，これに同調することは難しい。以下に，その理由を述べる。

① 青色申告承認申請却下処分取消訴訟において，手続上の問題における適法性を問題[14]とするべきなのであるのならば，実体上の問題に入る前に，その問題を解決するべきであることは，訴訟手続における一般法理として肯定されることである。のみならず，具体的に考えてみても，後記第3章第1節第2・4「要件事実」における「青色申告承認申請却下処分の取消訴訟」〔河村執筆部分〕（240頁）に「抗弁（青色申告承認申請却下処分の適法性の評価根拠事実）」として挙げられている事実が，事実として考えられるべきものであるとする以上，その事実はその性質上，上記の私見にいう実体上の要件に関する具体的事実（請求原因事実）に先立って審理判断されるべき事実である，と筆者も考える。実体上の要件の，ある事実を請求原因と考えたからといって，手続上の要件が不備であるのに，まずは，原告の実体上の請求原因の審理判断から始めなければならないということにはならない。したがって，上記私見によっても，「法律による行政の原理」によるという取消訴訟の制度趣旨に反することはない，と考える。

② 被告の手続上の適法要件具備の抗弁に対し，原告の実体上の適法要件具備の評価根拠事実（私見によれば請求原因）が再抗弁になるという見解は，要件事実論において争いがない（少なくとも圧倒的多数の），次のような考え方に反するものであって，理解がしにくいものと思う。再抗弁というものは，抗弁に内在する例外を明確に例外として顕在化して意識し，具体

---

[14]　「実体上の問題」とは，納税者である原告が，青色申告による納税を認められるような実態を備えているかという問題である。これに対して，ここでいう「手続上の問題」とは，この実体上の問題を処理するために必要な手続に関する問題である。

場合がその例外に当たること主張することによって，抗弁から発生する法律効果を障害（消滅）させるという性質のものである（抗弁としての合意解除契約に内在する無効原因〔例えば，民94条の虚偽表示〕を顕在化して再抗弁とするというように）と考えられるところ，上記見解において抗弁とこれに対する再抗弁とされている事実は，このような関係になっておらず，上記要件事実論の考え方に反するものである（仮に，反してもよいとの特段の事情があるとしても，上記見解においては，そのような特段の事情が説明されているとはいえない），と考える。
③　訴訟の進行としては，上記の①において述べたように手続上の問題に関する双方の応酬が終わり，次は，理論上の性質に従って，実体上の問題に関する請求原因・抗弁の応酬に移ればよいというだけのことであるので，青色申告承認申請却下処分取消訴訟（これと類似の判断構造の訴訟）において，河村説のように考えなくても，困るということは，実務上も理論上もない，と考える。

第4　評価的要件の重要性

　租税訴訟においても，評価的要件の問題は重要であり，租税実体法においては，評価的要件に当たる要件は数多くあり，その理解を適切にすることができなければ，租税訴訟における要件事実論を適切に活用することに支障をきたすことになるであろう。
　「必要経費に算入すべき金額は，……総収入金額を得るために直接に要した費用の額及び……所得を生ずべき業務について生じた費用……の額とする。」（所税37条1項）というようなきわめてありふれた要件も評価的要件であるし，「役員に対して支給する給与……の額のうち不相当に高額な部分の金額」（法税34条2項）などの要件もそうであって，その例は，枚挙にいとまがない。
　そのように述べた上で，「変則的評価的要件」[15]の問題も重要である[16]ことを指摘しておきたい。

---

15)　「変則的評価的要件」については，前記本章第1節第3・1(4)「典型的評価的要件と変則的評価的要件」（5頁以下）参照。
16)　租税訴訟における具体的適用例については，後記第2章第5節第2・4(2)1)「条文上の定義」〔75頁以下〕参照）。

第5 「事案の解明義務論」の重要性

　租税訴訟においても，要件事実論を考えるときは，いつも，それと密接に関連する議論として，「事案の解明義務論」[17]を考えなければならない[18]ことを，強調しておきたい。

　基本的には，課税処分の適法であることの評価根拠事実の主張立証責任は，課税庁にあるが，要件事実のレベルにおいても，例外的な事実を根拠として納税者が自己に有利な法律効果を主張しようとするときは，そうしたことを根拠づける特別な事実の存在については，納税者に主張立証責任があると考えるべきである（例えば，課税庁は，きわめて特殊な経費の不発生までについて，主張立証責任を負うものではない[19]）が，そうした場合に限らず，基本的には，課税庁が要件事実として主張立証責任を負う事実（例えば，一般的経費の不発生）についても，東日本大震災による証拠の偏在があるような特別の具体的な事情があるときには，納税者の側にも，適切な範囲内において，「事案解明義務（狭義）」があると考えるべきではあるまいか。納税者がその義務を果たさなかった場合には，納税者は，一定の不利益を事実認定の上で受けることになる，といわざるをえない。

　しかし，同時に注意すべきは，単に立証の困難があるからというだけの理由で，他に特段の事情もない（単に「特別の経費」であるというのみでは，上記の「きわめて特殊な経費」に当たるか問題もあるし，かつ，上記のような特別の具体的な事情があるといえるかも疑問である）のに，本来課税庁の立証責任対象事実について，実際上，その反対の事実について納税者に立証責任があるのと同様な扱いをすることには疑問がある[20]。

---

[17]　同義務については，前記本章第1節第3・2「『事案の解明義務論』の重要性」（7頁以下）参照。

[18]　租税訴訟における具体的適用例については，後記第2章第5節第4・8(3)「貸倒損失に関する要件事実」（168頁以下）参照。

[19]　後記第2章第5節第4・8(1)「一般経費と特別経費の区別に関する要件事実」（164頁以下）参照。

[20]　再校の段階で，永石一郎「要件事実論の変遷」伊藤眞ほか共編『これからの民事実務と理論』88頁以下に接した。同稿は優れた論稿である。ただ「事案の解明義務」の説明がないし，裁判規範としての民法説の基本を踏まえての論旨の展開とはいえないようにも思われる部分がある。

第2章
租税実体法関係

　本章においては、所得税に係る納税義務の成立の基礎となる課税要件（すなわち、納税義務者、課税物件、課税物件の帰属、課税標準及び税率）ごとに、制度趣旨の観点から、訴訟における要件事実を検討する。

第1節　納税義務者

第1　納税義務者の種類

　納税義務者とは、各種税目に係る国税に関する法律の規定により、国税を納める義務を負うと定められている者のことをいう[1]。納税義務者とは、自己が経済的負担をするかどうかとは別の概念であって、直接税については納税義務者と当該租税の負担者（これを担税者ともいう）とは一致するが、間接税については両者は一致しない。源泉徴収義務者も、本来の納税義務者が負担すべき租税を徴収し、納付する義務を負担しているだけであるから、納税義務者には該当しないが、税通2条5号及び税徴2条6号は、納税義務者と源泉徴収義務者とを併せて対象とするときに「納税者」と定義している。

　所得税に係る納税義務者として所得税法が予定しているのは、原則として個人であるが、一定の場合には、法人等も含まれる[2]。

　まず、個人については、所税5条1項は、「居住者」は所得税を納める義務があると規定する。居住者の意義は、所税2条1項3号により、国内（この法律の施行地をいう。同項1号）に「住所を有し、又は現在まで引き続いて1年以上居所を有する個人をいう」とされている。また、同項4号により、「居住者のうち、日本の国籍を有しておらず、かつ過去10年以内において国内に住所又は居所を有していた期間の合計が5年以下である個人」を特に「非永住者」と定義して、区別している。さらに、同項5号により、「居住者以外の個人」を

---

1) 金子『租税法』148～149頁、増井『租税法入門』82～85頁。
2) 金子『租税法』195～196頁、増井『租税法入門』82～84頁。

「非居住者」と定義している。

　これらのように，所得税の納税義務を負う個人の種類を，居住者，非永住者及び非居住者と区別しているのは，それぞれの負う納税義務の範囲が異なるからである。

　すなわち，居住者は「全ての所得」に対して納税義務を負う（所税7条1項1号）。この趣旨は，所得税法が，いわゆる包括的所得概念の見地から反覆継続的所得であると一時的偶発的所得であるとを問わず，また所得源泉地が国内であると国外であるとを問わず，およそ課税所得となるべき利得を収受した居住者は必ず所得税の納税義務を負うことを意味している（詳しくは，本章第2節第1を参照）。

　これに対して，非永住者は，所税95条1項に規定する国外源泉所得以外の所得及び国外源泉所得で国内において支払われ，又は国外から送金されたものに納税義務の範囲が縮減され（所税7条1項2号），さらに，非居住者は，所税164条1項各号及び同条2項各号に定める国内源泉所得に限定されている（所税7条1項3号）。

　他方，法人については，所得税法が源泉徴収制度を採用している関係で，法人に対して支払われる利子・配当等についても所得税の源泉徴収義務を課しているため（所税212条3項），これに対応して，当該徴収納付の対象とされる法人も所得税の納税義務者ということになる。それゆえ，所税5条3項は，「内国法人」について，「国内において内国法人課税所得の支払を受けるとき又はその引受けを行う法人課税信託の信託財産に帰せられる外国法人課税所得の支払を受けるとき」に，また所税5条4項は，「外国法人」について，「外国法人課税所得の支払を受けるとき又はその引受けを行う法人課税信託の信託財産に帰せられる内国法人課税所得の支払を国内において受けるとき」に，それぞれ所得税の納税義務を負う旨を明らかにしている[3]。このほか，所税4条は，「人格のない社団等は，法人とみなして，この法律の規定を適用する」と規定するので，その形態に対応して，内国法人又は外国法人として，所得税の納税義務を負うことになる。

　以上のように，納税義務者の種類は，所得税の負担に大きく影響をもつこと

3）「内国法人課税所得」とは，所税174条各号に掲げる利子等，配当等及び金融類似商品の収益をいい，「外国法人課税所得」とは，所税161条1項4号から11号まで又は13号から16号までに掲げるものをいう（所税5条2項2号）。

第2 居住者又は非居住者
1 住所又は居所の意義について

　前述したように，非居住者の定義は「居住者以外の個人」とされており，いわゆる消極要件であるので，これに対応する，居住者である個人とは，どのような状況にある個人なのかが問題となる。

　所税2条1項3号は，居住者の定義として，国内に「住所を有し，又は現在まで引き続いて1年以上居所を有する個人をいう」と規定してるが，ここに規定する住所又は居所の意義について同法は何ら定めを置いていないから，この点は解釈に委ねられていることになる。

　そこで，通説・判例は，住所又は居所がいずれも民法に規定されている法概念であることから，これを借用概念であるとし，民法における意義と同義に解釈すべきであるとしてきた[4]。そして，民22条が，住所とは「各人の生活の本拠をその者の住所とする」と規定し，また民23条1項が「住所が知れない場合には，居所を住所とみなす」とし，同条2項が「日本に住所を有しない者は，その者が日本人又は外国人のいずれかであるかを問わず，日本における居所をその者の住所とみなす」と規定していることから，所得税法における住所又は居所の意義も，これらの民法の規定にいう意義と同義に解釈すべきであると解されてきた。この見解を受けて，行政庁の公定解釈である所基通2―1〈住所の意義〉は，「法に規定する住所とは各人の生活の本拠をいい，生活の本拠であるかどうかは客観的事実によって判定する」としている。ただし，国の内外にわたって居住地が異動する者の住所が国内にあるかどうかの判定に当たっては，所税令14条〈国内に住所を有する者と推定する場合〉及び所税令15条〈国内に住所を有しない者と推定する場合〉の規定により判定される（所基通2―1（注）参照）。

　これに対して，居所の意義に関する公定解釈は存在しない。居所の意義は，民22条及び民23条ならびに所税2条1項3号が「現在まで引き続いて1年以上

---

[4] 金子『租税法』119〜122頁，増井『租税法入門』48〜50頁。

居所を有する個人」と規定していることを総合勘案すると，「生活の本拠であるかどうかは不明であるが，国内に継続して1年以上所在する場所」の趣旨に理解すべきであろう（なお，「1年以上」の期間の計算の起算日は，入国の日の翌日とされている（所基通2―4）が，これは行政法規の適用に係る期間計算の原則である初日不算入のとおりである）[5]。

　そうすると，次に「生活の本拠」とはどのような条件を備えた場所のことをいうのかを明らかにしなければならない。この解釈については，河村判事が説くように諸説ありうるが[6]，「定住事実と定住意思の双方を総合的・相関的に判断して（つまり，定住意思が強ければ，定住事実が弱くとも，生活の本拠といえるし，定住意思が弱くとも，定住事実が強ければ，生活の本拠といえることになる），決定するのが相当であろう」との主張に賛成する（なお，最判昭27・4・15民集6巻4号413頁も，「一定の場所が生活の本拠に当たるのか否かは，住居，職業，生計を一にする配偶者その他の親族の存否，資産の所在等の客観的事実に居住者の言動等により外部から客観的に認識することができる居住者の居住意思を総合して判断するのが相当である。なお，特定の場所を特定人の住所と判断するについては，その者が間断なくその場所に居住することを要するものではなく，単に滞在日数が多いかどうかによってのみ判断すべきものでもない」と判示している）。それゆえ，所得税法上の住所の判定に当たっては，前述した所得税基本通達2―1を勘案して，定住事実と定住意思の双方を証明できる客観的事実を提示すべきことになろう。

　一般に，所得税の課税に当たって，居住者又は非居住者について問題となるのは，納税義務者が非居住者に該当すると判断して納税申告をしなかったり，又は国内源泉所得についてだけしか納税申告をしなかったところ，課税庁の方が居住者であるとして課税処分（更正・決定）をしたような場合であろう。

　このような場合，当該課税処分取消訴訟においては，請求原因として納税義務者が課税処分における居住者認定判断の違法を主張し，これに対して，国側が抗弁として，当該処分における課税要件の充足を基礎付ける事実を主張立証することになるが，特に納税義務者には「生活の本拠」又は「継続して1年以上の定住事実」があったことの評価根拠事実を主張立証する。これに対して，

5）　居所の意義について争われたものとしては，神戸地判平14・10・7日税資252号順号9208，国税不服審判所裁決平15・4・24TAINSコードF0―1―085等がある。

6）　伊藤＝岩崎『要件事実の展開』41頁，特に63頁以下〔河村浩執筆〕。

納税義務者が再抗弁として「生活の本拠」又は「継続して1年以上の定住事実」が日本国内にあることの評価障害事実を主張立証することになろう。

以下においては，いくつかの具体的訴訟において，「生活の本拠」たる定住事実及び定住意思の双方を証明するための客観的事実や，「継続して1年以上の定住事実」を証明するための客観的事実として，どのような主張立証がなされているかを考察することにしよう。

2 要件事実

この点につき，課税庁側が日本国内に住所があるとして行った課税処分に対して，納税者側が非居住者であるとして争い，裁判所が納税者側の主張を認めて，課税処分の取消判決を行った注目すべきものとして，贈与税に係る武富士事件（最判平23・2・18裁判所HP・判夕1345号115頁）[7]と所得税（譲渡所得）に係るユニマット事件（東京地判平19・9・14判夕1277号173頁及び東京高判平20・2・28判夕1278号163頁）がある。本書は，所得税に係る要件事実を対象としているので，以下においては，ユニマット事件を例としてとりあげよう[8]。

本件においては，元弁護士のX（原告・被控訴人）は，平成12年12月4日に日本からシンガポールに転出したが，同月17日から29日まで日本に滞在した後，年末年始はシンガポールに戻り，さらに日本を経由したうえ香港に赴き，平成13年1月6日に香港においてX所有のユニマットライフ社の株式を約19億円で他に譲渡した。Xは，この株式譲渡に係る譲渡所得について，日本において，平成13年度分の所得税に係る確定申告をしなかったところ，所轄税務署長（処分行政庁）は，Xを日本居住者として譲渡所得を認定し，決定処分等を行った。これに対して，Xは，株式譲渡時においては，日本国内に住所はなかったので居住者ではないとして，本件決定処分等の取消しを求めて提訴した。

第1審の東京地判平19・9・14は，国内において住所を有していたかどうかは，生活の本拠の有無により判定すべきであり，生活の本拠とは，その者の生

---

[7] 武富士事件については，田中治「税法の解釈方法と武富士判決の意義」同志社法学64巻7号203頁（2013年），大渕博義「武富士事件における相続税法上の『住所』認定の論理—租税回避の意思と住所認定の関わり」租税訴訟7号28頁（2014年）。
[8] 判例評釈として，中西良彦「判批」税理51巻13号122頁（2008年），川田剛「判批」税研25巻3号24頁（2009年），青山慶二「判批」TKC税研情報19巻3号80頁（2010年）があるほか，『注解所得税法』19〜31頁，酒井克彦『裁判例からみる所得税法』（大蔵財務協会，2016年）4〜7頁を参照。

活に最も関係の深い一般的生活，全生活の中心を指すものと解すべきであるとしたうえで，一定の場所がその者の住所であるか否かは「一般的には，住居，職業，生計を一にする配偶者その他の親族の居所，資産の所在等の客観的事実に基づき，総合的に判定するのが相当である。これに対して，主観的な居住意思は，通常は，客観的な居住の事実に具体化されているであろうから，住所の判定に無関係であるとはいえないが，このような居住意思は必ずしも常に存在するものではなく，外部から認識しがたい場合が多いため，補充的な考慮要素にとどまるものと解される」との判断基準を示し，事実認定をした結果，本件株式の譲渡期日当時において，Ｘが日本国内において住所を有していたと認めることはできないから，本件決定処分等は違法であるとして取り消した。控訴審の東京高判平20・2・28も，「本件譲渡期日当時におけるＸの住所が国内になく，むしろシンガポールにあったものと認められること，Ｘの職業についても，シンガポールにおいて株式取引を開始した時点でその生活の本拠がシンガポールに移転したものとみることができること，国内において生計を一にするＸの家族又は親族は存在せず，かつ，Ｘが継続して居住するに適する場所を有していなかったこと，国内に所在する資産についても，シンガポールに居住しながら管理することが困難とまではいえないと認められることなどを総合的に考慮すると，本件譲渡期日当時，Ｘが国内に住所を有していたと認めることはできない」として，原審判決を支持し，確定している。

訴訟物
　　本件決定処分の違法性
請求原因
　（行政処分の存在）
　　①　処分行政庁による，非居住者であるＸに対し，平成13年分の譲渡所得を認定し所得税を賦課した決定処分が存在する。
　（違法性の主張）
　　②　本件決定処分は，違法である。
抗弁（決定処分の適法性に関する評価根拠事実）
　　①　Ｘは，平成12年1月から同14年11月30日までの間，シンガポールにおいて，サービスアパートメント（月額約37万円）の賃貸借契約を借主として締結していた。

② Xは，平成13年中に頻繁に日本に出入国を繰り返しており，1年の約半分の期間は日本に滞在していた。
③ Xは，経営コンサルティング業を行う内国法人の取締役であった。
④ Xの親族は，日本に居住している。
⑤ Xは，内国法人に関する有価証券，土地を所有している。

再抗弁（決定処分の適法性に関する評価障害事実）
① Xのシンガポールにおける住居は，生活に必要な家財道具を全て備えたサービスアパートメントであるのに対し，日本滞在時に利用していたのは，一般のホテルで，日本においては，生活用品を管理して寝泊まりをするための特定の場所はなかった。
② Xが日本において行っていた経営コンサルティング業務は不調で，Xの収入はシンガポールにおける投資収益に依存していた。
③ Xは，シンガポールにおいて，アシスタント3人を雇用して，投資コンサルティング業を行っていた。
④ Xの親族は，Xと生計を一にはしていなかった。
⑤ Xの国内資産のうち，有価証券は債務超過の会社に対するもので売買取引は行っておらず，又，土地も抵当権の関係からX名義となっているだけで，Xの使用収益の対象とはなっていない。

第3 非永住者

1 非永住者の意義について

非永住者とは，前述したように，「居住者のうち，日本の国籍を有しておらず，かつ過去10年以内において国内に住所又は居所を有していた期間の合計が5年以下である個人」（所税2条1項4号）と定義されている。したがって，適用要件としては，①居住者であること（定住事実・定住意思要件），②日本国籍を有すること（国籍要件），③過去10年以内において住所又は居所を有していた期間の合計が5年以下であること（居住期間要件）の全てを充足する必要がある[9]。

まず，①の定住事実・定住意思要件は，居住者について述べたことと同じで

---

9) 非永住者制度の問題点については，増井良啓「非居住者制度の存在意義」ジュリ1128号107頁（1998年）参照。

ある。

次に，②の国籍要件であるが，これは国籍法の規定における日本国籍取得の要件を満たす事実があることをいう。国籍法によれば，日本国籍の取得原因には出生，届出，帰化の3種類があり，具体的には，㋐出生原因（所税2条）として，出生の時に父又は母が日本国民であるとき，出生前に死亡した父が死亡の時に日本国民であったとき，日本で生まれ，父母がともに不明のとき又は無国籍のときの3類型がある。㋑届出原因（所税3条・17条）としては，認知された子の国籍の取得，国籍を留保しなかった者の国籍の再取得又はその他の場合について，法務大臣に届け出ることにより日本国籍を取得する方法がある。そして，㋒帰化原因（所税4条ないし9条）としては，外国人が法務大臣に日本国籍の取得を希望する意思表示をし，これに対して許可があることが求められている。これらの取得原因を充足するための事実には，評価的事実が含まれている。

そして，③の居住期間要件であるが，この居住期間の計算方法ないし起算日については，次のような公定解釈が示されている。すなわち，「過去10年以内」とは，「判定する日の10年前の同日から，判定する日の前日までをいう」（所基通2―4の2）。「国内に住所又は居所を有していた期間」は，「暦に従って計算し，1月に満たない期間は日をもって数える。また，当該期間が複数ある場合には，これらの年数，月数及び日数をそれぞれ合算し，日数は30日をもって1月とし，月数は12月をもって1年とする。なお，過去10年以内に住所又は居所を有することとなった日（以下この項において「入国の日」という）と住所又は居所を有しないこととなった日（以下この項において「出国の日」という）がある場合には，当該期間は，入国の日の翌日から出国の日までとなることに留意する」（所基通2―4の3）とされている。

なお，国籍要件及び居住期間要件は，平成18年度税制改正により導入された要件であり，それ以前の所得税法においては「永住の意思がなく，日本での居住が引き続き五年以下である個人」と規定されていた。改正理由は次のように説明されている（立法者意思が明確となるので若干長いが以下に引用する[10]）。すなわち，「非永住者制度については，その趣旨を逸脱して適用を受けている者も見受けられるとして，次のような問題点が指摘されていました。①外国系企

---

10) 緒方健太郎＝山田彰宏「国際課税関係の改正」国税庁『平成18年度改正税法のすべて』（大蔵財務協会，2006年）452～453頁。

業に就職した者（日本国籍）が，国外で数年間勤務した後，日本企業に就職し，日本の自宅から通勤しているような場合でも，永住の意思がないとして適用を受けている事例，②外資系金融機関の日本支店に勤める者が，平成9年に来日した後，平成13年まで非居住者として申告していたが，平成14年の途中にいったんアメリカに帰国した後，平成15年に再度来日し，平成15年からあらためて非永住者制度の適用を受け始めている事例。」「このような問題点に対処するため，平成18年度改正においては，非永住者の範囲の見直しを行うこととされました。具体的には，……日本の国籍を有していない者を対象としたのは，上記の事例①の問題点は制度の適用がその者の意思によって左右されることであり，本人の意思といった主観的なものを判定基準とするのでなく，なんらかの客観的な基準を設けることによって前述のような問題点が解決されること，そして日本の国籍を有することにより受けることができる便益等を考慮すれば，その課税範囲について，非永住者以外の居住者として課税されている者とあえて差異を設ける必要はないと考えられたことによるものです。また，過去10年以内の居住期間の合計が5年以下である者を対象としたのは，過去の一定以上の居住期間があれば，その者については非永住者制度の適用を全く認めないとすることも考えられるところですが，それまでの国内の居住履歴をすべて要件としたのでは，その管理が本人にとっても税務当局にとっても容易でないこと等から，今回の改正においては，過去10年を区切りとして，現行と同様に5年間は非永住者制度の適用を認めることとし，そのうえで過去10年以内の居住期間が5年を超える者については非永住者制度の適用を認めないこととされました。」そして，「非永住者の範囲の見直しが行われたことに伴い，その判定の基礎となる国籍や過去の居住期間を的確に把握する必要があることから，その年において非永住者であった期間を有する者がその年の確定申告書を提出する場合には，……①申告書を提出する者の氏名，国籍及び住所又は居所，②その年の前年以前10年内の各年において，国内に住所又は居所を有することとなった日及び有しないこととなった日並びに国内に住所又は居所を有していた期間，③その年において非永住者，非永住者以外の居住者及び非居住者であったそれぞれの期間，④その年において非永住者であった期間内に生じた(イ)国内源泉所得の金額，(ロ)国内源泉所得以外の所得の金額並びにその金額のうち，国内において支払われた金額及び国外から送金された金額，⑤その他参考となるべき事項を記載した書類」を確定申告書に添付しなければならないこととされた（所税

120条5項，所税規47条の4）。

　一般に，所得税の課税に当たって，非永住者について問題となるのは，納税義務者が非永住者に該当すると判断して納税申告をしたところ，課税庁の方が非永住者としての要件の充足を欠くとして，居住者として所得計算をして行う課税処分（更正・決定）であろう。

2　要件事実

　このような場合，当該課税処分取消訴訟においては，請求原因として納税義務者が課税処分における居住者認定判断（非永住者であることを否認したこと）の違法を主張し，これに対して，国側が抗弁として，当該処分における課税要件の充足を基礎付ける事実，特に納税義務者から確定申告書に添付されている非永住者要件を充足することの資料に過誤があることを明らかにしうる評価根拠事実を主張立証する。これに対して，納税義務者が再抗弁として当該課税庁側の評価根拠事実に対する評価障害事実を主張立証することになろう[11]。

第4　法人又は人格のない社団等
1　法人又は人格のない社団等の意義について

　納税義務者の種類（本節第1）において述べたように，所得税法が源泉徴収制度を採用している関係で，当該徴収納付の対象とされる法人又は人格のない社団等もその受け取る利子，配当等について所得税の納税義務者ということになる（内国法人について所税5条3項，外国法人について所税5条4項，人格のない社団等について所税4条）。

　法人について，内国法人であるか外国法人であるかは，国内に本店又は主たる事業所を有するか否か（所税2条1項6号・7号）という形式基準により判定するので，その区別をめぐる問題はあまり生じない。

　これに対して，法人格を有せず，また人格のない社団等にも該当しない事業体，すなわち民法上の組合，匿名組合，投資事業有限責任組合（これは，「中小企業等投資事業有限責任組合契約に関する法律」（平成10年法律第90号）に規定する事業体のことを指す）は，それ自体が所得の帰属主体になることがないので，これらの稼得した所得は，組合員等に配分され，組合員等がそれぞれ納税義務

11）　平成18年税制改正後の要件事実に係る争いがあまりないので，具体的な事例分析は省略する。

を負うことになる。組合員が受ける分配金は，当該組合の主たる事業の内容に従って，当該所得区分と同じ所得に性質決定される（いわゆるパス・スルー課税）。すなわち，組合の所得が不動産所得であれば，組合員に分配されるのも不動産所得となり，同様にして，事業所得，山林所得又は雑所得のいずれかに分類される（所基通36・37共—19以下参照）。

　これに関連して，近時の問題は，日本法と法体系の異なる外国法に基づく事業体の場合，日本法にいう法人に該当するのか，組合に該当するのかが不明な場合があることである。以下においては，米国デラウェア州法に基づき設立されたリミテッド・パートナーシップ（Limited Partnership：LPS と略称する）から，日本の個人投資家が利益の分配金を受けたときの租税法上の取扱いが問題となった事例を取り上げ，検討しよう。

2　要件事実

　米国デラウェア州 LPS 事件（名古屋地判平23・12・14民集69巻5号1297頁，名古屋高判平25・1・24民集69巻5号1462頁，最判平27・7・17民集69巻5号1253頁）は，日本居住の投資家Xら（原告・被控訴人・被上告人）が外国信託銀行を受託者とする信託契約をしたうえで出資した米国デラウェア州 LPS（米国デラウェア州改正統一リミテッド・パートナーシップ法（以下，「州 LPS 法」という）に基づく組成されたリミテッド・パートナーシップ）の行う米国内の中古住宅等の貸付等（以下，「本件各不動産投資事業」という）から得た所得の分配（ただし，実際には，多額の減価償却及び負債があったため，純損失ないし欠損金の分配）を受け，これを所税26条1項所定の不動産所得に該当するものとして，LPS から分配された損失を他の所得との間で損益通算のうえ所得税の申告又は更正の請求をしたところ，所轄税務署長（処分行政庁）が損益通算を認めない趣旨の更正処分等（以下，更正処分と更正すべき理由がない旨の通知処分とを併せて更正処分等という）を行ったため，その取消しを求めて提訴したものである。本件では，LPS が所税2条1項7号及び法税2条4号に共通概念として定められている外国法人として我が国の租税法上の法人に該当するかどうかが争点とされた[12]。

　第1審の名古屋地判平23・12・14及び控訴審の名古屋高判平25・1・24は，いずれも，本件 LPS は法人に該当しないとしたうえで，その構成員であるX

---

[12]　判例評釈としては，『租税判例百選』46頁〔田中啓之執筆〕，酒井・前掲注8）31頁等を参照。

らによる不動産所得（純損失ないし欠損金）の分配を受けたことを前提とする所得税の申告又は更正の請求を是認する判断を示した。

　これに対して，最判平27・7・17は，次のような理由により，原判決破棄差戻の判断を示した。すなわち，外国法に基づいて設立された組織体が所税2条1項7号及び法税2条4項に定める外国法人に該当するか否かは，まず，①当該組織体に係る設立根拠法令の規定の文言や法制の仕組みから，当該組織体が当該外国の法令において日本法上の法人に相当する法的地位を付与されていること又は付与されていないことが疑義のない程度に明白であるか否かを検討して判断し，これができない場合には，②当該組織体が権利義務の帰属主体であると認められるか否かについて，当該組織体の設立根拠法令の規定の内容や趣旨等から，当該組織体が自ら法律行為の当事者となることができ，かつ，その法律効果が当該組織体に帰属すると認められるか否かという点を検討して判断すべきであるとしたうえで，上記①については，「デラウェア州法において日本法上の法人に相当する法的地位を付与されていること又は付与されていないことが疑義のない程度に明白であるとはいい難い」が，他方，上記②については，本件LPSは本件LPS契約上「自ら法律行為の当事者となることができ，かつ，その法律効果が本件LPSに帰属するものということができるから，権利義務の帰属主体であると認められる」ので，所税2条1項7号及び法税2条4項に定める外国法人に該当するものというべきであると判示している[13]。この訴訟に関連する要件事実は，およそ次のようになろう。

訴訟物
　本件更正処分等の違法性
請求原因
　（行政処分の存在）
　①　処分行政庁による，Xらに対し，不動産所得に係る純損失の損益通算を認めない趣旨の更正処分等が存在する。

---

[13] LPSの法的性質は，私見では，我が国でいう匿名組合に近いものであると解しており，一般論として法人性を認めることには疑問がある。とはいえ，LPSの法的性質は，各国における根拠法の内容に依拠している。米国デラウェア州LPSについては，最高裁判所の判断により外国法人としての地位が認められたが，英国領バミューダ法に基づくLPSについては，法人該当性を否定した東京高判平26・2・5判時2235号3頁があり，こちらは上告不受理決定により確定している。

（違法性の主張）

② 本件更正処分等は，違法である。

抗弁（更正処分等の適法性に関する評価根拠事実）

① 州LPS法によれば，LPSは，その設立によりseparate legal entityとなる旨規定されているところ（201条(b)項），これは自ら法律行為の当事者となることができる独立的法主体を意味するから，日本法における「法人」に相当する法的地位が付与されているものである。

② 州LPS法においては，LPSはいかなる合法的な事業，目的又は活動をも実施することができる旨とともに（106条(a)項），LPS契約に付与されたすべての権限及び特権並びにこれらに付随するあらゆる権限を保有し，かつ行使することができる旨が定められている（106条(b)）。

③ 州LPS法によれば，パートナーシップ持分（partnership interest）がそれ自体人的財産（personal property）と称される財産権の一類型とされ，かつ，構成員であるパートナーは特定のリミテッド・パートナーシップ財産について持分を有しないとされている（701条）。

④ 本件LPSは，州LPS法に基づき米国デラウェア州内において設立されたものである。

⑤ 本件LPS契約においても，構成員である各パートナーは本件LPSの財産につき，各自の出資割合に相当する不可分の持分を有すると定められているにとどまり，パートナーが特定のLPS財産について持分を有しないとする州LPS法の規定に沿うものとなっている。

〔主張の趣旨：本件LPSは，自ら法律行為の当事者となることができ，かつ，その法律効果が本件LPSに帰属するものとされており，権利義務の帰属主体ということができるので，所税2条1項7号及び法税2条4項に定める外国法人に該当する。〕

再抗弁（更正処分等の適法性に関する評価障害事実）

① 米国デラウェア州改正統一リミテッド・パートナーシップ法によれば，LPSは，その設立によりseparate legal entityとなる旨規定されているところ（201条(b)項），デラウェア州一般会社法（General Corporation Law of the State of Delaware）においては，株式会社（corporation）については，a body corporateという文言が用いられており（同法106条），separate legal entityという文言が用いられていない。

② Xらは，本件LPSから，出資持分に対応する所得（欠損金）の分配を受けている。
③ 本件LPSの事業内容は，米国内における不動産の賃貸業であるから，Xが分配を受けた金員（欠損金）の所得区分は不動産所得となる。
〔主張の趣旨：所税2条1項7号及び法税2条4項に定める外国法人ではない事業体から，出資持分に応じて分配された不動産所得（純損失）は，他の所得との間で損益通算をすることができる。〕

第2節　課税物件

第1　課税所得

1　所得概念（所得の意義）

　所得税の課税物件は，個人の所得である。所得というのは，経済的概念であることから，経済学では，その定義をめぐって論争がある。大別すれば，消費型（支出型）所得概念と取得型（発生型）所得概念であるが，これらのうち，わが国の所得税法は，取得型（発生型）所得概念の考え方に基づいて構築されてきた[1]。取得型（発生型）所得概念は，個人が外部から収入等の形態で新たに取得する経済的価値（利得）を所得と観念する。それゆえ，所有資産に係る毎年の価値の増加益のような未実現の所得（unrealized gain）や，所有資産の利用価値や自家労働から得られる経済的利益のような帰属所得（imputed income）は[2]，いずれも外部から収入等の形態で新たに取得する経済的価値ではないため，所得から除かれてきた[3]。

　また，取得型（発生型）所得概念を採用したとしても，課税所得（所得のうち課税対象とされる部分）の範囲をどのように画するかについては，大別すれば，制限的所得概念と包括的所得概念で違いがあった。制限的所得概念は，反覆・継続的に生ずる所得に対してのみ課税すべきであって，一時的・偶発的に

---

1) いわゆる所得概念論については，金子『租税法』185頁以下，佐藤『所得税法』3頁以下，増井『租税法入門』58頁以下。
2) 金子『租税法』188〜189頁，佐藤『所得税法』9〜16頁，増井『租税法入門』68〜73頁，118〜123頁。
3) 「収入」の意義については，第2章第5節第3「収入金額の認定」〔伊藤執筆部分〕（149頁以下）を参照。

収得した所得は，個人の担税力を安定的に表現するものではないとして，課税所得の範囲から除くのに対して，包括的所得概念は，反覆・継続的な所得であれ，一時的・偶発的所得であれ，個人に帰属する所得は全てその人の担税力を意味しているとして，課税所得の範囲に含めるものである。両者の違いは，制限的所得概念は，個人の担税力を稼得能力（ability to earn）の観点から測定するのに対して，包括的所得概念は，それを支払能力（ability to pay）の観点から測定するものであるともいえよう。言い換えれば，ある人がたまたま手に入れた1万円はその人の経済力を表現しないと考えるか，1万円を手に入れた以上は，たまたまであると経常的であるとを問わず，1万円を費消して自己の満足を得る利益があると考えるべきかの違いであるといってもよい。

わが国の所得税法は，第二次世界大戦前の法律においてはヨーロッパ法を継受して制限的所得概念が採用されていたが，戦後においては，アメリカからのシャウプ使節団の勧告を受けて，包括的所得概念に基づき構築されている。

2 所得税法における課税所得の範囲

現行所税7条は，納税義務者の種類に応じた課税所得の範囲を規定しているところ，非永住者以外の居住者（通常の，日本居住者）については，「全ての所得」に対して課税すると定めている。ここにいう「全ての所得」とは，包括的所得概念の観点から，①所得発生原因（所得源泉）がどのようなものであれ，外部から新たな利得を収入していれば所得を認識し，②当該利得は，金銭以外の現物給付や債務免除益などの経済的利益をも含み，かつ③利得を収入するとは，合法であると違法であるとを問わず，その管理支配により経済的利益を享受していると認められる実態があればよいということを意味している。

そして，所税21条1項1号は，課税所得たる「全ての所得」を「利子所得，配当所得，不動産所得，事業所得，給与所得，退職所得，山林所得，譲渡所得，一時所得又は雑所得に区分し，これらの所得ごとに所得の金額を計算する」と規定し，また，所税22条1項は，課税所得を金銭化数量化した課税標準金額を，総所得金額，退職所得金額及び山林所得金額としたうえ，同条2項において，総所得金額とは，利子所得の金額，配当所得の金額，不動産所得の金額，事業所得の金額，給与所得の金額，短期譲渡所得の金額及び雑所得の金額の合計額（同項1号）と，長期譲渡所得及び一時所得金額の合計額の2分の1（同項2号）とを合算した金額としている[4]。

これら各所得区分により，所得税法及び租税特別措置法により，所得の計算方法や適用税率に違いが生ずるため，ある利得が何所得に区分されるかは納税義務者の租税負担に大きな影響を与える。そのことから，租税訴訟においては，ある利得が何所得に該当するかが争われることが多い。その場合の要件事実については，本章第5節〔課税標準，その計算及び所得控除〕において検討する。

これに対して，課税所得とされる「全ての所得」から除外されるのが，法9条所定の非課税所得である。ある利得が非課税所得に該当するかどうかは，納税義務者の租税負担に有利に働くことから，しばしば課税処分や租税訴訟の対象となっている。次に，個別の項目について詳述することにしよう。

第2 非課税所得
1 非課税所得の範囲と性質

所税9条1項は，非課税所得の範囲を規定しているが，そこでは18項目が列挙されている。具体的には，当座預金利子（1号），いわゆる子供預金の利子又は収益の分配（2号），恩給・年金その他これらに準ずる給付（3号），給与所得者の出張・転勤等に必要な支出に充てるために支給される金品で通常必要であると認められるもの（4号），給与所得者に支給される通勤手当のうち，通常必要であると認められるもの（5号），給与所得者に対する現物給付で職務の性質上欠くことができないもの（6号），国外勤務をする居住者の受ける在勤手当（7号），外国政府等に勤務する者が受ける給与等（ただし相互主義による）（8号），自己又はその配偶者等の生活に通常必要な動産の譲渡による所得（9号），資力喪失により債務を弁済することが著しく困難な場合における国税通則法の強制換価手続に基づく資産の譲渡による所得（10号），オープン型証券投資信託の収益の分配のうち，信託財産の元本の払戻部分（11号），皇室経済法の内廷費及び皇族費（12号），文化功労者年金等の一定の年金又は金品（13号），オリンピック又はパラリンピックにおける成績優秀者に対して日本オリンピック委員会等から交付される金品（14号），学費及び扶養義務を履行するために給付される金品（15号），相続，遺贈又は個人からの贈与により取得するもの（16号），保険金又は損害賠償金等で，心身に加えられた損害又は突発的な事故により資産に加えられた損害に基因して取得するもの等（17

---

4) 所得税額算出の手順については，金子『租税法』195～205頁，佐藤『所得税法』44～55頁，増井『租税法入門』97～112頁。

号）及び公職選挙法の適用を受ける選挙に係る候補者が法人から贈与された金品その他の財産上の利益で，収支報告書に報告されたもの（18号）である。

　これらをその性質により分類すると，①社会政策的な配慮によるもの，②担税力が弱いと考えられるもの，③使用者便宜の原理（doctrine of employer's convenience）による実費弁償的性質を持つもの，④少額不追及の趣旨によるもの，⑤二重課税の排除のためのものに整理することができるといわれている[5]。

　以下においては，これら非課税所得のいくつかの項目に係る更正処分に対して行われた最近の訴訟における要件事実を検討することにしよう。

2　生活に通常必要な動産の譲渡による所得について
(1) 制度趣旨

　所税9条1項9号は，「自己又はその配偶者その他の親族が生活の用に供する家具，じゅう器，衣類その他の資産で政令で定めるもの〈以下「生活用動産」という：筆者注〉の譲渡による所得」を非課税所得として掲げ，この規定を受けた所令25条は，生活用動産の範囲について，「生活に通常必要な動産のうち，次に掲げるもの（1個又は1組の価額が30万円を超えるものに限る。）以外のものとする」と規定したうえで，①貴石，半貴石，貴金属，真珠及びこれらの製品，べっこう製品，さんご製品，こはく製品，ぞうげ製品ならびに七宝製品（1号）と②書画，骨董及び美術工芸品（2号）を列挙している。

　そして，所税9条2項1号は，これら生活用動産の譲渡による収入金額がその資産の取得費及び譲渡費用の合計額に満たない場合におけるその不足額，すなわち譲渡損失に相当する金額については，「ないものとみなす」と規定している[6]。この「ないものとみなす」という趣旨は，生活用動産はその所有者が利用することにより価値が費消され，取得原価を下回る価額となっていくことが一般的であるから，この譲渡損失について他の所得との間で損益通算を認めると，結局，減価償却による価値の減少（逆にいえば，所有者が利用により受けた利益）を国家が肩代わりして負担することになり，逆に，所有者は生活用動産の利用による利益と租税負担の減少による利益との二重利益を受けることに

---

5)　『DHC 所得税法』1巻321頁以下，326〜327頁，『注解所得税法』228〜230頁，酒井克彦『裁判例からみる所得税法』（大蔵財務協会，2016年）64〜99頁。

6)　制度趣旨については，『DHC 所得税法』1巻385頁。

なって適切ではないとの判断があるものと考えられる。

　他方，所税62条1項は，「災害又は盗難若しくは横領により，生活に通常必要でない資産として政令で定めるものについて受けた損失の金額」は，その者のその損失を受けた日の属する年分又はその翌年分の譲渡所得の金額の計算上控除すべき金額とみなすと規定し，これを受けた所税令178条1項3号がここにいう「生活に通常必要でない資産」の範囲から所税令25条の定める上記生活用動産を除外している。そして，所税69条2項により，この譲渡損失の金額については，他の生活に通常必要でない資産に係る所得の金額から控除するものとし，当該控除をしてもなお控除しきれないものは生じなかったものとみなすと規定されている。

　よって，総合すると，生活用動産に該当しない「生活に通常必要でない」資産（動産又は不動産）についてのみ，災害又は盗難若しくは横領による譲渡損失を他の生活に通常必要でない資産に係る譲渡所得の金額からのみ控除することができ，当該控除をしてもなお控除しきれないものは生じなかったものとされることになる。

(2) 要件事実

　この点につき，給与所得者が通勤用に使用していた自家用車が，生活用動産，生活に通常必要でない動産，それ以外の資産のいずれに該当するかが争われた事例がある（サラリーマンマイカー訴訟と呼ばれることもある。神戸地判昭61・9・24訟月33巻5号1251頁，大阪高判昭63・9・27訟月35巻4号754頁，最判平2・3・23集民159号339頁）[7]。

　この事案は，自家用車を自損事故により破損し，スクラップ業者に売却した給与所得者X（原告・控訴人・上告人）が，当該自家用車の帳簿価額から売却価額を控除した譲渡損失の金額（約30万円）を給与所得と損益通算をして申告したところ，所轄税務署長（被告・被控訴人・被上告人）は，この損益通算を認めない旨の更正処分を行ったことから，不服申立てを経て提訴された更正処分取消訴訟である（なお，主たる争点に限定する）。

　第1審の神戸地判は，「Xは給与所得者であるが本件自動車の使用状況も……事務所への通勤の一部ないし全部区間，また勤務先での業務用に本件自動車を利用していたこと，本件自動車を通勤…のために使用した走行距離・使用

---

[7] たくさんの評釈があるが，本書では，酒井・前掲注5）69頁及びそこに引用されている評釈を参照。

日数はレジャーのために使用したそれらを大幅に上回っていること，車種も大衆車であること……を考慮すれば，本件自動車はXの日常生活に必要なものとして密接に関連しているので，生活に通常必要な動産……に該当するものと解するのが相当である。そして，自動車が所税令25条各号にあげられた資産に該当しないことは明らかであるから，Xの自動車の譲渡による損失の金額は，所税9条2項1号に基づかないものとみなされることになる。したがって，損益通算の規定（所税69条）の適用の有無につき判断するまでもなく，右損失の金額を給与所得の金額から控除することはできない」と判示した。

これに対し，控訴審の大阪高判は，理由を変更し，「自動車を勤務先における業務の用に供することは雇用契約の性質上，使用者の負担においてなされるべきことであって，雇用契約における定め等特段の事情の認められない本件においては，被用者であるXにおいて業務の用に供する義務があったということはできず，本件自動車を……駅間の通勤の用に供したことについても，その区間の通勤定期券購入代金が使用者によって全額支給されている以上，Xにおいて本来そうする必要はなかったものであって，右いずれの場合も生活に通常必要なものとしての自動車の使用ではないと言わざるを得ない。そうすると，本件自動車が生活に通常必要なものとしてそのように供されたとみられるのは，Xが通勤のため……駅間において使用した場合のみであり，それは本件自動車の使用全体のうち僅かな割合を占めるにすぎないから，本件自動車はその使用の態様よりみて生活に通常必要でない資産に該当するものと解するのが相当である」と判示した。最高裁判決は原審の判断を維持し，上告人Xの敗訴が確定している。

以下においては，自家用車の譲渡による所得（ないし損失）が非課税所得となる「生活に通常必要な動産の譲渡による所得」に該当するかどうかを検討する必要から，第1審段階における要件事実を整理することにする。

訴訟物
　本件更正処分の違法性
請求原因
　（行政処分の存在）
　① 処分行政庁による，Xの○○年分の所得につき，自家用車の譲渡損失の金額を給与所得と損益通算をしたことによる所得税額の還付申告

につき，これを認めない趣旨の増額更正処分が存在する。
（違法性の主張）
② 本件更正処分は違法である。
〔争点：Xが勤務用に使用していた自家用車は，「生活に通常必要な動産」（所税9条1項9号，所税令25条）に該当しないから，自損事故に基因するその譲渡損失については，所税69条1項により給与所得と損益通算をすることができるところ，これを認めない趣旨の本件増額更正処分には上記法条の解釈を誤った違法があるといえるか否か。〕

抗弁（更正処分の適法性に関する評価根拠事実）

（「生活に通常必要な動産」該当性に係る評価根拠事実）
① 自家用車は，動産である。
② 本件自家用車は，Xの通勤及び勤務先での業務の用に通常使用されていた。
③ 本件自家用車は，耐久消費財としての大衆車であり，美術工芸品ではない。
〔主張の趣旨：本件自家用車は「生活に通常必要な動産」に該当し，生活に通常必要な動産を譲渡した場合に生じた損失は所税9条2項1号により「ないものとみなされる」ことから損益通算は認められない。〕

再抗弁（更正処分の適法性に関する評価障害事実）
① Xの住所地には公共交通手段がなく，最寄りの駅まで遠いので，自家用車を生活及び通勤に用いる必要があったなど，本件自動車がX又はその配偶者その他の親族の生活に通常必要であることを根拠づける特別な事実。
② 自損事故当時の本件自動車の価値が30万円を超えることを根拠づける事実。

3 資力喪失の場合の強制換価手続による資産の譲渡による所得について

(1) 制度趣旨

所税9条1項10号は，「資力を喪失して債務を弁済することが著しく困難である場合における税通2条10号（定義）に規定する強制換価手続による資産の譲渡による所得その他これに類するものとして政令で定める所得（第33条第2

項第1号(譲渡所得に含まれない所得)の規定に該当するものを除く。)」については、所得税を課さない旨を規定する[8]。この規定を受けた所税令26条は、この非課税規定の適用対象を、「資力を喪失して債務を弁済することが著しく困難であり、かつ、税通2条10号に規定する強制換価手続の執行が避けられないと認められる場合における資産の譲渡による所得で、その譲渡に係る対価が当該債務の弁済に充てられたものとする」と限定している。

この非課税規定は、昭和40年度の所得税法全文改正において創設され、強制換価手続による資産の譲渡のような所有者本人の意思に基づかない強制的な譲渡の場合には、実際問題として課税することが困難であること、相続財産を物納した場合の譲渡所得または山林所得については所得税を課さないこと(租特40条の3)とのバランスを図る必要があること等の観点から設けられたものである[9]。

所税令26条に規定する「その譲渡に係る対価が当該債務の弁済に充てられた」かどうかは、同条に規定する「資産の譲渡の対価(当該資産の譲渡に要した費用がある場合には、当該費用に相当する部分を除く。)の全部が当該譲渡の時において有する債務の弁済に充てられたかどうかにより判定する」とされている(所基通9―12の4)。

なお、債権者の多くは、強制換価手続の法的煩わしさを避けるため、債務者に半強制的に代物弁済契約を締結されることがあるとの実情や債務者側においても強制換価手続によらずに任意換価によって資産を譲渡して債務を弁済したいと思うことが多いことに配慮して、所基通9―12の5により、任意換価のうち一定のものについては、強制換価手続に類するものとして、この非課税規定の適用対象としている。

(2) **要件事実**

この点については、所税(平成18年法律第10号による改正前)25条1項5号に定めるみなし配当所得に関して、所税9条1項10号に定める非課税所得に当たらないとしてなした所得税の更正処分につき、同号にいう「資力を喪失して債務を弁済することが著しく困難である場合」とは、当該資産の譲渡時に債務者の債務超過の状態が著しく、その者の信用、才能等を活用しても、現にその債

---

[8] 譲渡所得との関係については、第2章第5節第2・8「譲渡所得」〔伊藤執筆部分〕(107頁以下)を参照。
[9] 『DHC所得税法』1巻387頁、『注解所得税法』750〜751頁。

務の全部を弁済するための資金を調達することができないのみならず，近い将来においても調達することができないと認められる場合をいうと解したうえ，当該みなし配当所得は，非課税所得に当たらないとして，本件更正処分を適法とした事例がある（さいたま地判平21・11・25裁判所HP，同旨・東京高判平22・6・23裁判所HP）。

訴訟物
　本件更正処分の違法性
請求原因
（行政処分の存在）
① 　処分行政庁による，X（原告・控訴人）の平成16年分の所得につき，みなし配当所得の申告漏れがあるとしてなした総所得金額の更正処分が存在する。
（違法性の主張）
② 　本件更正処分は違法である。
〔争点：本件みなし配当所得の非課税所得該当性〕
抗弁（更正処分の適法性に関する評価根拠事実）
① 　Xは，本件株式を譲渡した時点で，総額〇億△△△万円の資産を有しており，これに対して同時点において負っていた負債の総額は，これを下回る金額にすぎない。
② 　Xが回収不能としている負債のうち，Xが設立した訴外A社に対する貸付金は，同社が本件譲渡時を含む事業年度において稼働しており，少なくとも年間〇〇〇万円の収入があったから，回収不能ではない。
③ 　Xが回収不能としている負債のうち，Xが訴外A社に対する出資金は，②のとおり回収不能ではない。
④ 　Xは，本件譲渡時を含む年において，別会社の取締役で×××万円の役員報酬を受けていた。
〔主張の趣旨：Xは，本件株式を譲渡したときにおいて「資力を喪失して債務を弁済することが著しく困難な状況」にあったとは到底いえない。〕
再抗弁（更正処分の適法性に関する評価障害事実）
① 　本件株式の譲渡時において，訴外A社は確かに稼働していたが，多

額の負債を抱えていたことから，Xの同社に対する貸付金及び出資金は回収不能であった。
② 本件株式の譲渡時において，Xは確かに別会社から役員報酬を受けていたが，当該役員報酬相当額は別の債務の弁済に充当したため，全額費消した。
〔主張の趣旨：Xは，本件株式を譲渡したときにおいて「資力を喪失して債務を弁済することが著しく困難な状況」にあったから，本件株式の譲渡に係るみなし配当所得は非課税所得の対象となる。〕

4 相続，遺贈又は贈与により取得するものについて
(1) 制度趣旨

所税9条1項16号は，「相続，遺贈又は個人からの贈与により取得するもの（相続税法……の規定により相続，遺贈又は個人からの贈与により取得したものとみなされるものを含む。）」については，所得税を課さないことを規定する。この規定は，昭和22年の所税全文改正時に創設されたものである。すなわち，昭和22年所税6条5号は，非課税所得として，「第9条第1項第8号に規定する所得のうち，営利を目的とする継続的行為から生じた所得以外の一時の所得」を掲げていたところ，昭和22年11月改正の所税6条5号により，「第9条第1項第8号に規定する所得のうち，相続，遺贈又は個人からの贈与に因り取得するもの……，傷害保険契約又は損害保険契約に基づき支払いを受ける保険料，損害賠償金に因り取得するもの，慰謝料その他これらに類するもの」に改正された。その改正理由は，第二次世界大戦後の税制の抜本改正により，相続税法が遺産取得税方式に変更され，相続人の受けた相続財産を課税物件とする租税（シャウプ勧告に基づく税制改正時点では，相続税は所得税の補完税として捉えられ，控除制度・税率等において整合的な制度が構築されていたが，その後の法改正により，現行法においては両税の間の整合性は弱くなっている）に改正されたことから，相続財産等に所得税を課すると二重課税が生ずることになり，所得税の非課税所得に含めることにしたと説明されている[10]。

---

10) 制度趣旨については，『DHC所得税法』1巻473頁以下。

(2) **要件事実**

　この点につき，相続人が相続により取得した被相続人に係る生命保険年金のうち，年金受給権の額に相当する部分につき所得税を課することが二重課税に該当し，違法となるかどうかが争われた事例がある（いわゆる年金二重課税訴訟：長崎地判平18・11・7 訟月54巻9号2110頁，福岡高判平19・10・25訟月54巻9号2090頁，最判平22・7・6民集64巻5号1277頁）[11]。

　この事案は，X（原告・被控訴人・上告人）の亡夫が生命保険会社との間で締結していた生命保険契約（被保険者及び契約者は亡夫，受取人X）に基づき，夫の死亡によりXが平成14年に受け取った年金払保障特約年金約220万円につき，所轄税務署長が雑所得と認定して所得税の更正処分を行ったため，Xが不服申立てを経て，国（被告・控訴人・被上告人）に対して提訴した更正処分取消訴訟である（なお，主たる争点に限定する）。

　第1審の長崎地判はXの請求を認容したのに対し，控訴審の福岡高判は国の控訴を認容し，Xの請求を棄却した。最判は，破棄自判し，年金の方法により支払を受ける年金受給権のうち有期定期金債権の価額は，「当該年金受給権の取得の時における時価（相税22条），すなわち，将来にわたって受け取るべき年金の金額を被相続人死亡時の現在価値に引き直した金額の合計額に相当し，その価額と上記残存期間に受けるべき年金の総額との差額は，当該各年金の上記現在価値をそれぞれ元本とした場合の運用益の合計額に相当するものとして規定されているものと解される。したがって，これらの年金の各支給額のうち上記現在価値に相当する部分は，相続税の課税対象となる経済的価値と同一のものということができ，所税9条1項15号（現行法16号・筆者注，以下同じ）により所得税の課税対象とならないものというべきである。……本件年金は，被相続人の死亡日を支給日とする第1回目の年金であるから，その支給額と被相続人死亡時の現在価値とが一致するものと解される。そうすると，本件年金の額は，すべて所得税の課税対象とならないから，これに対して所得税を課することは許されないものというべきである」と判断した。国税庁は，この最判に従い，税務取扱いを変更している。

11）　たくさんの評釈があるが，本書では，増井『租税法入門』334頁，『租税判例百選』64頁〔神山弘行執筆〕，酒井・前掲注5）74頁及びこれらに引用されている評釈を参照。

訴訟物
　本件更正処分の違法性
請求原因
（行政処分の存在）
① 　処分行政庁による，Xの平成14年分の所得につき，年金払保障特約付生命保険契約に基づき支払われた第1回目の年金支給額を雑所得と認定して行った所得税に係る更正処分が存在する。
（違法性の主張）
② 　本件更正処分は違法である。
〔争点：本件生命保険契約に基づき支払われる年金受給権は，相税3条1項により，相続により取得したものとみなされて，相続税の課税財産に含められているところ，旧所税9条1項15号は，相続税により取得するものを非課税所得としているから，本件年金受給権に基づき取得した本件第1回目の年金支給額を雑所得として認定判断してなした本件更正処分には，法条の解釈を誤った違法があるといえるか否か。〕
抗弁（更正処分の適法性に関する評価根拠事実）
① 　本件年金受給権は，本件生命保険契約によれば，亡Aを契約者兼被保険者とし，Xを保険金受取人とする有期定期金債権であり，相税3条1項1号所定の相続財産に該当する。
② 　Xは，本件生命保険契約に基づいて，本件年金受給権という基本権とは異なり，保険事故が発生した日から10年間毎年の応当日に発生する，年金受給に係る支分権に基づき，保険会社から現金を受領した。
〔主張の趣旨：当該定期金は，相続税の課税対象たる年金受給権（基本権）とは異なる，別個の定期金請求権（支分権）に基づくものであるから，所得税の課税対象となる。〕
再抗弁（更正処分の適法性に関する評価障害事実）
① 　本件生命保険契約によれば，本件支分権が行使されることにより，生命保険金に係る基本的権利である本件年金受給権は徐々に消滅していく関係にある。
② 　本件支分権たる有期定期金の価額は，相税及び財産評価基本通達によれば，その残存期間に受けるべき給付金の総額に，その期間に応じ

た一定の割合を乗じて計算した金額とされているところ，この割合は，将来支給を受ける各年金の課税時期における現価を複利の方法によって計算し，その合計額が支給を受けるべき年金の総額のうちに占める割合を求め，端数整理をしたものとされている。
〔主張の趣旨：相続法による年金受給権の評価は，将来にわたって受け取る各年金の当該取得時における経済的な利益を現在価値に引き直したものであるから，これに対して相続税を課税したうえで，さらに個々の定期金に所得税を課税することは，実質的に，同一の資産に対して相続税と所得税を二重に課税するもので，所税9条1項15号の規定に違反するものである。〕

5 損害保険契約に基づく保険金及び損害賠償金等について

(1) 制度趣旨

所税9条1項17号は，「保険業法第2条第4項に規定する損害保険会社又は同条第9項に規定する外国損害保険会社等の締結した保険契約に基づき支払を受ける保険金及び損害賠償金（これらに類するものを含む。）で，心身に加えられた損害又は突発的な事故により資産に加えられた損害に基因して取得するものその他の政令で定めるもの」については，所得税を課さないことを規定する。

そして，所税令30条は，同号に規定する政令で定める保険金及び損害賠償金は，次に掲げるものその他これらに類するもの（これらのものの額のうち，同号の損害を受けた者の各種所得の金額の計算上必要経費に算入される金額を補填するための金額が含まれている場合には，当該金額を控除した金額に相当する部分）とすると定めたうえで，当該保険金等の具体的な内容として，同条1項に，身体の損害に基因して支払を受けるもの並びに心身に加えられた損害につき支払を受ける慰謝料その他の損害賠償金（その損害に基因して勤務又は業務に従事することができなかったことによる給与又は収益の補償として受けるものを含む），同条2項に，資産の損害に基因して支払を受けるもの並びに不法行為その他突発的な事故により資産に加えられた損害につき支払を受ける損害賠償金（ただし，所税令94条（事業所得の収入金額とされる保険金等）の規定に該当するものを除く），そして同条3項に，心身又は資産に加えられた損害につき支払を受ける相当の見舞金（ただし，所税令94条の規定に該当するものその他役務の対価たる性質を有

するものを除く），を列挙している。

この非課税規定は，昭和22年の所得税法全文改正時に創設され，その後，昭和37年改正により整備された。

同改正の趣旨は，昭和37年12月の税制調査会答申において，次のように述べられている。すなわち，第一に人的損害に対する補償については，およそ人的損害に基因して失われた利益の補償である限り，たとえそれが事業所得又はこれに準ずるものの収入金額の補償であっても非課税とすることが一般の常識に合致し適当である。第二に物的損害に対する補償については，①不法行為その他の突発的な事故により，生活用資産に対して生じた損害の補償金等は，その損害がなかったならば課税されなかったはずの資産の評価益又は自家家賃等のいわゆるインピューテッド・インカムとしての性質をもつものであるから，その補償が資産の滅失又は価値の減少等の資産損失に対するものであるか，資産の使用料相当額等の補償であるかを問わず非課税とし，②生活用資産以外の資産に対して生じた損害の補償についても，もしその損失がなかったならば，その評価益には課税されなかったはずであるから，生活用資産と同様に非課税とするが，棚卸資産に対する補償，休業補償等のような収益補償は，本来課税されるべき所得に代わるべき性質のものであるから課税所得とする。そして，③契約違反による損害賠償や収用等の行政処分による損失補償は，損害を受けた者との合意があるか，又は社会的に合意が要請される性質ものであるから課税所得としたうえ，収用等の場合に限り租税特別措置による軽減等を認めるのが相当である[12]。

現行規定は，このような見解に沿うものとなっている

(2) 要件事実

非課税とされる損害賠償金等の範囲が問題となった事例として，損害補塡和解金が非課税所得となるかが争われた事例がある（名古屋地判平21・9・30判時2100号28頁，控訴審・名古屋高判平22・6・24税資260号順号11460)[13]。

この事案は次のとおりである。原告Xは，A商事株式会社（以下，A社という）に委託して商品先物取引を継続的に行っていたところ，A社がXの了解を得ずに取引した商品先物の価格が暴落したことから多額の損失を負った。A社

---

[12] 制度趣旨については，『DHC所得税法』1巻478～479頁。
[13] 『租税判例百選』66頁〔宮崎綾望執筆〕，酒井・前掲注5)88頁及びこれらに引用されている評釈を参照。

はXとの間に意思疎通を欠いた取引を行ったことを認め，Xに和解金として〇〇万円を支払ったが，Xは，当該和解金を当該年分の所得に計上せずに確定申告を行った。これに対して，所轄税務署長が当該和解金については雑所得に該当することを前提とする更正処分等を行った。

名古屋地判平21・9・30は，本件和解金が所税9条1項17号及び所税令30条2号にいう「不法行為その他突発的な事故により資産に加えられた損害につき支払を受ける損害賠償金」に当たると判示している。

訴訟物
　本件更正処分の違法性
請求原因
　（行政処分の存在）
　①　処分行政庁による，Xの平成〇〇年分の所得につき，本件和解金を雑所得と認定して行った所得税に係る更正処分が存在する。
　（違法性の主張）
　②　本件更正処分は違法である。
　〔争点：本件和解金は，所税9条1項17号及び所税令30条2号所定の非課税とされる損害賠償金等の範囲に含まれるか否か。〕
抗弁（更正処分の適法性に関する評価根拠事実）
　①　Xは，A社との間で継続して締結していた商品先物取引契約のうち，本件商品先物取引に関して多額の損失を被ったが，これに対して，XはA社から本件和解金を受領した。
　②　本件和解金の内容は，本件商品先物取引契約に関して支出された委託手数料，取引所税及び消費税の累計額並びに遅延損害金であり，契約損失の補填金である。
　〔主張の趣旨：本件和解金は，所税令30条1号の「不法行為その他突発的な事故により資産に加えられた損害につき支払を受ける損害賠償金」には該当せず，むしろA社の商品取引員が勧誘した高い利回りの一部として支払われたもので，所税令30条柱書の括弧書きの「所得の金額の計算上必要経費に算入される金額を補てんするための金額」又は所税令94条1項2号の「収益の補償として取得する補償金」に該当するから，雑所得となる。〕

再抗弁（更正処分の適法性に関する評価障害事実）
① A社が行った本件商品先物取引は，Xの了解を得ず，リスクの説明もないままになされた違法行為である以上，当該違法行為に基づき生じた損失を補填する本件和解金は，不法行為による損害賠償金である。
② 本件和解金は，①のとおり不法行為による損害賠償金であるから，必要経費に算入される金額を補填するための金額でも，収益の補償金でもない。
〔主張の趣旨：本件和解金は所税9条1項17号及び所税令30条2号にいう「不法行為その他突発的な事故により資産に加えられた損害につき支払を受ける損害賠償金」に当たる。〕

第3節　課税物件の人的帰属

第1　課税物件の帰属
1　人的帰属と時間的帰属

　租税を課する前提として，租税法上，課税の対象とされる課税物件を誰がもっているかを判定する必要がある。課税物件が誰のものかということを課税物件の人的帰属という。ここでは，「誰のものか」をどのような観点から，あるいは何を根拠に判定すべきかという問題が生ずる。具体的には，課税物件に係る私法上の所有権を有することをいうのか，あるいは私法上の権利関係を離れて，事実上又は経済的な管理支配を行っていることをいうのかという論争があり，次の「第2　実質所有者課税の原則」に関する解釈問題として取り上げる。

　また，租税の種類には，一定の期間を区切って，課税物件の帰属を判定する仕組みをとっているものがある。たとえば，所得税や法人税はその代表的な租税であり，これらの租税は期間税とも呼ばれている。期間税においては，課税物件が「いつ」その納税義務者に帰属したのかを判定する必要がある。これを，課税物件の時間的帰属ないし年度帰属という。この解釈問題については，本章第4節において取り上げる。

　所得税の課税物件である「課税所得」は，一暦年における純資産の増加益，すなわち一暦年中に新たに生み出された富（附加価値）の金額であり，それは，

原則的には，一暦年における総収入金額から総必要経費額を控除して計算される残額にすぎず，たとえば贈与税の課税物件のように物的存在ではないから，誰がいつ収得したかを判断することは難しい。

それゆえ，納税義務者と租税行政庁とで事実認定に関する認識の違いを招きやすく，争訟も多い。

2 帰属の認定を誤った課税処分の法的効力

租税行政庁が課税処分に際して課税物件の人的帰属を誤認していた場合，当該課税処分の効力にどのような影響を与えるであろうか。古い事件ではあるが，最判昭48・4・26民集27巻3号629頁は，他人が，その所有する不動産につき，勝手に納税義務者Xに所有権移転登記をしたうえで，他に譲渡した事案において，租税行政庁がXに対して譲渡所得の課税処分等をしたところ，その無効確認訴訟が提起された事件において，Xが所有権移転登記を受けたことも，不動産の譲渡も知り得なかった場合においては，「一般に，課税処分が課税庁と被課税者との間にのみ存するもので，処分の存在を信頼する第三者の保護を考慮する必要のないこと等を勘案すれば，当該処分における内容上の過誤が課税要件の根幹についてのそれであって，徴税行政の安定とその円滑な運営の要請を勘案してもなお，不服申立期間の徒過による不可争的効果の発生を理由として被課税者に右処分による不利益を甘受させることが，著しく不当と認められるような例外的な事情のある場合には，前記の過誤による瑕疵は，当該処分を当然無効ならしめるものと解するのが相当である」と判示し，無効判定要件としてのいわゆる明白重大説に例外を認め，重大説が成立する余地を明らかにしている[1]。

---

1) なお，可部恒雄・最判解民昭和48年度（1977年）532頁，塩野宏『租税判例百選〔第3版〕』（有斐閣，1992年）156頁，『租税判例百選』207頁〔阿部雪子執筆〕。

第2　実質所得者課税の原則
1　制度趣旨
　所税12条（法税11条，消税13条，地税24条の2の2・72条の2の3・294条の2の2も同様）は，課税物件の人的帰属の判定基準として，「資産又は事業から生ずる収益の法律上帰属するとみられる者が単なる名義人であって，その収益を享受せず，その者以外のものがその収益を享受する場合には，その収益は，これを享受する者に帰属するものとして，この法律を適用する」と規定している。この収益の帰属認定方法を，実質所得者課税の原則という。
　もともと個人の事業活動は家族共同体により営まれることが多く，このように複数の人の共同作業により収得された収益の帰属割合が不明なことが多く，他方，そのように不明確な帰属割合に基づき所得を分割して，累進税率の適用を操作して租税負担の軽減を図ることは負担公平の観点から許されないということや，複数の家族構成員が資金を拠出して取得した共有資産であっても，その名義は家族構成員の誰かが単独で登記登録していることも多く，当該資産から生ずる天然果実又は法定果実の帰属も不明なことが起こりうるといった状況にあったことを前提として，所得税法上は，資産又は事業から生ずる収益の帰属判定に当たっては，当該資産又は事業の外観上又は形式的な所有関係をはなれ，収益を享受する者に，当該収益が帰属するものとして所得の人的帰属を判定する原則を定めたものである。最判昭37・6・29税資39号1頁も，実質所得者課税の原則に係る所得税法の規定（旧所税3条の2を指す）は「従来所得税法に内在する条理として是認された右原則をそのまま成文化した確認的規定であり，これによって所得税法が初めて右原則を採用した創設的規定ではないと解するのが相当である」と判示している。
　しかしながら，問題は，この考え方を法令に言語により示すに際して，「収益を享受する」という言葉を用いたため，「享受」とはどのような事実があることをいうのかが明確ではないということにある。

2　法律的帰属説と経済的帰属説との関係
　所税12条等に用いられている「収益を享受する」という言葉の解釈として，法律的帰属説（法的実質主義ともいう）と経済的帰属説（経済的実質主義ともいう）との二つの考え方がある[2]。
　法律的帰属説とは，「課税物件の法律上（私法上）の帰属につき，その形式

と実質とが相違している場合には，実質に即して帰属を判定すべきである」[3]との趣旨に解する見解である。この見解によれば，所得税については，民法等の私法により，収益を受けるべき権利（請求権）が帰属する者に，当該請求権の弁済期が到来し，収入すべき権利が確定したとみられるときに，（現実に金銭を取得したかどうかを問わず）収入金額があったものとして取り扱うということになる。

　他方，経済的帰属説とは，「課税物件の法律上（私法上）の帰属と経済上の帰属が相違している場合には，経済上の帰属に即して課税物件の帰属を判定すべきことを定めたもの」[4]との趣旨に解する見解である。この見解によれば，所得税については，私法上の権利の有無を問わず，現実の収入金額を経済的に管理支配している状況にある者に，現実の管理支配を始めたときに，収入金額があったものとして取り扱うことになる。

　これらの二つの見解は，内容としては正反対のものであるが，所税12条等の文理解釈としては，どちらも可能な解釈であり，かつ適法な解釈であると考えられている。それゆえ，ここでは文理は直ちに合理的な解釈を導く根拠とはならないので，法の目的や制度趣旨を考慮して判断することになる。

　結果的には，収益発生の基礎にある経済取引は民法等の私法により適法違法が判断され，法律関係として安定するので，収益の帰属についても，基本的には，収益の発生根拠とされる私法上の法律関係に即して判定するのが，租税法律関係を安定させ，ひいては，租税法律主義の考え方にも適合すると解される。また，多くの場合には，私法上の真実の法律関係を探索し，それに即した課税を行うことにより，法定安定性が確保されるということができる。

　ところが，私法上の法律関係が現実の収益の帰属に対応していないと認められる場合にまで，私法上の法律関係に即して，存在しない所得を擬制して課税するのは，担税力に即した公平な課税原則に反することになる。前記判例も説示するように，徴税行政の安定とその円滑な運営の要請を勘案してもなお，収入を現実に管理支配した事実のない者に対してまで，課税処分による不利益を甘受させ，当該不利益を私人間において訴訟により解決させるというのは著しく不当であろうと解される。それゆえ，このよう例外的な事情が認められる場

2）　金子『租税法』173～174頁，佐藤『所得税法』289頁以下，増井『租税法入門』86～87頁。
3）　金子『租税法』174頁。
4）　金子『租税法』174頁。

合には，経済的帰属説が妥当すると考える。

　要するに，法律的帰属説と経済的帰属説との関係は，二者択一というわけではなく，原則と例外の関係にあると解すべきであろう。

3　複数の人により稼得された所得の帰属判定基準

　以上のことから，課税物件は実質所得者に帰属すると判断されるのであるが，判例・通達は，複数の人により稼得された所得について，原則として（すなわち，法律的帰属の観点から），次の地位にある者を実質所得者と解してきている（最判昭32・4・30民集11巻4号666頁，所基通12—2ないし12—5）。すなわち，共同事業又は共同業務による不動産所得，事業所得又は山林所得の帰属については，当該事業又は業務の経営主体（事業主）をもって，当該所得の帰属者と解している。また，生計を一にする複数の人により稼得された所得については，当該生計の主宰者をもって，当該所得の帰属者と解している。事業主であれ，生計の主宰者であれ，その意義は，その地位にある者が，当該所得の稼得に係る決定権限（支配的影響力）を行使していることにあり，様々な附帯事実により，この決定権限が誰にあるのかを主張・立証することになる。

第3　要件事実

　この点につき，親子で歯科医院を協力して経営している場合の事業所得が誰に帰属するかが争われた事案を素材として，要件事実を考えてみる。本件は，歯科医師の父親Xが営む歯科医院において，歯科医師の資格を有する息子が同居しながら共同経営することとし，親子ともに同所において個人事業を行う開業届が税務署に提出されたうえで，事業所得に係る所得税の申告に当たっては，医院の総収入及び総費用を親子で折半して計算した金額で提出したところ，処分行政庁である税務署長は息子を独立の事業者と認めず，父親の事業専従者として勤務していたにすぎないとして，総収入及び総費用を全て父親Xに帰属するものとして行った更正処分の取消請求が行われたものである（第一審の千葉地判平2・10・31訟月38巻5号888頁は請求棄却。控訴審の東京高判平3・6・6訟月38巻5号878頁も控訴棄却により確定）。

　なお，控訴審は，「親子が相互に協力して一個の事業を営んでいる場合における所得の帰属者が誰であるかは，その収入が何人の勤労によるものであるかではなく，何人の収入に帰したかで判断されるべき問題であって，ある事業に

よる収入は，その経営主体であるものに帰したものと解すべきであり（最判昭37・3・16集民59号393頁），従来父親が単独で経営していた事業に新たにその子が加わった場合においては，特段の事情がない限り，その父親が経営主体で子は単なる従業員としてその支配のもとに入ったものと解するのが相当である」と判示している。

訴訟物
　本件更正処分の違法性
請求原因
　（行政処分の存在）
　① 処分行政庁による，Xの○○年分の事業所得につき，その息子に帰属すべき収入金額及び必要経費をXのものとして計算した更正処分が存在する。
　（違法性の主張）
　② 本件更正処分は，違法である。
抗弁（更正処分の適法性に関する評価根拠事実）
　① X歯科医院の建物は店舗兼用住宅であるところ，親子のそれぞれの家庭が同居していた。
　② Xからは，所轄税務署長に対して，息子を事業専従者として月額○○円の給与を支払う旨の届出がなされていた。
　③ 息子が開業に当たり必要となった医療器具，医院改装の費用は，X名義で銀行から借り入れられていた。
　④ 医療器具等の売買契約等についても契約当事者はXであり，代金の支払いもX名義の銀行口座からなされていた。
　⑤ 借入金の担保として，X名義の歯科医院に係る土地建物に根抵当権が設定されていた。
　〔主張の趣旨：Xと息子は生計を一にしており，Xが生計の主宰者であると認めることができ，また歯科医院の経営についても，Xが事業主として，自己の所有する不動産を利用して，事業上の借入金等自己の責任と計算により経営を行っていたと認めるべきであるから，事業所得は全て父親のものと認められ，更正処分に違法はない。〕

再抗弁（更正処分の適法性に関する評価障害事実）
① 息子は独自に青色申告事業者として税務署長に開業届を提出していた。
② X歯科医院の建物について，息子が費用を負担して，いわゆる二世帯住宅用に居住用部分を増改築した。
③ Xは，医院の総収入金額から借入金返済額を控除した残額を息子と按分していた。
④ 診療については，息子は自己の責任と負担において行っており，Xから指揮命令を受けることはなかった。
〔主張の趣旨：Xと息子はそれぞれ生計を一にしておらず，かつ別の独立した事業を同じ歯科医院の建物内において開業していたのであるから，事業所得を全て父親のものとすることを前提とする更正処分は違法である。〕

第4節　課税物件の時間的帰属

第1　所得の計算構造と所得の時間的帰属

所得税においては，課税物件たる所得が「いつ」その納税義務者に帰属したのかを判定する必要がある。ところが，所得金額は，原則として，暦年の総収入金額から総必要経費を控除した残額であるから，所得の時間的帰属ないし年度帰属は，結局のところ，その構成要素である収入金額の時間的帰属と必要経費の時間的帰属とを決定することにより必然的に導かれることになる。

第2　収入金額の確定時期（収入すべき時期の確定）

1　権利確定主義

所税36条1項は，「その年分の各種所得の金額の計算上収入金額とすべき金額又は総収入金額に算入すべき金額は，別段の定めがあるものを除き，その年において収入すべき金額」とする旨を規定する。ここに，その年において「収入すべき金額」の意義は，収入した金額と定められていないことからして，金銭の現実の収得を意味するものでないことは文理解釈から明らかである。判例は，このことから，「現実の収入がなくても，その収入の原因たる権利が確定的に発生した場合には，その時点で所得の実現があったものとして，右権利発

生の時期の属する年度の課税所得を計算するという建前（いわゆる権利確定主義）を採用しているものと解される」（最判昭49・3・8民集28巻2号186頁。その他，最判昭53・2・24民集32巻1号43頁，最判平5・11・25民集47巻9号5278頁など，所得税における収入金額及び法人税における益金の時間的帰属に関して多数の類似判例がある）との解釈を示している。この解釈は，会計学上の収益の認識基準とされる実現原則に対する租税法上の理解を示したもので，収入の原因たる権利（すなわち，私法上の請求権）が確定的となった時点において，収入金額の時間的帰属（年度帰属）が決定されることを意味している[1]。

そして，ここにいう収入の原因たる権利の確定するときとは，課税公平の見地からして契約当事者により操作できるものであってはならないから，「個別の契約による債務の弁済期（すなわち，法的手段に訴えて債務の履行を求めうる時期）ではなく，私法上特別の約定のない場合に収入しうる時期を意味すると解すべき」[2]であると説かれている。

他面，前掲判例は，「もともと，所得税は経済的な利得を対象とするものであるから，究極的には実現された収支によってもたらされる所得について課税するのが基本原則であり，ただ，その課税に当たって常に現実収入のときまで課税できないとしたのでは，納税者の恣意を許し，課税の公平を期しがたいので，徴税政策上の技術的見地から，収入すべき権利の確定したときをとらえて課税することとしたのであり，その意味において，権利確定主義なるものは，その権利について後に現実の支払があることを前提として，所得の帰属年度を決定するための基準であるにすぎない。換言すれば，権利確定主義のもとにおいて金銭債権の確定的発生の時期を基準として所得税を賦課徴収するのは，実質的には，いわば未必所得に対する租税の前納的性格を有するものであるから，その後において右の課税対象とされた債権が貸倒れによって回収不能となるがごとき事態を生じた場合には，先の課税は前提を失い，結果的に所得なきところに課税したものとして，当然にこれに対するなんらかの是正が要求されるものというべく，それは，所得税の賦課徴収につき権利確定主義をとることの反面としての要請であるといわなければならない」と述べて，権利確定主義の限界を示している。

判例によれば，権利確定主義は，課税の公平と徴税政策上の技術的見地から，

---

1) 金子『租税法』294頁，佐藤『所得税法』244頁以下，増井『租税法入門』118頁以下。
2) 金子『租税法』295頁。

「その権利について後に現実の支払があることを前提として，所得の年度基準を決定するための」いわば次善の策として認められている基準にすぎず，「究極的には実現された収支によってもたらされる所得について課税するのが基本原則」であると解されているから，事情によっては，私法上の収入すべき権利（請求権）の確定がなくとも，実現した収支によって所得が認識できるような場合であれば，その実現した収支があったと認められるときに，所得の時間的帰属を決定できることになる。それが，次に述べる，権利確定主義の原則に対する，例外としての「管理支配基準」の適用ということになる。

2 管理支配基準の適用範囲

判例においては，私法上の収入すべき権利（請求権）の確定がなくとも，納税義務者において実現した収支が認識でき，所得を実際に管理支配している状況が生じているときには，その現実の管理支配が認められたときに，所得の時間的帰属を判定することがある。これを学説は管理支配基準の適用と呼んでいる[3]。

ただし，管理支配基準により所得を認識したときに，後にその管理支配を法律上確定するための私法上の請求権が成立確定しなかった場合には，法律上の原因なき利得の支配，すなわち不当利得となって，租税法律関係は不安定となるから，管理支配基準の適用はみだりに拡大してはならない[4]。管理支配基準の適用は，後に請求権の成立確定が見込まれる蓋然性が高い例外的な場合に限って認められるというべきである。

裁判例において，管理支配基準が適用されたものと解されるものとしては，農地の譲渡について，農地法3条により知事又は農業委員会の許可が必要な場合に，当該許可の前に，現実の引渡と代金の授受がなされ，納税義務者から譲渡所得の申告がなされているときにこれを適法とした判決（最判昭60・4・18訟月31巻12号3147頁。後に通達に編入された。所基通36—12)，賃料の増額請求訴訟の過程において，仮執行宣言判決に基づいて，確定判決が示される前の年に増額賃料の支払を受けた場合に，当該現実の支払のあった年分の不動産所得に算入されるとする判決（最判昭53・2・24民集32巻1号43頁)，矯正歯科医師が矯正装置の装着の日の属する年分の収入金額に矯正料金を算入することを認め

---

3) 金子『租税法』296頁，佐藤『所得税法』248頁以下，増井『租税法入門』128頁。
4) 金子『租税法』296頁。

る判決（高松高判平8・3・26行集47巻3号325頁）などがある。

3　要件事実

この点につき，いわゆる米軍用地使用と特措法に基づいて，国が期間を10年とする駐留米軍用地として民有地に使用権を設定する，土地収用法72条に基づく損失補償金について，一括して受領された年分の所得となるのか，使用期間に応じて分割してそれぞれの年分の所得になるのかが争われた事案を素材として，要件事実を考えてみる。この事案においては，第一審の那覇地判平6・12・14判時1541号72頁は権利確定主義に基づく判断をしたのに対し，控訴審の福岡高那覇支判平8・10・31行集47巻10号1067頁は管理支配基準に基づいて逆転判決をした。そして，最判平10・11・10判時1661号29頁は，管理支配基準を採用して原審判決が確定している。

(1)　権利確定主義による原則的判断

那覇地判平6・12・14判時1541号72頁は，「本件補償金は，原告らがその所有する土地を一定期間国に使用させるという役務を提供することにより，その期間に対応する対価として支払われたもの，すなわち土地使用の対価であると解すべきである。したがって，本来原告らに対する補償金は，原告らの役務の提供をまってはじめて収益が発生し，使用期間が経過するにしたがって発生していくものであり，またその時点で権利が確定していくと解すべきである」と判示した。

訴訟物
　10年間の土地使用裁決に係る損失補償金を，一括して，受領した年分の不動産所得とする更正処分の違法性

請求原因
　（行政処分の存在）
　①　処分行政庁による原告らの〇〇年分の不動産所得につき，本来前受収益の性質を有する，使用未経過部分に対する補償金についても，全額を一括収受した年分の所得であるとして行った違法な更正処分が存在する。
　（違法性の主張）
　②　本件更正処分は，違法である。

> **抗弁（更正処分の適法性に関する評価根拠事実）**
> ① 国は原告らに対して補償金△△△万円を支払った。
> ② 本件補償金は，土地収用法に基づく使用裁決により生ずる原告らの受ける損失に対して支払われた。
> ③ 本件補償金は，年払いではなく，その全額が使用裁決のあった年に支払われた。
> ④ 土地収用法には契約期間の中途で土地が返還された場合であっても，補償金を返還すべきことを定めた規定はない。
> 〔主張の趣旨：原告らは，本件補償金を受領した年において，10年分の使用権の対価としてその全額を収入する権利が確定したといえるから，本件更正処分に違法はない。〕
>
> **再抗弁（更正処分の適法性に関する評価障害事実）**
> ① 本件補償金は，本件土地の年間賃料相当額を鑑定等により求めたうえ，使用期間に対応した賃料総額から中間利息等を控除して算出されていた。
> ② 土地の中途返還の場合の返還要求額の算出方法は，実務上，使用裁決における期間のうち，未使用期間に対応する割合の損失補償金とされている。
> 〔主張の趣旨：本件補償金は，原告らがその所有する土地を一定期間国に使用させるという役務を提供することにより，その期間に対応する土地使用の対価として支払われたものということができ，使用権の対価ではないから，本件更正処分は違法である。〕

那覇地判は，この再抗弁に即して，権利確定主義の見地から，本来原告らに対する補償金は，使用期間が経過するにしたがって発生していくものであり，またその時点で権利が確定していくと判断した。

(2) 管理支配基準による例外的判断

控訴審の福岡高那覇支判平8・10・31行集47巻10号1067頁は，「収用法72条の補償金ないし右補償金に係る権利の特質に徴すると，本件損失補償金は，国からみれば，当該土地に対する国による使用権取得の対価であり，土地所有者からみれば，使用権の設定それ自体による当該土地に対する損失補償金の性質を有するものというべきであって，本件損失補償金の払渡しは右権利取得の時

期より前にされたものではあるがこれを収入すべき権利ないし保持する権利は，権利取得裁決において定められた権利取得の時期において確定したものであり，それゆえに，被控訴人らは，特段の事情のない限り，本件損失補償金全額について，返還の必要に迫られることなくこれを自由に管理支配できるのであるから，右権利取得の時期において右補償金に係る所得の実現があったものと解するのが相当であり，したがって，本件損失補償金は昭和○○年分の総収入金額に算入されるべきものである」と判示した（最判も同旨）。

> **訴訟物及び請求原因**
> 　　第一審におけると同じ。
> **抗弁（更正処分の適法性に関する評価根拠事実）**
> ①　本件土地の所有者は，明渡裁決において定められた明渡しの期限までに国に土地を引き渡すこととされていた。
> ②　国は控訴人らに対して，本件土地の明渡対価として△△△万円を支払った。
> ②　権利取得裁決により，国は，定められた権利取得時期に土地の使用権原を原始取得した。
> ③　被控訴人らは，本件補償金の支払を受けた日以後は，土地収用法上はその全額を自由に使用しうる状況にあり，実際に国から制限されることなく自由に使用していた。
> 〔主張の趣旨：損失補償金を収入する「権利の確定」を判断するに当たっては，将来国から使用期間満了前に使用土地が返還された場合に，被控訴人らが本件損失補償金のうち未使用期間に相当するものを国に返還する義務が発生するか否かといった事情は考慮する必要はなく，補償金を受領した年において，10年分の使用権の対価としてその全額を収入する権利が確定したといえるから，本件更正処分に違法はない。〕
> **再抗弁（更正処分の適法性に関する評価障害事実）**
> 　　第一審におけると同じ。
> 〔主張の趣旨：被控訴人らは，権利取得裁決における権利取得の時期において，本件損失補償金を事実上収受しただけで，これを全額使用収益できる権利を取得したわけではないから，権利確定主義の見地から，所

得の実現はない。〕

　控訴審の福岡高那覇支判は，控訴人国側の抗弁に即して，本件損失補償金の払渡しは右権利取得の時期より前にされたものではあるがこれを収入すべき権利ないし保持する権利は，権利取得裁決において定められた権利取得の時期において確定したものであり，それゆえに，被控訴人らは，本件損失補償金全額を自由に管理支配できるのであるから，右権利取得の時期において右補償金に係る所得の実現があったものと解するのが相当であると判断した。

第3　必要経費の確定時期
1　費用収益対応原則

　所税37条1項は，「その年分の不動産所得の金額，事業所得の金額又は雑所得の金額……の計算上必要経費に算入すべき金額は，別段の定めがあるものを除き，これらの所得の総収入金額に係る売上原価その他当該諸収入金額を得るために直接に要した費用の額及びその年における販売費，一般管理費その他これらの所得を生ずべき業務について生じた費用（償却費以外の費用でその年において債務の確定しないものを除く）の金額とする」と規定する（ただし，山林に係る事業・山林又は雑所得の計算上必要経費に算入すべき金額の費目については同条2項参照）。この規定により，いわゆる必要経費には，大別して，売上原価等の「収入金額を得るために直接要した費用」（「直接費」という）といわゆる販管費等の「業務について生じた費用」（「間接費」という）との区別が定められている[5]。

　直接費と間接費との区別は，支出に対する収入との対応関係が直接的かつ明確に予定されているものと，両者の対応関係が間接的かつ不確定であるものとの違いに対応するもので，いわば支出と収入との間の因果関係の濃淡に基因するということができよう。訴訟においては，ある具体的支出が，直接費に該当するのか，間接費に該当するのかを主張立証することになる。

2　直接費：個別対応

　直接費の時間的帰属の判定については，会計学においては，費用収益対応原

---
[5]　金子『租税法』300頁，佐藤『所得税法』256頁以下，増井『租税法入門』146頁以下。

則が妥当するとされてきた。費用収益対応原則は，不動産所得，事業所得又は山林所得のような業務に係る個人所得の計算についても妥当すると解されている。それゆえ，直接費については，これに対応する収入金額に係る権利の確定する年において必要経費とされる。

3　間接費：一般対応

間接費の時間的帰属の判定についても，費用収益対応原則の考え方に基づき，間接費については，それらを実際に支出した年の必要経費とされる。

4　要件事実

この点につき，単位弁護士会の役員が単位弁護士会及び日本弁護士連合会において開催された懇親会の参加費，事務職員への慰労飲食費及びゴルフコンペの賞品の購入費を支出した場合に，それらの支出を個人の弁護士業務に係る必要経費として事業所得を計算をして申告納税したところ，必要経費算入を認めない趣旨の更正処分がなされたことから，その違法取消しを争った事案を素材として，要件事実を考えてみる[6]。この事案については，第一審の東京地判平23・8・9判時2145号17頁は，これらの支出は弁護士業務とは直接の関係がなく，かつ業務の遂行上必要なものとはいえないから必要経費とならないと判示したのに対し，控訴審の東京高判平24・9・19判時2170号20頁は事業所得に係る間接費に該当する一般対応の必要経費として控除することができる旨判示している（なお，最高裁に上告・上告受理申立てがなされたが，最決平26・1・17税資264号順号12387は上告不受理とした）。

訴訟物
　本件更正処分の違法性
請求原因
　（行政処分の存在）
　①　○○年分の事業所得につき，必要経費に算入されるべき弁護士会の用務に係る支出を除外して所得金額を計算した増額更正処分が存在す

---

6) 詳しくは，山田二郎「弁護士会の会務と弁護士業務の必要経費の範囲」税法学566号483頁（2011年），伊川正樹「一般対応の必要経費該当性に係る要件」税法学569号15頁（2013年），岡村忠生「弁護士会役員活動費用と消費税(1)(2)」税研175号69頁，同176号73頁（2014年）。

る。
(違法性の主張)
② 本件増額更正処分は，違法である。

抗弁（更正処分の適法性に関する評価根拠事実）
① 単位弁護士会及び日本弁護士連合会の各役員としての本件弁護士の活動は，本件弁護士の経営する個人弁護士事務所に係る業務ではない。
② 本件弁護士は，所属する単位弁護士会及び日本弁護士連合会において年に数回開催された懇親会に出席し，参加費〇〇円を支出した。
③ 本件弁護士は，所属する単位弁護士会及び日本弁護士連合会に勤務する職員と年に数回飲食をともにした際，当該職員の飲食に係る料金も支出した。
④ 本件弁護士は，所属する単位弁護士会及び日本弁護士会連合会の主催するゴルフコンペに大会関係者として参加した際，賞品購入に係る費用を負担した。
⑤ 本件弁護士が，②ないし④の支出をすることにより，その経営する個人弁護士事務所の顧客が増加したり，収益が増加したという事実はないから，事業所得に係る必要経費性はない。
〔主張の趣旨：②ないし④の支出は，本件弁護士の事業とは直接の関係がなく，又業務との関連性もないから事業所得に係る必要経費とはならず，家事費に該当するので，これを除外した本件更正処分に違法はない。〕

再抗弁（更正処分の適法性に関する評価障害事実）
① 単位弁護士会及び日本弁護士連合会が公式行事として行う懇親会及びゴルフコンペについて，会費収入ではまかなえない部分の費用について，役員弁護士が分割負担した。
② 単位弁護士会及び日本弁護士連合会が職員の慰労のため，年に数回行う暑気払い，忘年会，新年会等における会費収入ではまかなえない部分の費用について，役員弁護士が分割負担した。
③ 単位弁護士会及び日本弁護士連合会の会務負担は，弁護士としての地位に基づく責務とされているから（弁護士法8条，24条，36条1項，47条等），役員弁護士が会務に関連して負担した支出のうち，単位弁護士会及び日本弁護士連合会の負担ではまかなえない部分の金員は，

> 弁護士の業務に係る必要性及び関連性を有しており，事業所得に係る必要経費となる。
> 〔主張の趣旨：①及び②の支出は，弁護士の家事費にはあたらず，弁護士の活動の一部として行われる単位弁護士会及び日本弁護士連合会の会務に関連するものであるから，本件弁護士が弁護士としての業務を遂行するために必要であったといえるので，少なくとも一般対応の必要経費には該当し，これを認めない本件更正処分は違法である。〕

第5節　課税標準，その計算及び所得控除

第1　所得区分の基礎にある考え方
1　基本となる考え方

　まず，所税22条が，所得税の課税標準（簡単にいうと，課税のための基準とするべき具体的金額ということになるが，その具体的内容は，今後の説明で明らかにすることになる）は，総所得金額，退職所得金額及び山林所得金額とするとし（総所得金額には，退職所得金額及び山林所得金額以外の8種類の所得金額が含まれる），これを受けて，所税23条，24条，26条～28条，30条，32条～35条において10種類の所得区分が定められている。

　この10種類の所得区分は，全体として課税所得を適切に把握するために，されている区分であるから，全ての課税所得は，そのどこかに区分されなければならない。そのどの所得にも該当しないというように考えることはできない。

　所税9～11条のほか租特法その他の法律において，特別に非課税として定められているものを除く課税の対象となる所得である以上，そうした所得が，10種類の所得のどの種類の所得にも分類できないという理由で，そのために，課税されない結果となるということは，現行法上想定されておらず，許されない。上記10種類のどこかの種類の所得として区分されなければならない[1]。

---

1) 読者各位は，分類に迷ったら雑所得と考えればよいといわれるかもしれない。確かに，一般に，「所税35条は，他の所得のいずれにも分類できない所得の受皿規定（キャッチオール規定）である。」ともいわれる。しかし，ことは，必ずしもそう断言できないように思われる。こうした点についての詳細は，後記本節第2・9(2)「一時所得の意義」（128頁以下），本節第2・10(2)「雑所得の意義」（137頁以下）各参照。
　　所得区分と要件事実の関係については，平野敦士ほか『税務訴訟と要件事実論』（清文社，

そうなると，ある課税所得をどの所得に，どのような判断基準で，区分するかということが非常に重要な課題となる。各所得は，それぞれ，その所得の特質に応じて，その所得の計算方法，所得控除の仕方，さらには，税率まで，さまざまな違いがあるから，そのような判断基準の持つ実質的意味は極めて重要である。

区分された各所得における所得の計算方法，所得控除の仕方，さらには，税率などの違いは，そのように区分された各所得の有する担税力の強さ（視点を変えれば，逆に，弱さといってもよい）の違い（厳密には，その性質も考慮しての違いといってもよい違い[2]）を念頭に置いて定められている。そのように各所得を区分する意味は，まさにそこにあるのであるから，各課税所得を上記のように区分する基準は，担税力の強さの違いであるといってよい。そのような基準によって課税することが，税の公平な負担を実現することになると所税法は，考えているということになる。

当該所得の特質がどこにあるかを，上記のように，最も基本的には，担税力の強さの違いに着目して決めるのであるが，それをさらに具体的にいうと，所得区分を定めた各条文の具体的文言の国語的意味を正確に理解するように努めることは当然の前提としてまず必要であり（税務の常識といわれるものを頭から問題としないという態度ももとより問題であるが，さりとて，最初から，税務の常識といわれるもののみを前提に意味を考えるべきではない），その上で，そのような所得に区分された場合の効果である総収入金額から必要経費を差し引くなどして算出する課税金額の計算方法，所得控除の仕方（さらに，ときには，源泉徴収かなどの課税方法についても），税率などを十分に考慮に入れて，当該所得の区分の制度趣旨が最も適切に実現できるように，検討し判断をしていく，という検討方法が相当であると考える

次に，以上の点に関し，代表的学説である金子宏教授説（担税力の違いに着目した税の公平な負担の実現を基準とする）と最高裁判例のいくつかを挙げてお

2005) 292頁以下があり，参考になるが，上記私見に見られるような視点は触れられていないように思われる。

2) 山林所得については，その担税力の強さの程度に，いわば，その強さの性質をも考慮したといってよい，細部にわたっての考慮がされている（後記本節第2・7(1)「はじめに」（105頁）参照。給与所得については，給与所得控除，源泉徴収・年末調整・原則確定申告不要などの考慮がされている（後記本節第2・5(2)2) a『独立性』・『従属性』，『非独立性』という性質」）（88頁以下）参照。

く。

金子『租税法』208頁

「所得税法は，所得をその源泉ないし性質によって10種類に分類している。これは，所得は，その性質や発生の態様によって担税力が異なるという前提に立って，公平負担の観点から，各種の所得について，それぞれの担税力の相違に応じた計算方法を定め，また，それぞれの態様に応じた課税方法を定めるためである。」

最判平24・1・13民集66巻1号1頁

「所得税法は，23条ないし35条において，所得をその源泉ないし性質によって10種類に分類し，それぞれについて所得金額の計算方法を定めているところ，これらの計算方法は，個人の収入のうちその者の担税力を増加させる利得に当たる部分を所得とする趣旨に出たものと解される。」と判示する。

最判平27・3・10刑集69巻2号434頁（外れ馬券事件）

「いずれの所得区分に該当するかを判断するに当たっては，所得の種類に応じた課税を定めている所得税法の趣旨，目的に照らし，所得及びそれを生じた行為の具体的な態様も考察すべきである」

最判平29・12・15裁判所HP（外れ馬券事件・原審東京高判平成28年4月21日），最判昭56・4・24民集35巻3号672頁（弁護士顧問料事件）も，結局同旨といえるであろう。

上記最判昭56・4・24は，その判示中において，「租税負担の公平を図るため，所得を事業所得，給与所得等に分類し，その種類に応じた課税を定めている所得税法の趣旨，目的に照らし，……考察しなければならない。」という。

以上の金子説及び幾つかの最高裁判決を総合して考えると，それらに通底する考え方は，担税力の違いに応じて課税することが租税負担の公平になるといっていると理解することができる。上述したように，私見も同旨である。

2 要件事実論の視点

要件事実の決定基準としては，上記趣旨に加えて，当該制度趣旨が立証ということが問題となる訴訟の場において最も適切に実現できるようにする，という視点が必要である。

そして，実際に，所得の種類の区分を巡って，ある課税処分の適否が争われる場合を考えると，要件事実論の視点から考えると，次のような視点が重要で

ある。

　課税庁が，ある種類の所得（A所得）として課税処分をし，納税者から当該課税処分をしたことが違法である（当該所得は，A所得ではなく，B所得である）として争われた場合においては，課税庁は，当該所得が他の所得（B所得）ではないことを立証しなければならないわけではなく，当該所得が，まさにA所得であることを立証しなければならないのである。

　その場合における基本的考え方は，すでに（前記第1章第2節第3・3「立証責任対象事実の具体的決定基準」〔13頁以下〕）述べたように，課税処分は侵害処分であるから，課税庁が実際にした課税処分（多くは，納税者がした確定申告に対する更正処分などとして現れるであろう）が適法であることを根拠づけることが肝心なのであって，当該課税処分が維持される限り，他の所得に対する課税処分として適法であるかどうかは，差し当たり無関係なのである。

　例えば，著名な最判平29・12・15裁判所HP（外れ馬券事件・原審東京高判平成28年4月21日）においては，課税庁が当該所得を一時所得として課税し，当該課税処分の取消訴訟においても，そのように主張し，納税者が雑所得を主張したのであるが，このように通常のケース（一時所得か雑所得かが争いになる事件では，納税者が一時所得を主張するのが普通である）とは異なる態様の主張となっている場合でも，その理に変わりはない。課税庁が，課税処分の適法性を立証しなければならないのであるから，課税庁が当該所得の性質は一時所得であることを立証しなければならないのである。

3　今後の説明における要件事実の摘示の仕方——読むに当たっての留意点

　今後，10種類の各所得について，その説明をした上，その多くの所得区分の所得について，要件事実を摘示するが，読者が，そうした要件事実を含め，本書の「要件事実」の摘示をご覧になる際には，ぜひ次のことに留意して頂きたい。

　以下において摘示される「事案の概要」，「事実」の記載などは，判例集の記載内容が多様であったり，当該ケースについて説明したい重点が異なるなどのため，必ずしも，形式的に統一された形で示すことができなかったし，実際の判決の事案は題材として利用するに止め，要件事実は違った視点から摘示しているものもある。しかし，いずれの場合においても，ある所得についての評価根拠事実・障害事実となる事実については，できる限り摘示するように努めた。

ただ、この場合にも、あまりにも煩瑣になるため、ある程度の評価を含んだものについても「事実」扱いしていることも、相当程度ある。

また、以下の本書の「要件事実」の説明において、更正処分取消訴訟の請求原因として、「本件更正処分の存在とその違法であることの指摘」のように記載している場合も多いが、それは、実質的争点に関する抗弁以下の記載を重視したため簡略にした記載をしているのである。厳密には、例えば、「課税庁は、原告の確定申告に係る1,000万円の事業所得の額を1,200万円とする更正処分等を行った。」というような記載が必要であるし、正確には、不服申立て前置（税通115条1項）と出訴期間（行訴14条）などの要件が充たされたことを示す具体的事実も、請求原因として必要である。

さらには、抗弁の内容も、課税所得額を算出する、いわば実体法的根拠を記載しているのみであって、課税処分をするための手続法的適法要件については触れていない[3]。

第2 所得区分
1 利子所得
(1) 利子取得の定義と金額

所税23条によれば、基本的には、利子所得とは、公社債及び預貯金[4]の利子並びに合同運用信託、公社債投資信託及び公募公社債等運用投資信託の収益の分配に係る所得をいう。

まず、常識と異なるところは、通常の貸金における利息は、ここでいう利子ではないことである。

他の所得においては、収入から経費が差し引かれて所得が算定されるのであるが、利子所得においては、そのような経費というものが考えられていない（所税23条2項）。すなわち、収入がそのまま所得金額となる。利子所得は源泉徴収による課税である（所税181条1項）が、必要経費が多額に上るもののある所得を源泉徴収の対象とするのは適切ではなく、貸金の利子は、利子所得ではないと説明される[5]。必要経費を考えなくてもよいような性質の所得が、本条

---

3) こうした点については、後記3章序節第2「行政処分の取消訴訟における要件事実」〔河村執筆部分〕（218頁以下）参照。
4) 公社債及び預貯金については、所税2条1項9号・10号に定義がある。
5) 『注解所得税法』262〜263頁参照。

における利子所得として定められている，といえる。

　預貯金については，通常考えられている通りに理解してよい。その法律的性質は消費寄託契約であるが，利子所得を生じる原因となる契約として，公社債などの他の利子所得の場合も通じて，その特質を適切に述べるためには，預貯金の特質として，法律的に金銭消費寄託契約であるというのみではなく，「『利子』が定期に定率で多数の者に同じ条件で支払われるか，ということ」[6]をもその特色と考えるべきであろう。

　公社債，投資信託などについては，さまざまに複雑な問題があるが，ここではすべて省略する[7]。

(2) 課税方法

　公社債投信等に対する利子を除き，基本的には分離課税であって（租特3条），源泉徴収方式による（所税181条1項）。

　課税方法の説明においても，「配当所得」以下の各所得に関する「課税方法」についての説明も含め，佐藤『所得税法』の関係部分の説明が参考になる。

(3) 要件事実

　前記(1)の定義で述べた内容を具体的事実で根拠づける必要がある，ということ以外に，特に説明するべきほどのことはない。

2　配当所得

(1) 配当取得の定義

　所税24条によれば，配当所得とは，おおむね法人から受ける剰余金の配当（株式又は出資に係るものに限るものとし，資本剰余金の額の減少に伴うもの並びに分割型分割によるもの及び株式分配を除く。），利益の配当（分割型分割によるもの及び株式分配を除く。），剰余金の分配（出資に係るものに限る。），投資信託及び投資法人に関する法律137条（金銭の分配）の金銭の分配（「出資等減少分配」を除く。），基金利息（保険業法55条1項（基金利息の支払等の制限）に規定する基金利息をいう。）並びに投資信託（公社債投資信託及び公募公社債等運用投資信託を除く。）及び特定受益証券発行信託の収益の分配（適格現物分配に係るものを除く。）に係る所得をいう。

　「ざっくりととらえるならば，法人への出資のリターンとして出資者が受け

---

[6] 佐藤『所得税法』60頁。
[7] 『注解所得税法』262～270頁における説明は，標準的なものと思われる。

取るものが配当所得の中心であり、それと同様の性質を持つと考えられる信託収益の分配が、あわせて配当所得として規定されています。」[8]というのが簡にして要を得た説明と考える。本書の性格上、この程度の説明に止める。

配当所得の本質

配当所得の意義に関しては、最判昭35・10・7民集14巻12号2421頁（鈴や金融事件）が著名である。同最判は、「商法は、取引社会における利益配当の観念（すなわち、損益計算上の利益を株金額の出資に対し株主に支払う金額）を前提として、この配当が適正に行われるよう各種の法的規制を施しているものと解すべきである……所得税法もまた、利益配当の概念として、商法の前提とする利益配当の観念と同一観念を採用しているものと解するのが相当である。従って、所得税法上の利益配当とは、必ずしも、商法の規定に従って適法になされたものにかぎらず、商法が規制の対象とし、商法の見地からは不適法とされる配当（たとえば蛸配当[9]、株主平等の原則に反する配当等）の如きも、所得税法上の利益配当のうちに含まれるものと解すべきことは所論のとおりである。しかしながら、原審の確定する事実によれば、本件の株主優待金なるものは、損益計算上利益の有無にかかわらず支払われるものであり株金額の出資に対する利益金として支払われるものとのみは断定し難く、前記取引社会における利益配当と同一性質のものであるとはにわかに認め難いものである。されば、右優待金は、所得税法上の雑所得にあたるかどうかはともかく、またその全部もしくは一部が法人所得の計算上益金と認められるかどうかの点はともかく、所得税法9条2号〔旧法──筆者伊藤注〕にいう利益配当には当らず、従って、被上告人は、これにつき、同法37条〔旧法──筆者伊藤注記〕に基く源泉徴収の義務を負わないものと解すべきである。」と判示する。

難解な判示であるが、少なくとも、「利益配当」という観念で（というものとして）支払われていれば、それがいわゆる「蛸配当」のように実質的に利益が出ていない場合の出資の一部払戻金の実質を有するものであっても、「配当所得」になるが、その実質が利益配当とは無関係に、「利益配当」という観念で

---

8) 佐藤『所得税法』73～74頁。
9) 佐藤幸治ほか編集代表『コンサイス法律用語辞典』（三省堂、2003年）は、「蛸配当」の見出語の下に、「蛸配当とは違法配当、すなわち配当可能利益がないのに、あるいは配当可能利益を超えて行われた利益配当の比喩的表現である……それがあたかも蛸が自らの足を食するがごときが事態であるとの趣旨である。」と説明する。

支払われていないものであるならば,「配当所得」とは扱われない,ということである[10]。

なお,「……とのみは断定し難く,……とにわかに認め難い」などの判示の表現には苦心の跡が認められる(この考え方の根底には,全部が配当所得であるといえなければ,全部を配当所得であるとして源泉徴収する義務があるとはいえないということになり,そうした考え方は,要件事実論の視点からは納得のできるところである)が,だからといって,本判決の判示が分かり易いとはいえない。

次の裁判例は,このような点について,参考になることを判示している。

東京高判平19・10・10裁判所HP

同判決の要旨2の一部は,次のとおりである。

本件分配金は,アメリカ合衆国ニューヨーク州法に基づいて設立された法人の「事業に係る賃貸ビル市場価額が増加し含み益が生じたことや,不動産賃貸業による利益が計上されたことを背景に,剰余資金をその出資者に利益の配分として分配したものと認められるから,同人が出資者である地位に基づいて供与した経済的な利益であり,同人の配当所得に当たる」。

同判示の中で,裁判所は,控訴人(納税者)が,本件分配金が「配当所得」になることを否定する主張として,「控訴人は,NYLLC法によれば,オペレーティング契約に基づくものである限り,払戻しにより当該構成員の資本金勘定がマイナスとなっても許容され……ているとも主張するが,……控訴人が主張するような出資金の払戻しがオペレーティング契約に基づくものである限り払戻しにより当該構成員の資本金勘定がマイナスとなっても許容されることなどを定めているということはできないから,控訴人の上記主張も理由がない。」(13頁)と述べる。すなわち,ここでは,実質的にあった「利益の配分として分配したもの」でないものであれば,利益配当金とならず,「配当所得」にならないという裁判所の考え方が現れている(上記の「配当所得」に当たるとしたときの判示の裏側からの判示といえる)。

上記の両判例を比較する限りにおいては,後者の判例の考え方の方が,分かり易いと考える。

(2) 配当所得の金額

所税24条2項は,「配当所得の金額は,その年中の配当等の収入金額とする。

---

[10] 佐藤『所得税法』74頁は,「『損益計算の結果にかかわらず支払われるもの』は,利益の配当にはあたらないということ」は明確なルールであるという。

ただし，株式その他配当所得を生ずべき元本を取得するために要した負債の利子（事業所得又は雑所得の基因となった有価証券を取得するために要した負債の利子を除く。以下この項において同じ。）でその年中に支払うものがある場合は，当該収入金額から，その支払う負債の利子の額のうちその年においてその元本を有していた期間に対応する部分の金額として政令で定めるところにより計算した金額の合計額を控除した金額とする。」と定めているので，一定の場合には，例えば，株式を取得するために借金した場合には，その借入利息分は，配当所得から控除できることになる（所税令59条参照）。

(3) 課税方法

原則は，総合課税である（所税22条2項・89条）が，配当控除を受ける（所税92条）とともに，一部はすでに源泉徴収されている（所税181条）ので，それらを差し引いて，確定申告をする（所税120条）。

ただし，租特8条の4，8条の5などに，申告分離課税・確定申告不要などの重要な例外がある。

(4) 要件事実

1) 「株主優待金」が配当所得ではないとされた事例

最判昭35・10・7民集14巻12号2421頁（鈴や金融事件）

この最判の考え方に従えば，課税処分が「配当所得」としてされた場合において，当該金員が利益配当という観念で（というものとして）支払われた事案であれば，抗弁として，その根拠となる具体的事実が主張立証されれば，それが，実質的にあった利益の配分ではないということを主張立証しても，それは主張自体失当ということになりそうである。

2) 「本件分配金」が配当所得とされた事例

東京高判平19・10・10裁判所HP

この東京高判の考え方に従えば，課税処分が「配当所得」としてされた場合において，抗弁（配当等の評価根拠事実）としては，問題となっている支払金が実質的利益の配分であることの根拠となる具体的事実が必要となる，と考えられる。

3 不動産所得

(1) 不動産所得の定義

所税26条によれば，「不動産所得とは，不動産，不動産の上に存する権利，

船舶又は航空機（以下この項において「不動産等」という。）の貸付け（地上権又は永小作権の設定その他他人に不動産等を使用させることを含む。）による所得（事業所得又は譲渡所得に該当するものを除く。）をいう。」わけであるが，不動産について特別の解釈をする必要はないから，条文でいう「不動産等」の範囲についても問題がないわけではないが，特に重要な問題は，「貸付けによる所得」というところにあると思われる。

それには，「不動産所得」がどのような意味で，「不動産所得」として，事業的な意味を有するものもそうでないものも，一括して扱われているのかの趣旨を検討しなければならない。

不動産等の「貸付け」という行為は，「資産」の利用をさせることに対する対価として得られる所得（資産所得）であるというところに，不動産所得の特質があるとみられる。したがって，当該行為の性質が貸付けという範疇にとどまっている限りは，それが，繰り返し営利の目的を持ってされる事業という規模を持つものであっても，「事業所得」とはならず，「不動産所得」である。しかし，例えば，建物（その中の部屋を考えると理解しやすい）の単なる貸付けではなく，その借りた建物を利用する人が，飲食などのサービスを受ける（役務の提供がある）となると，それは，単なる建物の貸付けとはいえなくなり，「不動産所得」ではなくなる[11]。

不動産等の「貸付け」という行為の範囲内であるかが問題となるものとして，高額の権利金を取得して，いわば半永久的に借地権を設定する行為（更新にも基本的には異議を言わず，賃借権の譲渡も基本的には認めるようなもの）は，「貸付け」というよりは，不動産の所有権の機能の一部譲渡として，むしろ「譲渡所得」の対象として考えるべきである[12]，ということになるであろう。

---

[11] 普通このように説明される（例えば，『注解所得税法』394〜395頁）。所基通26−9（建物の貸付けが事業として行われているかどうかの判定）が「(1)貸間，アパート等については，貸与することができる独立した室数がおおむね10以上であること。(2)独立家屋の貸付けについては，おおむね5棟以上であること」の「いずれか一に該当する場合又は賃貸料の収入の状況，貸付資産の管理の状況等からみてこれらの場合に準ずる事情があると認められる場合には，特に反証がない限り，事業として行われているものとする。」と定めている趣旨は，このように貸付業務が大規模になると，貸付資産の管理などの面で，「不動産の貸付け」という資産所得の本質に変更はないものの，その営為の実質は，「事業」といえる，と考える趣旨であろう。同じく不動産所得であっても，その営為の実質を「事業」と考えるかどうかにより，法的取扱いが異なることがある「後記本節2・3(2)「不動産所得の金額」参照）ことに留意しなければならない。

[12] この点についての著名判決としては，最判昭45・10・23民集24巻11号1617頁（サンヨウメリヤス土地賃貸借事件）がある。同判決は，借地権の設定といっても，所有権機能の一部の譲渡に当

そして，反面，前記注12の最判は，譲渡所得については，本来の計算「金額の2分の1に相当する金額を課税標準とする旨定めているのは，普通の所得に対して資産の譲渡による所得を特に優遇するものであるから，その適用範囲を解釈によってみだりに拡大することは許されないところであり，右のような類推解釈は，明らかに資産の譲渡の対価としての経済的実質を有するものと認められる権利金についてのみ許されると解すべきであって，必ずしもそのような経済的実質を有するとはいいきれない，性質のあいまいな権利金については，法律の用語の自然な解釈に従い，不動産所得として課税すべきものと解するのが相当である。」と判示していることにも留意するべきであろう。

(2) **不動産所得の金額**

不動産所得の金額は，その年中の不動産所得に係る総収入金額から必要経費を控除した金額とする（所税26条2項）。

既に述べたように，不動産所得と考え得る限りにおいては，それが「事業」の実質を持つ行為であっても，「事業所得」とはならないが，それが「事業」の実質を持つ場合と持たない場合（条文上「業務」という言葉が使用されることがある）とでは，取扱いを異にする場面がある（例えば，所税51条1項・2項・4項，63条など）ことに留意しなければならない。

(3) **課税方法**

総合課税であって，通常の申告納税方式による（所税22条2項・89条・120条）。

(4) **要件事実**

譲渡所得ではなく不動産所得とされた事例——東京地判平20・11・28裁判所HP[13]

（事案の概要——本判決の判示する）

本件は，いわゆる連担建築物設計制度（建築基準法86条2項）にかかわる地役権の設定の対価（ただし，その「地役権」の性質については争いがある）が譲渡所得に当たると主張する原告らが，これを不動産所得であると

ることがあることを認めたこと，その際の要件などに注目して論評がされることが多い（例えば，佐藤『所得税法』97〜98頁）が，同最判は，本文の記載（本注直後の段落における「そして，反面」以下の記載）のような判示もしている。後記(4)〔参考〕「不動産所得ではなく譲渡所得とされた事例」（74頁）の説明も参照。

13) 本判決の控訴審判決である東京高判平21・5・20裁判所HPについては，高野幸大「不動産所得と譲渡所得の区別」租税判例百選70頁以下がある。

する処分行政庁から，それぞれ平成17年分の所得税について更正処分，過少申告加算税賦課決定処分又は更正の請求に対する更正をすべき理由がない旨の通知処分を受けたため，これらを不服として，その取消しを求める事案である[14]。

(裁判所の判断——本件対価に係る所得の分類について)（15頁以下）

「(1) 所得税法33条1項は，『建物又は構築物の所有を目的とする地上権又は賃借権の設定その他契約により他人に土地を長期間使用させる行為』については，その土地の独占的利用権ないし場所的利益の譲渡としての性質を有する場合があり，そのような行為については，経済的，実質的には，土地の所有者等がその土地の更地価額のうち土地の利用権に当たる部分を半永久的に譲渡することによってその土地に対する投下資本の大半を回収するものとみられることなどから，法律的には『資産の譲渡』ということはできないものの，その土地の利用権部分についてはその段階で所有資産の増加益の清算をするのが相当と考えられるため，このうちで更に「政令で定めるもの」を「資産の譲渡」に含めるものと規定する[15]。

そして，上記の『政令で定めるもの』として，所得税法施行令79条1項は，……についてはこれを『資産の譲渡』に該当し得るものとしているにもかかわらず，連担建築物設計制度にかかわる地役権の設定については何ら規定していない。

そうすると，連担建築物設計制度にかかわる地役権の設定の対価が所得税法33条1項に規定する譲渡所得に該当すると認めることはできない。

さらに，そもそも連担建築物設計制度にかかわる地役権の設定契約は，一定の一団の土地の区域内に存する要役地所有者及び承役地所有者という限定された当事者の間で締結されるもので，地役権そのものが単独で転々譲渡される余地はないことからしても，本件地役権の設定の対価が上記の譲渡所得に該当するとはいえないことは明らかである。

---

14) その過程において，「連担建築物設計制度（並びに一団地建築物設計制度及び特定街区制度）に関し，原告らは，建築基準法及び都市計画法が，土地の所有権から独立した余剰容積利用権という物権的性質を有する財産上の権利を創設したものであるなどと主張」したが，裁判所は，同制度は公法上のものであって，そのような私法上の権利を創設するものではないという判示もしている（13頁）が，本稿では，その点はその程度に止める

15) このような場合における現在の政令に関係なく基本的にどのように考えるべきかについては，直後の〔参考〕にある説明及び同所で引用する前記(1)「不動産取得の定義」参照。

(2) そして，本件地役権は，原告らが承役地である本件各土地について容積率294.46％を超える建物を建設しない旨の不作為の地役権を設定し，本件連担認定によって，本件余剰容積の利用という便益を要役地であるh所有地に供し，gに本件各所有地の所有権の一内容である本件余剰容積を使用させるものであるから，本件対価は，所得税法26条1項にいう不動産所得に該当するものと認めることができる。」（15～16頁）

〔上記記載についての要件事実論の視点からの若干の説明〕

本判決は，土地の独占的利用権等を認める場合には，土地所有権の権能の一部を譲渡することに他ならないから，「資産の譲渡」に当たると考えるべきであるとする最高裁判例の線に従いながら，具体的適用の指針を所税令に求めたものと考えられる。

要件事実論の視点から，上記裁判所の判断の構造を述べると次のようになる。課税庁は，不動産所得として課税しているのであるから，抗弁として，同処分の適法性の評価根拠事実を主張立証しなければならない。その内容は，連担建築物設計制度における地役権の設定であることの具体的事実である。所税令79条1項に定められているものに該当しないことは法令の適用の問題であり，同地役権が単独で転々譲渡される性質のものでないことも，同地役権の性質から明らかになることであって，別個の事実の主張立証を要するものではない。

本件の具体的状況のもとでは，原告が再抗弁として提出し得る適切な具体的事実はないように思われる。

〔参考〕**不動産所得ではなく譲渡所得とされた事例**

最判昭45・10・23民集24巻11号1617頁（前記(1)「不動産取得の定義」で既述）

同判決の判示するところに従って考えると，土地に借地権を設定する場合に授受されることのある，いわゆる権利金について，その性格が，土地の所有権の一部の機能を譲渡する性質を有するということは，譲渡所得であるための要件事実となる。

したがって，不動産の貸付に伴って授受される権利金の性質が不明である限りは，それは不動産の貸付に伴って得る収入であるから，不動産所得として扱われ

> ることになるであろう。

4 事業所得
(1) はじめに
所税27条によると、同条における法律要件は、①事業：事業所得における事業とは、同条に定める性質の事業であること、②所得：事業所得とは、その事業から生ずる所得であること、③金額：その年中の事業所得に係る総収入金額から必要経費を控除した金額であることの個別的法律要件から成り立っている。

すでに（前記本節第1・1「基本となる考え方」〔62頁以下〕）述べたように、担税力の強さの違いによって所得を区分し、それに応じた課税所得の計算と税率の適用があるのであるから、事業所得を他の所得と比べてどのような性質のものと捉えるかを考える際にも、この基本を踏まえて検討するべきである。

以下、順次、上記各項目について検討する。

(2) 「事業」の意義
1) 条文上の定義
ここでの事業の意義については、所税27条の言及するところではあるが、同条は、「農業、漁業、製造業、卸売業、小売業、サービス業その他の事業で政令で定めるもの」というのみで、何となく、常識でいう事業という感じの程度しか分からない。

ただ、最低限必要なこととして、「自己が主体となって収入の源となる行為をする場合のこと」を指すことは明らかである。しかし、それは必要条件であって十分条件ではない（例えば、それでは、所税28条の給与所得との区別はできても、所税35条の雑所得との区別がまったくできない）。なお、検討が必要である。

同条が政令で定めるものというので、所税令63条を見ると、同条は、
「（事業の範囲）
第63条　法第27条第1項（事業所得）に規定する政令で定める事業は、次に掲げる事業（不動産の貸付業又は船舶若しくは航空機の貸付業に該当するものを除く。）とする。
1　農業
2　林業及び狩猟業
〔略〕

11　医療保健業，著述業その他のサービス業
12　前各号に掲げるもののほか，対価を得て継続的に行なう事業」
と定めている。

　同条によって，はじめて事業の概念が少し明確になってくるが，それでも，同条を漠然と見ている限りでは，同条が，どのような規範構造になっているかよく理解できない。

　所税令63条の規範構造は，変則的評価的要件である。そう考えることによって，同条の本質をよく理解することができる，と考える。その性質は，民770条の規範構造と同様である[16]。

　所税27条との関係が問題となるが，同条1項は，「事業で政令で定めるもの」といい，所税令63条は，所税27条の委任による定めであり，かつ，個別具体的委任内容のものであるから，同条について，変則的評価的要件を考えることに理論上の問題はない。最終的には，所税令63条の定めている事業が，事業所得を生ずる事業ということになる。

　そして，所税令63条1～11号は，総括規定としての12号の定める「対価を得て継続的に行なう事業」の典型例を法定している。同条12号は，そうした事業を意味する総括規定として，「対価を得て継続的に行なう事業」を事業所得を生ずる事業と定めていると解される。

　そうだとすれば，1～11号に明定されていなくても「対価を得て継続的に行なう事業」に該当するものは，事業所得を生ずる事業であり，他方，1～11号に当たる場合であっても，例外的に，「対価を得て継続的に行なう事業」でないときは，事業所得を生ずる事業ではない，ことになる[17]。

　例えば，商品先物取引はリスクが極めて高いものであるので，単にそれをしているというだけでは，1～11号のどれにも当たらないが，取引者にとってのその取引の継続性・重大性，収入の安定性などが加わることによって，「対価を得て継続的に行なう事業」に該当することもあるであろう[18]。また，世間一

---

16)　前記第1章第1節第3・1(4)「典型的評価的要件と変則的評価的要件」(5頁以下) 参照。
17)　この問題について変則的評価的要件という考え方による説明は，学説においても，裁判例においても，今までにされたことはなかった，と思う。したがって，この説明の直接の裏付けになるような裁判例を見出すことはできないであろうから，この考え方と実質的に同様な考え方をする裁判例などを発見するべく努力をすることが必要となる。しかし，裁判例は，上記のような規範構造を全く意識していないので，1～11号の「事業」概念の中で処理している傾向がある。このような考え方について，裁判例による裏付けをすることは困難であろう。

般にいう農業をしている人が，その生産物のほとんどを社会福祉施設に寄付し，同施設からその寄付額に比べればアンバランスな僅少な謝礼金を受領しているような場合には，その仕事は，1号には一応当たるが，その例外として「対価を得て継続的に行なう事業」とはいえない。

　ここにおいても，依然として「事業」そのものの意味は明確でないが，「事業とは，一定の目的と計画にもとづく社会的立場をもって，何らかの意味で，継続性を持つ，ある程度の規模の活動である。」とでもいうほかはないであろう[19]。

　所税令63条12号の規定する「対価を得て継続的に行なう事業」という文言は，「事業」の意味を上記のように理解すると，「継続性」の点で，オーバーラップしている部分があるが，次のように考えてはどうであろうか。確かに，ある港湾建設事業というものは，港湾における荷揚事業に比べれば，継続性が少ないとうことになるが，もとより「1度限りの行為」で済むというものではない。したがって，事業という以上，何らかの継続性のある行為が観念されているはずである（例えば，『教室設例』になるかもしれないが，1回限り1平方メートルの道路舗装工事を1個人がしても，その工事自体を事業とはいうまい。当該工事を使用して道路工事事業をしている事業者が別にあるはずである）。所税27条，所税令63条の規定は，事業所得の課税対象となる行為を，その継続性の点で疑問がな

---

18) 名古屋地判昭60・4・26裁判所HP（会社取締役商品先物取引事件）参照。同地判は，その理由の二，2，（三）（7頁）において，「商品先物取引が極めて投機性が強いものであって，相当程度の期間継続して安定した収益を得る可能性が極めて低いことは明らかである」と判示し，同取引による所得を雑所得と判断した。最判昭53・10・31LEX/DB21063540（株式信用取引事件）も，株式信用取引による所得を事業所得ではないとした例であるが，原判決の確定した事実関係をもとにした簡単な判示しかしていない。

　他方，最判昭53・2・14LEX/DB21060860は，第一審の静岡地判昭50・10・28LEX/DB21051881の次の判示を引用する控訴審判決を正当として是認している。すなわち，第一審の静岡地方裁判所は，原告によって年間何百回となく行われた巨額の商品先物取引の実態を認定した上，「以上の事実を総合すれば，本件各係争年における原告の商品先物取引は，自己の危険と計算において独立的に継続して営まれた生糸等の商品先物取引であり，かつ大量に反覆継続した営利行為と認められ，社会通念上『対価を得て継続的に行なう事業』というに妨げないものというべきである。」（理由二，2）と判示している。

19) ちなみに，『広辞苑』では，「事業」とは，「①社会的な大きな仕事。『慈善──』②一定の目的と計画とに基づいて経営する経済的活動。『──をおこす』『──に失敗する』」とあり，「事業」といったからといって，当然に②の意味になるわけではない。『大辞林（第3版）』もほぼ同旨である。その意味で，所税令63条12号の「対価を得て継続的に行なう」事業というのは，当然に全部が重複した表現ではない（「継続性」を「事業」の概念から除くことはできないので，この点は重複せざるを得ない），ということになる。

いものに限っているということができる（そうすることによって，譲渡所得などとの区別に疑義が起きないようになっている）。

明文をもって事業所得でないとされるもの

所税27条1項の定める「山林所得又は譲渡所得に該当するもの」及び所税令63条柱書の定める「不動産の貸付業又は船舶若しくは航空機の貸付業に該当するもの」がある。これらの条文の立法趣旨については，注20において説明する[20]。

2）その特質

対価を得て継続的に行なう事業という性質

明文の定めのない場合には，どのように考えるべきかということになるが，上述した所税令63条12号の規定する「対価を得て継続的に行なう事業」という概念を中核として，他の区分の所得との区別することになる。その際に参考として引用される重要判例として，最判昭56・4・24民集35巻3号672頁（弁護士顧問料事件）がある。同判決は，事業所得に関する（「事業」そのものに関する定義ではない）「判断の一応の基準として，〔略〕事業所得とは，自己の計算と危険において独立して営まれ，営利性，有償性を有し，かつ反覆継続して遂行する意思と社会的地位とが客観的に認められる業務から生ずる所得をい」うとする（前記私見による定義と同旨と考えるが，筆者としては，「社会的地位」という用語にやや抵抗感がある）。

例えば，ある不動産の譲渡にしても，その譲渡行為が1回程度の譲渡であれば，それが営利目的であってもその行為は，ここにいう事業所得とはいえず，譲渡所得と判断されることになる[21]。事業が，飲食店業である場合において，その飲食店で客席として使用していた椅子・テーブルなどが老朽化し，これを

---

20) 譲渡所得は，「事業による所得」と考えられるものを含まない（後記本節第2・8(1)「譲渡所得を検討する際の基本的考え方」〔107頁以下〕参照）。

　　山林の伐採又は譲渡による所得は，広い山林の樹木を一定範囲ずつを伐採して売却して，そこに新たな苗を植えて，その成長を待ってその部分の樹木を又伐採して売却することを継続的に繰り返す形態のもの（その性質は事業）であっても，その収入を得るためには，極めて長期間を要するということから，事業所得又は譲渡所得としては扱われず，「山林所得」（所税32条）として，別の取扱いがされている（後記本節第2・7(1)「はじめに」〔105頁〕参照）。

　　所税令63条柱書によって除かれる不動産所得は，もっぱら資産所得の性質を有するものに限定して考えるべきであって，事業を営む者の役務の提供という性質を有する営みも原因となって生み出される事業所得は含まない，と考えるべきである。詳しくは，前記本節第2・3(1)「不動産取得の定義」〔70頁以下〕参照。

21) 詳しくは，後記本節第2・8(1)「譲渡所得を検討する際の基本的考え方」（107頁）参照。

売却して得た所得があるとしても，それは事業所得ではない。飲食店業として必要なものであったとしても，そうした椅子・テーブルの販売を事業として行っているわけではないからである[22]。

　給与所得との区別は，納税者が「自己が主体となって収入の源となる行為をしている」場合かどうかが，大きな区別のメルクマールとなるが，その点については，後に詳しく説明している[23]。

　雑所得との区別は，さらに微妙である。なぜなら，所税35条の雑所得は，所税34条との関係で考えると，「営利を目的とする継続的行為」であるものが含まれることになるので，「営利目的の有無」では区別ができず，前記最判昭56・4・24の定義でもなお明確には区別が難しい（同最判における「事業所得」の定義は，「給与所得」との区別が必要な事案において，「給与所得」との区別を念頭に置いてされたものであるので，その意味での限界がある）。

　この雑所得と事業所得の区別は，雑所得には含まれていない「事業」というものの本質を明確にすることによって，はじめて明らかにすることができることになる。そうすると，ここで求められている「事業」の定義は，所税令63条12号にいう「対価を得て継続的に行う事業」のうちの「事業」の定義のことになる。ぎりぎりのところ，同号にいう「事業」については，やはり，前述したように，<u>「事業とは，一定の目的と計画にもとづく社会的立場をもって，何らかの意味で，継続性を持つ，ある程度の規模の活動」</u>（前記注19）で述べたように，「継続性」の重複はやむを得ないが，「対価を得て」とか「営利を目的とする」とかは含まれない）とでもいうほかはないであろう。代表的な学説を見ても，営利性と区別して，ここまで厳密に「事業」の定義をしたものはないように思われる[24]。最終的に社会通念というものを無視できないとしても，その社会通

---

22) ただし，本来の事業活動に密接に関連して，本来の事業活動とは別にそれ自体が一種の事業の体をなす場合も考えられよう。このような場合の例として，佐藤『所得税法』211頁は，貸衣装業者の古くなった衣装の売却，養鶏業者の産卵しなくなった鶏の食用肉としての売却，新聞販売業の折り込みチラシ配付などの活動を，事業所得を生ずる事業としてあげている。
23) 後記本節第2・5(2)2) a)「『独立性』・『従属性』，『非独立性』という性質」（88頁以下）参照。
24) 上記私見にいう「社会的立場」とは，前記最判昭最判昭56・4・24にいう「社会的地位」と基本的に同旨であるが，ニュアンスとしては，それよりやや緩やかなものである。
　金子『租税法』は，「事業とは，自己の計算と危険において営利を目的とし対価を得て継続的に行う経済活動のことであ」る（227頁）として，前記最判昭56・4・24を引き，「最終的には社会通念によって決定するほかはない」（228頁）と述べる。『注解所得税法』421頁も同旨であろう。
　佐藤『所得税法』206頁は，詳細な説明の後に，「裁判例の傾向・その経済活動の成果で『暮らしを立てられる』→事業所得・本業のほかに経済活動を行っている→雑所得・損失を生じやすい

念でいう事業に通底する基本的性質を洞察する努力が必要である。

　そして，こうした多様な状況の一般的説明は，各状況が最終的な評価である「事業」というものに対して有する積極（プラス）の方向で意味があるのか，消極（マイナス）の方向で意味があるのかを考慮にいれないで，多くの要素を挙げる形でされていることが多いと思われるが，関係事実を具体的に検討するに当たっては，その点を明確に意識して検討することが必要である。すなわち，こうした多様な状況は，さまざまな意味で，当該所得の事業所得性に関する評価根拠・障害事実となり得るものとして検討することが必要である[25]。

(3) 事業「から生ずる」所得の意義

　事業に関連する所得のすべてではなく，ここにいう「から生ずる」の意義を適切に理解し，この点について必要な検討を加えなければならない。

　事業所得を一つの独立した所得区分として，事業所得という所得の性質を考えて，それについて適切であると考えられる方法で課税所得を算出しているのであるから，単に事業に関連して生じた所得であるというのみでは足りず，その所得を発生させる直接の原因が，事業という活動にあるものでなければならない。

　したがって，事業によって得た金銭を預金して預金利息を得たり，そうした金銭で株式を購入して配当を得たりしても，そうした所得は，利子所得，配当所得としての性質を有するので，そうした所得区分の所得として課税所得を算出することが適切である。この点，個人の給与所得である場合には，会社員が会社から得てすでに自分のものとなった月給の中から銀行預金をしたり株式を購入したりして，預金利息や部式の配当金を得ても，それらを誰も給与所得とは考えないであろうが，事業所得では，感覚的に紛らわしいかもしれない。しかし，次のように考えれば，上記の給与所得と預金利息・株式配当金の関係と同様であることが分かるであろう。

　　（投機性の強い）経済活動で現に損失が生じている→雑所得」と述べる。興味深い指摘であるが，なお現象面における説明に止まるうらみがないであろうか。これは，「裁判例の傾向」であって，佐藤説というわけではないのかもしれないので，佐藤説への疑問という形でいうことは控えなければならないが，例えば，「本業のほかに」されていても，それが「事業性」を持つということもあるであろう（後記(6)3)）「雑所得ではなく事業所得とされた事例」参照)。「現に損失が生じている」ことが雑所得になる要件の一つとなるというようにも感じられる上記説明にも違和感がある。

25)　前記第1章第1節第3・1(3)「評価的要件における要件事項」（5頁)，後記(6)「要件事実」各参照。

預金や株式購入の原資となった金銭は事業から生じたものであって事業所得ではあるが、その金銭が預金や株式に形を変えた結果、その預金や株式が生み出した利息や配当金は、それぞれ利子所得や配当所得であって、事業所得ではない（そう考えることが、その所得の性質に合致して、課税所得金額を算出する上で合理的である）。事業から得た利益を預金などしていた場合に限らず、事業資金としての性質を有する金銭（例えば、将来の事業の資金として預金として保有しているような金銭）の預金利息も、それ自体は、事業活動の結果得られたものではないから、所税27条にいう事業「から生ずる」所得ではない。

(4) **事業所得の金額**

所税27条2項は、「事業所得の金額は、その年中の事業所得に係る総収入金額から必要経費を控除した金額とする。」と定めている。

事業所得の場合には、所税27条2項のほか、所税37条（必要経費）、同条1項にいう「別段の定め」に当たる所税51条1項（資産損失）、2項（貸倒損失）、親族に支払う経費に関する特則である所税56条、57条などが問題となる[26]。

(5) **課税方法**

総合課税であって、通常の申告納税方式による（所税22条2項、89条、120条）。ただし、ごく限られた例外が、株式等の譲渡などに関するものであるが、租特37条の10などにある。

(6) **要件事実**

1) 給与所得ではなく事業所得とされた事例

> 最判昭56・4・24民集35巻3号672頁（弁護士顧問料事件）
> 原告が給与所得として申告したのに対し、課税庁が事業所得として更正処分をしたので、その取消しを求めた事案である。本件は、給与所得の性質である「従属性」とは何かを考えるときによく引用される著名な判例であり、本件顧問料が給与所得ではないとすれば、雑所得ではなく、事業所得であることに疑問の余地はないので、ここでは、以下の部分のみを引用するに止める（その前提とする事実関係は、通常考えられる弁護士の顧問業務の状態であり、ここに引用するまでの必要はない。それらが、事業所得とするための評価根拠事実であり、特に評価障害事実と考えるべき事実もないと考え

---

26) これらの問題については、後記本節第4「必要経費額の認定」において検討する。

「本件顧問契約に基づき上告人が行う業務の態様は，上告人が自己の計算と危険において独立して継続的に営む弁護士業務の一態様にすぎないものというべきであり，前記の判断基準に照らせば右業務に基づいて生じた本件顧問料収入は，所得税法上，給与所得ではなく事業所得にあたると認めるのが相当である。」

2) 給与所得ではなく事業所得とされた事例

福岡地判昭62・7・21LEX/DB22002000（九州電力検針員事件）
（事案の概要　判決の事実摘示から，筆者が簡略にまとめたものである）
原告らは，九州電力株式会社（以下「九電」という）の消費者の使用電力量を検針する仕事をしていた者であるが，その確定申告後，その仕事に対する報酬は賃金の性質を有するものであるから給与所得であるとして，課税庁に更正の請求をしたが，課税庁は，同報酬を事業所得として更正の請求は理由がないとして棄却決定をしたので，国税不服審判所の手続を経た後，同棄却決定の取消しを求めて提起したのが，本件訴訟である（関連して，退職所得が一時所得かが争点にもなった）。

訴訟物
本件棄却決定の違法性

請求原因
本件棄却決定の存在とその違法であることの指摘

抗弁（事業所得の評価根拠事実）
1　原告らの行っていた検針業務は，相当程度の期間にわたって継続して行われ，それに対する報酬は生計を支えるに足りるものであった〔裁判所が，その点を意識して摘示しているわけではないが，筆者は，そのことは前提として考えられている，と理解した〕。
2　原告らが検針業務をしたことに対して九電から支払われる報酬（検針委託手数料）は，ほぼ純粋に出来高払いであった。
3　就業態様の関係では，委託検針員に勤務時間の定めはなく，就業時間は定例検針日の日数と受持検針枚数の如何で異なっていた。
4　委託検針員に就業規則による九電の服務規律の拘束がなく，懲戒等

もない。
5 業務に必要な器具，資材のうち，主要な交通手段であるバイクの購入，維持費等が委託検針員の個人負担であった。
6 検針業務を第三者に代行させることが禁止されておらず，現実に行われていた。

再抗弁（事業所得の評価障害事実）
1 採用過程に一般従業員のそれに類似する面があり，且つ，原告らのように10数年以上検針員を継続しているものがいる。
2 原告らの業務内容は，九電の直接的な指揮下に行われた。
3 原告らは，九電から身分証明書が交付されたり，社名入り作業衣等が貸与されたりしていた。
4 定例日制のため，検針日が定まっていて，裁量の余地がなかった。

再々抗弁（事業所得の評価障害事実についての評価障害事実）
1 委託検針契約は，九電と各委託検針員との間で，具体的な検針地区と定例検針日，検針枚数等を明示した契約書により個別に締結され，且つ，その検針地区，定例検針日，受持枚数も多種多様のものであった。
2 委託検針員らは，契約で定められた事項によってのみ九電に従属しており，労務の提供につき一般的な指揮命令下にはなかった。
3 再抗弁3のことは，検針業務の円滑な実施のためにされた。

（裁判所の判断――「理由」四の部分）
　裁判所は，委託検針員らの業務の遂行ないし労務の提供から生ずる所得が所得税法上の事業所得と給与所得のいずれに該当するかの判断基準につき，同法の趣旨，目的に照らし，事業所得が自己の計算と危険において独立して営まれ，営利性，有償性を備え，かつ，客観的な反覆継続の意思と社会的地位が認められる業務から生ずる所得をいい，給与所得が雇用契約ないしそれに類する原因に基づき，使用者の指揮命令に服して提供した労務の対価として使用者から受ける給付をいう，との観点から判定すべきであるとし，その基準に関係のあると考える，多様な事実を，給与所得を根拠づける事実から摘示し，これを否定する方向へ働く事実をその次に摘示して，最後に，同所得の性質を委託検針契約に基づく報酬の性質を有するものとして，事業所得と判断している。

〔上記記載に関する若干の説明〕

上記に摘示した抗弁・再抗弁・再々抗弁などの事実は,「裁判所の判断——「理由」四の部分」に判示された事実を,筆者が要件事実論の視点から整理したものである。私見によれば,裁判所の判示する多様な事実のうち,要件事実として必要な事実(以上の「事実」には,厳密には,評価が含まれている)は,おおむね上記に摘示したようなものであって,おおむね(厳密には,分類しきれない点もあるであろう)上記のような原則・例外,そのまた例外というように位置づけられるべきものであろう,と考える[27]。

再抗弁は,視点を変えれば,給与所得の評価根拠事実であり,再々抗弁は,給与所得の評価障害事実である,といえる。

上記抗弁は理由があり,上記再抗弁は,やや主張自体失当の感もあるが,上記再々抗弁が理由があり,原告の請求棄却という結論になる(原告の行っている作業は,私見による事業に該当し,営利を目的とする経済活動であることにも該当する)と考える。

3) 雑所得ではなく事業所得とされた事例

名古屋地判平4・4・24判タ803号136頁
(事案の概要　判決の事実関係をもとに筆者が簡略化したものである)

原告が複数あること,幾つかの更正処分があることを単純化していえば,次のとおりである。

原告は,本件貸付けは所税27条にいう事業に該当し,本件貸付けによる所得の計算上生じた損失の金額は事業所得の計算上生じた損失の金額として損益通算の対象となるのであるから,この損益通算をしてした原告の所得についての確定申告について,同損益通算をしない前提でした本件更正処分は違法である旨主張する。これに対し,被告(課税庁)は,本件貸付けは同事業に該当せず,本件貸付けによる所得の計算上生じた損失の金額は雑所得の計算上生じた損失の金額であって,原告主張の各所得の損益通算の対象とはならないものであるから,この損益通算をしないでした本件

---

[27] 佐藤『所得税法』163頁は,この事件における原告らの所得が給与所得ではないと判断された決め手として,抗弁2及び5を挙げるが,給与所得ではないというのみではなく,事業所得であるというためには,それのみでは足りないことに留意するべきである。

更正処分は適法である旨主張する。

　本件は，原告が上記主張に沿ってした確定申告に対し，被告がその主張に沿ってした本件更正処分の取消しを求めた事案である。

　したがって，本件事案そのものについて，そのまま要件事実を考えるとすると，被告が抗弁として本件貸付けによる所得は雑所得であるから，原告の所得における必要経費は，本件貸付けによる所得の計算上生じた損失の金額を算入しない金額以下であるので，本件更正処分は適法であるとの主張し，原告は，本件貸付けによる所得は，事業所得であることを主張して，被告主張を否認し，又は，再抗弁を主張し，本件更正処分は違法であると主張するという形になるはずである。

　以下に示した要件事実は，そのような形にはなっていない。それは，裁判所が，争点に対する判断として，もっぱら，事業所得に当たるかどうかという形で判断をし，事業所得であることを肯定し，その結果をもって，被告が雑所得であることを前提として，原告の所得において本件貸付けにおける損失を損益通算しないでした更正処分は違法であるとして取り消したからである。

　下記要件事実の整理は，その際における「事業所得」をめぐっての裁判所がした判断（139〜140頁など）の仕方を要件事実に従って整理したものである。このようにしたのは，事業所得における判断の仕方として参考になると考えたからであり，現実の事案において，本来するべき要件事実の整理の仕方を示したものとはなっていない。その点にご留意頂きたい。

事業所得の評価根拠事実

1　本件において，原告正敬は，営利目的で，他人資本を借入れてこれを高利で他に貸し付けて利ざやを稼ぐという方法で，縁故者に限らず相当数の者に対して多額の貸付けを行った。

2　その貸付けに当たっては，原則として，公正証書，契約書等を作成し，かつ，担保を取り，借入台帳及び貸付台帳を作成して一応の借入金管理及び貸付金ないし顧客管理を行った。

3　焦付き債権については訴訟，担保権実行等の回収手段を講じるなどしていた。

4　愛知県商工部商工金融課長に対して貸金業の届出を行い，社団法人愛知県庶民金融業協会の会員となり，電話帳に自己を金融業者として

登載するなどしていた。

事業所得の評価障害事実
1 原告正敬の金銭貸付行為について，帳簿の記載内容が必ずしも十分なものではなかった。
2 本件金銭貸付のための独立した事務所や専従の従業員がいなかった，
3 本件金銭貸付のための特段の広告宣伝を行っていなかった。
4 被告に対して貸金業の開業届出を行っていなかった。

事業所得の評価障害事実についての評価障害事実
1 「事業所得の評価障害事実」1の帳簿には金銭貸借の基本的事項は概ね把握できる程度の記載はされていた。
2 原告正敬は，自分が経営している会社の執務室及び従業員を事実上金銭貸付けの営業にも使用していた，
3 金融業者仲間からの紹介客等に大口の貸付けをするという営業形態であったので，一般大衆に対する広告宣伝活動の必要性が乏しかった。
4 〔本件以外に？〕金銭貸付けによる所得を事業所得として被告に申告している。

（裁判所の判断――「理由」第三，一，2（七）の部分）
　本判決は，上記要件事実（以上の「事実」には，厳密には，評価が含まれているし，本判決における判示事実の性質が以上のように，順序付けて明示されているわけではない）を「総合勘案すると，原告の行っていた金銭貸付行為は，少なくとも，大口貸付けを始めた昭和48年頃以降は，営利性，有償性を有し，かつ，反復継続して遂行する意思と社会的地位とが客観的に認められる態様のものであったということができ，本件貸付けには事業性を認めることができる。」と判示し，本件金銭貸付行為による所得を事業所得であると判断している。

〔上記裁判所の判断に関する若干の説明〕
　原告の行っている本件金銭貸付行為は，前記私見による事業に該当し，営利を目的とする経済活動であることにも当たる。特に雑所得との区別では，本件貸付行為は，単に「営利を目的とする継続的行為（所税34条1項参照）」であるにとどまらず，「一定の目的と計画にもとづく社会的立場をもって，何らかの意味で，継続性を持つ，ある程度の規模の活動」という

ことができ，雑所得ではなく，事業所得に該当するといえる，と筆者も考える。

5 給与所得
(1) はじめに

所税28条によると，同条における法律要件は，①給与等：給与所得とは，俸給，給料，賃金，歳費及び賞与並びにこれらの性質を有する給与であること，②所得：給与所得とは，給与等に係る所得であること，③金額：その年中の給与等の収入金額から給与所得控除額を控除した残額であることの個別的法律要件から成り立っている。

すでに（前記本節第1・1「基本となる考え方」〔62頁以下〕）述べたように，担税力の強さの違いによって所得を区分し，それに応じた課税所得の計算と税率の適用があるのであるから，給与所得を他の所得と比べてどのような性質のものとして捉えるか（少し視点を変えていえば，ある具体的な所得を給与所得として区分して捉えるべきか）を考える際にも，この基本を踏まえて，関係する具体的事実関係を適切に検討するべきである。

給与所得とした場合の効果（給与所得控除など）は，論理的には，給与所得としての所得区分に該当するとの判断があった後の効果であるが，実践的思考としては，そのような効果を生じさせるのが相当かどうかという視点からも，給与所得という所得区分として判断してよいかを考えるべきである。すなわち，両者は，フィードバックの関係にあると考えるべきである。

以下，順次，上記各項目について検討する。

(2) 「給与等」の意義
1) 条文上の定義

給与等は，所税28条1項において，「俸給，給料，賃金，歳費及び賞与」を典型的例示として，かつ，「並びにこれらの性質を有する給与」となっている[28]。

そうすると給与というものは，まずそこにいう「俸給，給料，賃金，歳費及び賞与」に共通する性質を有するものであって，それに限らないということに

---

28) これも一種の変則的評価益要件（前記第1章第1節第3・1(4)「典型的評価的要件と変則的評価的要件」（5頁以下参照）ではあるまいか。

なる。

　これらに共通する基本的性質は，自己が主体となって収入の源となる行為をしているのではなく，他にその収入の源となる行為をしている者があって，自己はその者に対する役務的行為をして，その対価として，その者から金銭等の給付[29]を受けているというものである，ということができる。

　実際上，特に，事業所得との区別が問題となるので，この点に重点を置いて[30]，下記2) a「『独立性』・『従属性』，『非独立性』という性質」において説明をする。

　2)　その特質

　a　「独立性」・「従属性」，「非独立性」という性質　　前記1)「条文上の定義」で説明したところによれば，「自己が主体となって収入の源となる行為をしている」場合，すなわち，簡単にいうと，収入主体としての「独立性」がある場合には，給与等とはいえないことになる。

　しかし，逆に，独立性がない場合には，すべて給与といえるかは問題である。「給与所得」となる所得には，役務提供者が対価としての金銭等の給付を受ける者に対して従属的地位にあることが必要か否かが検討されなければならない。そこで問題となるのが「従属性」という要件の意味内容である。前記要件のうちの典型的事例中の「歳費」には国会議員の歳費が含まれることを考えても，この「従属性」の要件は，それが，通常の雇用契約に必要な職務上の指揮命令系統にあると同じことを意味するものであるとすれば，そのような「従属性」

---

29)　「給付」という言葉で，この場合において，もっともイメージしやすいのは，給与として金銭を受領するということである（その形式が現金の受領であろうと銀行振込の形であろうと，その「給付」であることの本質は変わらない）。同様に，その果たす機能に着目すれば，金銭の受領ではなく，状況によっては，特定の債務の免除も「給付」に当たるといってよい。最判平27・10・8裁判所HPは，その4頁において，給与所得における「給付には金銭のみならず金銭以外の物や経済的な利益も含まれると解される。」としたうえ，同4～5頁において，当該事案における諸事情の下において，原告（権利能力なき社団）がAの当該社団に対する債務を免除したことによる利益は，理事長の職にあったAが原告に対し雇用契約に類する原因に基づき提供した役務の対価として，原告から功労への報償等の観点をも考慮して臨時的に付与された給付とみるのが相当であるとして，結局のところ，同給付は，賞与又は賞与の性質を有する給与の給付に当たると判示している。

30)　以下の検討において，特に欠けている視点は，「退職所得」との区別の視点である。それは，「退職所得」も「給与所得」と同様に，「給与」の性質を有するものであるから，直ぐ次に検討するa「<u>独立性</u>』・『<u>従属性</u>』，『<u>非独立性</u>』という性質」という視点からは，区別することができないからである。「給与所得」と「退職所得」の区別については，後記本節第2・6(6)「要件事実」（102頁以下）参照。

の要件は必要であるということはできない。ただ、一般的な形態の委任（準委任）[31]、請負などの他の役務型契約[32]における報酬と区別するためには、ある一定の決まった内容の一定期間の継続的役務（この「役務」とは、常識的に「労務」とか「勤労」とか呼ばれるものと同じことである）という要件が必要であると考える[33]。

その際に参考として引用される重要判例として、最判昭56・4・24民集35巻3号672頁（弁護士顧問料事件）がある。同判決は、「判断の一応の基準として、両者を次のように区別するのが相当である。すなわち、事業所得とは、自己の計算と危険において独立して営まれ、営利性、有償性を有し、かつ反覆継続して遂行する意思と社会的地位とが客観的に認められる業務から生ずる所得をいい、これに対し、給与所得とは雇傭契約又はこれに類する原因に基づき使用者の指揮命令に服して提供した労務の対価として使用者から受ける給付をいう。なお、給与所得については、とりわけ、給与支給者との関係において何らかの空間的、時間的な拘束を受け、継続的ないし断続的に労務又は役務の提供があり、その対価として支給されるものであるかどうかが重視されなければならない。」と判示するが、給与所得として必要としている非独立性に関する判断は、全体として、少し狭すぎるのではあるまいか（そこまでの従属関係がなくても、給与所得と判断するべきではあるまいか）[34]。

そして、以上の説明における評価が内容となっている要件（例えば、「非独立性」を内容とする要件）は、一概に、ある職種だから給与所得、違う他の職種であるから非給与所得であるとはいえない。具体的な役務の提供の仕方によって、同じ職種と思われる職業であっても、異なってき得るので、評価的要件の内容を具体的に検討することによって、実際には、まさに、その評価根拠事実及び評価障害事実を考えるというように、要件事実で構成することによって、判断がされなければならない[35]。

---

31) 法人との関係が委任とされる法人役員の受ける報酬は、ふつう給与所得と解されている。
32) 『注解所得税法』470頁は、給与所得を「『一定の勤務関係に基づき、その勤務に対して受け取る報酬』とでもいうことができよう。」と述べる。我妻『債権各論（中）1』220頁参照。
33) 奥谷健「事業所得と給与所得の区別」『租税判例百選』72頁以下が、簡潔に判例・学説の動向をまとめている。
34) 佐藤英明「給与所得の意義と範囲を巡る諸問題」金子宏編『租税法の基本問題』（有斐閣、2007）397頁以下参照。
なお、本判決の最高裁調査官解説においては、給与所得かに関する判示は、ほとんど取り上げられていない（同解説279頁と297頁を参照）ことを付言しておきたい。

b　給与所得に対する所得税法上の取扱いに見る特質　　それは，給与所得控除（所税28条2項），源泉徴収（所税183条1項），年末調整（所税190条以下），確定申告不要（所税121条1項）などの点に見ることができる。

　このような取扱いをするのが，所得の性質上相当なものが，給与所得であるというような視点から考えることも，ときには必要であろう。

　このような給与所得控除，源泉徴収，年末調整，確定申告不要（もとより，給与所得者が，例えば原稿料収入などがあれば，その点は別区分の所得として，一定の要件のもとに，確定申告が必要である）という制度は，給与所得を特徴づける一連の制度である，ということができる。

　そこで，最も典型的な給与所得に対する所得税の納税義務者である，他に収入のない通常の会社員（サラリーマン）の場合を例にして，なぜそのようなことがいえるかを考えてみよう。

　そのような会社員の場合には，一定の毎月の給与と年2回程度の賞与など，会社にとって完全に把握できる支給金額があること，給与を得るために一般的に必要な費用は，おおむねさほどの差異が人によってないこと，かつ，会社との諸般の関係が密接であることから，配偶者控除などの各種の控除の基礎をなす生活実態が相当程度把握されていることなどの実情があり（もっとも，こうした実情にも，近時は相当程度の変化があることも忘れてはなるまい），給与所得控除・源泉徴収・年末調整などをすれば，それで課税所得をほぼ正確に確定できるので，確定申告が不要という結果となる。

　すべての給与所得者となる者が，こうした典型的特徴のすべてを備えているわけではないが，逆にいうと，こうした特徴を全く有しない所得を給与所得として扱ってよいかは疑問である。

　給与所得と考えるべきかどうかの判断が微妙な事案については，このような視点から見て，そうした制度を適用するにふさわしい性質の所得が給与所得である，と考えてみることも必要ではあるまいか。

　以上の視点からすると，理論上は，いわゆるオーナー経営者については，その給与の性質も純粋に給与といえるか疑問もあるが，その給与とされる所得から，「給与所得控除」という名で，概算的に考えられる経費をさらに差し引くことには疑問があり，したがって，そのような性質の所得を給与所得とするこ

35）　佐藤『所得税法』156～157頁，後記(6)「要件事実」における裁判例の検討手法を参照。

とも疑問である，というような視点から考えてみることも必要ではあるまいか[36]）。

　　c　評価根拠・障害事実という視点からの考察　　こうした状況も，さまざまな意味で，当該所得の給与所得性に関する評価根拠・障害事実となり得るものである（そして，給与所得という評価と具体的事実をつなぐ中間的評価が既述の「非独立性」などの評価ということになる）[37]）。

(3)　給与等「に係る」所得の意義

　「給与等」である所得という程度以上の特別の意味はない，と考えられるが，この「に係る」という意味を「関係する」と理解するとすれば，いわゆる「フリンジ・ベネフィット」の問題は，ここでの問題ということになる。すなわち，給与所得というものは，どこまでの範囲でこれを捉えて，給与所得として課税するか，という問題となるからである。

　最判昭37・8・10民集16巻8号1749頁（通勤手当事件）は，給与所得を定めた所得税法の条項の文言を根拠に，通勤手当を給与でないとするべき理由はないとし，かつ，その実質的理由として，「若し右の支給がなかつたならば，勤労者は当然に自らその費用を負担しなければならないのであって，かかる支給のない勤労者とその支給のある勤労者との間に税負担の相違があるのは，むしろ当然であって，通勤費の支給を給与と解し，勤労者の所得の計算をしたのは正当である。」と判示する。

　この通勤手当に関する上記判断は相当であると考えられるが，これをフリンジ・ベネフィットの問題と考え，2泊3日の慰安旅行なども，それによって得た利益が給与所得として課税所得となるかということになると，なかなか問題は大きいこととなる。この問題に関する課税実務の実例については，所基通36—21以下が詳しく定めている。例えば，36—30では「課税しない経済的利益……使用者が負担するレクリエーションの費用」として，費用の会社負担による上記慰安旅行などの実施の場合などが挙げられている（給与所得となるかという視点からすると，そう考えなくてよいことになる）。理論上は多くの論ずるべ

---

36)　佐藤『所得税法』185頁は，「中小同族会社では，会社を完全に支配できる株主が同時に経営者でもあるというケースがしばしば見られる。いわゆるオーナー経営者と呼ばれる人々のケースである。このようなオーナー経営者の『役員給与』が給与であっても，このような人々は，自分の業務を行うのに必要な経費の支出をほとんど会社に行わせていることが多いことを考えると，通常の給与所得控除を認めることには問題がある。」という趣旨を述べる。

37)　後記(6)「要件事実」参照。

き問題があるが、要件事実論の視点から、詳しく解説する必要もないと考えられるので、この程度にしておきたい。

所税27条が、事業所得について、事業所得「から生ずる」としているために生じるような問題はない、と考える。

(4) **給与所得の金額**

給与所得の金額は、その年中の給与等の収入金額から給与所得控除額を控除した残額である。

この制度の趣旨は、通常は、次のように説明されている。すなわち、「①勤務に伴う経費の概算的控除 ②給与所得が、もっぱら本人の勤労による所得で、有期的で不安定であり、他の所得に比し、担税力が弱いことに対する斟酌 ③給与所得が、源泉徴収の方法で徴税が行われ、他の所得に比し、相対的にその把握が容易であることに対する配慮 ④源泉徴収による早期納税に伴う金利の調整」[38]であるといわれている。

給与所得控除の制度は、所税28条3項・4項の明定するところであり、給与を得るために必要な経費というものを観念せず、役務の提供という性質に着目したものになっている。そして、収入金額に応じて控除額が定められ、その控除額は収入金額が低いほど多額となって、納税者の担税力に配慮した内容となっている。

近時、これまでの伝統的な給与所得者の勤務形態である特定の企業へのほぼ全面的な依存という形での、一定内容の一定時間における役務の提供という就労状態に変化が生じ、派遣社員などの形による就労や、さらには、より自由な形での就労も増加し、これまでのような給与所得の控除制度について、その変更を志向する考え方が強くなって来ているとはいえよう[39]が、なお、給与所得に対する、所得税法における上記のような取り扱い上の基本的特質があることに変わりはない、と考える。

(5) **課税方法**

総合課税である（所税22条2項、89条）が、源泉徴収方式による（所税183条1項）。年末調整（所税190条以下）制度があり、基本的には確定申告は不要である（所税121条1項）。

---

38) 『注解所得税法』519～520頁。
39) 佐藤「所得税法」347頁は、「平成30年改正と所得金額調整控除の創設」について説明している。

(6) 要件事実

　以下において摘示する「事案の概要」,「事実」の記載などは,判例集の記載内容が多様なため,必ずしも,形式的に統一された形で示すことができなかった。しかし,いずれの場合においても,給与所得の評価根拠事実・障害事実となる事実については,漏れないように摘示するように努めた。

1) 事業所得ではなく給与所得とされた事例

　いわゆる「りんご生産組合事件」最判平13・7・13裁判所HPをベースにした事案で考えてみる。

（事案の概要　判決の記載による）

　本件は,りんご生産等の事業を営むことを目的として設立された民法上の組合であるD生産組合一関グループ（以下「本件組合」という）の組合員である上告人〔納税者〕が,専従者として本件組合のりんご生産作業に従事し,本件組合から労務費名目で支払を受けた金員につき,これを給与所得に係る収入であるとして平成3年分ないし同5年分の所得税の再修正申告をしたところ,被上告人〔課税庁〕がこれを事業所得に係る収入であるとして各年分につき更正処分及び過少申告加算税賦課決定処分（以下「本件各処分」という）をしたため,原告が本件各処分の取消しを求めた事件である。

（判決要旨　裁判所HPの記載による）

　りんご生産等の事業を営むことを目的とする民法上の組合の組合員がりんご生産作業の専従者として同作業に従事して労務費名目で金員の支払を受けた場合において,上記金員は作業時間を基礎として日給制でその金額が決定され原則として毎月所定の給料日に現金を手渡す方法で支払われ,専従者は同作業の管理者の指示に従って作業に従事し,その作業時間がタイムカードによって記録されており,その作業内容を含めこれらの点において専従者と一般作業員との間に基本的に異なるところがなく,他方,組合員に対する出資口数に応じた現金配当は1度行われたことがあるにすぎないなど判示の事実関係の下においては,専従者が一般作業員とは異なり組合員の中から組合の総会において選任されりんご生産作業においては管理者と一般作業員との間にあって管理者を補助する立場にあったことなどを考慮しても,上記金員に係る収入をもって労務出資をした組合員に対す

る組合の利益の分配であるとみるのは困難であり，当該収入に係る所得は給与所得に該当する。

上記事案における要件事実

　上記判決要旨に現れた限りの事実関係を前提として，本件課税処分の給与所得としての評価根拠・障害事実のみを要件事実として以下に述べてみる。実際には，更正処分が事業所得であり，納税者が当該所得が給与所得であることを理由に，その取消しを求めた事案であるから，要件事実はこのような形にはならない，ということに留意するべきである。

給与所得の評価根拠事実

1　本件組合は，りんご生産等の事業を営むことを目的とする民法上の組合であり，本件納税者は，その組合員である。
2　本件組合の組合員の全員は，りんご生産等の作業に従事し，本件組合から，その対価として，労務費名目で金銭の支払を受けていた。
3　本件組合の組合員全員は，作業時間を基礎として日給制でその金額が決定され（判決本文においては，「一般作業員との日給の額の差も作業量，熟練度の違い等を考慮したものであ」ると判示されている）原則として毎月所定の給料日に現金を手渡す方法で支払われた。
　　（判決本文においては，ここで，以上の事実関係を締めくくり，「本件組合及びその組合員は，専従者に対する上記労務費の支払を雇用関係に基づくものと認識していたことがうかがわれ，専従者に対する労務費は，本件組合の利益の有無ないしその多寡とは無関係に決定され，支払われていたとみるのが相当である。」と判示している。）
4　本件組合員は，前記作業に従事するに当たっては，その作業の管理者の指示に従って作業に従事し，その作業時間がタイムカードによって記録されていた。本件納税者も，その点において，他の本件組合員と基本的に異なるところがなかった。

〔上記要件事実についての若干の説明〕　上記事実は，本件納税者が，ある者のために，ある一定の決まった内容の一定期間の継続的役務を提供して，その対価として，その者から金銭等の給付を受けている事実，すなわち，給与所得として評価するために必要な，一定の非独立性，従属性の評価根拠事実を摘示したものである。

　本判決は，このような具体的事実の認定に先立ち，「所税28条1項の給

与所得に係る給与等の支払に該当するのかは，当該支払の原因となった法律関係についての組合及び組合員の意思ないし認識，当該労務の提供や支払の具体的態様等を考察して客観的，実質的に判断すべきものであ」る（5頁）と述べているが，結局は，そうした意思ないし認識というものは，上記のような役務の性質を示す根拠事実と一体をなすものとして評価すればよいのではなかろうか[40]。

判決要旨中の「他方，組合員に対する出資口数に応じた現金配当は1度行われたことがあるにすぎない」は，この評価根拠事実としては，不要であるし，他方，評価障害事実としては，明らかに不十分である。

給与所得の評価障害事実
1　本件納税者は，本件組合の専従者である。
2　本件納税者は，本件組合の専従者と呼ばれる立場にある者であり，専従者は，一般作業員とは異なり組合員の中から組合の総会において選任されりんご生産作業においては管理者と一般作業員との間にあって管理者を補助する立場にあった。

〔上記要件事実についての若干の説明〕　この事実は，給与所得として評価するために必要な，一定の非独立性，従属性の評価根拠事実に対する評価障害事実を示すことを目的として摘示されている事実であるが，上記評価根拠事実による評価を覆すためには，不十分である。すなわち，主張自体失当の事実である（その全部が事実として存在したとしても，攻撃防御方法として理由がない主張事実である）。

2)　一時所得ではなく給与所得とされた事例

> 最判平17・1・25民集59巻1号64頁（ストックオプション事件）
> （事案の概要　判決記載の事実関係を筆者が簡略化したものである）
> 　原告（下記判示でいう子会社の代表取締役）は，本件権利行使益が所得税法34条1項所定の一時所得に当たるとして，その税額を計算して確定申告をしたところ，被告（課税庁）は，本件権利行使益が同法28条1項所定の

---

40)　小柳誠「所得発生原因の法的性質と所得区分──東京高裁平成28年2月17日判決を素材にして」税大ジャーナル27号（2017年）86頁左欄の説明は，この点に関し，どのような態度を採るものか，必ずしも明らかでない。

給与所得に当たるなどとして，更正処分をしたので，原告が，一時所得として計算した税額を超える部分について，その取消を求めたものである。

（判決要旨）

米国法人の子会社である日本法人の代表取締役が，親会社である米国法人から親会社の株式をあらかじめ定められた権利行使価格で取得することができる権利（いわゆるストックオプション）を付与されてこれを行使し，権利行使時点における親会社の株価と所定の権利行使価格との差額に相当する経済的利益を得た場合において，上記権利は，親会社が同社及びその子会社の一定の執行役員及び主要な従業員に対する精勤の動機付けとすることなどを企図して設けた制度に基づき付与されたものであること，親会社は，上記代表取締役が勤務する子会社の発行済み株式の100％を有してその役員の人事権等の実権を握り，同代表取締役は親会社の統括の下に子会社の代表取締役としての職務を遂行していたものということができ，親会社は同代表取締役が上記のとおり職務を遂行しているからこそ上記権利を付与したものであること，上記制度に基づき付与された権利については，被付与者の生存中は，その者のみがこれを行使することができ，その権利を譲渡し，又は移転することはできないものとされていることなど判示の事情の下においては，同代表取締役が上記権利を行使して得た利益は，所得税法28条1項所定の給与所得に当たる。

<u>**給与所得（本件の場合は賞与）の評価根拠事実**</u>

判決全文を見ても，基本的には，上記判決要旨以上に要件事実論の視点から追加するべき事実はないと考えられる。

以上に記載の事実を項目として簡単に述べると，①親会社が子会社の株式を100％所有して子会社の代表取締役は親会社の統括の下にその職務を遂行していたこと，②上記ストックオプションの権利は，子会社の代表取締役の精勤の動機付けの意味を持つものであること，③上記ストックオプションの権利は，これを付与された者のみが行使できることなどの事情を根拠づける事実が評価根拠事実ということができる。

本判決は，これらの事実によって，ストックオプションの権利の行使によって得た所得を，一定の決まった内容の一定期間の非独立的継続的役務に対する対価としての性質を有する，すなわち，給与所得としての性質を有すると判断したものといえる。

この非独立性，従属性のほかに，こうした権利行使による利益の取得について，給与所得を肯定するための一つの要件である「給付」に該当するといえるかについては，本判決は，ストックオプションの権利を行使して得た利益に着目して，その「給付該当性」を肯定している[41]。

3) 雑所得ではなく給与所得とされた事例[42]

> **京都地判昭56・3・6裁判所HP（大島別訴第一審）**
> （事案の概要　判決記載の事実関係を筆者が簡略化したものである）
> 　原告Xは，本件各大学の非常勤講師を務めて手当を受給していたが，雑所得として申告したのに，課税庁から給与所得と判断されたので，関係する更正処分等の取消しを求めたものである。
> 　裁判所は，給与所得と判断したが，その判断の評価根拠事実・評価障害事実として考慮された事実は概ね次の通りであると考えられる。
> 　裁判所は，主として，以下の評価根拠事実を前提として，以下「のような勤務形態を前提とすれば，本件手当は，非独立的に提供される労務の対価たるもので，その労務の提供が自己の危険と計算によらず，他人の指揮監督ないしは教員組織の構成員としてその支配に服してなされるものとして，給与所得に該当すると認めるのが相当である。」(14頁)と判断した。
> **給与所得の評価根拠事実として裁判所の取り上げる事実（概要）**
> 1　本件各大学は原告を各大学の非常勤講師として任用し，当該大学が必要と認めた学科目について，委嘱の期間，担当日，担当時間数を定めて原告にその学科目の講義を委嘱し，これに対して所定の報酬を支払うことを約した。
> 2　原告は，当該大学が定めたカリキュラムの一部である特定の学科目

---

41) 本件判決の最高裁調査官解説（最判解民平成17年度（上）〔3〕）は，詳細で有益な検討をしている。

42) 類似の事件としては，神戸地判平元・5・22 LEX/DB22003268（医大教授指導料事件）がある。この事案が，報酬の支払形態からして事業所得でないことは，明らかであるが，給与所得と判断する基準の一つである非独立性について，同判決は，「同教授が月に何回か原告の病院に赴き，その交通費が支給されていたことからすると，その役務は非独立的役務と認めるのが相当である。」として，この点を給与所得と判断する重要なポイントの一つにしている（かなり，限界に近い事例のように思われるが，いかがであろうか）。

について，週のうちの特定の時限に（集中講義の場合は特定の日時に），特定の場所で，ある程度長期にわたり継続して，当該大学の学生に対し講義を実施すべき義務を負う。
3　原告は，当該大学のカリキュラムを実施する教員組織の構成員としてそのカリキュラムに示された大綱には従うべき義務を有する（この意味で，原告は，当該大学の一般的指揮監督に服するものというべきである）。
4　本件各大学は，右非常勤講師の勤務に対する報酬について，それぞれ専任教員の給与体系とは別に支給規定等を設け，これに基づき，週における講義時間数に応じた月額の手当額（集中講義の場合は単位数に応じた手当額）をあらかじめ定め，これを原告に対し毎月所定の日（集中講義の場合は講義終了日頃）に定額支給していたものであり，右手当については夏季，冬季等の休暇中でも支給され，休講等があっても減額されることがなく，講義内容の優劣等はその増減の対象となっていない。

給与所得の評価障害事実として原告の主張する事実（一部）

本件手当が固定性・継続性を欠いている。〔この摘示は，主張の趣旨を示したもので，事実とはいえない。また，明らかに主張自体失当の他の主張は省略した〕

この主張に対する裁判所の判断（14～15頁）

固定性・継続性が必要かは疑問であるが，本件各大学における実情も，週における講義時間数に応じてあらかじめ定められた月額の手当額を，毎月所定の日に継続して支払われたり，その単位数に応じてあらかじめ定められた手当額を，毎年特定の時期に継続的に支給されていたものであって，いずれも休暇中も支給され，休講等があっても減額されなかったと認められるので，原告主張の固定性・継続性を欠くものとはいえない。

6　退職所得

(1)　はじめに

所税30条によると，同条における法律要件は，①退職手当等：退職手当，一時恩給その他の退職により一時に受ける給与及びこれらの性質を有する給与で

あること，②所得：退職所得とは，退職手当等に係る所得であること，③金額：その年中の退職手当等の収入金額から退職所得控除額を控除した残額の2分の1に相当する金額（当該退職手当等が特定役員退職手当等である場合には，退職手当等の収入金額から退職所得控除額を控除した残額に相当する金額）の個別的法律要件から成り立っている。

すでに（前記本節第1・1「基本となる考え方」〔62頁以下〕）述べたように，担税力の強さの違いによって所得を区分し，それに応じた課税所得の計算と税率の適用があるのであるから，退職所得を他の所得（特に注意するべきは，通常の給与所得との区別である）と比べてどのような性質のものとして捉えるかを考える際にも，この基本を踏まえて，関係する具体的事実関係を適切に検討するべきである。

以下，順次，上記各項目について検討する。

(2) 「退職手当等」の意義

1) 条文上の定義

まず，退職手当等は給与[43]の性質を有するものであることが必要である。当然のことながら，給与以外の収入（例えば，事業によって挙げた利益など）であってはならない。

そして，退職手当等における給与というのは，例えば毎月の役務の対価として毎月末〔あるいは15日，25日など〕に受け取る給与である，平成30年5月分のいわゆる月給と違う性質のものであることは，所税30条1項を見れば，明らかである。そうだとすると，その両者の区別は明らかであり，何の問題もないように見える。しかし，ことはさほど簡単ではない。

退職手当等とされるためには，給与等と比べて，さらに担税力が弱く，そのための優遇的措置（例えば，所税30条2項参照）を受けるに相応しい実質を有するものであることが必要であり，そうした観点から実質的検討を要する。その点に重点を置いて，次に検討する。

なお，所税31条は，「（退職手当等とみなす一時金）」との見出しの下に，詳細な規定を置いている。これらの給付金は，その実質において退職手当と同質のものであると考えられているからである。その検討は，ここでは省略する。

---

[43] 「給与」の定義についいては，前記本節第2・5(2)「『給与等』の定義」（87頁以下）参照。

2) その特質

最判昭58・9・9民集37巻7号962頁（5年退職事件）は，退職手当に該当する要件として，所税30条1項の文言に即して，次の要件を判示するとともに，後記(4)2)「優遇措置の理由」（102頁）記載のように，退職所得の金額の計算方法とそのように優遇する理由を判示している。最判昭58・12・6裁判所HP（10年退職事件，『租税判例百選』38事件）も，基本的に同旨である[44]。

　a　退職手当，一時恩給その他の退職により一時に受ける給与の性質を有する給与（次の3要件を備えること）

① 退職すなわち勤務関係の終了という事実によってはじめて給付されること

② 従来の継続的な勤務に対する報償ないしその間の労務の対価の一部の後払の性質を有すること

③ 一時金として支払われること

　b　上記aの性質を有する給与　　前記最判昭58・9・9（5年退職事件）は，この上記aの性質を有する給与「というためには，それが，形式的には右の各要件のすべてを備えていなくても，実質的にみてこれらの要件の要求するところに適合し，課税上，右『退職により一時に受ける給与』と同一に取り扱うことを相当とするものであることを必要とすると解すべきである。」（裁判所HP 2頁）と判示する。

前記最判昭58・12・6（10年退職事件）は，さらに具体的に，所税30条1項にいう「『これらの性質を有する給与』にあたるというためには，当該金員が定年延長又は退職年金制度の採用等の合理的な理由による退職金支給制度の実質的改変により精算の必要があって支給されるものであるとか，あるいは，当該勤務関係の性質，内容，労働条件等において重大な変動があって，形式的には継続している勤務関係が実質的には単なる従前の勤務関係の延長とはみられないなどの特別の事実関係があることを要するものと解すべき」である（裁判所HP 8頁）と判示する。

---

[44] 同判決（10年退職事件判決）は，5年退職事件判決よりさらに踏み込んで，「退職」の意味について，「制度の客観的な運用として，従業員が勤続満10年に達したときは退職するのを原則的取扱いとしていること，及び，現に存続している勤務関係が単なる従前の勤務関係の延長ではなく新たな雇用契約に基づくものであるという実質を有するものであること等をうかがわせるような特段の事情が存することを必要とする」（裁判所HP 7頁）と判示する。

課税実務のこの点に関する扱いは，次のとおりである。

所基通30—2，30—2の2，30—5によると，おおむねではあるが，下記注45[45]に掲げるようなものが，ここでいう「上記 a の性質を有する給与」に当たる。ここでの留意点は，上記最高裁判例の基準によっても，退職手当とはならない理由として，同手当の受給後も，従業員の地位を何ら特別の手続を経ることなく保持し続けていることが重視されているが，下記注45記載の事由は，引き続き勤務する場合においても，その点について例外と見ても良いと考え得る事由を挙げている（ただし，労基法20条の予告手当は，生活保障等の理由が主であろう）。

(3) 退職手当等「に係る」所得の意義

「退職手当等」である所得という程度以上の特別の意味はない，と考えられる。

(4) 退職所得の金額

1) 計算方法

所税30条は，「退職所得につき，その金額は，その年中の退職手当等の収入金額から退職所得控除額を控除した残額の2分の1に相当する金額とする（同

---

45) （所基通30—2の概要） 引き続き勤務する役員又は使用人に対し退職手当等として一時に支払われる給与のうち，次に掲げるものでその給与が支払われた後に支払われる退職手当等の計算上その給与の計算の基礎となった勤続期間を一切加味しない条件の下に支払われるものは，30—1にかかわらず，退職手当等とする。
  (1) 新退職給与規程を制定し，又は，中小企業退職金共済制度などへの移行等相当の理由により従来の退職給与規程を改正した場合において，使用人に対し当該制定又は改正前の勤続期間に係る退職手当等として支払われる給与
  (2) 使用人から役員になった者に対しその使用人であった勤続期間に係る退職手当等として支払われる給与
  (3) 役員の分掌変更等により，その職務の内容又はその地位が激変した者に対し，当該分掌変更等の前における役員であった勤続期間に係る退職手当等として支払われる給与
  (4) いわゆる定年に達した後引き続き勤務する使用人に対し，その定年に達する前の勤続期間に係る退職手当等として支払われる給与
  (5) 労働協約等を改正していわゆる定年を延長した場合において，その延長前の定年に達した使用人に対し旧定年に達する前の勤続期間に係る退職手当等として支払われる給与で，その支払をすることにつき相当の理由があると認められるもの
  (6) 法人が解散した場合において引き続き役員又は使用人として清算事務に従事する者に対し，その解散前の勤続期間に係る退職手当等として支払われる給与
  （所基通30—2の2の概要） 使用人から執行役員への就任に伴い退職手当等として支給される一時金（詳細は略）
  （所基通30—5の概要） 労働基準法20条の規定により使用者が予告をしないで解雇する場合に支払う予告手当は，退職手当等に該当する。

条2項）とともに，右退職所得控除額は，勤続年数に応じて増加することとして（同条3項），課税対象額が一般の給与所得に比較して少なくなるようにしており，また，税額の計算についても，他の所得と分離して累進税率を適用することとして（22条1項，201条），税負担の軽減を図っている。」（前記最判昭58・9・9〔5年退職事件〕の冒頭の判示）

2）　優遇措置の理由

「その内容において，退職者が長期間特定の事業所等において勤務してきたことに対する報償及び右期間中の就労に対する対価の一部分の累積たる性質をもつとともに，その機能において，受給者の退職後の生活を保障し，多くの場合いわゆる老後の生活の糧となるものであつて，他の一般の給与所得と同様に一律に累進税率による課税の対象とし，一時に高額の所得税を課することとしたのでは，公正を欠き，かつ社会政策的にも妥当でない結果を生ずることになる」からである（前記最判昭58・9・9〔5年退職事件〕の冒頭の判示）

(5)　課税方法

他の所得と区分した分離課税（所税22条，89条）であって，源泉徴収方式による（所税199条以下）。原則として申告不要である（所税121条2項）。

(6)　要件事実

1）　退職手当等ではない給与等であることが給与所得の要件事実

前記本節第2・5(2)「『給与等』の意義」（87頁以下）において，十分に給与の定義については検討したところであるが，要件事実論の視点からいうと，「給与」と「退職手当」の区別に関する検討は不十分であったと思われる。

すなわち，上記検討においては，給与所得と事業所得，一時所得，雑所得などとの区別を検討する限りにおいては，そうした他の区分の所得との違いにおいて，対価を得るための営為の性質の違い（非独立性など）を検討したが，ここでは，まさに通常の給与と退職手当としての給与との性質の違いを検討しなければならない。

前記最判昭58・9・9〔5年退職事件〕がいうように，退職所得は，通常の給与よりも優遇されているのであるから，侵害処分である課税処分に関しては，「給与所得」として課税処分をする課税庁において，通常の給与であって退職手当でないことについて主張立証責任を負うと考えなければならない。これを具体的にいうと，課税庁は，給与所得として課税処分をするためには，当該給与が，所税30条1項にいう「退職手当，一時恩給その他の退職により一時に受

ける給与及びこれらの性質を有する給与（退職手当等）」に該当しないことの主張立証責任を負うということになる。しかし，これを文字通りすべての場合において厳格に実施するとなると，いかにも非常識な結果となる。すなわち，給与所得であることさえ間違いなければ，通常の給与であることに問題のない事案（例えば，大学の非常勤講師の2017年1月～12月までの報酬）について，そのような主張立証活動を要求するのは奇妙なことである。理論的にこれを説明すれば，このような場合には，当該収入が退職手当等の性質を有する給与でないことは，事実関係自体から明らかにそのように評価できるため，そのようなことは必要でないと考えることになろう。

　しかし，実際に裁判例で問題になるように，給与所得であるとの評価が事実関係自体から必ずしも明らかであるとはいえず，課税庁が給与等として課税処分をし，納税者が退職手当等として争う場合においては，この問題を避けて通ることはできない。そのような場合において，裁判例の判示の仕方は，退職手当と認めることはできないというような表現になっていることがある。例えば，前記最判昭58・12・6（10年退職事件）は，その末尾で，「本件係争の金員が『退職により一時に受ける給与』の性質を有する給与に該当することを肯認させる実質的な事実関係があるということはできない。」（裁判所HP 8頁）と判示する。

　しかし，こうした判示の仕方が，もしも，「退職手当等に当たると判断する根拠となる事実を認めるのに十分な証拠がないから，給与等である。」と判示している趣旨であるとすれば，疑問である。給与所得であるというためには，給与等であると判断できる根拠事実が立証されなければならず，そこに退職手当等であるとの疑いが残っていてはならないからである。

2）　具体的検討

　そのように考えてくると，実務の感覚に合致し，かつ，理論上も問題のない要件事実を確定することは，必ずしも容易ではない。以下に私見を述べるが，試案に過ぎない。

　当該事案において，給与所得か退職所得かが争われている場合においては，課税庁が当該収入を，所税28条1項中の「給料」であると判断し，給与所得として課税処分をし，納税者がそれを，所税30条1項の「退職手当」であって退職所得であるから，当該課税処分は違法であるとして争っている訴訟における攻撃防御方法の骨子は，次のようなものとなるであろう。

抗弁（給与所得の評価根拠事実）

1　原告（株式会社）は，同社の社員Aに対し，平成29年12月25日，Aの平成25年1月1日から同29年12月31日までの勤務に対する対価として，「退職手当」という名称のもとに，○○○万円を支払った。
2　Aは，同30年1月1日以降も，ほぼ従前と同様の会計事務（その根拠となる具体的事実）の処理に当たって，月額28万円の給料の支払を受けており，同社の社員である（退職はしていない）。

抗弁に対する認否

抗弁1を認める。

抗弁2を否認する。

Aは，平成25年1月1日から同29年12月31日までの間，すでに月額30万円の給料の支払を受けている。

Aは，平成30年1月1日以降も原告の社員ではあるが，その業務内容は，従前と比べて著しく軽減されて会計事務の補助者となり，給料月額も従前の5分の1となった。

Aは，平成29年12月31日現在において，原告に勤続40年となり，その年齢も70歳となっている。

〔上記要件事実についての若干の説明〕

被告の抗弁は，Aの身分を原告社員という形で，従前どおり継続しているので，退職しておらず退職手当ではないという意味をもち，原告が抗弁2に対する認否に続いて述べる諸事実は，社員として共通の身分を有しているが，そこで述べたような諸事実に照らせば，Aは実質的に従前の社員を退職しているという意味をもっている。

問題は，この原告の主張を再抗弁と見るべきかということである。もしそう見ると，同事実は，すべて原告の主張立証責任対象実であることになり，それが存否不明の場合には，給与であることになるが，私見は，抗弁2の積極否認の内容をなす事実と見ている（この諸事実のうち，2番目の「業務内容の変更と給料の減額」の事実以外の1番目と3番目の事実のもつ意味は，なお検討を要する）ので，抗弁2の事実の存否が不明であるときには，給料と認定することに疑いが残り，給与所得としてされた課税処分は違法であることになる。

このように要件事実の例示を考えるについては，『租税判例百選』77頁，佐藤『所得税法』196頁において，所税30条1項にいう「これらの性質を有する

給与」にあたることに関する5年退職事件の判示に関連する下級審判例の変化（大阪高判平20・9・10，大阪地判平20・2・29，京都地判平23・4・14などに見られるとされる）が指摘されていることを念頭に置いている。

7　山林所得
(1)　はじめに
　山林所得の課税（その基本条文は，所税32条である）における特色は，山林がその造成，伐採，譲渡について，長期間を要することを念頭において，その担税力の弱さに配慮し，平準化も考えて，特別控除額の設定，分離課税，税率の軽減などを考え，そうした配慮の中で，山林の取得の日以後5年以内に伐採又は譲渡したことによる所得は，山林所得には入らないものとされている（所税32条2項。上記の山林所得の特色を具備していないからである）。その性質により，事業所得，雑所得になるであろう。

　他方，山林の取得の日以後5年を超えて以後に伐採又は譲渡したことによる所得は，広い山林の樹木の一定範囲ずつを伐採して売却して，そこに新たな苗を植えて，その成長を待ってその部分の樹木を又伐採して売却することを継続的に繰り返す形態のもの（その性質は事業所得）であっても，その収入を得るためには，極めて長期間を要するということから，事業所得又は譲渡所得としては扱われず，山林所得（所税27条1項，32条，33条2項2号）として，別の取扱いがされる

(2)　**山林所得の意義**
1)　山林の定義
　「山林」の定義については条文からは特に示唆も得られない。平野にある林でも，収穫に至るまで長期を要するのは同じではないかなどと考えて，国語辞書を引いて見ると，興味深いことがあった。広辞苑では「①山と林。また，山にある林。②森林あるいは林野の呼称。」と第2義ではあっても山にある林に限らないことになり，大辞林（第3版）では，「①山と林。②山中の林←平地林」となっており，平地にある林の意味もあることになるかもしれない。山林所得の税法上の特別の取扱いに徴しても，平地にある立木の集団を除外する理由はない（もちろん，庭園中の樹木や植木販売業者が販売目的で育成中の立木などは，山林所得の対象に入れる理由はない）[46]。

　山林には，立木の生育している土地は含まれない。

2) 山林「の伐採又は譲渡による」の意味

山林の立木を伐採して木材として譲渡する場合と山林の立木を伐採しないまま譲渡する場合の、いずれの場合においても、それによる所得は、山林所得である。

(3) **山林所得の金額**

山林所得の金額は、その年中の山林所得に係る総収入金額から必要経費を控除し、その残額から山林所得の特別控除額50万円を控除した金額とする（所税32条3項・4項）。

山林所得に関する経費に関する特別の定めとして、細部にわたるものであるが、所税37条2項（必要経費に算入するべき金額に関する定め）、51条3項（損失金額の計算に関する定め）、61条1項（所有期間による経費に関する定め）などがある。

課税の対象は、既述のように、取得時期から5年以内の山林の伐採又は譲渡による取得は、山林所得に、そもそも入らないことに留意をしなければならない。次に、分離課税であるので、課税所得金額を他の所得と別に計算することが必要である（所税21条1項4号）。

税率は、山林所得金額について、いわゆる5分5乗方式による（所税89条1項）。

(4) **課税方法**

他の所得と区分した分離課税（所税22条、89条）であるが、通常の申告納税方式による（所税120条）。

(5) **要件事実**

課税庁が、取得後5年以内であるとして、例えば、事業所得として課税するときには、この「5年以内であること」も、要件事実となるであろう。

他方、課税庁が、山林所得として課税する場合においては、「取得後5年を超えること」は、そうした場合が山林所得の原則的場合であること及び山林所得が課税上優遇されていることから、要件事実と考える必要はないであろう。

---

46) 『注解所得税法』627～628頁参照。

8 譲渡所得

(1) 譲渡所得の問題を検討する際の基本的考え方

所税33条によると，同条における法律要件は，次のとおりである。

①資産：1項　譲渡所得における資産であること。

②所得：1項，2項　譲渡所得とは，資産の譲渡による所得であること。ただし，たな卸資産（これに準ずる資産として政令で定めるものを含む。）の譲渡その他営利を目的として継続的に行なわれる資産の譲渡による所得及び山林の伐採又は譲渡による所得を除く。

③金額：3項　次の各号に掲げる所得につき，それぞれその年中の当該所得に係る総収入金額から当該所得の基因となった資産の取得費及びその資産の譲渡に要した費用の額の合計額を控除し，その残額の合計額（当該各号のうちいずれかの号に掲げる所得に係る総収入金額が当該所得の基因となった資産の取得費及びその資産の譲渡に要した費用の額の合計額に満たない場合には，その不足額に相当する金額を他の号に掲げる所得に係る残額から控除した金額。以下この条において「譲渡益」という。）から譲渡所得の特別控除額を控除した金額とする。

　1号　資産の譲渡（前項の規定に該当するものを除く。次号において同じ。）でその資産の取得の日以後5年以内にされたものによる所得（政令で定めるものを除く。）

　2号　資産の譲渡による所得で前号に掲げる所得以外のもの

4項　譲渡所得の特別控除額は，50万円（譲渡益が50万円に満たない場合には，当該譲渡益）とする。

5項　譲渡所得の特別控除額を控除する場合には，まず，当該譲渡益のうち3項1号に掲げる所得に係る部分の金額から控除するものとする。

すでに（前記本節第1・1「基本となる考え方」〔62頁以下〕）述べたように，担税力の強さの違いによって所得を区分し，それに応じた課税所得の計算と税率の適用があるのであるから，譲渡所得を他の所得と比べてどのような性質のものとして捉えるかを考える際にも，この基本を踏まえて，検討を行うべきである（譲渡所得の場合には，この考え方は，所得区分をする際にのみ意味をもつのではなく，所税33条3項各号の区別においても意味を持っている）。

譲渡所得に対する課税についての基本的考え方を把握することが，譲渡所得の複雑な問題を理解するのに重要であると考えるので，譲渡所得に対する課税

に関する本質について述べた判例・学説を紹介する。もとより，こうした本質というものは，いつも多様な具体的問題に関する的確な検討とのフィードバックという過程を経て決まって来るものではあるが，ある程度の確からしさをもって，本質がいえるとなった場合には，説明の過程としては，「本質」（この段階では一種の仮定の命題ともいえる）から出発して具体的問題を検討し，その検討の段階で，さらに詳細に「本質」の当否を検討する（場合により，それまでの検討の段階では「本質」を構成する要素と考えられていたものを一部修正する[47]）という方法が，理解し易いこともある。ここでは，こうした説明の方法が適切であるように思われる。

それでは，まず，譲渡所得の基本に関する判例から取り上げることとしよう。次の二つの最高裁判例を挙げることができる。

最判昭43・10・31裁判所 HP（榎本家事件）

「譲渡所得に対する課税は，……資産の値上りによりその資産の所有者に帰属する増加益を所得として，その資産が所有者の支配を離れて他に移転するのを機会に，これを清算して課税する趣旨のものと解すべきであり，売買交換等によりその資産の移転が対価の受入を伴うときは，右増加益は対価のうちに具体化されるので，これを課税の対象としてとらえたのが旧所得税法（昭和22年法律第27号，以下同じ。）9条1項8号の規定である。」（1頁）

最判昭47・12・26民集27巻10号2083頁（割賦弁済土地譲渡事件）

「一般に，譲渡所得に対する課税は，資産の値上りによりその資産の所有者に帰属する増加益を所得として，その資産が所有者の支配を離れて他に移転するのを機会に，これを清算して課税する趣旨のものと解すべきであることは，当裁判所の判例とするところである（昭和41年（行ツ）第8号昭和43年10月31日第一小法廷判決・裁判集民事92号797頁）。したがって，譲渡所得の発生には，必ずしも当該譲渡が有償であることを要」しない。

学説

「譲渡所得は，保有資産の価値の増加益（キャピタル・ゲイン）についてその資産が売買等により保有者の手を離れるのを機会に，その保有期間中の増加益に相当する所得の実現があったものとして一時に課税するものである。」[48]

---

47) その例としては，後記(4)「譲渡『による』所得の意義」における清算課税説の今後に対する考え方に関する説明（117頁以下）参照。
48) 『注解所得税法』643頁。金子『租税法』246頁も同旨。

後述するように、上記判例・学説の考え方と異なる考え方もあるが、私見は、基本的には上記の考え方に従って、以下の説明をしている。

以下の説明を理解するためには、上記の考え方（「清算課税説」といわれる）を十分に念頭に置いて考え、かつ、検討している当該問題が譲渡所得で問題となる各事項においてどのように位置づけられる問題かを考えることが必要である。

以下の説明で出てくる、常識的に考えるところとちょっと違った感じのする、例えば、次のような諸点は、すべて、上記の清算課税説といわれる考え方に由来するものであり、その問題の位置づけを、次のように、「資産」、「譲渡」、「による」、「金額」などと位置付けて考えると理解しやすい。

・「資産」の範囲に関連して生ずる疑問①　金銭は資産の典型的なものの一つであるはずなのに、金銭がここでいう「資産」に含まれないのは、なぜなのであろうか。

・「資産」の範囲に関連して生ずる疑問②　商売をしている人が、仕入れをして売るために売場に並べている商品（「棚卸資産」といわれる。所税2条1項16号に定義がある）は、資産であるはずなのに、ここでいう「資産」に含まれないのは、なぜなのであろうか。

・「譲渡」の意味に関連して生ずる疑問　対価を得て資産を他人に譲渡して利益を得たときに課税されるのは理解できるが、無償で他人に譲渡した（贈与した）のに、ここにいう「譲渡」として課税されるのは、なぜなのであろうか。

・譲渡「による」という意味に関連して生ずる疑問　資産を譲渡した場合において、譲渡したことによって、その譲渡から何か利益を得るわけでもないのに、譲渡時にその資産の価値が増加しているときには、譲渡「による」所得があるとして課税されるのは、なぜなのであろうか。

以下、上記のような疑問に対処することをも念頭に置きながら、順次、上記各項目について検討する。

(2)　「資産」の意義

1)　条文上の定義

条文上「資産」の語に特別の意味を付与するような定めはない[49]。そうだと

---

49)　所得税法の条文では、このような所得の基本に関わる概念の定義が不十分なことは多い。例えば、事業所得を定めた条文である所税27条1項においては、所税令63条を見ても、ついに「事業」

すると，まずは，「資産」という言葉の普通の意味の検討から始めるほかはない。『広辞苑』は「資産」を「現に人や団体が保有する土地・建物・金銭・債券・株式などの積極財産。」と説明し，『大辞林（第3版）』も，「金銭や土地・家屋・証券などの財産。」と同旨の説明をする。

しかし，所基通33―1は，「譲渡所得の基因となる資産とは，法第33条第2項各号に規定する資産及び金銭債権以外の一切の資産をいい，当該資産には，借家権又は行政官庁の許可，認可，割当等により発生した事実上の権利も含まれる。」と述べており，金銭が「資産」に入らないことを当然の前提としている。「資産」に関する上記の普通の意味との間に大きな齟齬があることになる。

2) その特質

金銭は「資産」か すでに（前記(1)「譲渡所得の問題を検討する際の基本的考え方」）述べたように，譲渡所得は，「資産の値上りによりその資産の所有者に帰属する増加益を所得として」（前記最判昭43・10・31）課税するものであると考える以上，金銭については，そのような増加益を考える余地がないから，ここにいう資産ではないことになる[50]（こうした解釈は，理論上の性質を理由に，課税対象を縮小して考えるものであるから，課税要件明確主義に反するものではないことになるのであろうか）。

もっとも，強制通用力を持つ通貨である金銭として考えるのではない，記念通貨（例えば，昔のオリンピックの記念通貨）や古銭は，ここにいう金銭ではなく，骨董品の一種ともいえる物と観念するべきであるから，「資産」である。

金銭債権は「資産」か さらに，上記通達においては，「金銭債権」が「資産」に含まれないとしているが，そう考えることの当否については，意見が分かれる。

金銭債権について「資産」から除外する理由については，普通は，「金銭債

そのもの意味を定めたものを見出すことができない。また，給与所得を定めた所税28条1項においても，給与そのもの意味を定めてはいない。しかし，この両条においては，「事業」，「給与」の意味を判断するための根拠となり得るものの例示がある。所税33条においては，ここでの「資産」の意味を推測させるような文言はない。

50) 佐藤『所得税法』87～88頁。
　　デフレによる実質的価値の増加ということが理論上問題となるが，そのような問題を考えるとなると，すべての所得計算において，デフレ・インフレによる影響の問題を考えることになるが，それは，極端な場合において立法手段によって対応されるべきことであって，通常の税法の解釈においては，問題とされていない，と考える。

権を資産に含まれると考えるとすると，回収不能な金銭債権の譲渡において，回復不能な損失が発生したとして，これが譲渡所得の損失として計算され，雑所得であれば許されない他の所得との損益通算（所税69条1項）が認められるという弊害や，金銭債権で得られる増加益というのは，同債権保有期間内の利息の累積によるものであって，譲渡所得で念頭に置かれるキャピタル・ゲインではない。」などの理由が挙げられる[51]。しかし，金銭債権の場合に，譲渡所得において問題となるキャピタル・ゲインが常にないかといえば，そうではないであろう。ある金銭債権取得時にはその債権の債務者が弁済能力が非常に低かったのに，その後その債務者の資力が非常に回復し，容易に同債務の満額を弁済し得る能力も意思もあるようになった場合には，同債権の価値は上記取得時よりは上昇すると考えられるが，その差額は，キャピタル・ゲインといってよいと考える。したがって，金銭債権を一律に譲渡所得で問題となる資産ではないということには疑問がある[52]。

棚（たな）卸資産等は「資産」か　所税33条2項1号は，「たな卸資産（これに準ずるものとして政令で定めるものを含む〔準たな卸資産――筆者伊藤注記〕）の譲渡による所得は，譲渡所得に含まれないものとする。」と定める。この文言からは，たな卸資産の譲渡は「譲渡」に含まれないと読むことも可能かもしれないが，その条文の趣旨を考えると，たな卸資産の売買であっても「譲渡」に当たらないとする理由はなく，たな卸資産の譲渡においてあり得る利益は，仕入価格に売買等のために必要な人的役務・物的設備の利用の価値を現実化したものであって，キャピタル・ゲインというものではない（少なくとも，それが主要なものではない）のが通常であるということによると考えるべきである。「営利を目的として継続的に行われる資産の譲渡」の対象となるものも，同様に考えて，「資産」に含まれないとしているものと考えるべきである[53]。

準たな卸資産は，所税令81条1号に規定されるところであるたな卸資産に類するものと，同条2号・3号に定められている，これとは性質を異にする減価償却資産に関するものとからなり，いずれも譲渡所得で問題となる「資産」ではない[54]。

---

51)　『注解所得税法』672～673頁参照。
52)　千年原未央「離婚に伴う財産分与と譲渡所得課税」増田『租税憲法学の展開』381～382頁参照。
53)　佐藤『所得税法』91～92頁の説明は，「譲渡」の問題と位置づけているようにも見られ，やや不明確なところもあるが，私見と同旨と思われる。

山林の伐採又は譲渡についてはどうか　山林の伐採又は譲渡による所得は，広い山林の樹木を一定範囲ずつ伐採して売却して，そこに新たな苗を植えて，その成長を待ってその部分の樹木を又伐採して売却することを継続的に繰り返す形態のもの（その性質は事業所得）とそうではなく，山林の全部又は一部（又は，伐採した樹木）を一時に売却する形態のもの（その性質は譲渡所得）とがあるが，いずれも，その収入を得るためには，極めて長期間を要するということから，事業所得又は譲渡所得としては扱われず（所税27条1項，33条2項2号），「山林所得」（所税32条）として，別の取扱いがされている。

(3)　「譲渡」の意義

1)　条文上の定義

無償譲渡も「譲渡」か

譲渡所得で問題となる「譲渡」は，所税33条1項において，明文で「建物又は構築物の所有を目的とする地上権又は賃借権の設定その他契約により他人に土地を長期間使用させる行為で政令で定めるもの[55]を含む。」とされているので，「譲渡」の私法上の意味よりは，広く，ある限度以上の譲渡者の有する権利又は支配の実質を移転する行為を意味するといえる。

そして，所税33条3項が，譲渡所得が総収入額から取得費の額等を控除するなどして算出されると定めていることから形式的に考えると，所得税法は無償譲渡を譲渡所得における譲渡と考えていないようにも思われる（しかし，この点は，キャピタル・ゲインが実現した時に，これを「収入」と観念することも可能であり，決定的障害とはならない）が，一方，所税59条が，限定的な範囲であっても[56]，無償である贈与を所税33条にいう譲渡と扱っている以上，無償の譲渡

---

54)　これらの詳細については，『注解所得税法』675～676頁参照。

55)　所税令79条に詳細にその内容が定められている。
　　最判昭45・10・23民集24巻11号1617頁も，「借地権設定に際して土地所有者に支払われるいわゆる権利金の中でも，‥‥‥というようなものは，経済的，実質的には，所有の権能の一部を譲渡した対価としての性質をもつものと認めることができる」と判示し，所有権の一部の譲渡が理論上あり得ること，それが所税33条にいう「譲渡」と認め得ることを示している（当該事案では，譲渡所得に当たる譲渡であることを否定したが）。この点については，佐藤『所得税法』97頁以下も参照。

56)　岩﨑『租税法』189頁以下参照。特に191頁は，現行制度のもとでは，みなし譲渡課税制度は，「①個人間の資産の移転については，限定承認に係る相続及び包括遺贈，②個人から法人への資産の移転については，法人に対する贈与および遺贈ならびに低額譲渡，だけに限定されるに至っている。」と述べる。
　　所税59条以下，所税令169条以下には，みなし譲渡（その費用に関するものも含む）に関する詳

を，所税33条にいう「譲渡」に含めて考えざるを得ない。前記(1)「譲渡所得の問題を検討する際の基本的考え方」における二つの代表的最高裁判例も明確にこれを認めている[57]。

「譲渡」は無因行為か

所税33条は単に「譲渡」というが，ここで主に考えられているのは，売買などの私法上の行為であるので，そうした私法上の行為については，「無因行為」と考えることは困難である[58]ので，常に，所有権等の物などに対する支配権を移転する行為の原因となった行為（例えば，売買，代物弁済など）を明らかにしなければならない。

「譲渡」は任意の契約などに限られるか

結果として，資産の「譲渡」があればよいのであるから，強制競売，担保権の実行，強制収用などによる「譲渡」でも差し支えない。

さらに，資産を実際に譲渡する前に，同資産が消滅した場合において，これに対して給付される補償金等は，譲渡所得における収入金額として扱われている[59]ので，そこには，一種の譲渡が観念されているともいえそうである。

「譲渡」は譲渡担保でもよいか

譲渡担保の実態は，さまざまであるから一概にはいえないが，通常は，譲渡担保によっては，まだ完全に所有権の支配権は譲受者に移転しているとは考えられないので，キャピタル・ゲインが実現されたと考えるべき行為である，ここにいう「譲渡」には当たらないと考えるべきである[60]。

　　細な特例に関する定めがある。岩﨑『租税法』192頁以下，山本直毅「所得実現と課税のタイミング——譲渡所得課税を中心として」増田『租税憲法学の展開』297頁以下には，その詳細な説明がある。

57) もとより，このような考え方については，所税33条3項の前記規定の仕方などを根拠に多くの批判がある。その詳細については，千年原・前掲注52) 426頁以下参照。
　　しかし，実務の問題としては，上記最高裁判例を無視することもできず，その射程距離をなるべく狭くして適用するように心がけるほかあるまい。

58) 拙稿「問題提起論文 『単純合意』というものの捉え方——要件事実論の視点からする「法的拘束力を持つ合意」への模索」拙編『商事法の要件事実』法科大学院要件事実教育研究所報第13号（日本評論社，2015）82頁以下参照。

59) （譲渡所得の収入金額とされる補償金等）として所税令95条は，「契約（略）に基づき，又は資産の消滅（略）を伴う事業でその消滅に対する補償を約して行なうものの遂行により譲渡所得の基因となるべき資産が消滅をしたこと（略）に伴い，その消滅につき一時に受ける補償金その他これに類するものの額は，譲渡所得に係る収入金額とする。」としている。

60) この点については多様な考え方があり，その詳細は，『注解所得税法』702頁以下，山本・前掲注56) 310頁以下参照。

「譲渡」であっても課税されない特則

譲渡所得に関しては、「非課税所得」を定めた条文である所税9条において、明文で次の二つが定められている。

所税9条1項9号（生活に通常必要な動産の譲渡による所得）及び同項10号（資力喪失の場合における資産の譲渡による所得）の場合には、そうした譲渡所得については課税されない[61]。

2) その特質——特に、離婚に伴う財産分与と譲渡所得

譲渡所得に対する課税は、譲渡によってその時点で、資産の値上がりによる譲渡益（キャピタル・ゲイン）が実現できるという観点から課税をするのであるから、以上に説明したとおり、対価の有無・額は関係がない。

「譲渡」に当たるかとして、ここにいう「譲渡」の特質に照らしてそういえるかという観点から、大きな問題として、遺産分割における代償分割の問題と離婚に伴う財産分与とがある。

代償分割は譲渡所得の問題と関係があるか

この問題については、次の最高裁判例の内容を紹介するにとどめる。すなわち、最判平6・9・13裁判所HPは、「遺産分割の効果は相続開始の時にさかのぼりその時点で遺産を取得したことになる。したがって、相続人の一人が遺産分割協議に従い他の相続人に対し代償としての金銭を交付して遺産全部を自己の所有にした場合は、結局、同人が右遺産を相続開始の時に単独相続したことになるのであり、共有の遺産につき他の相続人である共有者からその共有持分の譲渡を受けてこれを取得したことになるものではない。」として、代償分割の場合における代償金の支払に関して譲渡所得の問題として考慮するべき問題は生じないとしている。

離婚に伴う財産分与と譲渡所得

この問題については、最判昭50・5・27民集29巻5号641頁がある（その後も、例えば、最判昭53・2・16裁判所HPがあり、確定判例といってよい）が、この最判昭50・5・27がされた当時から、一般の人々の受けた感じとしては、何かの間違いではないかと思ったくらい違和感があった[62]問題である。「離婚で

---

61) その点に関する説明は、前記本章第2節第2・1「非課税所得の範囲と性質」〔岩﨑執筆部分〕（34頁以下）、前記本章第2節第2・2「生活に必要な動産の譲渡による所得について」〔岩﨑執筆部分〕（35頁以下）各参照。

62) 「協議離婚に伴い夫が自己の不動産全部を妻に譲渡する旨の財産分与契約をし、後日夫に2億円

財産を出したのに，その出した方に税金がかかるなんておかしい。」といった感じがあったようである。もちろん，税法の見地からすれば，ことはさほど簡単ではないが，前記注56において示した「みなし譲渡課税制度」の極めて限定的な運用の趣旨に照らしても，こうした国民感情というものを軽視することは相当ではない。

さりとて，前記（(1)「譲渡所得の問題を検討する際の基本的考え方」〔106頁以下〕）における二つの最高裁判例に示された「譲渡」には無償譲渡も理論上含むとする考え方を無視することもできないので，すでに（前記注57)）述べたように，上記最判の射程距離をなるべく狭くして適用するように心がけなければならない。

その考え方を実際に試される重要な問題が，離婚に伴う財産分与を譲渡所得として課税対象として考えるべきかという問題となると思われる。

上記最判昭50・5・27は，財産分与としてされた不動産の譲渡は，譲渡所得として課税の対象となる，とし，その理由として，次の二つの理由を挙げる。

①「譲渡所得に対する課税は，資産の値上がりによりその資産の所有者に帰属する増加益を所得として，その資産が所有者の支配を離れて他に移転するのを機会に，これを清算して課税する趣旨のものである……所得税法33条1項にいう『資産の譲渡』とは，有償無償を問わず資産を移転させるいっさいの行為をいうものと解すべきである」こと及び②「財産分与に関し右当事者の協議等が行われてその内容が具体的に確定され，これに従い金銭の支払い，不動産の譲渡等の分与が完了すれば，右財産分与の義務は消滅するが，この分与義務の消滅は，それ自体一つの経済的利益ということができる。したがって，財産分与として不動産等の資産を譲渡した場合，分与者は，これによって，分与義務の消滅という経済的利益を享受したものというべきである。」

まず，上記最判の①の点について検討する。財産分与の本質については，多

余の譲渡所得税が課されることが判明した場合において，右契約の当時，妻のみに課税されるものと誤解した夫が心配してこれを気遣う発言をし，妻も自己に課税されるものと理解していたなど判示の事実関係の下においては，他に特段の事情がない限り，夫の右課税負担の錯誤に係る動機は，妻に黙示的に表示されて意思表示の内容をなしたものというべきである。」（要旨）として要素の錯誤の問題があり得るとして，その点の審理判断を尽くさせるべく原判決を破棄し差し戻したのは，ほかならぬ最高裁（最判平元・9・14裁判所HP）である。この点から見ても，財産分与で財産を分与した際に譲渡所得として課税するというのが，いかに常識と反するかということが分かるであろう。

くの議論があるが，慰謝料・生活扶助的な要素のほかに，純粋の意味での財産分与があり，何らかの意味での分与者から被分与者への財産の「譲渡」があると一応はいえるかもしれない。問題は，この意味での「譲渡」（通常は，ある不動産についての分与者名義の不動産登記を被分与者名義の不動産登記に移転することによって行われる）が，果たして，そこまでにあった資産の値上がり益がそこで清算されることによって実現するというように考えるのが，財産分与の本質又は実態に合っているといえるか，ということである。純粋の財産分与（例えば，慰謝料としての損害賠償債務の代物弁済として分与者の特有財産を被分与者に譲渡するという場合ではなく）に係る部分においては，名義のいかんにかかわらず，実質的にその共有と見るべき夫婦の財産をその共有の実態をそのまま反映して被分与者に分けて引き継ぐと考えるべきであって，そこに，キャピタル・ゲインを清算するという観念を入れるべきではない。

　この場合には，そのような意味での純粋の財産分与であるかどうかが重大問題として決定されなければならない[63]が，本最判の判示においては，そのような点について考慮した形跡が窺われず，およそ財産分与としてされた資産の譲渡は，すべて譲渡所得の対象となるといっているようにも思われ，この最判の示す法理に従って譲渡所得の課税を考えるときには，十分に上記の点に留意をするべきである。

　ともあれ，この問題は，譲渡所得における「譲渡」と考えるべき行為の本質は何か，キャピタル・ゲインの清算とは何かということ考えるのに，格好の題材を提供するものであり，今後もさらに検討が重ねられるべき重要な問題である，と考える[64]。

---

63) その決定基準を，ここで明らかにすることは到底できない。民法762条の問題である。同条の解釈問題としては，例えば，内田貴『民法Ⅳ　親族・相続〔補訂版〕』東京大学出版会，2004年）32～41頁が参考にはなるが，そこでも，必ずしも明確な結論が出ているとはいい難い。現在は，夫は家庭外で仕事，妻は家事に専念といった家庭状況は，大きく変わりつつあって，大きな社会的変化の過程にある。このような時代において，民法762条をどのように，社会の実態を踏まえて解釈するべきかは，まだその結論が明確に出ていないという現状であるかもしれない。

64) 本判決については，多数の研究があるが，ここでは，最近の詳細な分析をしたものとして，千年原・前掲注52）・327頁以下，増田明美「財産分与と譲渡所得税課税──離婚給付の法的意義と財産分与の公平性の視点から」増田『租税憲法学の展開』391頁以下を挙げておく。通常，標準的な判例解説として挙げられる「判例百選」の評釈である金丸和弘「譲渡の意義(2)──財産分与」『租税判例百選』82頁以下は，紙幅の制限があるためか，やや物足りない感じがするのは，筆者の読み込み不足のためであろうか。

　なお，後記(7)2)「譲渡所得とされた事例」（125頁以下）参照。

次に，上記最判の②の点について検討する。上記最判がいうように，弁済によって債務が消滅したことを経済的利益であると考え，それが譲渡所得として課税するために十分な要件であるとすると，同不動産が取得時より値上がりしていて，キャピタル・ゲインが生じているから，譲渡所得として課税するというのとは，別のいい方が許されることになる。実際，上記最判は，その判示において，財産分与の対象となった資産の値上がりによる増加益があるという点には触れていないので，②で触れる債務を免れたことが根拠として必要となる。

上記最判は，①の判示で問題としていた資産の値上がりによる増加益の清算という譲渡所得の本質についての説明と，②の債務消滅による利益のあることによる譲渡所得の発生の説明との間に，両者を有機的に連携させて説明する判示を全くしていない。この点については，重大な疑問がある[65]。

しかし，本来の債務を本旨に従って弁済した場合においては，極端な物価の変動など特段の事情のない限り，いわばプラス・マイナスゼロで何の利益もないのではあるまいか。

このような意見に対しては，上記最判がいっている債務というのは，債務の弁済として念頭に浮かぶ契約上の債務とその消滅などではなく，離婚に伴って，所定の要件が充たされれば，財産分与という義務が法律上発生するのであって，このような義務の消滅は，一つの経済上の利益であるという反論がされる。しかし，財産分与をどのような形でするかは，具体的には当事者の協議によって定めるのが基本なのである（裁判上の離婚に際して裁判所が決めるなどの場合を除き）から，ある不動産を財産分与するとの協議が成立した場合には，その義務の履行と考えるのがより素直な解釈ではあるまいかとも思う。そうだとすると，上記反論は理由がないことになるのではあるまいか。

しかし，筆者としては，最も重要な論点は上記①及び①と②との関係であると考えるので，上記②の債務の消滅による受益ということ自体に関する，直前に論じた問題については，一応の疑問を提起する程度に止めることとする。

(4) 譲渡「による」所得の意義

この問題は，「譲渡」というものが，上記のような特質を有することと表裏の関係にある。すなわち，譲渡所得で問題となる譲渡というものがされることによって，それを原因として，課税対象として考え得る何らかの所得と観念さ

---

65) 岩﨑『租税法』152～156頁も，同様の疑問を提起する。

れるようなものが発生するかという問題である。

この点に関連しては、前記(1)「譲渡所得の問題を検討する際の基本的考え方」(106頁以下)において言及した判例・学説の採る考え方（キャピタル・ゲインの清算説。簡単にいうと清算課税説）とこれと対立する説がある。この説は、譲渡所得に対する課税の本質は、譲渡が行われた際に現実に得られる経済的利益（譲渡益—例えば、ある不動産を5,000万円で購入して8,000万円で売却した場合の、3,000万円〔ただし必要諸経費を引く〕の利益）に課税するものであると考える（簡単に「譲渡益説」といわれる）。

筆者は、前記(3)1)「条文上の定義」(112頁以下)において述べたような点及び現行所得税法が、基本的には、担税力がある経済的利益が発生したときには、どのような場合においても公平に課税する（少額非課税などの特例を除く）との考え方、いわゆる包括的所得概念を採っていると考えられる[66]こと、最高裁判例の現状などからすると、少なくとも現段階では、清算課税説に従っておくほかはないと考える。ただし、その説を具体的に適用するに当たっては、上記財産分与の問題の検討に当たって考えたように、国民の常識、納税者の過度の負担の回避などの考慮を適切にする必要があると考える。

さらに、最高裁判例が、基本的には、清算課税説を採りながら、一定限度で譲渡益課税説に通じる考え方をも示しているようにも思われることなどを考えると、今後なお慎重な検討を続ける必要があると考える[67]。その際の思考態度

---

[66] 佐藤『所得税法』3頁以下参照。
[67] 最高裁判例が、現在に至るまで、基本的には、清算課税説を採っていることを否定するわけにはいかないであろう（越智砂織「譲渡所得の意義」『租税判例百選』78頁は、幾つかの最高裁判例を挙げて、その旨を述べる。同時に、下記佐藤説（96頁）にも言及して、注意の必要性も説く）。

　両説に関する詳しい検討については、山本・前掲注56) 280頁以下参照。同284頁は、「最高裁は、譲渡所得税の趣旨について増加益清算課税説から譲渡益所得説へ一定程度の傾斜を示しているとも考えられるが、最高裁は、なお増加益清算課税説を支持している。」と述べる。佐藤『所得税法』96頁、119頁、143～144頁は、最高裁判例の同様の傾きを示していることを述べるとともに、同書は、さらに踏み込んで、「取得費や譲渡費用に関する問題だけではなく、譲渡所得の趣旨に関する清算課税説そのものへの態度を含めて、譲渡所得課税をめぐる今後の裁判例の動向には、十分な注意が必要である。」(144頁)という。同感である。

　ちなみに、そう考えさせる根拠の一つとなり得る最高裁判例は、最判平18・4・20裁判所 HP（土地改良区決済金事件）であり（佐藤『所得税法』144頁は、同様の意味を持つ他の判例にも言及している）、同最判は、「資産の譲渡に当たって支出された費用が所得税法33条3項にいう譲渡費用に当たるかどうかは、……現実に行われた資産の譲渡を前提として、客観的に見てその譲渡を実現するために当該費用が必要であったかどうかによって判断すべきものである。」(4頁)という（キャピタル・ゲインのみを考えるという清算課税説を前提とするのであれば、現実に行われた譲渡のための費用を考慮するのは、形式的な整合性がないといえる）。

としては，清算課税説に潜む常識との乖離を，同説を採るか全部否定するかという形で考えるのではなく，まさに譲渡益説への傾斜を見せるといわれる最高裁判例が採るように，譲渡費用などの面において現実的考え方を採用することなどによって，少しずつ埋めていくという思考方式を採ることも重要ではないかと考える。

(5) 譲渡所得の金額

1) 概　　要

所税33条3項で決められているところであるが，その基本は，当該所得に係る収入の額からその基因となった資産の取得費及びその資産の譲渡に要した費用の額の合計額を控除するというのであるから，基本的には「収入（譲渡所得の特質に照らし，現実に対価として収入が入って来るものをそのまま問題にするわけではないことに留意するべきである）マイナス経費」という考え方で，すでに指摘した，清算課税説との整合性の有無の点を別とすれば，特に考え方として変わったところがあるわけではない。

3項で1号と2号とに分けているのは，5項の後記控除順位との関係と所税22条2項2号における2分の1の金額の適用がある関係とで区別の必要があるためであって，上記の基本的考え方に反するものではない。

4項において，特別控除額が定められ，5項において，その控除順位が，3項の1号が第1順位，2号が第2順位と定められている。

2) 課税の平準化の必要性を主とする担税力の弱さに対する配慮

譲渡所得については，同所得が，そもそも，例えば事業所得のように継続して発生する所得に比べ，偶発的・一時的なものであるから，その持つ担税力は弱いことから，譲渡所得に対する課税について，特別の軽減措置が採られている。

さらに，譲渡所得に対する課税を，キャピタル・ゲインに対する課税という本質に従って考えると，キャピタル・ゲインは，取得からの期間の経過が長くなり，その間の資産の値上がりが大きいほど，それによる累進税率の適用の結果，譲渡時における清算するべき金額が大きくなり，税法上何らかの適切な対応を考えないと，納税者に酷な結果となる。

そこで，この点について，所税22条2項2号は，譲渡した当該資産の取得の日が譲渡から5年以内の短期譲渡所得以外の長期譲渡所得について，特に軽減措置を定めている。すなわち，長期譲渡所得についてのみ，課税所得の金額の

計算に当たって、実際のキャピタル・ゲインに相当する金額の2分の1のみが対象とされている[68]。

結局、以上の定めをまとめていうと、次の通りになる。所税22条2項2号は、所税33条3項2号に関する所得（長期譲渡所得）について、課税所得としては、実際の金額の2分の1とし、所税33条3項は、1号（短期譲渡所得）、2号（長期譲渡所得）について、譲渡所得の金額は、特別控除額を控除したものとするとし、同条4項は、その特別控除額を50万円とし、同条5項は、その特別控除額を同条3項1号（短期譲渡所得）の金額からまず控除するものとしている。

3） 収入と経費についての考え方[69]

譲渡費用がなぜ譲渡所得における経費となるのか

収入から差し引かれるべき経費として、取得費が入るのは自然に理解できるが、やはりキャピタル・ゲインに対する課税という観点からすると、譲渡に際して必要となる費用がなぜ差し引かれるべき経費に入るのかは、当然には理解することができない。

そこで、その点について、まず説明する。

譲渡所得における課税の本質を、繰り返し述べてきたように、キャピタル・ゲインという、本質的には、現実に対価を受け取るところに着目しないものと考えるのであるから、そこをどのように考えるのか問題となる。

キャピタル・ゲインが実現した時に、たとえそれが無償の譲渡であっても、これを「収入」と観念することも可能であり、そう解さなければ、無償譲渡が譲渡所得の課税対象となる（所税59条）のは説明がつかないことになる。しかし、現実に対価を得て譲渡した場合を考えると、原則として[70]、その対価の額

68） 佐藤『所得税法』106頁以下参照。

69） この問題は、説明しだすと細部にわたる詳細な説明をしないと不正確になる。佐藤『所得税法』105～123頁が比較的分かり易く説明している。ここでは、清算課税説との関係で問題となる部分について説明をするに止める。

70） そう考えることができるのは、資産の価額の増加が、売買代金などの額に反映されているのが通常であるといえるからであって、売主が言葉巧みに、相場よりもかけ離れた代金額で当該資産を売った場合、さらには、買主が売主に対して特別の利益を取得させる意図から、通常より高額で買った場合などには、単純に、実際の売買代金額を基準にして譲渡所得を決めてよいかは、問題があると考える。この点については、次の裁判例が参考になる。

東京高判平26・5・19裁判所HPは、「個人がその有する資産を法人に対し有償譲渡した場合において、所得税法33条1項の譲渡所得として課税される対象は、当該資産の譲渡の『対価』たる性格を有する金額であると解するのが相当であり、当該譲渡価額中に当該資産の譲渡の『対価』たる性格を有しておらず、法人から贈与された金品（業務に関して受けるもの及び継続的に受け

第2　所得区分　　121

にキャピタル・ゲインの額が顕在化していると考えるのが自然である。次の最判もそうした考え方と整合性があるものと考える。

最判平18・4・20裁判所 HP（土地改良区決済金事件）は，次のように判示している。

「譲渡所得に対する課税は，資産の値上がりによりその資産の所有者に帰属する増加益を所得として，その資産が所有者の支配を離れて他に移転するのを機会に，これを清算して課税する趣旨のものである（最高裁昭和41年（行ツ）第102号同47年12月26日第三小法廷判決・民集26巻10号2083頁，……参照）。しかしながら，所得税法上，抽象的に発生している資産の増加益そのものが課税の対象となっているわけではなく，原則として，資産の譲渡により実現した所得が課税の対象となっているものである。そうであるとすれば，資産の譲渡に当たって支出された費用が所得税法33条3項にいう譲渡費用に当たるかどうかは，一般的，抽象的に当該資産を譲渡するために当該費用が必要であるかどうかによって判断するのではなく，現実に行われた資産の譲渡を前提として，客観的に見てその譲渡を実現するために当該費用が必要であったかどうかによって判断すべきものである。」（4頁）

上記説明で，清算課税説との関係で十分な説明となっているかは，なお問題である[71]が，本判決を見るに当たっては，事案が，現実に対価が支払われた事件であること[72]，実現された価値を基準として考えるべきであるというのが，現実に支出された譲渡費用との関係で考察されていること，「原則として」という文言が使用されていること，キャピタル・ゲインに課税するという譲渡所

るものを除く。）としての性格を有する部分があると認められるときは，当該部分の金額は，同法34条1項の一時所得に係る収入金額として課税されるべきであり，当該資産が上場株式であるときは，当該株式の市場価格，当該取引の動機ないし目的，当該取引における価格の決定の経緯，当該価格の合理性などの諸点に照らして判断すべきであるとした上で，前記個人は自己の借入金の返済及び相続税の納付のために必要な一定規模の資金を調達する目的を達成するための手段として，上場株式の市場価格の水準をあえて無視して，その市場単価に一定の金額を上乗せして譲渡をしたと認めて，当該市場単価を超える部分の金額につき，一時所得に該当するとした事例」（判決要旨）である。

71）　前記注67）参照。
72）　前記最判昭43・10・31裁判所 HP（榎本家事件）も，「売買交換等によりその資産の移転が対価の受入を伴うときは，右増加益は対価のうちに具体化される」という。
　　なお，旧法下における最判昭36・10・13民集15巻9号2332頁も，「所得税法第9条第1項第8号にいう収入金額とは，譲渡資産の客観的な価額を指すものではなく，現実の収入金額を指すものと解すべきである。」（判決要旨）という。

得の課税の本質を述べたリーディング・ケースの一つである最判を挙げていることなどに留意するべきである。

取得費の範囲

　譲渡費用が譲渡所得の計算にあたって経費として算入されることについては，清算課税説からする疑問があったが，取得費については，そのような疑問はない。

　しかし，取得費についても問題がないわけではない。最判平4・7・14民集46巻5号492頁（『租税判例百選』43事件）は，「個人の居住の用に供される不動産の譲渡による譲渡所得の金額の計算上，当該不動産の取得のために代金の全部又は一部の借入れをした場合における借入金の利子は，当該不動産の使用開始の日以前の期間に対応するものに限り，所得税法38条1項にいう『資産の取得に要した金額』に含まれる。」（判決要旨）とし，その結論に至る過程において，譲渡費用が経費に算入されることにも言及して，次のような興味深い判示をする。所税「33条3項が総収入金額から控除し得るものとして，当該資産の客観的価格を構成すべき金額のみに限定せず，取得費と並んで譲渡に要した費用をも掲げていることに徴すると，右にいう『資産の取得に要した金額』には，当該資産の客観的価格を構成すべき取得代金の額のほか，登録免許税，仲介手数料等当該資産を取得するための付随費用の額も含まれる」とする。

　そして，さらに，同判決は，居住用不動産を取得するための借入資金の支払利子について「借入金の利子は，原則として，居住の用に供される不動産の譲渡による譲渡所得の金額の計算上，所得税法38条1項にいう『資産の取得に要した金額』に該当しないものというほかはない。しかしながら，右借入れの後，個人が当該不動産をその居住の用に供するに至るまでにはある程度の期間を要するのが通常であり，したがって，当該個人は右期間中当該不動産を使用することなく利子の支払を余儀なくされるものであることを勘案すれば，右の借入金の利子のうち，居住のため当該不動産の使用を開始するまでの期間に対応するものは，当該不動産をその取得に係る用途に供する上で必要な準備費用ということができ，当該個人の単なる日常的な生活費ないし家事費として譲渡所得の金額の計算のらち外のものとするのは相当でなく，当該不動産を取得するための付随費用に当たるものとして，右にいう『資産の取得に要した金額』に含まれると解するのが相当である。」とする。

　また，最判平17・2・1裁判所HP（『租税判例百選』44事件）は，「受贈者が

贈与者から資産を取得するために要した付随費用の額は，受贈者が同資産を譲渡した場合に所得税法60条1項に基づいてされる譲渡所得の金額の計算において，同法38条1項にいう『資産の取得に要した金額』に当たる。」(判決要旨)とした上，「ゴルフ会員権の受贈者が贈与を受けた際に支払った名義書換手数料の額は，受贈者が同会員権を譲渡した場合に所得税法60条1項に基づいてされる譲渡所得の金額の計算において，同法38条1項にいう『資産の取得に要した金額』に算入される。」(判決要旨)とした。このような結論に至るまでの判示の中で，贈与等の場合のみなし譲渡価格のこと，贈与・遺贈等の場合には，資産の増加益が顕在化しないため，その時点における課税は納税者の納得を得難いので，その後受遺者が譲渡した時点において譲渡所得による課税をするなどの譲渡所得における清算課税説に存在する問題点などに触れている。

取得費に関しては，以上の最判の判示するようなことにも留意する必要がある。

4) 譲渡所得に関する収入・経費の計算に関する特例

所税第2編第2章第2節第5款「資産の譲渡に関する総収入金額並びに必要経費及び取得費の計算の特例」所税57条の4～62条において，詳細な各種譲渡における計算に関する特例が定められている[73]（その説明は省略する）。

(6) 課税方法

基本は，総合課税である（所税22条2項，89条）。

しかし，土地建物等の譲渡による所得及び有価証券の譲渡による所得については，分離課税の制度を中心とするさまざまな特例が採られていることが重要である。

いずれも，土地政策（土地譲渡に関する税負担の軽減など）や有価証券に関する政策（有価証券市場の活性化など）に大きな影響を受けている。租税特別措置法第2章第4節第2款「長期譲渡所得の課税の特例」（31条など），同第3款「短期譲渡所得の課税の特例」（32条）及び同第9款「有価証券の譲渡による所得の課税の特例等」（37条の10など）において定めるところである[74]。

---

73) 『注解所得税法』757頁以下に詳細な説明がある。
74) 『注解所得税法』782頁以下に詳細な説明がある。

(7) 要件事実
1) 不動産所得ではなく譲渡所得とされた事例

> **最判昭45・10・23民集24巻11号1617頁（サンヨウメリヤス事件）を題材とした仮定の事例**
>
> 　同判決は，借地権の設定に際して土地所有者が支払を受ける権利金は，明らかに所有権の権能の一部を譲渡した対価としての経済的実質を有するものでないかぎり，譲渡所得にあたるものと解することは許されない結論づけ，その理由として，「不動産賃貸借の当事者間で授受されるいわゆる権利金には，原判決説示のように種々の性質のものが存するけれども，明らかに営業権譲渡の対価であるようなものは格別，通常，それは賃貸人が賃借人に対して一定の期間不動産を使用収益させる対価の一部として支払いを受ける一時の所得であるから，前記法条をその文言に従って法律的，形式的に解釈するかぎり，通常，賃借権設定の際に賃貸人に支払われる権利金は，不動産所得に当たるものと解するほかはない。しかし，〔略〕借地権設定に際して土地所有者に支払われるいわゆる権利金の中でも，右借地権設定契約が長期の存続期間を定めるものであり，かつ，借地権の譲渡性を承認するものである等，所有者が当該土地の使用収益権を半永久的に手離す結果となる場合に，その対価として更地価格のきわめて高い割合に当たる金額が支払われるというようなものは，経済的，実質的には，所有権の権能の一部を譲渡した対価としての性質をもつものと認めることができるのであり，このような権利金は，昭和34年法律第79号による改正前の旧所得税法の下においても，なお，譲渡所得に当たるものと類推解釈するのが相当である。」と判示した。
>
> 　同判決は，現行所税33条1項の括弧書のような規定（現行法では，さらに同条を受けて所税令79条，80条の定めがある）がない旧法下において，このような借地権の譲渡を，不動産所得ではなく，譲渡所得と解しているのであるが，そうすると，このような借地権を設定した者が，同借地権を消滅させるための対価を支払った場合には，その対価を受領した者に，譲渡所得が生じるといえそうである[75]。買い戻した場合も譲渡所得の一例と考

---

75) 佐藤『所得税法』97～98頁参照。前記注55) も参照。

えることができることになると思われる。

　要件事実を示すため想定した事案としては，納税者が，当該所得を譲渡所得として確定申告をしたのに対し，課税庁が，それを不動産所得として更正処分をし，納税者が，当該更正処分は違法であるとして，その取消しを求めたような場合が考えられる（上記最判昭45・10・23の事案もそのような場合であるが，当該事件における結論として，当該所得が譲渡所得と認められたわけではない）。

訴訟物
　本件更正処分の違法性
請求原因　本件更正処分の存在とその違法であることの指摘
抗弁（不動産所得の評価根拠事実）
　原告はＡとの間で，本件土地を賃料○○○万円，期間を30年間として賃貸するとの契約を締結し，その際，Ａから，いわゆる権利金として，○○○万円を受領した。
再抗弁（不動産所得の評価障害事実）
　1　この権利金の金額は，本件土地○○○○万円のおよそ8割にも相当する金額である。
　2　抗弁の賃貸借契約において，Ａは他にその借地権を自由に譲渡することができるとの合意がされた。

〔上記要件事実に関する若干の説明〕
　再抗弁事実は，不動産所得の評価障害事実であると同時に，譲渡所得の評価根拠事実でもある。
　上記最判の趣旨が，譲渡自由の合意を貸した土地の所有権の機能の一部を譲渡したという判断の重要な要素と考えていると思われるので，そのことは，再抗弁として必要な事実ということになる。
　上記最判によれば，再抗弁は，主張として理由があり，立証がされれば，本件請求は認容となる。

2）譲渡所得とされた事例

最判昭50・5・27民集29巻5号641頁（財産分与事件）
　（事案の概要　本最判の最判解民217頁の趣旨による）

本件は，財産分与に係る原告の所得について，原告は何も所得がないものとして確定申告をしなかったところ，課税庁が，これを譲渡所得として更正処分等をしたので，原告が，この更正処分等を違法として，その取消しを求めた事案である。

訴訟物
　本件更正処分等の違法性

請求原因
　本件更正処分等の存在とその違法であることの指摘

抗弁（譲渡所得の評価根拠事実）
　本件資産の譲渡は，財産分与としてされた。

〔上記要件事実に関する若干の説明〕

　財産分与としてされた譲渡であることについては争いがなく，再抗弁（譲渡所得の評価障害事実）としてすることのできる事実の主張は，最高裁判例を前提とする限り，ないことになる。前記(3)2)「その特質——特に，離婚に伴う財産分与と譲渡所得」（114頁以下）において説明したような法律論を述べるしかない。

　私見によれば，慰謝料債務の代物弁済の実質を有するような財産分与としての資産の譲渡については，現行所得税法を前提とする限り，譲渡所得として課税することを違法ということは困難かもしれない。しかし，当該主張される財産分与の性質が漠然としていて，その財産分与の中には，実質的に夫婦の共有である財産の分割であるならば，それは譲渡所得にいう「譲渡」ではないことになるので，そうしたことを根拠づける具体的事実が再抗弁となると考えることもできよう。

　いわゆる「教室設例」をいえば，例えば，夫婦で全く平等の関与で自営業（例えば，青果販売業）を営み，それによって得た収入で，夫婦が共同で，全く平等の価値の隣接している土地建物を各1棟買い，それを未登記のまま，離婚時にその一棟ずつを各自の所有としたといった事例を考えると，そのような場合に，「資産」の未実現価値が独立の形で実現し，そこにキャピタル・ゲインの独立の実現を見るという考え方は，いかにも不合理に思われる[76]。そうしたキャピタル・ゲインは，そのまま未実現で引き

---

76) 本件判決の最高裁調査官解説（最判解民昭和50年度）226頁も「財産分与が個々の財産をすべて持分の割合に従って現物分割するという形で行われた場合はともかく」普通はそれ以外の形で行

継がれ，その後の同資産の他者への売却などの処分の場合に，譲渡所得として課税されると考えるべきであろう。

3）その他

岩﨑『租税法』230頁は，事業所得，雑所得，譲渡所得などの区別について，裁判例の採る態度を概説しているが，その中で，譲渡所得と雑所得の区別については，「裁判例は，当該行為が営利の目的をもって継続的に行われているかどうかを重視しており，そのような行為があれば雑所得に分類する傾向があるといえよう。」という。そして，事業所得との関係においては，「事業」という程度の性質を持たない「資産の譲渡」行為は，譲渡所得に係る行為として考えられることになるであろう。

それぞれの場合に応じて，それぞれの評価の根拠となる具体的事実が要件事実となる。

9 一時所得
(1) はじめに

所税34条1項によると，一時所得は，ごく簡単にいえば，保険金，懸賞金，当たり馬券による払戻金，遺失物の拾得に対する報労金など一回限り臨時に受け取るものによる所得ということではあるが，これを厳密に定義しようとするとなかなか難しい（例えば，馬券の場合でも，2回当たったら一時所得でなくなるのかといえば，そうはいえまい。10回ならどうか，100回ならどうか，1,000回ならどうかなどと考えていくと，だんだんと分からなくなる。どのような場合に一時所得でなくなるのかということについては，当然のことながら，きちんとした基準が必要である）[77]。

所税34条1項によると，一時所得に該当するための法律要件は，利子所得，

われるのであるから，「譲渡」があると述べる。そうすると，本文記載のような場合は，「譲渡」はないと考えることになりそうである。このような場合と普通の場合との差は，本当に紙一重であって，全体の資産を通じて2分の1ずつの共有の財産を全体として2分割して所有すると考え，そこには「譲渡」はないと考えることは，真に夫婦の共有の財産を分割するという，真の財産分与というものの本質に照らし，決して文言解釈の上からいっても，無理はないと考える。まさに，金子『租税法』250頁が正当に指摘する通りである。

[77] 所基通34―1には，多くの一時所得の例が挙げられている。『注解所得税法』829頁以下の説明も，具体的で詳細である。

配当所得，不動産所得，事業所得，給与所得，退職所得，山林所得及び譲渡所得以外の所得のうち，営利を目的とする継続的行為から生じた所得以外の一時の所得で労務その他の役務又は資産の譲渡の対価としての性質を有しないことになるが，これは，次の1と2とに分説する必要がある。
1　利子所得，配当所得，不動産所得，事業所得，給与所得，退職所得，山林所得，譲渡所得に該当しないこと。
2　営利を目的とする継続的行為から生じた所得以外の一時の所得で労務その他の役務又は資産の譲渡の対価としての性質を有しないこと。

　すでに（前記本節第1・1「基本となる考え方」〔62頁以下〕）述べたように，担税力の強さの違いによって所得を区分し，それに応じた課税所得の計算と税率の適用があるのであるから，一時所得を他の所得と比べてどのような性質のものとして捉えるかを考える際にも，この基本を踏まえて，検討を行うべきである。
　以下，順次，上記各項目について検討する。

(2) **一時所得の意義**

1)　条文上の定義のうち，他の8種類の所得に該当しないことについて

　利子所得，配当所得，不動産所得，事業所得，給与所得，退職所得，山林所得，譲渡所得は，いずれも，それぞれの所得は，「……に係る所得をいう」（利子所得，配当所得，給与所得，退職所得の場合），「……による所得をいう」（不動産所得，山林所得，譲渡所得の場合）又は「……から生ずる所得をいう」（事業所得の場合）という表現を用いている。すなわち，上記各所得において，それぞれ自己完結的表現の定義となっている。したがって，理論上は，上記8種類の所得については，その各所得に該当すると判断できる所得がそのような各所得であることを肯定され，そのように該当すると判断できない所得は，そのような各所得であることを肯定はされないことになる。所得税法が侵害規範であることを考えれば，同法を裁判規範（要件事実が訴訟上存否不明になったときにも，裁判官が判断をすることが不能にならないように立証責任のことまで考えて要件が定められている規範）として見る場合においても，このように考えてよい[78]。

---

78)　立証を考慮に入れて考えた場合には，これら各所得に該当することが，これらの所得について，課税所得を算出する前提であるから，これらの所得に該当すると判断できる（その評価根拠事実とその評価障害事実の存在の証明に関する総合判断による）ことが必要である。
　なお，「裁判規範としての民法」の意義については，前記第1章第1節第1「裁判官による判断

したがって，当該各所得に該当するとの判断が仮に容易でないとしても，その判断は，自足的に（それ自体として）可能であるので，その判断をすればよい。その上で，当該所得に該当しない（立証のことをも考えて表現すれば，該当することが立証できていないという意味で，「該当するとは判断〔することが〕できない」（簡単に「該当するとは認められない。」，「該当するとはいえない」ともいう）という判断になれば，それで，所税34条の要件の一つ（上記8種類の所得に該当しないという要件）を満たすことになるのである。

その意味で，上記各所得についての判断の仕方については，この判断に特有の問題はないと考える。

2) 条文上の定義のうち，営利を目的とする継続的行為から生じた所得以外の一時の所得で労務その他の役務又は資産の譲渡の対価としての性質を有しないことについて

この要件は，まず，上記1)の他の8種類の所得に該当するものとはいえないものについて，さらに加えて問題となる要件である（他の8種類の所得に該当するといえるものであれば，それだけで，一時所得にはならない）ことに留意する必要がある。

この定義において非常に重要な点

この2)のそれぞれの要件の意味について説明する前に，まず，重要なことを指摘しておかなければならない。

ここでいう「……の性質を有しないこと」の意味は，上記1)の他の8種類の所得に該当しないことの要件の場合の意味と異なり，「……の性質を有しないこと」が立証できていないという意味で，「……の性質を有しないとは判断（することが）できない（とはいえない）」となるのではない。すなわち，「……の性質を有しないとはいえない」からといって，一時所得でなくなるわけではない。

裁判規範としての一時所得の定義を簡単にいえば，次のようになる。

「所得は，他の8種類の所得に該当するときを除き，一時所得とする。ただし，雑所得に該当するときはこの限りではない。」

所得は，他の8種類の所得に該当するときを除き，かつ，『①営利を目的とする継続的行為から生じた所得以外の一時の所得である，又は，②労務その他

の構造」末尾の説明（3頁）参照。

の役務又は資産の譲渡の対価としての性質を有しないものである』のではないときは雑所得とする。」

なぜこのようになるのかについては，後記本節第2・10(2)2)「『一時所得に該当しないこと』の意味」(137頁以下)，同3)「一時所得・雑所得を含む条文の裁判規範としての構成」(138頁以下) において詳説している（ごく簡単にいえば，一時所得と雑所得の制度趣旨に着目すると，このような定義になるということである）。

営利を目的とする継続的行為の意味

これは，主として，事業所得との関係をどのように違うと考えるかという点が問題となる。

事業所得における「事業」といえない程度のものがここに入ることになる。「事業」の意味を決定することは極めて困難なことであるが，このことについては，すでに（前記本節第2・4(2)1)）「条文上の定義」〔75頁以下〕，同2)「その特質」〔78頁以下〕）説明したように，「事業とは，一定の目的と計画にもとづく社会的立場をもって，何らかの意味で，継続性を持つ，ある程度の規模の活動」である，と考える。

労務その他の役務又は資産の譲渡の対価としての性質を有しないことの意味

「労務その他の役務」の対価については，特に説明するほどのことはない。例えば，執筆を業としないサラリーマンが，たまたま雑誌に投稿した趣味の旅行に関する随筆が採用されて原稿料を得たとすると，それは一時的な臨時の所得ではある（営利を目的とする継続的行為から生じた所得ではない）が，執筆作業という役務をしたことに対する報酬としての意味を有するので，一時所得にはならない（この場合は，雑所得になるであろう）。

「資産の譲渡」の対価については，譲渡所得との関係が問題になる。譲渡所得における「譲渡」は無償のものを含むが，ここで「対価」というのは，通常の意味，すなわち，その資産の譲渡の交換価値に対して支払われる金銭その他のものをいう[79]。

(3) 一時所得の金額

所税34条2項は，「一時所得の金額は，その年中の一時所得に係る総収入金額からその収入を得るために支出した金額（その収入を生じた行為をするため，

---

[79] 後記(5)1)において，「対価」というものを考える上で，参考となる具体例が説明されている。

又はその収入を生じた原因の発生に伴い直接要した金額に限る。）の合計額を控除し，その残額から一時所得の特別控除額を控除した金額とする。」とし，同条3項は，「前項に規定する一時所得の特別控除額は，50万円（同項に規定する残額が50万円に満たない場合には，当該残額）とする。」としている。

　ここで，一時所得について，最も特徴的なことは，経費が収入のために直接必要なものであると限定されていること，特別控除額が50万円あること，そのほかに，このようにして計算された金額の2分の1が課税対象となる（所税22条2項2号）ということである。

　このように一時所得に対する課税が緩やかなのは，基本的には，一時所得がその性質上，担税力が弱いということと少額不追及（少額の利得にまで課税することはしない）の原則によるといわれている[80]。

　上記の直接の経費ということで想起されるのは，いわゆる「外れ馬券事件」（東京高判平28・4・21裁判所HP）である[81]。同事件では，課税庁が，馬券の的中による払戻金に係る所得（本件競馬所得）を一時所得として，当たり馬券の購入費用しか経費として認めなかったのに，納税者が，本件競馬所得を雑所得として，外れ馬券の購入費用も経費にあたると主張した珍しい事件である。普通は，納税者は，一時所得の方が基本的に有利であるので，収入の性質を一時所得と主張することが多いと考えられる。一時所得であれば，当たり馬券の購入費用のみが，上記の直接の費用となるはずである。普通は，例えば他に職業を持つ会社員，自営業者などが娯楽として競馬を楽しむに当たり，馬券を購入したら，その馬券が当たり馬券となった，という状況であろう。そうであるとすれば，そのような状況の下では，馬券の的中による払戻金に係る所得は，一時所得で，その当たり馬券の購入費用のみが，その賞金を獲得するために直接に必要な経費となるというのが相当であろう。この「外れ馬券事件」では，普通の場合と異なる極めて特殊な状況があったので，このようなことが争点となったのである。

---

[80]　佐藤『所得税法』235頁参照。
[81]　同事件については，後記本節第2・10(5)2)「一時所得ではなく雑所得とされた事例」（145頁以下）で説明する。なお，最判平24・1・13民集66巻1号1頁は，ここの本文で論じている意味（支払主体は全く同じ場合の支出と収入の繋がりの直後性の意味）での直接性を判示したものではない，と考える。

(4) 課税方法

総合課税であって、通常の申告納税方式による（所税22条2項、89条、120条）。ただし、ごく限られた例外が、租特41条の9、41条の10などにある。

(5) 要件事実

1) 譲渡所得ではなく一時所得とされた事例

> **東京地判平25・9・27裁判所 HP**
> （控訴審：東京高判平26・5・19裁判所 HP　原判決と同旨の判断を示す）
>
> **（事案の概要　判決記載の事案の概要を筆者が簡略化したものである）**
>
> 本件は、原告が、上場されている、自己の保有するA社の株式①112万株と②31万7,550株をB社に対し、いずれも1株当たり550円で、市場外における相対取引により売却し、各譲渡価額全額を譲渡所得として確定申告をしたところ、課税庁において、本件譲渡に係る収入金額と、本件譲渡がされた日の本件市場における本件株式の終値（〔本件市場単価〕である①は290円、②は426円）を基に算出した評価額との差額合計3億3,057万6,200円は原告がB社から贈与を受けたものであり、譲渡所得ではなく一時所得に該当するとして、それに沿う更正処分等をしたが、原告が、上記差額部分を控訴人の一時所得として課税したことは、所得税法の解釈適用を誤った違法な処分であると主張して、本件再更正処分の一部取消しなどを求めた事案である。
>
> **裁判所の判断（第3「当裁判所の判断」の3）「検討」の部分・16頁以下）の骨子**
>
> 認定事実を総合勘案すれば、原告は、自己の借入金の返済及び相続税の納付のために必要な一定規模の資金を調達するという目的を達成するための手段として、本件譲渡時におけるA社株式の市場価格の水準（本件市場単価）をあえて無視して、本件市場単価に一定の金額を上乗せして本件取引単価を設定し、本件譲渡を行ったものと認めることができる。
>
> そして、以上のような本件株式の市場価格、本件譲渡の動機ないし目的、本件譲渡における価格の決定の経緯、当該価格の合理性などの諸点に照らせば、本件譲渡における本件株式の譲渡の対価たる性格を有するのは、本件取引単価のうち、本件市場単価の部分に限られると解される。

そうすると，本件市場単価と本件取引単価との差額部分である本件差額は，本件株式の譲渡の対価たる性格を有するとはいえず，法人であるB社から贈与された金員としての性格を有するものというべきである。

〔下記要件事実の記載に関する若干の説明〕

私見によれば，裁判所の認定事実のうち，要件事実として必要な事実（以下の「事実」には，厳密には，評価が含まれている）は，次のようなものであって，次のように位置づけられるべきものである，と考える

そして，請求原因は，本件更正処分は違法であるとの指摘である。そして，抗弁は理由があり，再抗弁は，やや主張自体失当の感もあるが，一応主張としては成り立つであろう。裁判所は，抗弁を理由があると判断し，再抗弁事実を認めるに足りる証拠はない，と判断した。その結果，本件は原告の請求棄却という結論になる。

■一時所得の評価根拠事実（抗弁）

1　本件市場におけるA社株式の終値（本件市場単価）は，①につき290円，②につき426円であった。
2　本件譲渡における本件取引単価はいずれも550円であった。
3　原告は，自己の借入債務（〇億円余）の解消及び実父の死亡による相続税の納付に必要な資金を調達するという目的を実現するために，取引単価について，B社と話し合いの上でこれを決定した。
　　＊　裁判所の判示する具体的取引経過の詳細（税理士等を含めて取引価格の異常性を緩和する努力をしたことなど）は，3の事実の詳細の意味を持ち，それが3の事実の範囲内のものであればよく，その詳細な事実の一つ一つが要件事実ではない。
　　　さらに裁判所は，「本件取引単価によっても，原告の上記の目的を実現するに足りる資金調達が可能であったこと」，「価格決定には原告の意向が強く反映されたこと」などを述べるが，この事実は，3の事実の間接事実の意味を持つといえよう。

■一時所得の評価障害事実（再抗弁）

B社にも本件株式を取得するための動機があった。

B社が，原告にA社株式の譲渡を持ちかけた理由として，A社の大株主となることでB社の対外的な信用を得ることが目的であり，そうすることで，仕入先との交渉が有利になり，与信の枠を広げるといったメリットがあった。

　　＊　再抗弁の意味は，本件差額分も含めて，結局は，本件株式の対価であるとの主張

2) 不動産所得，雑所得ではなく一時所得とされた事例

> 東京高判平28・2・17裁判所HP[82]
> （東京地判平27・5・21裁判所HPの控訴審）
> （判決要旨・裁判所HP記載のもの）
> 　他の出資者と組合契約を締結して民法上の組合を組成した上，金融機関から金員を借り入れて航空機を購入し，これを航空会社に賃貸する事業を営んでいた者が，航空機を売却して当該事業を終了する際，航空機の購入原資の一部となった借入金の一部に係る債務の免除を受けたことによって得た利益は，上記事業の一環として発生したものであったとしても，<u>航空機の賃貸自体から発生したものではないこと</u>，上記借入金に係るローン契約では，借入金の返済原資を原則として航空機等の組合財産のみに限定し，それ以外の各組合員の財産を返済の原資としないというノン・リコース条項が設けられていたものの，<u>一定の場合に，借入金に係る債務の全部又は一部を当然に免除するというような条項は設けられていなかったこと</u>，そもそも，上記ローン契約に設けられたノン・リコース条項が問題となるということ自体が，事業終了時点で借入金が組合の財産を上回るなどの限定的な場合に発生する可能性があるものにすぎず，しかも，<u>融資を行った銀行が債務免除を行うということは，そのような場合に生じ得る様々な可能性の一つにすぎなかったこと，実際，上記債務免除益も1回限り発生したものであること</u>からすると，上記債務免除益は，一時的，偶発的に発生したものであって，営利を目的とした継続的行為から生じた所得以外の一時の所得に該当し，また，<u>組合員は，上記債務免除益の発生原因である債務免除行為を行った銀行に対して，その対価となるような具体的な労務その他の役務の提供はされていないため</u>，上記債務免除益は，労務その他の役務の対価としての性質を有するものということはできないから，一時所得に該当する。

---

[82] 本件については，その詳細な批判的検討として，小柳誠「所得発生原因の法的性質と所得区分—東京高裁平成28年2月17日判決を素材として」税大ジャーナル27号（2017）75頁以下がある。所得区分に関して判示した多くの他の判決も挙げて説明している。

本件事案は極めて複雑であるので，上記判決要旨に記載されている状況を踏まえて，簡単に，本件を題材として，本件免除のうち，本件ローン債務免除益に関して，不動産所得，一時所得，雑所得に関する要件事実（判断の構造を示す程度でしかされていない）のみを摘示してみることにする（実際の事案の経緯と異なる）。その際，第一審判決である東京地判平27・5・21の判示も参照している。

本件事案の概要を，以下の説明に必要な限りでごく簡単にまとめれば，課税庁が本件ローン債務免除益を不動産所得，雑所得として更正処分などをしたのに対し，原告がそれを一時所得であるとして，それらの取消しを求めた事案である，といってよいであろう。

訴訟物

本件更正処分等の違法性

請求原因

本件更正処分等の存在とその違法であることの指摘

抗弁（不動産所得の評価根拠事実―主位的主張）

本件ローン債務免除益の元となる債務の発生原因は，本件航空機を購入するために必要となった本件借入金である。本件組合は，本件航空機を貸し付けることによって本件組合事業を営んでいたのであるから，本件ローン契約に基づく本件借入金の借入れ（経済的利益）は，本件組合事業（航空機の貸付業務）を営むに当たり必要不可欠の行為であった。したがって，本件借入金に係る返済債務は，本件航空機の貸付業務の遂行と密接に関連して発生したものであるから，本件ローン債務免除益もまた，不動産等の貸付業務の遂行と強い関連性が認められる（その評価根拠事実の一つとして，上記ローン契約に設けられたノン・リコース条項や事業終了時において組合員が前提とした合意事項などが主張されている）。（本件高裁判決裁判所HP 2～4頁など）。

抗弁（雑所得の評価根拠事実―予備的主張）

a．営利を目的とする継続的行為であること

本件組合が本件ローン契約において定められた債務者としての義務を履行し続けたことにより，本件航空機を売却した際にその売却代金を含む組合財産によって返済できなかった本件ローン契約に基づく本件借入金に係る残債務につき，本件融資銀行から免除を受けることによって発

生したものである。したがって，本件ローン債務免除益は，原告らが営む航空機賃貸事業の一環として生じたものであって，賃貸料収入等と同様，営利事業から生じる定期的あるいは回帰的な所得と把握し得るものであるから，営利を目的とする継続的行為から生じた所得に該当し，非継続要件を充足しない（本件地裁判決裁判所HP14頁）。

b．役務等の対価としての性質を有すること

　非対価要件における対価性は，直接的な対価関係より相対的に広い概念であり，ある者が別の者から何かを受け取る場合において，そこに牽連関係が存在したと認め得る状況があれば，労務その他の役務の対価としての性質を有すると考えるべきであるところ，本件ローンと組合員らの営為の実情との関連性（具体的事実の主張があるが省略）に鑑みれば，本件ではそのような対価性が認められる（本件地裁判決裁判所HP14～15頁）。

各抗弁の積極否認の事情（一時所得の評価根拠となる事実）

前記「判決要旨」に一時所得として判断した根拠として記載されている事実（下線を付した部分）。

〔上記記載に関する若干の説明〕

本件では，抗弁の積極否認の内容も述べておく方が分かり易いので，説明の便宜のため，そのようにした。この積極否認にあるような事実に照らせば，不動産所得に必要な「貸付け」による所得とはいえないし，雑所得におけるような継続性・対価性も満たしているとはいえない，というのが裁判所の判断であることになる（上記判決要旨参照）。

上記事実は，記載の簡略化のため，評価をそのまま記載している部分が多く，その意味で不十分である。

10　雑所得

(1)　はじめに

所税35条1項によると，雑所得に該当するための法律要件は，利子所得，配当所得，不動産所得，事業所得，給与所得，退職所得，山林所得，譲渡所得及び一時所得のいずれにも該当しないこととなるが，これは，次の1と2とに分節する必要がある。

1 利子所得，配当所得，不動産所得，事業所得，給与所得，退職所得，山林所得，譲渡所得に該当しないこと。
2 一時所得に該当しないこと。

すでに（前記本節第1・1「基本となる考え方」〔62頁以下〕）述べたように，担税力の強さの違いによって所得を区分し，それに応じた課税所得の計算と税率の適用があるのであるから，雑所得を他の所得と比べてどのような性質のものとして捉えるかを考える際にも，この基本を踏まえて，検討を行うべきである。

以下，順次，上記各項目について検討する。

(2) **雑所得の意義**

1) 条文上の定義

上記(1)の1，2のように定められている。

そのうちまず，「利子所得，配当所得，不動産所得，事業所得，給与所得，退職所得，山林所得及び譲渡所得に該当しないこと」については，特別の問題はない。これらの各所得は，すでに（前記本節第2・9(2)1)「条文上の定義のうち，他の8種類の所得に該当しないことについて」〔128頁以下〕）検討したように，自己完結的に，その内容が条文で定められているから，その判断は，当該各所得に該当するとの判断が仮に容易でないとしても，自足的に（それ自体として）可能であるので，その判断をすればよい（ただ，雑所得と判断するうえで，実際上留意するべき点がある[83]）。その上で，当該所得に該当しない（立証のことをも考えて表現すれば，該当することが立証できていないという意味で，「該当するとは判断（することが）できない」となる。簡単に「該当するとは認められない。」，「該当するとはいえない」ともいう）という判断になれば，それで，所税35条の要件

---

[83] その意味では，理論上は，上記8種類の所得に該当するかどうかを判断し，そういえないものについて，一時所得でないといえるものを雑所得と考えればよいので，もっぱら重要な区別は一時所得でないものをどう考えるかということになるのであるが，上記8種類の所得，特に事業所得などとの区別において，積極的に，ある種の基準を立てて，雑所得と判断するという課税実務の傾向もある。所基通35—1，35—2など参照。岩﨑『租税法』222頁以下は，設例を挙げて詳細に検討していて，有益である。特に，同書229頁は，所基通35—1と所基通35—2とに掲げられる雑所得の分類は性質が違い，前者の「雑所得とは家事関連的・副次的収入であって，通常これを上回る必要経費が生ずるとは考えられない所得をいう，との基準にも相応する性質を有している。」と述べる（『注解所得税法』854頁も，雑所得という所得区分が新たに認められた経緯として，同じような説明をする）。雑所得との実際上の判断において，参考となる基準といえよう。後者の雑所得は，他の所得（例えば，事業所得）と共通の性質を有する点もあるところが違う，と考える。

の一つ（上記8種類の所得に該当しないという要件）を満たすことになるのである。

その意味で，上記各所得についての判断の仕方に特に問題はないと考える。

2)　「一時所得に該当しないこと」の意味

しかし，「一時所得に該当しないこと」の意味については，このように考えることはできない。その理由を以下に述べることとする。

一時所得は，まずは，「利子所得，配当所得，不動産所得，事業所得，給与所得，退職所得，山林所得及び譲渡所得以外の所得」というように，上記8種類の所得「以外の」所得という形で，他の所得と関係づけられた（非自己完結的）表現の定義となっている。したがって，一時所得は，まずは，上記8種類の所得と判断できない所得であることが先決となる。この場合において，すでに（前記本節第2・9(2)1)）「条文上の定義のうち，他の8種類の所得に該当しないことについて」〔128頁以下〕）述べたように，上記8種類の所得であるかもしれないとの疑問があっても，そうであると判断できない限り，一時所得になり得る（雑所得であるかもしれないが）と考える。

雑所得は，上記8種類の所得及び一時所得「のいずれにも該当しない所得をいう。」と条文で定められている。このうち，上記8所得との関係では，この各所得に該当すると判断できないものであれば，一時所得又は雑所得であることになる。

しかし，以上に検討した限りでは，一時所得と雑所得とを区別することができない。

一時所得と雑所得の区分

雑所得は，よくいわれる「キャッチオールの所得類型」であって，もしそれが，ⓐ「一時所得を含む9種類の所得，すなわち，雑所得以外のすべての所得とは判断できないときには，雑所得である。」との定義を導くことになるのであれば，その定義は，「キャッチオールの所得類型」という説明と整合性はあることになり，その意味では，問題はないといえよう。ただ，この場合には，そのように定義をしてよいかがまさに問題であるといわなければならない。

普通は，そのようには表現せず，ⓑ「雑所得は，一時所得を含む9種類の他のいずれにも該当しない所得である。」というようにいう[84]のではなかろうか。

---

84)　例えば，佐藤『所得税法』5頁，236頁，『法律学小辞典』503頁，『注解所得税法』862頁など。増井『租税法入門』311頁も，「判定」という用語を使用するものの，同書316頁の表現も併せて考

裁判規範（要件事実が訴訟上存否不明になったときにも，裁判官が判断をすることが不能にならないように立証責任のことまで考えて要件が定められている規範）という視点から見ると，この2種類の定義は，異なる意味を持つものである。ⓐの定義は，存否不明のことを考えて述べている（その意味では，すでに裁判規範としての意味を持った定義となっている）が，ⓑの定義は，そうではなく，存否不明のときに，一時所得になるのか，雑所得になるのかは，その定義からは，当然に明らかではない。すなわち，ⓑの定義は，関係する事実の存否が明らかな場合を想定して述べられているものである。

そこで，次に，私見による，一時所得，雑所得などに関する条文の裁判規範としての構成を考えることにする。

3)　一時所得・雑所得を含む条文の裁判規範としての構成[85]
　　①　上記ⓐの定義によって，裁判規範としての条文を構成した場合
次のような規定になるであろう。
「所得は，他の8種類の所得に該当するときを除き，雑所得とする。ただし，一時所得に該当するときはこの限りではない。」
まず，この条文の本文における「該当するときを除き」という表記は，他の8種類の所得に該当するかどうか不明のとき（該当するとは判断できないとき）は，「除き」とはならない，すなわち，「雑所得とする」という内容を意味する。
次に，この条文のただし書における「一時所得に該当するときはこの限りではない」という表記は，一時所得に該当するかどうか不明のとき（該当するとは判断できないとき）は，「この限りではない」とはならない，すなわち，「雑所得とする」という内容を意味している。
　　②　上記ⓑの定義によって，裁判規範としての条文を構成した場合
「所得は，他の8種類の所得に該当するときを除き，一時所得とする。ただし，雑所得に該当するときはこの限りではない。
所得は，他の8種類の所得に該当するときを除き，かつ，『①営利を目的と

　　えれば，上記ⓐの定義ではなく，上記ⓑの定義を考えているものと思われる。
　　木山泰嗣『弁護士が教える分かりやすい「所得税法」の授業』光文社新書（2014年）201頁は，「一時所得にもあたらないとなった場合には，自動的に『雑所得』（所得税法35条1項）になります。」という。「自動的に」などその全体の感じは，まさに普通されている理解の仕方をよく表現している。
[85]　前記第1章第1節第1「裁判官による法的判断の構造」（1頁以下）及び前記第1章第1節第2「要件事実はどのようにして決定されるか」（3頁以下）参照。

する継続的行為から生じた所得以外の一時の所得である〔Aである〕，又は，②労務その他の役務又は資産の譲渡の対価としての性質を有しないものである〔Bである〕』のではないときは雑所得とする。」

　まず，この条文の第1文の本文における「該当するときを除き」という表記は，直前に説明したように，他の8種類の所得に該当するかどうか不明のときは，「除き」とはならない，すなわち，「一時所得とする」という内容を意味する。

　次に，この条文の第1文のただし書における「雑所得に該当するときはこの限りではない」という表記は，雑所得に該当するかどうか不明のときは，「この限りではない」とはならない，すなわち，「一時所得とする」という内容を意味している。

　最後に，この条文の第2文は，「他の8種類の所得に該当するときを除き，かつ，『Aである，又は，Bである』のではないとき」という形で，雑所得を定義している[86]。上記「かつ」の前の意味はすでに説明したとおりであり，「かつ」の後の意味は，「又は」の前後のAとBのいずれの要件も備えていてはじめて一時所得といえるのであるから，そのいずれかを備えていないといえるときには（「備えているとはいえないときには，」ではなく），一時所得ではない，すなわち，雑所得であるという内容を意味する。

上記ⓐとⓑの定義によって構成された裁判規範としての条文の当否
　この2種類の裁判規範の構造は，そのどちらも，論理的には同等の正当性をもって成り立ち得る。どちらを相当であると考えるべきかは，そのどちらが，裁判規範（要件事実が訴訟上存否不明になったときにも，裁判官が判断をすることが不能にならないように立証責任のことまで考えて要件が定められている規範）としての所得税法の規範構造として，最もその制度趣旨に合致しているかということによって，判断されることになる。

　所得税法による所得区分は，基本的には，担税力の強さの違いに着目して，それぞれその担税力に対応するように課税所得を区分して，所得の種類を決定

---

[86]　「かつ」の後は「『①営利を目的とする継続的行為から生じた一時でない所得である〔Aでない〕，又は，②労務その他の役務又は資産の譲渡の対価としての性質を有するものである〔Bでない〕』のであるときは雑所得とする。」という表現の方が表現としては分かり易いと思われるが，雑所得と一時所得の関係を明確に示すためには，所税34条における一時所得を意味する文言をそのまま使用した方が相当であると思われるので，このような表現を使用した。

した上，それぞれの担税力に適した所要の過程を経て，最終的に税額を決定している。

したがって，担税力の弱い所得（ここでは一時所得）に対して，同所得に対応して定められている法条の定め（特別控除と2分の1の軽減課税の定め）を適用せず，担税力の強い所得（ここでは雑所得）に対して定められている法条（上記特例はない）を適用して，課税処分をすることは許されない。このことを立証の問題も含めて考えれば，課税処分の性質が侵害処分であることに照らせば，担税力の弱い所得（ここでは一時所得）であるかもしれないとの疑いがある限り，課税処分は当該所得がその担税力の弱い所得であることを前提としてするほかはなく，担税力の強い，これと異なる種類の所得（ここでは，雑所得）であることを前提として，課税処分をすることは許されない。それは，あたかも，必要経費が a 万円ある（その a 万円の部分については担税力がない）疑いがあるのに，その a 万円がないものとして課税するのが許されないのと，本質的に同様なことである。換言すれば，雑所得として課税処分をするためには，一時所得でないことが立証されなければならない。

そこで，上記ⓐとⓑの規範構造の当否を，この視点から検討する。

上記ⓐの規範構造の意味するところは，他の8所得に該当しない場合において，「原則として，雑所得である。例外的に，一時所得であるといえるときには，雑所得としない。」というのであるから，換言すれば，「一時所得であるとは判断できないとき（一時所得であるかどうか存否不明のとき）は，雑所得とする。」という内容を意味しているのであるから，この考え方は，上記の課税処分は侵害処分であることを前提とした考え方に反するという意味で採ることができない。

以上と異なり，上記ⓑの規範構造の意味するところは，雑所得に該当するとは判断できないものは，雑所得よりも担税力の弱い一時所得とするのであるから，上記のような問題はない。

そして，この上記ⓑの規範構造は，他の8種類の所得でないものが一時所得と雑所得であり，この両所得の区別を裁判規範としての観点から条文化しただけであるから，所得税法の条文に反するものでもない。

したがって，筆者は，上記ⓑの雑所得の定義のもとで，裁判規範としては，上記ⓑの規範構造を考えるのが相当である，と考える。

ところで，すぐ次に述べるように，雑所得には，公的年金等の収入による所

得（前者）とそれ以外の所得（後者）とがあって，前者の所得も，当然のことながら雑所得の上記定義に反するものではないといえようが，上記のようなプロセスを経て考えなくても，所税35条2項1号が，雑所得の金額という面から，自己完結的な形で明文で定めているので，前者に該当すると判断できれば，雑所得となることに疑問の余地はない。

以上，この(2)「雑所得の意義」において触れた多様な状況について一般的にされている説明は，各状況が最終的な評価である「雑所得」というものに対して有する積極（プラス）の方向で意味があるのか，消極（マイナス）の方向で意味があるのかを考慮に入れた整理された形でされないで，いわば雑然と多くの要素を挙げた上で，その総合判断をするという形でされていることもあると思われるが，関係事実を具体的に検討するに当たっては，後記(5)「要件事実」での説明で分かるように，その点を明確に意識して検討することが必要である。すなわち，こうした多様な状況は，さまざまな意味で，当該所得の雑所得性に関する評価根拠・障害事実となり得るものとして検討するべきである[87]。

(3) 雑所得の金額

所税35条2項は，「雑所得の金額は，次の各号に掲げる金額の合計額とする。
一　その年中の公的年金等の収入金額から公的年金等控除額を控除した残額
二　その年中の雑所得（公的年金等に係るものを除く。）に係る総収入金額から必要経費を控除した金額」と定め，

同条3項は，「3　前項に規定する公的年金等とは，次に掲げる年金をいう。」と定め，それに続く同項は，その内容を，同条4項は，公的年金等の控除額を定めている。

雑所得の金額の計算に当たっては，所税35条2項における必要経費とは何か，所税69条1項において損益通算が認められていないのはなぜかが問題となる[88]。

(4) 課税方法

雑所得には，公的年金等とそれ以外のものがある（所税35条2項・3項）。

前者については，他とは区分した源泉分離課税であり（所税203条の2以下。少額のものについては源泉徴収不要），申告納税は不要である（所税121条3項）。

後者については，営利の目的で行う継続的行為で事業にまで至らないもの

---

[87]　前記第1章第1節第3・1(3)「評価的要件における要件事実」（5頁）参照。

[88]　これらの問題については，後記本節第4「必要経費額の認定」（154頁以下），後記本節第5・2(2)「ある種類の所得でしか取り上げられない制度」（171頁以下），各参照。

(例えば，後記(5)2))「一時所得ではなく雑所得とされた事例」〔外れ馬券事件〕にあるような，システマティックに大量に馬券を購入する方法による当たり馬券による所得）については，総合課税であって，通常の申告納税方式による（所税22条2項，89条，120条）。

所税204条以下に定める個別の源泉徴収制度の適用がある場合（原稿料，弁護士報酬，プロ野球などの選手の報酬，映画・演劇・テレビなどへの出演料などがその代表的なものである）があるが，これらについては，すでに源泉徴収されているので，それを差し引いて確定申告をする。

そのほか，株式譲渡等，金融類似商品等の場合に，ごく限られた例外となる定めが，租特37条の10，41条の10，41条の12，41条の14などにある。

(5) 要件事実

雑所得と他の所得との区分に関しては，多くの文献がある[89]が，ここでは，区別の困難な事業所得と雑所得に関する事例と要件事実論の視点から誤解されやすい事例とを，それぞれ一つずつ挙げて説明しておく。

1) 事業所得ではないとされた（雑所得としたのではないかと思われる）事例

> **東京地判昭46・2・25裁判所HP**
> （事案の概要）
> 以下の「事案の概要」と要件事実は，筆者が，裁判所が判示した事実を，「事業所得」に当たるかを問題とした部分について，要件事実論の視点から，所得区分を明らかにして整理し，簡単に纏めたものである。
> 本件は，原告が，本件貸付行為（多数回）は事業の性質を有し，それによって生じた貸倒損失は必要経費になるとして，それを総収入金額から控除した金額について確定申告をしたところ，被告（課税庁）から，本件貸

---

89) 酒井克彦「所得税の事例研究（第11回）雑所得にみる所得区分上の消極的意義と包括的所得概念――所得区分を巡る諸問題」月刊税務事例38巻10号（2006）51頁以下は，雑所得と他の所得との区分について，多くの裁判例を挙げて，詳細に論じている。
　佐藤『所得税法』203頁以下も参照。
　裁判例では，当該行為が「事業」ということができないとして，事業所得と認められず，その結果雑所得と認められるものも多いように思われる（これは，むしろ「事業所得」に当たるかの問題であるといえる）。商品先物取引については，その態様により，雑所得と判断されることも，事業所得と判断されることもある（前記注18）参照）。

付行為は事業の性質を有せず，上記損失は必要経費とならないとして更正処分を受けたので，同更正処分は違法であるとして，その取消しを求めた事案である。

訴訟物
　本件更正処分等の違法性

請求原因
　本件更正処分等の存在とその違法であることの指摘

抗弁（雑所得の評価根拠事実）
　1　原告は，その貸付先である各会社との関係は，その大株主であって，その代表取締役の地位にあるなどの密接な関係があった。
　2　上記各会社は，本件貸付け当時資金繰りが苦しかった。
　3　原告は，その貸付けに当たっては，いずれの場合も担保権の設定を受けておらず，利息の点についても，本件貸付けは，主として，A信用金庫B支店からの借入金によっていたが，貸付利率も借入利率も，ひとしく日歩三銭であった〔原告の利益はない〕。
　4　原告は，金融業者としての届出をしておらず，独立した事務所も有していなかった。
　5　金融業の宣伝活動を行なった事実もなかった。

再抗弁（雑所得の評価障害事実）
　原告の貸付行為は，その期間・回数・金額（〇〇〇〇万円など）・利息などが多数かつ巨額であった〔具体的な事実が判示されている〕。

（裁判所の判断）
　抗弁事実によれば，原告の本件貸付行為は，いまだこれをもって所得税法上の事業とは認めることができず，再抗弁事実は，この判断を覆すに足りない。したがって，右貸付行為は，非営業貸付であって，その貸金元本等の回収不能は，資産損失であって，所得税法上の必要経費には該当しえないものである。

〔上記記載に関する若干の説明〕
　上記要件事実は，裁判所が理由の判示に当たって重要として判示しているところを整理したものである。

　抗弁記載の各事実のうち，抗弁4と5の事実が抗弁として必要かは疑問である。この両事実の反対事実が再抗弁としてあれば問題であるが，抗弁

としては，その1～3までの事実によって，原告の貸付けが営業としてされたものではなく，原告の関係会社に資金を融通してこれを救済する（それ自体が事業という性質を持つとはいえないことの）ためにされたものであることを示す事実として十分なもののように思われるからである。

　私見によれば，すでに（前記(2)3)②　上記ⓑの定義によって，裁判規範としての条文を構成した場合〔139頁〕）述べたように，雑所得は，「他の8種類の所得に該当するときを除き，かつ，『営利を目的とする継続的行為から生じた所得以外の一時の所得である〔Aである〕，又は，労務その他の役務又は資産の譲渡の対価としての性質を有しないものである〔Bである〕』のではない」所得をいうのであるから，本件の場合には，本件争点との関係では，雑所得といえるためには，本件貸付行為が「事業」とはいえなくても，何らかの意味で「営利を目的とする継続的行為」といえるものでなければならない。筆者は，本件事実関係の下では，そのようにいえると考えるが，裁判所の上記判断は，その点を明確に判示していないので，同様に考えているとまでは断言できない。

2)　一時所得ではなく雑所得とされた事例

東京高判平28・4・21裁判所HP（外れ馬券事件）
（事案の概要　第一審判決の判示をもとにして筆者がまとめたものである）
　本件は，競馬の勝馬投票券（以下「馬券」という）の的中による払戻金に係る所得を得ていた原告が，原告が得た馬券の的中による払戻金に係る所得（以下「本件競馬所得」という）は雑所得に該当するとして確定申告をしたところ，被告（課税庁）から，本件競馬所得は一時所得に該当し，関係各年の一時所得の金額の計算において外れ馬券の購入代金を総収入金額から控除することはできないとして，更正処分等を受けたので，〔1〕本件競馬所得は雑所得に該当し，関係各年の雑所得の金額の計算において外れ馬券の購入代金も必要経費として総収入金額から控除されるべきである，〔2〕仮に本件競馬所得が一時所得に該当するとしても，その総収入金額から外れ馬券を含む全馬券の購入代金が控除されるべきであるから，本件各処分は違法であるとして，本件各更正処分のうち確定申告額を超える部分及び本件各賦課決定処分の取消しを求めた事案である。

同事案につき，第一審（東京地判平27・5・14〔平成24年（行ウ）849号〕裁判所 HP）が「一時所得」を認めたのに対し，控訴審はこれを取消し，「雑所得」とした。

第一審判決摘示の当事者の主張を，要件事実として，簡単に要約すると次のようになる。

訴訟物

本件更正処分等の違法性

請求原因

本件更正処分等の存在とその違法であることの指摘

抗弁（一時所得の評価根拠事実）

1 競馬では，馬券購入者には左右し得ない的中という偶然の事象が発生しなければ払戻金は発生しない（したがって，およそ継続的，安定的なものではない）。

競馬においては，各レースの結果は相互に影響せず，それぞれの払戻金は完全に別個独立に発生するものであるから，一つの払戻金という収入を発生させた原因行為は，当該的中馬券を購入した個々の行為のみである（したがって，馬券購入行為は，客観的にみて継続的，安定的に収入を発生させ得る行為とはいえない）。

原告のした馬券購入行為も以上の内容のものであった。

2 そもそも，競馬の払戻金は，購入した馬券が的中することによって生ずるものであるから，何らかの役務の提供の対価ではないが，原告も，本件競馬所得を構成する収入である払戻金の支払者である JRA に対して何ら役務を提供していない（したがって，本件競馬の払戻金は，「労務その他の役務又は資産の譲渡の対価としての性質を有しないもの」である。

3 したがって，本件競馬所得は，「営利を目的とする継続的行為から生じた所得以外の一時の所得」であり，かつ，「労務その他の役務又は資産の譲渡の対価としての性質を有しないもの」であるから，一時所得に該当する。

抗弁に対する原告の認否

原告の本件競馬所得を得るための行為が，被告主張のとおりであることを否認する。以下にその否認の事情を述べる。

1　原告は，中央競馬の競走馬や騎手，レースを分析した上，的中率が低いと判断されるレースを除き，中央競馬における1年間のほぼ全てのレースにおいて，独自のノウハウに基づいて着順の予想をし，6年間にわたり，馬券を大量に機械的かつ継続的に購入しており，原告にとって馬券の購入は，遊興的，娯楽的性格を一切帯びるものではなく，専ら投資としての性質を有するものであった。そして，原告は，現実に，平成17年から平成22年までの間，別表2―1ないし2―6の各「入出金履歴」欄の「〔3〕差引金額」欄のとおりの多額の利益を上げていた。

2　したがって，本件競馬所得は，「営利を目的とする継続的行為から生じた所得以外の一時の所得」ではなく，「労務その他の役務又は資産の譲渡の対価としての性質を有しないもの」でもないから，一時所得に該当しない（雑所得に該当する）。

〔上記要件事実に関する若干の説明〕

抗弁は，具体的事実の主張としては，通常の人が趣味として馬券を購入する場合を念頭に置いての，馬券購入行為に関する通常の事実関係を主張し，原告の馬券購入行為もそうである，といって主張しているのに対し，原告の馬券購入行為が被告主張のようなものであることを否認し，特別な態様の馬券購入行為であることを，具体的事実を挙げて主張している。

要件事実の理論上の問題として留意するべき点は，抗弁の事実は原告の不可分な一連の事実の一部を切り離して主張しているものであって，上記の原告の主張は，原告の行為は，特別な態様の一連の馬券購入行為であると主張しているのであるから，同主張は，再抗弁（一時所得の評価障害事実）の性質を有する主張ではなく，否認の内容を具体的に主張している（いわゆる否認の事情を主張している）ものである。

もし，原告のこの主張が再抗弁であるとすれば，原告の主張事実が立証されない場合には，一時所得であることになるが，そう考えるべきではなく，原告の主張事実の存在する疑問があるのであれば，それは，被告の抗弁事実の立証があったとはいえず，一時所得であるとの判断はできないといわなければならない。

裁判所（控訴審である東京高裁）の判断

裁判所は，控訴人（原告）の行為を詳細に検討した上，次のように判示

した。

「控訴人は，期待回収率が100％を超える馬券を有効に選別し得る独自のノウハウに基づいて長期間にわたり多数回かつ頻繁に当該選別に係る馬券の網羅的な購入をして100％を超える回収率を実現することにより多額の利益を恒常的に上げていたものであり，このような一連の馬券の購入は一体の経済活動の実態を有するということができる。〔略〕

したがって，本件競馬所得は，『営利を目的とする継続的行為から生じた所得』として，一時所得ではなく雑所得に該当するというべきである。」

上記一連の行為において支出した外れ馬券の購入費も，本件競馬所得の必要経費として算入し，総収入金額から控除されるべきものである。したがって，本件更正処分等は違法であって，取り消されるべきであるとして，一時所得であるとした一審判決の取消し，控訴人（原告）の請求を認容した。

裁判所（上告審である最高裁平29・12・15裁判所HP）の判断

上記控訴審の判断と同旨の判示をし，上告人（被控訴人）の上告を棄却した。

刑事事件ではあるが，同旨の最高裁判例として，最判平27・3・10刑集69巻2号434頁がある。

〔上記裁判所の判断に関する若干の説明〕

上記控訴審裁判所の判断において注目するべきこととして，一時所得ではないと判断をするに当たって，所税34条の「営利を目的とする継続的行為から生じた所得以外の一時の所得」という要件と「労務その他の役務又は資産の譲渡の対価としての性質を有しないもの」という要件との，二つの要件の双方が否定されて，はじめて雑所得であると判断しているのではなく，前者の要件が否定される（「営利を目的とする継続的行為から生じた所得」であると積極的に判断をしているが）ことで，雑所得とするに十分であるとしていることである。

本件は，著名事件であるため，多数の判例評釈がある（LEX/DBで上記各判決を検索すれば，容易にそれらを知ることができる）。なお，本件最判平29・12・15については，判タ1449号（2018）85頁以下に詳細な解説がある。

第3 収入金額の認定
1 収入は，現実に入った収入に限られるか

　課税処分は，課税所得に対してされる。課税所得は，収入金額又は総収入金額から必要経費の金額を控除して得られる。例えば，事業所得に関する所税27条2項は，「事業所得の金額は，その年中の事業所得に係る総収入金額から必要経費を控除した金額とする。」と定める。

　この収入金額が何を意味するかは，当然明らかでなければならないが，条文上はどのような定めになっているであろうか。

　その収入金額に関する基本的条文は，所税36条である。同条1項は，「その年分の各種所得の金額の計算上収入金額とすべき金額又は総収入金額に算入すべき金額は，別段の定めがあるものを除き，その年において収入すべき金額（金銭以外の物又は権利その他経済的な利益をもって収入する場合には，その金銭以外の物又は権利その他経済的な利益の価額[90]）とする。」と定める。

　この場合の収入金額と総収入金額の区別の意味を，例えば雑所得についての条文である所税35条についてみると，同条2項1号は収入金額という用語を，同項2号は総収入金額という用語を，それぞれ使用している。それは，前者の収入については，収入の種類が「公的年金等」ということで一種類といってよく，後者の収入については，収入の種類が雑所得（公的年金等に係るものを除く）の複数の種類であり得ることからくるものであり（こうした区別は多くの条文にあるが，分かり易い一例を挙げておくと，給与所得に関する所税28条2項は前者になっており，事業所得に関する所税27条2項は後者になっている），所税36条1項の適用上，意味のある区別をもたらすものではない。

　もっとも，このように見てきても，そもそも収入とは何かが，必ずしも明確になったわけではない

　「収入」とは，その普通の言葉としての意味からすれば「ある人の外部から入って，その人が手元に収めることになるもの」を意味すると考えられるが，所税36条1項は，「その年において収入すべき金額」という文言を使用しているので，ある課税年度内に実際に，収入と考えられるべき経済的利益が，納税者の手元に入らなくてもよく，確実に将来において現実の収入とさせる権利が，発生していれば足りると考えられる。

---

[90] この「物又は権利」などの「価額」とは，通常は，当該の物，権利などの時価であろう。

この点について。最判昭49・3・8民集28巻2号186頁は，昭和37年法律第44号による改正前の旧所得税法についてではあるが，次のように判示する。

　所税法は，その採る1暦年という「期間中の総収入金額又は収入金額の計算について，『収入すべき金額による』と定め，『収入した金額による』としていないことから考えると，同法は，現実の収入がなくても，その収入の原因たる権利が確定的に発生した場合には，その時点で所得の実現があったものとして，右権利発生の時期の属する年度の課税所得を計算するという建前（いわゆる権利確定主義[91]）を採用しているものと解される。……

　もともと，所得税は経済的な利得を対象とするものであるから，究極的には実現された収支によってもたらされる所得について課税するのが基本原則であり，ただ，その課税に当たって常に現実収入のときまで課税できないとしたのでは，納税者の恣意を許し，課税の公平を期しがたいので，徴税政策上の技術的見地から，収入すべき権利の確定したときをとらえて課税することとしたものであり，その意味において，権利確定主義なるものは，その権利について後に現実の支払があることを前提として，所得の帰属年度を決定するための基準であるにすぎない。」と述べる（同最判は，この判示をした後，このようにして，所得税が将来の権利の実現による収入を見越して課税したが，それが貸倒れになった場合の不当利得返還請求の可能性へと論を進めるが，ここでは，その点は省略する）。

　それでは，次に，現実に入った収入についてだけ考えて見ることにして，それは，どのようなものをいうのであるかを検討する。

2　現実に入った収入とはどのようなものをいうか

　所税36条1項が「金銭以外の物又は権利その他経済的な利益をもつて収入する場合」という文言を使用しているように，現実に収入が実現する時期がいつかは別として，「収入」は，何らかの「経済的利益」をいうものであり，その代表的なものが金銭であるということになる。

　実務上しばしば問題となるものしては，「債務の免除」がここにいう経済的利益に当たるかということがある。

　債務の免除がここにいう経済的利益に当たると考えて疑問がない場合として

---

91) この問題は，収入に関する時間的帰属の問題であり，この点についての説明は，前記本章第4節第2・1「権利確定主義」〔岩崎執筆部分〕（53頁以下）参照。

は，順調に事業が進行している場合の納税者が，旧知のA会社から借り受けている100万円の債務の免除を受けた場合（その理由は，同納税者の事業に関連してA会社がした事業によって，A会社に大きな臨時収入があったため，同納税者にお礼の気持ちを表したいために上記債務免除した場合等も挙げることができよう）などが考えられる。この場合は，同債務の弁済に充てるべき100万円を他の事業資金に充てることができるので，確実にその分だけ事業資金が増えたことになり，実質的には，他から100万円の収入があったのと同様に考えることができる。したがって，同100万円の債務免除を所税36条にいう「経済的利益」すなわち「収入」と扱うことに問題はない，と考える。

　他方，その場合の対極にある場合としては，当該債務免除の時期においては，納税者の事業が全く破綻してしまい，上記100万円の債務を免除してもらっても，同債務を免除してもらわなかった場合と全く同様に，この破綻状況に何の変化もなく，同事業を継続してさらなる収益を上げることが不可能な状況にあって，同納税者の事業は，すぐに廃業に追い込まれたような場合はどうであろうか。この100万円によって得た経済的利益は，課税の対象として考えると，それは実質的にはゼロである（担税力の増加には全く無益なものである）と考えるべきであろう。したがって，同100万円を所税36条にいう「経済的利益」すなわち「収入」と扱うことはできないのではないか，と考える。

　所税法は，次のような規定を置いている。所税44条の2第1項は，破産法の免責許可の決定等があった場合その他資力を喪失して債務を弁済することが著しく困難である場合（免責許可等の申立て等をすればそれが許可されるであろうほど著しく困難な場合を考えるとよいであろう）にその有する債務の免除を受けたときは，当該免除により受ける経済的な利益の価額については，その者の各種所得の金額の計算上，総収入金額に算入しない，と定めている（この条文は上記私見と一致する趣旨のものであると考える）。ただし，同条2項は，1項に規定する経済的利益がないものとして計算した場合において，ある種類の所得において，すでに損失が生じている場合においては，その種類の所得を生ずるべきこと（例えば，事業所得における事業に係る債務の免除を受けたときには，その所得の金額の計算上，その免除を受けた金額に相当する金額については，1項の規定を適用しない。すなわち，1項による経済的利益に相当する金額の収入があったものとされ，その分だけ2項にいう損失は生じていないものと扱われる）などの非課税取扱いについての制限規定を置いている。

3　現実に入った収入はすべて総収入金額に算入されるか

　総収入金額への算入又は不算入については，その時間的帰属の問題も含め，所税39条から所税44条の3までに詳細な規定があり，このうち，44条の2については，別の視点から，直前に説明した。

　ここでは，上記条文において定めのない，違法な収入に対する課税について述べる。考え方としては，違法な収入について課税をすることは，その収入を国家の名において公認することに繋がり，相当でないという考え方もあり得るが，さりとて，違法な活動は，そもそも許されないのに，違法な活動によって得た収入については課税されないとなると，違法な活動をすれば，いわば「丸儲け」ができることになり，適法な活動による収入には課税されることに比し，著しく公平を失することになり，相当ではない。違法な収入に対しても，課税することが所税法の制度趣旨に合致すると考える（違法収入が私法上無効であるため返還されたような場合には，その後の変化として税法上対応が可能であろう）[92]。

　判例[93]も，説明の仕方は，異なるかもしれないが，違法所得に対しても課税するという考え方を採っているものといえる。

4　要件事実

　（事案の概要）〔いわゆる『教室設例』であり，問題となる部分のみを取り上げているため，現実の事例としては，やや不自然なところもあろう〕
　本件は，家電製品販売事業を営む原告が，旧知のA会社から受けた，事業資金として借り受けていた総額500万円の債務免除に係る債務免除益を事業所得の総収入金額に算入せずに所得税の確定申告をしたところ，課税庁からその全額を事業所得として総収入金額に計上する内容の更正処分等を受けたため，本件更正処分等の取消しを求めた事案である。
　訴訟物
　本件更正処分等の違法性

---

[92]　増井『租税法入門』126頁は，違法な所得に対しても課税するべきであるとし，「所得税法はモラルとの関係では中立的であり，所得の大きさを淡々と計測しているに過ぎない。」という見方を示す。
[93]　最判昭46・11・9民集25巻8号1120頁。最判昭38・10・29（昭和33（オ）311号）裁判所HPも参照。

請求原因
　本件更正処分等の存在とその違法であることの指摘
抗弁（債務免除による事業所得部分の評価根拠事実）
　1　原告は，平成〇〇年〇月〇日，A会社から事業資金として500万円を弁済期の定めなく，借り受けた。
　2　平成〇〇年〇〇月〇〇日，A会社は原告に対し，上記貸金返還債務の全額を免除するとの意思表示をした。
再抗弁（同事業所得部分の評価障害事実）
　原告は，上記債務免除の意思表示のあった時期においては，その不動産所得に係る債務総額は5,000万円に達し，資産は50万円相当の動産があるに止まっていた。

　〔上記要件事実に関する若干の説明〕
　上記要件事実による判断の構造は，次のとおりである。
　課税庁は，事業所得の金額の計算に当たって，納税者の貸金返還債務500万円の債務免除を受けたことをもって，同納税者の収入額の計算上500万円の収入として計上し，それに基づいて事業所得を計算する。課税庁には，納税者の側における，同債務免除を総収入金額の計算上算入するのが相当でないことになる特別の財務状況についてまで主張立証責任はないと考えるわけである（もっとも，この点については，意見が分かれ得よう）。
　それに対して，納税者は，他の種類の所得にある多額の債務のため，上記免除された債務を弁済する資力が納税者になかった評価根拠事実（それは，事業所得の評価障害事実でもある）を主張立証するという判断の構造である。所税44条の2第3項以下の定めがあるため，その定めに該当する状況を考えに入れると，さらに複雑な判断構造となる。
　再抗弁記載の程度で，すでに（上記2「現実に入った収入とはどのようなものをいうか」）で説明した基準に達しているかについては，なお検討を要するところかもしれない。
　実務の運用上，この立証を認める程度を決めるに当たっては，その運用が不安定にならないように，十分に配慮するべきであろう。
　類似の判断を示した裁判例として，大阪地判平24・2・28LEX/DB25480811があるが，同判決は，所税44条の2が制定される前の判断を示した事例であり，基本的には同旨の判断であると考えられるが，参考に

なるという程度で紹介をするに止めておきたいと考える。

第4　必要経費額の認定
1　はじめに

　以下の必要経費の計算は，所税第2編第2章第2節第2款「所得金額の計算の通則」及び第4款「必要経費等の計算」の規定するところである。

　必要経費に関する基本的条文は，所税37条であるが，そのほかに譲渡所得に関して，所税38条の問題がある。

　所税38条は，所税37条の表現と異なり，必要経費という形ではなく，控除するべき取得費という形で定めている。そして，譲渡所得が，相当期間前に取得した資産のキャピタルゲインに対する課税であるという点と同資産が事業所得の原因となる資産である場合にその収入の原因となる資産の取得費が必要経費となるという関係の調整の必要が生じるが，同条2項は，その点を定めている[94]。

　譲渡所得については，多くの困難な問題があり，それについては，前記本節第2・8「譲渡所得」（107頁以下）において，すでに説明したところである。所税38条は，この譲渡所得に関する困難な問題に関係するところも多い。ここでは，所税37条に関する説明をするに止める。

(1)　必要経費が非課税となる理由

　まず，なぜ「総収入額」のうち「必要経費額」分に該当する金額については課税されないのかを考える。ここがすべての出発点となる。

　ある最高裁判決（最判平24・1・13民集66巻1号1頁〔逆ハーフタックスプラン事件判決〕）は，争点を解決するための前提となる判断として，一時所得に関し，次のように判示している（理由5(1)）。その内容は妥当なものとして，必要経費の問題を考える上でも，参考になると考える。

　<u>所得区分は担税力に応じてした区分</u>「所得税法は，23条ないし35条において，所得をその源泉ないし性質によって10種類に分類し，それぞれについて所得金額の計算方法を定めているところ，これらの計算方法は，個人の収入のうちその者の担税力を増加させる利得に当たる部分を所得とする趣旨に出たものと解

---

[94]　この点については，増井『租税法入門』133～134頁に分かり易い説明がある。

される。」

　所得で必要経費となるもの——担税力を増価させないものだから非課税「一時所得についてその所得金額の計算方法を定めた同法34条2項もまた，一時所得に係る収入を得た個人の担税力に応じた課税を図る趣旨のものであり，同項が『その収入を得るために支出した金額』を一時所得の金額の計算上控除するとしたのは，一時所得に係る収入のうちこのような支出額に相当する部分が上記個人の担税力を増加させるものではないことを考慮したものと解される」

　所得を得た個人が支出した費用であって，はじめて必要経費に該当「ここにいう『支出した金額』とは，一時所得に係る収入を得た個人が自ら負担して支出したものといえる金額をいうと解するのが上記の趣旨にかなうものである。また，同項の『その収入を得るために支出した金額』という文言も，収入を得る主体と支出をする主体が同一であることを前提としたものというべきである。」

　この最高裁判決の趣旨に照らせば，後記のさまざまな具体的問題において，いつも問題となることであるが，必要経費といえるためには，収入を得るために何らかの因果関係をもって寄与している行為にかかる費用ということに尽きる。その場合において難しいのは，単に何らかの意味で原因と結果の関係があるものといえば，ほとんどすべてのことが，そのような関係にあるといえるかもしれないので，それをどこかで法的に意味のある関係とそうでない関係として，仕分けをする必要がある。

(2)　必要経費の範囲

　上記最判の趣旨に照らせば，必要経費を非課税とする趣旨は，収入のうちその収入を得るための原因となった行為にかかった費用までも収入の一部として課税してしまったのでは，担税力が増加していない部分にまで課税することになって不相当であるということである。これを別の分かり易い表現でいえば，担税力を増加させるために原因となって力のある行為の費用のみが必要経費となる，ということである[95]。そして，この最高裁判決の趣旨から当然にいえることではないであろうが，課税処分が侵害処分であることに照らせば，このような性質の費用は，必要経費としなければならない（必要経費にしないことが不当である）。そして，課税庁は，当該所得に係る収入に対応する経費が，ある

---

95)　佐藤『所得税法』265～266頁が，上記私見と同一であるかは，必ずしも明らかでない。

額以下であることを主張立証しなければならない[96])。

　これに対して，もし収入取得のために無関係の行為のために要した費用を必要経費として控除するというようなことをすると，その場合には，納税者に不当な利益を与える結果となり許されない，ということになる。

　課税処分の方から考えると，必要経費であるとして控除してした確定申告について，それが必要経費であるにもかかわらず必要経費でないとして控除を否定した額で更正処分をすれば，その限度で当該更正処分は違法であることになる（実際上，確定申告で必要経費でないとして控除しなかったものを，それも，必要経費として控除するべきであるとの減額の更正処分をすることは考えにくい）。

　このように考えても，その判別が容易でないことに変わりはないが，上記趣旨に照らして，「収入を増加させるために合理的な因果関係がある費用」であるか，ということを，所得税法の課税の趣旨を基本にして考えるほかはない[97]。所税37条1項の売上原価などが「直接費」，販売費などが「間接費」といわれることがあるが，それは，一般に因果関係がより直接かどうかの区別であって，そこで必要とされる本質的要素に変わりはないであろう

(3)　必要経費の額が不明確な場合

　上述したように，必要経費と考えるかどうかは，ときに困難であるので，ある費用の額が必要経費の額に相当すると考えるべきかとうか，必要経費となるとしても，それは一般経費であるか特別経費であるかとうかなどが問題となる場合が生じるのは避けがたい。そのような場合において，課税庁と納税者のどちらが，問題となる事実につて主張立証責任を負うかの問題がある。その点は，後記8「要件事実」において説明する。

---

96)　この点は，後記8「要件事実」において，なお説明する。
97)　そのように定義しても，結局，この「合理的因果関係がある」ときとはどのような場合かということにならざるを得ないが，それは本文記載のような考え方を基本にし，具体的事案において適切に考えるという以上にいえないが，一つ誤解を避けるために述べておけば，筆者は，弁護士会関係費用が弁護士業務にとって，一定の範囲内で必要経費となるとした東京高判平24・9・19判時2170号20頁には賛成であるが，他方，「事業活動との何らかの結びつきがある限り必要経費該当性を認めようとする」と表現される考え方があるとすれば，そのような考え方には反対である（この表現では，漠然としすぎていると考える）。伊藤＝岩崎『要件事実論の展開』300頁以下〔田中治〕に各説の紹介がある。

2 「必要経費」の意義——条文上の一般的定義
(1) 必要経費に関する基本的条文である所税37条の定め

それは、必要経費に関する2種類の原則に関するものに分かれ、かつ、その原則について、さらに別段の定めがある、という複雑な構造になっている。

① まず、原則の第1として、同条1項は、不動産所得の金額、事業所得の金額又は雑所得の金額（事業所得の金額及び雑所得の金額のうち山林の伐採又は譲渡に係るもの並びに雑所得の金額のうち35条3項（公的年金等の定義）に規定する公的年金等に係るものを除く）について〔上記括弧内に係るものの部分を除いているが、この除かれた部分については、同条2項に定められている。その説明は次の②でする〕の計算上必要経費に算入すべき金額は、これらの所得の総収入金額に係る売上原価その他当該総収入金額を得るため直接に要した費用の額及びその年における販売費、一般管理費その他これらの所得を生ずべき業務について生じた費用[98]の額とする、と定めている（しかし、ここでは、別段の定めがあるものは除かれており、この点については、③で述べることになる）。

② 次いで、原則の第2として、同条2項は、山林につきその年分の事業所得の金額、山林所得の金額又は雑所得の金額の計算上必要経費に算入すべき金額は、別段の定めがあるものを除き、その山林の植林費、取得に要した費用、管理費、伐採費その他その山林の育成又は譲渡に要した費用（償却費以外の費用でその年において債務の確定しないものを除く[99]。）の額とする、と定めている（しかし、ここでも、別段の定めがあるものは除かれており、この点については、③で述べることになる）。

上記②の定めの内容を見ると、上記①の上記括弧で除外されるもののうち、次に述べる前者についてのみ定めている。上記除外される括弧内の定めは、やや複雑であるが、簡単にいうと、上記括弧内で除外されるものが、「並びに」の前後で、「事業所得及び雑所得のうち山林の伐採又は譲渡に係るもの」（前者）と「公的年金等に係るもの」（後者）とに分かれており、上記②で触れた同条2項は、前者についてのみ必要経費を定めており、後者の公的年金等に係るものについては、何も定めていない。つまり、公的年金等に係る所得につい

---

[98] 経費の時間的帰属に関する部分についての説明は、前記本章第4節第3「必要経費の確定時期」〔岩﨑執筆部分〕（59頁以下）参照。

[99] 経費の時間的帰属に関する部分についての説明は、前記本章第4節第3「必要経費の確定時期」〔岩﨑執筆部分〕（59頁以下）参照。

ては，必要経費という観念はないということになり，控除によってのみ対応されていることになる（所税35条2項1号・3項・4項各参照）。

③　必要経費についての「別段の定め」の内容。

後記3「家事関連費・租税公課等――所税37条の別段の定め①」以下において説明する[100]。

(2)　**売上原価などの原則的経費**

業務と関連性がある費用であることが必要なことは間違いないが，それが具体的にどのようなものかは問題である。所税37条1項の条文の後半の費用を定めた部分にある「及び」の前後において[101]，より直接的かそれほどでもないかという因果関係の程度の違いはあっても，全体として考えれば，結局は，収入との間での因果関係が，「合理的関係」があるといえるものであればよい，と考える。

代表的な必要経費である売上原価の意味について，次に検討する。

売上原価は，商品の仕入原価であるが，通常は，「期首商品（製品）棚卸高＋当期商品仕入高（製品製造原価）－期末商品（製品）棚卸高」といわれる[102]。そうすると，この意味の売上原価には，仕入れたものの，棚卸資産としてあるうちに，賞味期限が切れたり，傷んだりして，実際には販売できなかった商品の仕入原価も入るはずである[103]。

売上原価の意味については，税法事件ではないが，最判平19・6・11裁判所HPの判示が参考になる。

同判決の裁判所HPの「判示事項」の欄には，「コンビニエンス・ストアの

---

100)　ここで，増井『租税法入門』138頁以下が，この「別段の定め」全般に関する考え方の説明として非常に参考になる，ということを述べておきたい。『注解所得税法』979頁以下の説明も詳しい。

101)　前者は，個別対応（直接対応）するものとされ，「個人の八百屋さんが野菜を仕入れて売る場合，野菜の仕入原価は売上金額に直接対応する。」と説明される（増井『租税法入門』147頁）。後者は，一般対応（間接対応）するものとされ，「八百屋さんの広告宣伝費や運搬費などは『販売費』にあたるし，従業員給与や光熱費などは『一般管理費』にあたる。これらは，その年分の収入金額との間で個別的な対応関係にないものの，継続的に業務を行うために必要な経費であり，一般的な形で収入獲得に寄与する。」と説明される（増井『租税法入門』147頁）。

　なお，所税51条1項にある債務確定時期に関する説明は，前記本章第4節第3「必要経費の確定時期」〔岩崎執筆部分〕（59頁以下）参照。

102)　佐藤幸治ほか編集代表『コンサイス法律用語辞典』（三省堂，2003年）87頁。金子『租税法』356～357頁。佐藤『所得税法』277頁以下も同旨であろう。

103)　佐藤『所得税法』278頁には，欠陥品に関連した説明もあり，私見と同様の考えを基礎にするものではあるまいか。

フランチャイズ契約に加盟店は運営者に対し加盟店経営に関する対価として売上高から売上商品原価を控除した金額に一定の率を乗じた額を支払う旨の条項がある場合において消費期限間近などの理由により廃棄された商品の原価等は売上高から控除されないとされた事例」となっている。

最高裁は、同判決における判示の中で、「『売上商品原価』という本件条項の文言は、実際に売り上げた商品の原価を意味するものと解される余地が十分にあり、企業会計上一般に言われている売上原価を意味するものと即断することはできない。」（7頁）とし、売上原価は、上記のように廃棄された商品の仕入原価などを含むものであることを前提としているように思われる。そして、原審は、「売上商品原価」について、企業会計上一般に理解されている売上原価との関係で、「『売上商品原価』は、一般に理解されているとおり、廃棄ロス原価及び棚卸ロス原価を含む『売上原価』を意味するものと解するのが相当である。」（6頁）と判示している（この結論は最高裁で支持はされなかったが、「売上原価」の意味については、最高裁判決も原審判決もと異なるところはない）。

そうすると、税法事件ではないが、上記最高裁判決も原審判決も、売上原価の中に、廃棄された商品の仕入原価を含んで考えるのが、一般の企業会計原則の考え方であることを肯定しているものと考えられる。

具体的事案では、フランチャイズ契約における契約締結時の事情などから見て、「売上商品原価」には、廃棄された商品の仕入原価などを含めるべきではないという上記最高裁判決は、当該契約の趣旨に沿った妥当な判決であると思われる。しかし、これを税法における必要経費という視点から見ると、そうではなく、上記のように、「売上原価」は、通常いわれる意味のとおりに理解して、これを必要経費として認めてよいものと考える。

3　家事関連費・租税公課等──所税37条の別段の定め①

(1)　はじめに

第4款「必要経費等の計算」の第1目は「家事関連費、租税公課等」と題する。その点について、以下に説明する。

すぐ後に述べる各項目のうち、後記(2)が最も分かり難いので、これに重点を置いて説明する。それ以外は、所得税は、所得税などの課税される前の、担税力のある所得に対して課せられるという租税制度の仕組み自体から（後記(3)について）、また、その金員の性質上、必要経費として、所得税を掛けない扱

いとすることによって，ある意味で，そのような支出を国が支援するような結果になるのは相当でないことから（後記(4)について），それぞれ必要経費とはされないのであって，それ以上の説明をしなくても，それぞれ理解が可能であろう。

　下記所税45条1項の各号は限定列挙であると解するべきである。

　さらに，所税45条2項は，賄賂性のある金銭等の額の必要経費不算入を定めているし，同条3項は，所税34条（一時所得）2項にいう「その収入を得るために支出した金額」に算入しないことなどを定めている。

　違法支出に対する必要経費を認めることの可否

　所税45条2項との関係で，この問題がある。当該収入を得るために実際に支出した必要な経費を必要経費として認めないということは，担税力のない部分についても課税することになり，一種の制裁的意味を持つ。こうした制裁は，法律の定めによらずしてはできないのであるから，法律でそのような趣旨の定め（例えば，上記45条2項の定め）がない限り，認めるべきではない。

　高松地判昭48・6・28裁判所HP（高松市塩田宅地分譲事件）

　本件事案は，原告が，本件各土地の売却取引当時の宅地建物取引業法等に照らせば，当該各取引において，法規の許容する限度を上回る報酬額を売却のための仲介人に支払った場合において，当該報酬額に対応する部分の額については，当該取引で得た収入の必要経費として，控除するべきかが問題となったものである。

　関係法規「の規定の趣旨は，不動産仲介業者が不動産取引における代理ないしは仲介行為によって不当の利益を収めることを禁止するところにあると解され，したがって，右法律に違反する報酬契約の私法上の効力いかんは問題であるとしても，現実に右法律所定の報酬額以上のものが支払われた場合には，所得税法上は右現実に支払われた全額を経費（右報酬の支払いを受けた不動産仲介業者については所得）として認定すべきものである。」（8頁）と判示した。

　本判示は，所得税法の趣旨からいって，妥当なものと考える。

　(2)　**家事関連費**（所税45条1項1号）

　同号にいう「家事上の経費及びこれに関連する経費で政令に定めるもの」は必要経費に算入されない。

　「家事上の経費」とは，事業所得でいえば当該事業に無関係なものであることが通常明らかであるものであり，「これ〔家事〕に関連する経費」とは，そ

の無関係である度合いが少し薄いものをいうと考えられ，この両者の区別は，本質的なものではなく，程度の差であると考えられる。

そして，同政令の定めに当たる所税令96条は，同条1号と2号に定める経費が必要経費であって，それ以外のものが必要経費に算入されないという形をとっている。

この条文の形式に従ってそのまま読むと，一見して，上記1号と2号に係る経費であることを納税者側で主張立証しないといけないようにも見える。しかしながら，必要経費とは，すでに（前記1(2)「必要経費の範囲」155頁以下）述べたように，「収入を増加させるために合理的な因果関係がある費用」ということに帰するのであり，かつ，当該必要経費がある金額以下であることを課税庁の方で主張立証しなければならない（必要経費がそれを超えてあるかもしれないという疑いが残ってはいけない[104]）と考えるべきである[105]。したがって，そのように考えるべきではない。

とはいえ，実際問題として，家事関連費は，必要経費でないことも相当あって，所税令96条1号，2号の定め方も，いわば「気持ちの上では」分からないわけではない。

立証ということを離れた行為規範としての租税法[106]の視点からすれば，旅行業を営む個人経営者が，どの都市が観光旅行のために最も人気があり得るか，それはどのような点かを調査するためにいくつかの都市を旅行した際に支出した必要費用は，もとより，必要経費となるが，単に，自分の趣味でいくつかの都市を旅行した場合の費用は，必要経費とならないことはいうまでもない。このような意味での所税45条1項1号の解釈は，必ずしも困難とまではいえないであろう。しかし，いったんこの点を立証ということが問題となる裁判規範としての租税法[107]という視点から考えると，当該旅行がどのような趣旨のもの

---

104) もとより，ここで「疑いが残ってはいけいけない」という意味は，ほんの少しでも疑いが残ってはならず，完全に証明されなければならないなどと述べているわけではない。それは，事実の証明の度合いがどの程度される必要があるかという問題，すなわち，証明度の問題である。この点については，拙稿「要件事実・事実認定基礎理論⑤──続々・事実認定論とはどのような考え方か」ビジネス法務2016年7月号119頁以下参照。
105) この点は，後記8「要件事実」において，なお説明する。
106) これと対比されるべき考え方は，立証ということを問題とする裁判規範としての租税法という考え方である。この点については，次注参照。
107) 裁判規範としての租税法の内容をなす考え方は，前記第1章第2節第2「民事訴訟における要件事実論と租税訴訟における要件事実論の比較」（10頁以下），前記第1章第2節第3「租税訴訟

であるかを確定することは困難なことも多く，かつ，その点が不明の場合にどのように考えるべきか（当該不明の費用を必要経費として算入するべきか）という問題に直面する。

この点は，後に（後記8「要件事実」）詳しく説明することとする。

(3) **所得税（所税45条1項2号），道府県民税・市町村民税など（同項4号）**

なお，所得税に関連して，所税46条（所得税額から控除する外国税額の必要経費不算入）があることにも留意するべきである。

(4) **所得税以外の延滞税，罰金・科料・過料，損害賠償金，課徴金など（所税45条1項3号・5～12号）**

損害賠償金は，所税令98条によって，故意又は重大な過失によって他人の権利を侵害したことにより支払う損害賠償金のみに限定されていることに注意が必要である（こうした損害賠償金のみが，罰金などと同様に悪質な行為に対する制裁の意味を持つものと考えられていることになる）。

4　資産の評価及び償却費——所税37条の別段の定め②

第4款「必要経費等の計算」の第2目は「資産の評価及び償却費」と題するが，その関係条文である所税47条～50条は，いずれも，どのような性質の費用が必要経費となるかを定めているというよりも，棚卸資産，減価償却資産及び繰延資産等について必要経費に算入するべきものの対象時期・期間との関係で，その評価方法について定めた条文である[108]。

5　資産損失——所税37条の別段の定め③

(1) **はじめに**

第4款「必要経費等の計算」の第3目が「資産損失」と題して規定するところである。

所税51条は，1項から4項まで，それぞれ，所得の種類（3項が山林所得について，その特質に照らし特別の定め），損失の原因（1項は物理的滅失など，2項は貸倒損失など），事業か業務かの区別（4項）に留意し，かつ，雑損控除72

　　における要件事実はどのようにして決定されるか」（11頁以下）各参照。
[108]　前記本章第4節第3「必要経費の確定時期」〔岩﨑執筆部分〕（59頁以下）参照。これらの条文については，佐藤『所得税法』217頁以下，277頁以下，増井『租税法入門』148頁以下の説明も参考になる。

条との関係にも留意しながら読む必要がある[109]。

　ここでは，まず，所税37条の必要経費に関する定めでありながら，損失について定めていることに注意を促しておきたい。このような損失は，収入を生み出す原因となる経費というものでは性質上ないのであるから，その意味では，ここで扱うのはおかしいということになるが，得られた収入の担税力が，その損失があった分だけ，実質上はないという意味では，本来の必要経費と同様に扱うべき理由があるといえよう。

　次に，ここでは，最も問題の多い「貸倒損失」について説明をする。その認定について問題があり，この点は，後記8「要件事実」で説明する。

(2) 貸倒損失

　貸倒損失とは，所税51条2項が，事業の遂行上生じた売掛金，貸付金，前渡金その他これらに準ずる債権の喪失として定める資産喪失の代表的なものである。資産喪失の事由としては，貸倒損失のほか，商品の返品，値引きなどにより生じた損失も含まれる（所税令141条1項）。

　貸倒損失というものが客観的に明確に認定できれば問題がないが，実際上，貸倒損失があるかどうか明確でない場合も相当あるようである。そうすると実際上大きな問題は，貸倒損失とはどのようなものをいうかということよりも，具体的事案において，貸倒損失があったかどうか不明の場合に，それを税務上どのように扱うかという問題であることになる。

　そうなると，それは，後記8「要件事実」の問題であり，そこで説明することにする。

6　引当金——所税37条の別段の定め④[110]

　第4款「必要経費等の計算」の第4目が「引当金」と題して規定するところであり，所税52～54条が定めている。

　貸倒損失など将来に支出が必要となる費用のためのものであり，所税37条のいう当該所得のある年度に支出することに債務が確定しているものではないが，その例外として，一定の要件のもとに，そうした準備の必要性を認めて，必要経費として認められたものである。

---

109)　『注解所得税法』979頁以下に詳しい説明がある。増井『租税法入門』162頁以下も分かり易く，ここでの問題の性質の違いを説明している。
110)　『注解所得税法』984頁以下に詳しい説明がある。

7 親族が事業から受ける対価――所税37条の別段の定め⑤

第4款「必要経費等の計算」の第5目が「親族が事業から受ける対価」と題して規定するところである。

所税56条は，事業経営者を中心とする家族は一体であって，事業経営者以外の家族の貢献は特に金銭的に評価しない（当該事業の必要経費に算入しない），という考え方の表れであるとされる。しかし，その実質は，所税57条において，相当程度の範囲において，覆されていることに留意が必要である[111]。

8 要件事実
(1) 一般経費と特別経費の区別に関する要件事実

これまでは，必要経費について，さまざまな区別をしながら説明をしてきたが，立証ということが問題になる訴訟の場において，それがどのような形で現れるかについては，説明していないので，その点について次に説明する。

私見は，課税処分は侵害処分であると考える[112]ので，必要経費については，課税処分に関する原則的要件・例外的要件の視点から，次のような説明となる[113]。

一般経費 収入額に争いはなく，経費（一般経費）額について，課税庁は○○○万円以下と主張し，納税者は，○○○万円＋a万円と主張している事案において，上記私見のような考え方を肯定するときは，課税所得を判断するための要件事実（立証責任対象事実）について，「収入があり，かつ，そのための経費は○○○万円以下である。」という構造（形式）で考えることとなり，上記私見のような考え方を否定するときは，課税所得を判断するための要件事実（立証責任対象事実）について，「収入がある。ただし，そのための経費が○○○万円＋a万円である。」という構造（形式）で考えることとなる。

経費が○○○万円以下であるか，同額をa万円超えているか存否不明のとき（具体的にはa万円超えているかもしれないというとき）には，私見を肯定する前者の構造で要件事実を考えているときは，経費が○○○万円以下であるとまで

---

111) 『注解所得税法』985頁以下に詳しい説明がある。
112) 前記第1章第2節第2「民事訴訟における要件事実論と租税訴訟における要件事実論の比較」（10頁以下）前記第1章第2節第3「租税訴訟における要件事実はどのようにして決定されるか」（11頁以下）各参照。
113) この点に関する以下の説明は，伊藤＝岩﨑『要件事実論の展開』21～22頁〔伊藤滋夫〕とほぼ同旨である。

は認めることができず，○○○万円 + α万円であるかもしれないという理由で，課税所得として確定できるのは，この意味で経費の上限の額である○○○万円 + α万円を控除した金額であることになるし，私見を否定する後者の構造で要件事実を考えているときは，経費が○○○万円 + α万円であるとまでは認めることができず，○○○万円しかないかもしれないという理由で，課税所得として確定できるのは，経費として確定できる○○○万円のみを控除した金額であることになる。

　以上の関係で注意するべきは，上記経費というのは，あくまで一般的（原則的）経費のことをいうのであって，特別（例外的）経費のことは検討の対象となっていない，ということである。もとより，何が一般経費で何が特別経費かということは困難な問題である（単に「特別の経費」というだけで常に，ここにいう「特別経費」といってよいかには問題もある）が，次のような性質の特別の経費を，ここにいう「特別経費」と考えることにあまり問題はない，と考える。

　特別経費　例えば，「納税者の経営する工場の至近距離の場所で突然に隠れて行われた違法工事があり，その工事によって，同工場の屋根のみが破損したため，その修理が必要となったが，その修理費用として少なくとも○○万円を支出した。」という場合において，その修理費用は特別経費と考えるべきであろう。そうした通常の業務の実行からはおよそ考えられないような特別の事態の発生までを考慮に入れて，その不発生（結局は，そうした事態に基づく費用の不発生）についてまで課税庁に主張立証責任があると考えるのは相当でなく，そのような特別の事態の発生（そうした事態の発生に基づく費用の発生）については納税者に主張立証責任があると考える。

　上記例では，課税庁は「経費は一般経費が○○○万円以下である」ということについて主張立証責任があるが，納税者は「特別経費が○○万円ある」ということについて主張立証責任がある，と考えられる。

　立証責任対象事実の最終的な決定基準は「立証の公平」である。そして，実体法の制度趣旨が訴訟の場で最も適切に表現できるようにすることが，立証の公平に適うことになると考える。したがって納税者だけの立場だけからいえば，課税庁のほうが特別経費もないということを立証するべきだというように考えたほうが好都合ではあるけれども，それでは，やはり租税法全体の制度趣旨を考えると，課税庁の主張立証責任が重すぎるということになるであろう。

　もっとも，何を特別経費と考えるべきかについては，十分に検討の余地があ

る。この点については，後に（後記(3)「貸倒損失に関する要件事実」）詳しく説明する。

　なお，課税要件明確主義というのみでは，そのこと自体から要件事実を決定するための基準（ルール）までが明確になっていることを意味するものではない（換言すれば，要件に該当する具体的事実が存否不明になったときにどのように扱うべきかの基準〔ルール〕までが明確になっていることを意味するものではない）ことに留意する必要がある[114]。

(2) 家事関連費に関する要件事実

　必要経費というものは，結局は，「収入を増加させるために合理的な因果関係がある費用」ということに帰するのであり，かつ，当該必要経費がある金額以下であることを課税庁の方で主張立証しなければならないと考えるべきであるから，家事関連費ということ自体が，理論上特別の意味を持つものではない。しかし，実際上，家事関連費は，必要経費となるものとの区別が不明確であるので，要件事実の視点からは，具体的な事実をどのように位置づけるべきかが問題となる。

東京高判平11・8・30LEX/DB28080816
(事案の概要)〔同判決記載の「事案の概要」を簡略にしたもの〕
　本件は，控訴人（納税者）が平成元年分ないし平成5年分（本件係争年度）の所得税についてした申告には，貸付金の利息及び損害金に係る雑所得が計上されていないことなどを理由として，被控訴人（課税庁）が本件係争各年分の所得税の各更正処分などをしたのに対し，控訴人が右各処分のうち相当部分を不服として，その取消しを求めた事案である。
　原審は，控訴人の本件請求をすべて棄却した。
　当審における争点も，原審と同様であって，〔1〕本件係争各年に支払われた本件賃料のうち事業所得の金額の計算上必要経費に算入される額はいくらとなるか（〔2〕～〔5〕省略）にある。
(裁判所の判断)
争点〔1〕（本件賃料と必要経費）について
　「控訴人は，本件建物はその全体が質屋営業の設備であって，その支払

---

[114] この点については，前記第1章第2節第2「民事訴訟における要件事実論と租税訴訟における要件事実論の比較」（10頁以下）参照。

賃料は原則的に質屋営業の収入を得るために直接必要な経費であって、いわゆる家事関連費ではなく、また、仮に右支払賃料が家事関連費であるとしても、家事関連費として右支払賃料から控除すべきものは、本件建物の二階及び一階の台所、浴室、トイレとその前の廊下部分に対応する支払賃料に限られるべきであり、その割合は面積割合だけでなく、金銭的評価割合をも考慮すれば、右支払賃料の10パーセントを上回ることはない旨主張する〔筆者伊藤注記—その結果、控訴人の主張によれば、事業所得において必要経費として参入されるべき事業用賃料は90パーセントはある、ということになる〕

　しかしながら、賃借している建物が事業用のみならず、家事用としても供されている場合、支払賃料の全額を事業所得の金額の計算上必要経費に算入することができないことは当然であり、そして、家事関連費としての支払賃料が事業所得の金額の計算上必要経費として認められるためには、当該費用が事業と何らかの関連があるというだけでは足りず、それが事業の遂行上必要なものであり、かつ、その必要な部分の金額が客観的に明らかでなければならず、そのためには、事業専用割合を求め、自宅兼事業所全体に占めるその面積割合によって支払賃料を按分して必要経費となる金額を算出すべきであり、右のような内容の算出方法は合理的なものとして採用されるべきである（原判決判示のとおり）。被控訴人は、右の方法に従い、本件建物の面積比から事業専用割合（43.18パーセント）を求め、支払賃料に右割合を乗じて事業所得の金額の計算上必要経費となる支払賃料を算出したものであって、被控訴人の行った右の措置は合理的なものとして是認されるべきであり、同措置に違法はない。」

〔上記記載についての若干の説明〕

　上記認定がすべて疑問の余地なく確定できたのであれば、上記判示に結果として誤りはないことになる（控訴人主張の「金銭的評価的割合」を考慮に入れるべきかの論点はさておく）。

　しかし、もしも、「事業専用部分」か「家事専用部分」か不明確であって（そうすると、支払賃料の性質を決めるための基の基準となる面積割合が不明確であることによって、当該部分に関する支払賃料の性質も不明確になる）、その不明確な範囲が、例えば、「事業専用部分」であることの確実な40パーセントよりも20パーセント多い疑い（すなわち、「事業専用部分」が60

パーセントであるかもしれない）という証拠状況であるときには，「事業専用部分」が40パーセント以下であると認めて，「事業用支払賃料」は全支払賃料の40パーセントしかないと認めることはできない，と考えなければならない。

　もとより，所税令96条1項1号，2号の条文の構造（形式）のみを根拠に，納税者が，「事業専用部分」の面積を明らかにしない限り，すべて「家事専用部分」と認めるべきである，というような考え方は相当ではない。

　もしも，これまで説明してきた私見のような考え方が，あまりにも実状に反するということがあるとすれば，その点については，立証責任を納税者側に上記のように負わせるというドラスティックな方法を採るのではなく，立証の困難な場合に，それを回避するための方策[115]を活用して，合理的で無理のない認定をするように考えるべきである。

　所基通45—2は，業務遂行上必要な部分が50パーセントを超えるかどうかを必要経費となるかの判断基準とし，それが50パーセント以下であっても，その区分が明確にできる場合には，その割合で必要経費とするとしている。この基準自体は妥当なものであると思われるが，この基準だけでは，上記説明で問題とした，不明確な場合についての対応策としては，依然として不十分である。

(3) 貸倒損失に関する要件事実

　資産の損失の代表的なものとして，貸倒損失があるが，その判断には困難が伴うのが事実であり，そのような場合にどのように対応するべきかというのは，租税訴訟における一つの重要な問題といえよう[116]。

115）　そうした方策については，前記第1章第2節第5「『事案の解明義務論』の重要性」（18頁以下）参照。
116）　以下の説明については，伊藤＝岩﨑『要件事実論の展開』22〜25頁〔伊藤滋夫〕参照。大江『要件事実租税法（上）』243〜246頁の説明も参考になるが，「事案解明義務」との関係では，なお不十分のように思われる。酒井『課税要件事実論』163頁以下では，「必要経費の事実上の推定」という表題を掲げながら，その推定をどのような要件でするべきかについて，必ずしも十分な指針を示していないと考えるのは，筆者の誤解であろうか。
　　国税通則法116条1項，2項の定めも，理論上は，「事案解明義務」に通ずるものであるといえよう。同条項を，原告に立証責任を負わせたものと解するべきではない，と考える（後記第3章序節注24〔河村執筆部分〕も同旨）。

この問題に対する一つの考え方は、次の仙台地判のような考え方であろう。

仙台地判平6・8・29LEX／DB22008521は、貸倒損失の不存在（判示では「不存在」と述べられているが「不発生」と述べるべきであったかもしれない）については、課税庁に立証責任があると判示しながら、「貸倒損失は、通常の事業活動によって、必然的に発生する必要経費とは異なり、事業者が取引の相手方の資産状況について十分に注意を払う等合理的な経済活動を遂行している限り、必然的に発生するものではなく、取引の相手方の破産等の特別の事情がない限り生ずることのない、いわば特別の経費というべき性質のものである上、貸倒損失の不存在という消極的事実の立証には相当の困難を伴うものである反面、被課税者においては、貸倒損失の内容を熟知し、これに関する証拠も被課税者が保持しているのが一般であるから、被課税者において貸倒損失となる債権の発生原因、内容、帰属及び回収不能の事実等について具体的に特定して主張し、貸倒損失の存在をある程度合理的に推認させるに足りる立証を行わない限り、事実上その不存在が推定されるものと解するのが相当である。」（第三「争点に対する判断」一）と判示する。

しかし、このように考えたのでは、なんのために、「貸倒損失の不存在について、課税庁に立証責任があると判示したのか、意味が不明であるといわなければならない。なぜなら、一般に債権の不回収について課税庁に立証責任があるが、そのうち貸倒損失については特別であるというのであれば、まだ理解できなくもないが、貸倒損失については、その不存在について課税庁に立証責任があるといった段階において、貸倒損失の性質は分かっていて、そのように述べているはずである。したがって、すでに貸倒損失の不存在について立証が困難であることも、納税者の方により資料があることも分かっているのであるから、貸倒損失である以上当然にある性質のことを述べるだけに等しい事情を根拠として、安易に事実上の推定を持ち出すことは許されないと考える。

この問題は、いわゆる「事案解明義務」[117]の適用の問題として解決するのが相当であると考える。以下、その点について述べる。

貸倒損失は、その性質は、すでに（前記(1)「一般経費と特別経費の区別に関する要件事実」）述べた意味での「特別経費」ではなく、「一般経費」であるから、本来は課税庁が立証責任を負う事実なのである（その点は、上記仙台地判も認め

117）「事案解明義務」については、前記第1章第2節第5「『事案の解明義務論』の重要性」（18頁以下）参照。

ている)から，上記仙台地判のように，納税者に不利益な事実上の推定を直ちにするのではなく，課税庁ができる限りの立証活動をし，ある程度まで事案の状況を明らかにしたが，それ以上には，課税庁の方に当該事案に関する立証手段がまったくない一方，納税者の方にはそれに関する立証手段が多くあるというような特別の具体的な事情がある場合であることを判示した上，このような場合は，納税者に「事案解明義務(狭義)」のあることを認めて，納税者がその義務を果たさなかったことを判示して，納税者が一定の不利益を事実認定の上で受けることになる(この場合には，「貸倒損失は存在〔発生〕しなかった」と認定されることになる)というように考えるべきではなかろうか。

第5 損益通算及び損失の繰越控除
1 はじめに

ここでは，まず，なぜ「損益通算」と「損失の繰越控除」が所税法上，同じ節(所税第2編第2章第3節)において定められているかということを取り上げたい。

それは，一つは，繰越控除されるものが「純損失」(所税70条)である場合には，それが「損益通算」によっても調整できなかった純粋の損失であるため，「損益通算」と密接な関連性をもっているからであり，いま一つは，繰越控除されるものが，そうして生じる損失ではなく，典型的には災害などによって生じる「雑損失」(所税71条)である場合には，その性質は損益通算されて純損失として残ったものではなく，最初から，他と損益通算のできない(その意味では最初から「純損失」といってもよい性質の)損失であるということがあるからではあるまいか。

そして，両者とも，当該損失が生じた年度の翌年度以後の3年間にわたって，確定申告をする際に，その損失額を将来にわたって収入から損失として差し引くことができる(すなわち，将来の年度に繰り越して控除できる)点において共通しているからではあるまいか。

法人税法においてと異なり，所税法においては，「繰越控除」のことは，あまり問題にならないので，ここでは，最後に簡単に触れる程度に止める。

損益通算に関する基本的条文は，所税69条であり，その制度の概要は，ある種類の所得について，その金額の計算上の損失が生じているときに，一定の範囲内の他の所得の利益の金額との間で，原則として，通算することを認めて，

それらの所得の総合的金額を計算するものである。

このような損益通算の制度で取り上げるべき基本的事項は，次の通りである。
① 損益通算は，異なった種類の所得での損益を通算する制度である。
② 損益通算は，ある種類の所得でしか取り上げられない制度である。
③ 損益通算には，それが認められない例外がある。
④ 損益通算については，租特法にもいくつかの定めがある。

それらについて，順次説明するが，その前に，損益通算という制度が認められる理由を述べる。

所得税法の基本的趣旨は，担税力のある課税所得を適切に把握して，それに適切な課税をすることにある。そのための方法として，10種類の所得区分を認めて，そのそれぞれの所得の特質に応じて適切な収入と必要に応じてそのための必要経費を控除した適切な課税所得の金額の算出方法を定めている。しかし，そのようにして適切な課税所得の金額が算出されて，その際に金額の計算上の損失が生じていたとすれば，すでにそうした所得区分の特質に応じて損失が算出されているのであるから，そうした損失を他の所得の算出において出ている利益と一種の相殺（それが損益通算といわれるものである）をして，最終的な利益ないしは損失を出しても良いと一応は考えられる。ただ，他方，所得区分を決めるに当たって，その特質から，このような損益通算を認めるのが相当でないものもある。

このような考え方を踏まえて，以下に順次各項目について説明をする。

2 損益通算の特徴
(1) 異なった種類の所得での損益を通算する制度
同一種類の所得，例えば，事業所得という一つの種類の所得であれば，その中での収入と必要経費の計算で利益なり損失なりが出るのであって，その段階で，その当該所得の範囲内での損益通算ということは考えられない。
(2) ある種類の所得でしか取り上げられない制度
ある所得の金額の計算上の損失が生じた場合に，その損失を他の所得の利益と損益通算できるのは，不動産所得の金額，事業所得の金額，山林所得の金額又は譲渡所得の金額の計算上生じた損失に限られる（所税69条1項）。

実際上は，ある損失が，事業所得の金額の損失であるならば，他の所得と損益通算できるのに，雑所得であれば，それができないということで，損失が生

じた所得が事業所得か雑所得かで問題となることが多い。

　利子所得，配当所得，給与所得，退職所得について損益通算が認められないのは，所得の性質上，損失の生じる余地がなかったり，法定概算経費控除の制度があったりするなどのため損益通算の問題が発生しないことになるからであり，一時所得については，実際上損失が発生しにくいからではないかと思われる。雑所得については，事業というほどの性質を有しない営利的な継続的業務から生じた損失については，損益通算を認めるほどの必要はないという考えにも由来するものと思われるが，複雑な事情もあるようである[118]。

(3) 損益通算が認められない例外の場合

　仮にある資産に関する所得に係る金額の計算上生じた損失が，通常は損益通算が認められるものであっても，当該資産が生活に通常必要でない資産（所税62条1項）であったとすると，同資産に係る所得の金額の計算上生じた損失は，限定した場合に限って，譲渡所得の金額の計算上生じた損失として扱われる。

　損益通算が認められない事例に含まれる要素を分説すると次のようになる。

　① 生活に通常必要でない資産とは，競走馬など射こう（倖）的行為の手段となる動産，主として，趣味，娯楽，保養又は鑑賞の用に供する資産などである（所税62条1項，所税令178条1項）。

　② 同資産について生じた損失とは，災害又は盗難若しくは横領による損失をいう（所税62条1項）。例えば，同資産の所有者が紛失したというようなことで生じた損失は含まれないことになる。

　　＊ このような種類の損失は，普通は，雑損控除の対象となる（所税72条1項）が，その損失を受けた資産が，生活に通常必要でない資産（所税62条1項）であったとすると，そのような損失は雑損控除とは例外的に扱われず（所税72条1項中の例外規定で除かれている），すでに述べたように，次に述べる③の取扱いを受ける。

　③ そのような損失は，政令の定めるところにより，譲渡所得の金額の計算上控除するべき金額とみなされる（所税62条1項）。

　④ この場合において，損失として控除されるべき譲渡所得の金額は，政令で定めるものに限って，政令で定める範囲内においてのみ，控除され，そこで控除されない結果となる損失は生じなかったものとみなされる（所税69条2項，

---

[118] 以上の点については，『注解所得税法』1030〜1034頁に詳しい説明がある。雑所得については，岩崎『租税法』226〜227頁も参照。

所税令200条）。

　⑤　所税令200条2項は，競走馬の譲渡に係る譲渡所得の金額の計算上生じた損失の金額がある場合には，当該損失の金額は，当該競走馬の保有に係る雑所得の金額から控除するとしている。雑所得に関する損失は損益通算が認められていないので，結局ここでも損益通算は認められないこととなる。

　⑥　損益通算の対象とならない租特法の規定

　幾つかの政策目的からする例外規定がある[119]。

　⑦　「所得税法等の条文上損失が生じないこととされている場合」として説明される場合（非課税所得について生じた損失など）がある[120]。

3　損益通算の方法

　所税69条1項は，損益通算をする場合に，どの所得に係る金額と通算するかについて，政令の定める順序によるとし，その順序を定めたのが，所税令198条である。なぜこのような順序を定める必要があるのであろうか。

　例えば，同条2号は，「譲渡所得の金額の計算上生じた損失の金額があるときは，これをまず一時所得の金額から控除する。」と定めているが，仮に，譲渡所得の損失が100万円であるとし，事業所得の金額が500万円で，一時所得の金額が200万円であるとする。

　　一時所得から控除する場合，
　　　総所得金額：500万円＋（200万円－100万円）×1／2＝550万円
　　事業所得から控除する場合
　　　総所得金額：（500万円－100万円）＋200万円×1／2＝500万円

というように，総所得金額が異なってきて，一時所得から控除される方が課税所得が多くなる（逆にいえば，事業所得から控除された方が，納税者にとって有利となる）。これは，上記で一目瞭然のように，一時所得については，総所得金額を計算するに当たって，その金額の2分の1が算入されるために，損失額も2分の1の限度でしか考慮されない結果となるからである。

　これは一例であるが，各所得区分ごとにその金額の計算方法が異なるために，政令で，その順序を定めたものである[121]。

---

119)　佐藤『所得税法』321頁参照。
120)　『注解所得税法』1042頁以下に詳細な説明がある。
121)　佐藤『所得税法』317頁は，所税令198条「の内容は，大雑把にいえば，関係する所得を性質の

4 損失の繰越控除

(1) 繰越控除が問題となる損失の種類

繰越控除が問題となる損失には，2種類ある。

その一つは，上記のように損益通算をしてもなおかつ損失が残り，ある年度という範囲内で考える限りは，その損失は課税所得の減少につながらない結果となる「純損失」と定められているものである（所税2条1項25号にその法律上の定義がある）。今一つは，「雑損失」といわれるものである（所税2条1項26号にその法律上の定義がある）。その意味は，後に説明する「雑損控除」のところで説明するが，ここでは，ごく大雑把に，生活上必要な資産について，納税者の意思では対応のしようがない災害などによって生じた損失をいう（最判昭36・10・13民集15巻9号2332頁参照）と考えておくとよいであろう。この損失についても，その損失のあった年度内だけでは，控除するべき対象となる所得がなく，その損失は課税所得の減少につながらない結果となるという現象は起き得る。

この二つの損失は，異なる性質のものであるが，上記のようにある年度内においてのみでは処理しきれないので，当該損失の生じた年度の前年度以前の所得から控除するべきかという問題が生ずるという意味では，共通の問題があるということができる。

(2) 繰越控除という考え方

以上のような問題について，それはそのような利益と損失の状況であったのであるから仕方がないという考え方もあり得るであろう。しかし，もともと暦年の1年間を所得税の確定のための期間としたのも，一種の税務処理上の便宜から来たものであるに過ぎず，所得税においても法人税におけると同様に「事業年度」という考え方を採って（法税13条参照），暦年の1年間とは異なる期間を課税のための一つの年度とすることも可能であるし，はたまた純粋に理論上の問題としては，ある年の12月1日から翌年の11月30日を一つの年度とすることだって可能であろう（実際上，多くの弊害があって，採用はされないであろうが）。

仮に，所得税法において，「事業年度制」が採られていたとすると，現在の「暦年度制」の下では，損益通算のできない1月の損失と前年12月の利益とは，

似たものにグループ分けし，同じグループの中で先に控除を行うというものです」と述べる。

同一年度なので，損益通算ができることになる。

現実には，所得税法においては暦年度制が採られているので，そうすることはできないが，他に弊害がなければ，暦年度制のもとでも，そのようなことが可能である方が，ある納税義務者の担税力に，より適切に応じた課税ができることになって，相当であると考えられる。

そこで，所得税法は，損失の性質は異なるが，上記の意味では，同様の問題である，ある年度において生じた損失がある場合において，それを翌年度以降3年間の所得から控除することができる（条文の文言とは異なるが実質は同じで，このように表現したほうが分かり易い）という制度を，純損失（所税70条，所税令201〜203条）についても，雑損失（所税71条，所税令204条）についても，認めたのである（青色申告による確定申告をしていることの要否，そうしている場合とそうでない場合との差などがあるか，どのように繰越控除をするかなどの細部について一定の要件が法定されているが，その説明は省略する〔前記各条文など参照〕）。

5 要件事実

東京地判平10・2・24裁判所HP（岩手リゾートホテル事件）
（事案の概要　判決記載の事案の概要を筆者がやや簡略にしたものである）

本件は，いわゆるコンドミニアム形式のリゾートホテルの一室（以下「本件建物」という）を購入し，これをホテル経営会社岩手観光に貸し付けていた会社役員である原告が，平成3年ないし平成5年分の所得税について，右建物の貸付けに係る不動産所得の金額の計算上損失が生じたため，これを他の各種所得の金額から控除して申告をしたところ，被告が，右建物は，所税62条1項，所税令178条1項2号の「生活に通常必要でない資産」に当たるから，所税69条2項により，その損失について，原告のした損益通算を認めず，本件係争各年分の所得税の更正処分等をしたため，原告がこれを不服として，右各更正処分等のうち，原告が適正なものと自認する各金額を超える部分の取消しを求めている事案である。

（争点）
本件建物が，生活に通常必要でない資産として所税令178条1項2号に定める「主として趣味，娯楽又は保養の用に供する目的で所有するもの」に該当するかどうかである。

具体的には，被告が，原告において不動産所得における損失金額を本件建物の貸付けに係る損失金額を含めて計上して，確定申告したのに対し，後者の金額を損失として計上することを認めず，不動産所得における損失金額を後者の金額を控除した金額とする更正処分をしたこととの関係において，争点となったものである。

基本的には，裁判所は次の1～3のような各事実を評価根拠事実として，「本件建物を主として保養の用に供する目的で所有していた」との判断をした（詳細は，煩雑になるので省略する）。そして，その結論として，原告の本件建物を所有する主観的意思が保養目的以外のものであったとしても，「本件建物の貸付けによる金銭的収入の獲得は，本件建物の利用による利益の享受と比較して副次的なものとみざるを得ず，原告は，上記係争の3年間において，本件建物を主として保養の用に供する目的で所有していたと認めるのが相当というべきである。」（9頁）と判示した。

（要件事実）

1　本件建物は，著名なスキーリゾート地のホテルの6・7階にある客室である。

2　原告は，本件建物の所有者として，多くの特別利益を得ることができた（その具体的内容として，客室利用料金は基本的には無料であり，ホテル内のスポーツ施設，関連するゴルフ場などを特別割引料金で利用することができるなどの事実を判示している）。

3　原告は，5,700万円もの代金を支払って本件建物を取得し，その後においても，管理費等として年間約630万円から760万円の費用を負担しなければならないところ，問題となっている3年間についてみると，本件建物を，同建物を含むホテル全体を管理している岩手観光に貸し付けることによる原告の家賃収入は，平成3年に37万6,035円，平成4年に31万3,670円，平成5年に55万1,948円であった。本件係争各年において，原告の上記家賃収入は，原告が，岩手観光に支払う管理費の2割にも達せず，減価償却費が，借入金利子，租税公課等を含めた年間約800万円から約1,000万円の経費全体と比較するとその1割にさえ遠く及ばない金額であった。

〔上記要件事実に関する若干の説明〕

本件建物の貸付に係る損失が原告不動産所得から控除されるべき損失で

はないことの評価根拠事実（所税令178条1項2号に定める「主として趣味，娯楽又は保養の用に供する目的で所有するもの」に該当することの評価根拠事実）は被告の抗弁（課税処分の適法性の評価根拠事実）の一部である。

そして，そこでは，「主として趣味，娯楽又は保養の用に供する目的で所有するもの」という評価的要件の評価根拠・評価障害の各事実がどのようなものかが問題となる。本件では，評価障害事実として充分なものはなかったということになる。

第6 所得控除額の認定

1 はじめに——所得控除がされる理由

これまで，各種所得について，その所得区分をし，その各所得の特性に応じて，その収入金額と必要経費を計算し，種類の異なった所得の間において，一方に所得が他方に損失があるときは，一定の範囲において損益通算等をして，最終的に所得を確定する過程を検討してきた。その結果，ある所得が確定したとなれば，その所得について，課税をする段階となったといえる。

しかし，ここで，さらに所得控除という制度がある[122]。この制度は，これまでの所得算出の過程においては，その算出ルール上考慮に入れることのできなかった要素なのであるが，こうして算出された所得について，このような要素があることを無視しそのまま課税をしたのでは，納税者の担税力の実状に合わないという事由がある場合がある。例えば，納税者の資産が災害などにより大きく損壊されたり，納税者が大病にかかって莫大な医療費の支払いがあった場合のほか，次の2「所得控除の対象」で述べるような場合である[123]。所得控除の制度とは，このような場合に，上記の算出された所得金額から，さらに

---

[122] この所得控除の制度とともに，所得が算出された後に，実際の課税をする前に考慮される，これとは異なる種類の控除がある。それは，所得控除をして税額が算出された後に，さらに税額の計算上される「税額控除」という制度である。税額控除の制度は，基本的には，それぞれ独立の考えにもとづく制度から課されることになった税額相互の間の調整をすることを目的とする制度である。その典型的なものとして，配当控除（所税92条），外国税額控除（所税95条）がある。
　税額控除については，後記本章第6節「税率・税額控除・税額計算」〔岩﨑執筆部分〕（186頁以下）参照。

[123] もっとも，これを所得控除の方式によるか税額控除の方式によるかについては，なお検討の余地がある。増井『租税法入門』107頁は，社会保障制度の趣旨であれば，税額控除の方がより適している，と述べる。

所得控除の対象となる金額を控除した上で課税所得とする制度である。

なお，所得税法等の一部を改正する法律案が，平成30年3月28日に成立，同月31日公布，同年4月1日（特段の定めがあるものを除く）から施行されているが，本節の記述している限りでは，同改正に関係して特に言及する必要のあるものはないと考えている。

2　所得控除の対象

所得控除は，所得税法に関する限り，所税72条〜86条に14種類定められている（80条は削除条文であり，83条の2という枝番のある条文があり，85条という84条の扶養控除に伴う条文があるので，種類の数は，単純に86マイナス71とはならない）。

それらは，次の表[124]のように分類できる。

①	基礎的人的控除	基礎控除（86条），配偶者控除（83条），配偶者特別控除（83条の2），扶養控除（84条）
②	特別な人的控除	障害者控除（79条），寡婦（寡夫）控除（81条），勤労学生控除（82条）
③	雑損控除・医療費控除	雑損控除（72条），医療費控除（73条）
④	その他の所得控除	社会保険料控除（74条），小規模企業共済等掛金控除（75条），生命保険料控除（76条），地震保険料控除（77条），寄附金控除（78条）

なぜ，このような所得控除が認められるかについては，多様な考え方があるところである[125]が，筆者は，課税は，納税者の担税力に応じてされるのが基本である（特段の事情のあるときは，政策的にそれと異なる考え方によることがあるとしても[126]）ということからくる，と考えている（代表的学説である金子説も

---

124) この表は，増井『租税法入門』105頁に記載の表に私見による修正を加えたものである。考え方としては，佐藤『所得税法』329〜348頁と同様であろう。金子『租税法』199頁以下は，所得控除を5種類に分ける。上記表よりも1種類増える理由は，④のうちの寄附金控除を社会政策的理由によるものとして別にする（同書204頁）ところにあるが，生命保険料控除等と区別するほどの理由があるであろうか。

125) 大江『要件事実租税法（上）』432頁以下，佐藤『所得税法』329頁以下各参照。所得控除の沿革などについては，『注解所得税法』1066頁以下が詳しい。

126) その顕著な例は，租特25条の2の定める「青色申告特別控除」である。青色申告制度を選択した納税者が「青色申告特別控除」を受けるのは，その控除に対応する所得部分だけ同納税者の担

基本的に同旨であると考えられ，以下では，同説を引用した）。10種類の所得区分がその考え方によってされていることには，ほとんど異論がないであろう[127]こととも，その強力な根拠となると考える。

下記の各控除についての学説の説明中で，控除の理由をその支出した部分に対応する所得について，「担税力が弱い」というような表現があるが，まさに控除を認める部分自体についていえば，「担税力がない」からこそ，その額の控除を認めると考えるべきではあるまいか。

以下，各種類の所得控除について説明するが，そのうち，後記5「雑損控除・医療費控除」に重点を置いて説明する。

3　基礎的な人的控除

この人的控除が認められる理由は次の通りである。

ここで控除の対象になっている所得部分は，人間としての基本的生存のために必要な所得部分である。したがって，その部分の所得に税金を負担することのできる能力（担税力）はないと考えるべきである[128]。

4　特別な人的控除

この人的控除が認められる基本的趣旨は，上記基礎的な人的控除と同じであると考える。基本的生存のために，通常の状態よりも多くの費用を要する人々のために加えることが必要な控除である（このような人々は，このような追加的控除を受けて初めて通常の状態にある人々と同様な基本的生存を維持するために必要な控除を受けたということができる）[129]と考えるからである。そうとすれば，この部分の所得には，上記の基礎的な人的控除の場合と同様に，担税力はない，と考えるべきことになる。

5　雑損控除・医療費控除

この控除が認められる趣旨は，こうした控除の原因となる損失（財産的な面

　税力がないことが理由となっているなどと考えることができないのは，明らかである。同控除は，納税者の担税力とは無関係に，青色申告制度の普及を奨励するためのものである。
127）　前記本節第1・1「基本となる考え方」（62頁以下）参照。
128）　金子『租税法』200頁は，「憲法25条の生存権の保障の租税法における現れである。」と述べる。
129）　金子『租税法』202頁は，「障害者等は，通常の者に比較して生活上追加的経費が必要である，という考慮による。」と述べる。

であれ心身上の面であれ）があるときには，それに対応する所得部分（現行法上は，損失全額が控除の対象となっているわけではないが）は担税力がないと考えるべきである[130]。

(1) 雑損控除

所税72条の定めるところである。以下のように，さまざまな制限を置いて，控除の額を制限していることに留意する必要がある。

① 納税者又はその者と生計を一にする配偶者その他の親族で政令で定める者（所税令205条で収入金額が一定額以下の者に限定されているが，納税者自身よりも範囲が拡大されていることになる）の有する資産（ただし，所税62条1項にいう生活に通常必要でない資産の災害による損失及び所税70条3項にいう被災事業用資産の損失の金額に規定する資産を除く）について生じた損失であること。

この括弧内に記載の分は，所得控除としては扱われない。その前者は，所税62条1項により，譲渡所得の金額の計算上控除するべき金額として，その後者は，所税51条1項によって必要経費として扱われることになる。

そうすると，雑損控除の対象となる資産の中心は，生活に通常必要な不動産・動産ということになるので，居住用の土地・建物及び日常生活に必要な家具などの動産ということになる。ただ，このほかに，不動産所得又は雑所得を生ずるもととなる資産は，雑損控除の対象となりうる（このような資産は，所税72条1項の資産から除外されておらず，他方，資産損失の必要経費算入を定めた所税51条4項は，このような資産で雑損控除の対象となる所税72条1項の資産を除いていることから，そう理解できる）[131]。

② 災害又は盗難若しくは横領による損失が生じた場合であること。

このような特別の場合に限定して（同じ犯罪であっても，詐欺・恐喝による損失は含まれないことになる）控除を認めている。

ここにいう災害については，所税2条1項27号で「震災，風水害，火災その他政令で定める災害をいう。」とされ，これを受けて，所税令9条は，冷害などの自然現象の異変による災害，火薬類の爆発など人為又は害虫などの生物に

---

[130] 金子『租税法』202頁は，「一定の金額を超える雑損失や医療費は納税者の担税力を弱めるという考え方に基づく。」と述べる。

[131] 細部にわたるので省略するが，「事業以外の業務用資産の災害等による損失」について定めた所基通72―1によれば，納税者の選択により，雑損控除ではなく，必要経費算入の方策も認められている。

以上の点について，佐藤『所得税法』342頁参照。

よる異常な災害を災害としている。
　③　以上の損失のうち一定金額を超える部分のみが控除の対象となるものであること。
　その内容については，所税72条1項が場合を分けて詳細に規定している（総所得金額，退職所得金額及び山林所得金額の10分の1を超えることなどが基準となっている）。
　なお，所得控除の順序等について所税87条に規定がある。雑損控除が優先されている（同条1項）。控除するべき金額は，総所得金額，山林所得金額又は退職所得金額から順次控除するものとされている（同条2項）。
(2)　医療費控除
所税73条の定めるところである。
　①　納税者が，自身はもちろん，納税者と生計を一にする配偶者その他の親族に係る医療費を支払った場合であること。
　医療費というと，漠然と医者にかかった費用すべてという印象があるが，所税73条2項とこれを受けた所税令207条がその範囲を定めており，上記範囲よりは狭い。
　所税73条2項は，「医療費とは，医師又は歯科医師による診療又は治療，治療又は療養に必要な医薬品の購入その他医療又はこれに関連する人的役務の提供の対価のうち通常必要であると認められるものとして政令で定めるものをいう。」としている。
　これを受けて，所税令207条は，上記対価として，「その病状その他財務省令で定める状況に応じて一般的に支出される水準を著しく超えない部分の金額とする。」として，医師又は歯科医師による診療又は治療，治療又は療養に必要な医薬品の購入，病院，診療所（これに準ずるものとして財務省令で定めるものを含む）又は助産所へ収容されるための人的役務の提供，あん摩マッサージ指圧師，はり師，きゆう師等，柔道整復師による施術，看護師などによる医療上の世話，助産師による分べんの介助などを挙げている。
　純粋の美容整形の費用や体力向上のための栄養剤購入の費用は，医療費控除の対象とならないであろう。
　②　支払った当該医療費の金額（保険金，損害賠償金その他これらに類するものにより補てんされる部分の金額を除く）の合計額がその居住者のその年分の総所得金額，退職所得金額及び山林所得金額の合計額の100分の5に相当する金

額（当該金額が10万円を超える場合には，10万円）を超えるときは，その超える部分の金額（当該金額が200万円を超える場合には，200万円）が，その居住者のその年分の総所得金額，退職所得金額又は山林所得金額から控除されるものであること。

6　その他の所得控除

社会保険料とその他の保険料とは，法律上強制されているかどうかの区別はあるが，人がその生存上遭遇する生命・身体・財産に対する危険に対して適切な対応をするための措置として必要なものであり，個々人がそうした対応をすることによって社会全体としても有益であると考えてよい性質の支出であるという点では共通している。寄附金は，もとより，すべての寄附金を意味するものではなく，所税78条（その委任政令などを含む）によって，控除対象となる寄附金は，社会全体としても有益であると考えてよい性質の寄附金に厳格に制限されている。この点において，生命保険料などとその基本的趣旨は通底するものがあると考える。

以上のような性質の支出に対応する所得部分は，担税力がないと考えるべきである[132]。

7　所得控除の効果

所得控除の効果は，制度趣旨も異なる税額控除の効果と比べて見ると，よく分かる。

例えば，雑損控除に当たる資産の損壊による損失が100万円あったとしよう。これが，現在の所得控除であれば，2,000万円の所得の人については，（2,000万円－100万円）×税率（相対的に高い）となり，1,000万円の所得の人については，（1,000万円－100万円）×税率（相対的に低い）という結果となる（税率は所税89条1項による）。以上から分かるように，所得控除される金額が同じでも，減少する税額は，同じではなく，高所得者の方が，減少分が多い。もしこの損失100万円が，仮に税額控除であったとすると，2,000万円の所得に対する

---

[132]　金子『租税法』202頁は，社会保険料控除及びその他の保険料控除について，「これらの保険は，法令によって加入が義務づけられているか，あるいはそうでないにしても大多数の人々にとって加入するのが普通であるため，所得のうちこれらの支払に充てた部分は担税力が弱い，という理由によるものである。」と述べる。もっとも，金子説は，寄附金控除をこの分類とは別の分類とする。

税額からも，1,000万円の所得に対する税額からも，同額の100万円が差し引かれることとなる。

8 要件事実[133]

(事案の概要　筆者がいわゆる「教室設例」として考えた事例である)
　本件は，家電製品販売事業を営む原告が，ドイツ製の最高級品の大型空気清浄機（時価50万円）を所有し，軽井沢所在の原告の別荘において使用していたところ，全損といえる損壊が生じた。原告は，落雷による損壊であるから，この損失は，雑損控除ができる損失に当たるとして，算定した総所得金額から雑損控除として認められる法定の金額を控除して，所得税の確定申告をしたところ，課税庁は，この雑損控除を認めず，この控除をしないで計算した所得に基づく内容の更正処分等をしたため，原告が本件更正処分等の取消しを求めた事案である。

訴訟物
　本件更正処分等の違法性

請求原因
　本件更正処分等の存在とその違法であることの指摘

抗弁1　（雑損控除を認めない評価根拠事実─生活に通常必要でない資産の損失）
　本件空気清浄機は，通常の生活の本拠である自宅ではなく，夏季のみに使用する別荘に設置してあり，かつ，通常の標準を著しく超えた高級機である。

抗弁2　（雑損控除を認めない評価根拠事実─別荘の修復工事の際に生じた損失）
　本件別荘には，平成29年8月10日に落雷があった。その落雷によって，本件別荘が一部破損したため，その修復工事を工事業者甲が行ったが，その際，甲の従業員が，大型打撃用工具の使用方法を誤って，本件空気清浄機を損壊した。

抗弁1に対する認否
　認める。

---

[133] 所得控除については，ここで述べる私見と同様の見解のほか，所得控除の種類によって課税庁又は納税者が控除事由について主張立証責任を負うという考え方もある。そうした点について，大江『要件事実租税法（上）』432頁以下は，詳細に説明している。

抗弁2に対する認否

　抗弁1の落雷があったこと，その修復工事を行ったことは認めるが，その他の事実は否認する。落雷により生じた損壊である。

抗弁1に対する再抗弁（雑損控除を認めないという評価の障害事実─生活に通常必要である資産の損失）

　原告の同居している子Aは，呼吸器障害の持病があり，毎年夏季は本件別荘に滞在して，本件空気清浄機を使用した室内で過ごすなどの生活が，その生命維持に必須である。

再抗弁に対する認否

　知らない。

〔上記要件事実に関する若干の説明〕

　上記要件事実は，争点に関する部分のみを摘示しており，その他は摘示していないという意味で不十分なものである。

　抗弁1については，事実関係については争いがなく，同抗弁自体としては理由がある。それに対する再抗弁の当否については，こうした疾患に対する税制面での支援は，障害者控除ないしは医療費控除で対応できる範囲でしか考慮できないのではないかとの疑問もあり，見解は分かれるかもしれない。

　抗弁2については，事実関係に争いがある。抗弁という形で要件事実としていることから明らかなように，筆者は，雑損控除に当たらない（本件では落雷による損害ではない）という事実について，課税庁に主張立証責任があると考えている。

　雑損控除その他の所得控除を定める条文の構造（形式）は，ある所得金額から雑損控除に当たる金額を控除する（差し引く）というようになっているが，所税その他の租税法規は，よほど特別の例外の場合は別としても，主張立証責任を考えて，条文の構造（形式）が定められているわけではない[134]。私見である裁判規範としての民法（要件事実が訴訟上存否不明になったときにも，裁判官が判断をすることが不能にならないように立証責任のことまで考えて要件が定められている民法）説の考え方によって検討すると，課税処分は，侵害処分であるから，特段の事情のない限り，その課税処分の

---

[134]　そうした点については，前記第1章第2節第3・2「条文の構造〔形式〕は基準となるか」（11頁以下）参照。

適法性の評価根拠事実について，課税庁に主張立証責任がある，と考える。しかし，これまでの裁判例（いずれも最近のものではない）は，筆者の知る限り，雑損控除に該当する事実があることについて，納税者に立証責任があるとするもののようである[135]。

すでに（前記5「雑損控除・医療費控除」）において述べたように，こうした控除の原因となる損失に対応する所得部分（現行法上は，損失全額が控除の対象となっているわけではないが）は担税力がないと考えるべきである。課税処分は担税力がない所得部分についてされるべきではなく，このような損失の疑いのある事例においては，課税庁は，そうした疑いはなく，担税力のある所得であることの評価根拠事実について主張立証責任があると考える。

当該損失が災害によるもので「ない」という消極的事実の立証は「悪魔の証明」であって不可能であるという考え方があるかもしれないが，消極的事実一般にそのように考えることが不当であることは明らかである（「善意」は「知らない」という意味で消極的事実であるが，立証責任対象事実

---

[135] 大阪地判昭62・10・23LEX/DB22002548は，「所得税法では，生活用資産など一定の資産について災害または盗難もしくは横領による損失が生じた場合は，当該損失金額のうち所定の金額について雑損控除する旨定めている（同法72条1項）が，右損失に関連する具体的な事実は納税者たる原告が直接支配する生活現象のもとにおいて生起する事実であり，右事実を立証することは原告において有利かつ容易であるから，右損失に関連する具体的な事実および損失金額は，原告において主張，立証しなければならないと解すべきである。」と判示する。

この判示は，事実が原告にとって有利であり，かつ，立証の容易であることのみを理由としており賛成することはできない。何が誰にとって有利かは，「課税庁にとって，災害等以外の事実によって生じた事実であることが有利である」ともいえるし，立証の容易性のみで立証責任を決めることもできない。

その控訴審判決である大阪高判昭63・3・30LEX/DB22003163は，上記大阪地裁判決を支持し，納税者のした控訴を棄却した。

最判昭63・10・18LEX/DB22003460は，上記大阪高裁判決を支持し，納税者のした上告を棄却しているが，上告理由が不適切であり，上記大阪高裁判決の内容を支持しているとまでいえるかは，疑問である。

高松地判昭41・11・17LEX/DB21024680は，「所得税の課税処分において所得控除については，課税処分の権利障害事実として当時施行の所得税法第11条の4ないし8所定の事実は，原告において立証する責任を負うものと解すべきである。そして原告は，災害補償費を雑損控除に該当するものとして主張しているから，その立証責任は原告において負担すべきものといわなければならない。」と判示する。

「課税処分の権利障害事実」として考えるべきかが，まさに問題なのに，そう考えるべき理由が示されていない（もし，控除という構造〔形式〕のみが理由であるとすれば，それでは不適切である）。

> であることも珍しくはない〔例えば，民94条2項，民・新民424条1項ただし書〕)。本件においても，修復工事業者が損壊したという事実の立証ができればよいのであって，単に消極的事実であるから，という理由で課税庁に立証責任がないということはできない。
>
> 　もっとも，修復工事による損壊ということについては，原告の支配領域内で起きたことであり，課税庁においては，その立証が容易ではないという事情がある。したがって，課税庁において，同別荘地の業者に事情を聞いたりできる限りの調査をする必要があるとしても，原告の側においても，事案の解明義務があり，状況によっては，事案解明義務（狭義）があるとされて，その結果，課税庁主張の抗弁2の事実があったものと認定されることがある[136]，といわなければならない。そのように考えることによって，納税者の権利と円滑な徴税権の実行の適正なバランスが保たれると考える。

第6節　税率・税額控除・税額計算

第1　所得税額の計算の仕組み

　所得税の税額は，その年分の課税総所得金額，課税退職所得金額および課税山林所得金額に累進税率表（所法89条1項）を適用して算出される税額から，税額控除（所得税法本法においては配当控除および外国税額控除）をした後の残額（これを申告納付すべき税額という）である。なお，平成25年から同49年までの各年分の所得税の額及び同期間に対応する源泉所得税額に対しては，復興特別所得税として，2.1％の附加税が課されている（いわゆる大震災復興財源確保特別措置法〔平成23年12月法律第119号〕6条以下）。

　このうち，税率は，法定数値であり，評価・判断の対象とはならない。また，税額も，課税標準金額に税率を乗じて計算した結果の計数にすぎないから，このような数額自体も評価・判断の対象とはならない。

　これに対して，課税総所得金額について一定の事由に基づき調整を加える平均課税の制度と算出税額について一定の事由に基づき調整を加える税額控除の

---

[136]　こうした点については，前記第1章第2節第5「『事案の解明義務論』の重要性」（18頁以下）参照。

制度があり，これらは一定の事由を定める法律要件に該当するかどうかを評価・判断する必要があるため，要件事実の問題が生じうる。これらを以下検討する。

第2　平均課税の制度

　漁獲から生ずる所得，著作権の使用料に係る所得その他の所得で年々変動の著しいもののうち政令で定めるものを変動所得という（所税2条1項23号）。その範囲は，具体的には，所得税令7条の2により，「漁獲若しくはのりの採取から生ずる所得，はまち，まだい，ひらめ，かき，うなぎ，ほたて貝若しくは真珠（真珠貝を含む。）の養殖から生ずる所得，原稿若しくは作曲の報酬に係る所得または著作権の使用料に係る所得とする。」と規定されている。

　また，役務の提供を約することにより一時に取得する契約金に係る所得その他の所得で臨時に発生するもののうち政令で定めるものを臨時所得という（所税2条1項24号）。その範囲は，具体的には，所税令8条により，①職業野球の選手等が3年以上の専属契約を締結する際に収受する契約金で，年俸の2倍以上の金額となるものに係る所得，②不動産等の資産又は鉱業権等の権利を，3年以上の期間，他人に使用を許諾する際に収受する権利金等の金額で，当該資産又は権利に係る使用料の年額の2倍以上の金額となるものに係る所得，③事業を3年以上の期間にわたり休止，転換又は廃止することにより収受した補償金に係る所得，④業務の用に供する資産の全部又は一部につき災害により被害を受けた者が，3年以上の期間に係る営業補償として収受した金額に係る所得が規定されている。

　上記の変動所得及び臨時所得は，特定の年に集中するため，担税力に応じた課税の観点からは，平準化して，高い累進税率の適用を緩和する必要がある。これを平均課税の制度という（所税90条）[1]。平準化の具体的方法としては，ある年の変動所得及び臨時所得の各金額の合計額（平均課税対象金額）がその年の総所得金額の100分の20以上である場合は，課税総所得金額から平均課税対象金額の5分の4に相当する金額を控除した金額（調整所得金額）をその年の課税総所得金額とみなして累進税率を適用して計算した税額と，平均課税対象金額の5分の4に相当する金額の方に，調整所得金額に対する当該税額の割合

1）　金子『租税法』304頁，佐藤『所得税法』355—356頁。

(平均税率)を乗じて計算した金額の合計額が，その年の総所得金額に対する税額となる（所税90条1項ないし3項）。

これら変動所得及び臨時所得に係る平均課税の制度は，通常の累進税率の適用される課税総所得金額に対する例外的措置で，累進税率の適用を緩和する効果を持ったものであるから，適用要件が法令により限定されている。平均課税を適用して申告納税した納税義務者に対して，これを否認する更正処分をなす場合には，課税庁は，原則として，当該適用要件違反の事実について主張立証責任を負う。とはいえ，納税義務者が，法令に明示された適用要件以外の事実に基づいて，平均課税の適用を主張する場合には，当該事実が適用要件に該当することにつき，主張立証責任を負うと解すべきであろう。

第3 税額控除の制度

1 配当控除

配当所得については，現在は，租税特別措置法により様々な例外措置が規定されている。それらの例外措置として，配当所得のうち，申告分離制度の適用を選択したもの（租特8条の2ないし4）及び確定申告不要制度の適用を受けるもの（租特8条の5，9条の2第5項）以外，すなわち，総合課税の対象となる配当所得については，所得税額から一定割合が控除される（所税92条1項）。すなわち，配当控除の割合は，剰余金の配当，利益の配当，剰余金の分配，金銭の分配又は証券投資信託の収益の分配に係る配当所得のうち，他の所得との合計額が1,000万円以下の部分についてはその10％，1,000万円を超える部分についてはその5％が，それぞれ所得税額から控除される。

このような制度を配当（税額）控除というが，この制度趣旨は，法人の事業活動による所得を個人からの出資（資本）の運用益と考えると，その分配前に課される法人税は所得税の前取りであると考えることができるから，配当として分配された後の株主の所得税額の計算に当たっては，法人税額相当分を調整控除する必要があるとの考え方に基づいて採用されている措置（いわゆる二重課税調整措置ないし重複課税調整措置）である[2]。

配当控除を申告することができるのは，納税義務者が確定申告において総合課税を選択した配当所得が対象となるだけであり，また，配当控除の金額は，

---

2) 金子『租税法』223頁，佐藤『所得税法』76～78頁，『注解所得税法』1135頁以下。

課税総所得金額に対する一定の法定割合であって，いずれも課税庁による評価・判断がなされうるものではない。それゆえ，配当控除の金額を否認する課税処分はあまり考えられないが，否認するとすれば，当該課税処分の理由とされる事実について，課税庁が主張立証責任を負うことは明らかである。

2　外国税額控除

居住者が，各年において，外国の法令により課される日本における所得税に相当する税で政令で定めるもの（「外国所得税の額」という）を納付することとなる場合には，その年分の日本における所得税の額のうち，その年において生じた国外所得金額に対応するものとして政令で定めるところにより計算した金額を限度として（「控除限度額」という），その外国所得税の額をその年分の所得税の額から控除することとされている（所税95条1項）。これを，外国税額控除という[3]。

上記「控除限度額」とは，所税令222条1項により，次の①又は②のうち，いずれか少ない方の金額をいう。すなわち，①各年において納付の確定した外国所得税の額，又は，②各年分の所得に対する日本の所得税の額に（当該年分の全世界所得総額に占める当該年分の国外所得総額の割合）を乗じて計算した額，のいずれかである。

外国税額控除の制度趣旨は，国際的な経済活動に対する所得税の国際的二重課税の排除にある。制度設計としては，所得税の課税物件を全世界所得としたうえで，国外所得金額について外国政府に納付した所得税額を自国の所得税額から控除することにより二重課税を排除する方法（外国税額控除制度）と，所得税の課税物件をわが国領土内において稼得した所得に限定し，国外所得を課税の対象から除外する方法（国外所得免除制度）との二つがあるところ，日本は前者の外国税額控除制度を，原則として，採用している（ただし，法人税については，平成21年度税制改正により，外国子会社からの配当に限って，「外国子会社配当益金不算入制度」が導入され，間接外国税額控除制度が廃止されたので，外国税額控除制度と国外所得免除制度との折衷制度となっている）。

外国税額控除制度を採用する目的は，「国内に源泉のある所得と国外に源泉のある所得との間の課税の公平の維持に役立つのみでなく，投資や経済活動を

---

[3]　金子『租税法』526以下，『注解所得税法』1138〜1147頁。その他，外国税額控除に関する研究は，国際課税の主要問題として，多数のものが公刊されている。

国内において行うかそれとも国外において行うかについて税制の中立性を維持することにも役立つ（これを，capital-export neutrality（資本輸出中立性）という）」[4]ことにあると説明されている。

最判平17・12・19民集59巻10号2964頁（りそな銀行外国税額控除否認事件判決）も，法税69条の定める外国税額控除に係る解釈ではあるものの，外国税額控除制度は「同一の所得に対する国際的二重課税を排除し，かつ，事業活動に対する税制の中立性を確保しようとする政策目的に基づく制度である」と判示している。同判決は，事実の認定について，「本件取引は，全体としてみれば，本来は外国法人が負担すべき外国法人税についてわが国の銀行であるＸが対価を得て引き受け，その負担を自己の外国税額控除の余裕枠を利用して国内で納付すべき法人税額を減らすことによって免れ，最終的に利益を得ようとするものであるということができる」としたうえで，「これは，我が国の外国税額控除制度をその本来の趣旨目的から著しく逸脱する態様で利用して納税を免れ，我が国において納付されるべき法人税額を減少させた上，この免れた税額を原資とする利益を取引関係者が享受するために，取引自体によっては外国法人税を負担すれば損失が生ずるだけであるという本件取引をあえて行うというものであって，我が国ひいては我が国の納税者の負担の下に取引関係者の利益を図るものというほかない。そうすると，本件取引に基づいて生じた所得に対する外国法人税を法人税法69条の定める外国税額控除の対象とすることは，外国税額控除制度を濫用するものであり，さらには，税負担の公平を著しく害するものとして許されないというべきである」と判示し，原判決を破棄し，法税69条を縮小限定的に解釈し，Ｘが行った外国税額控除の一部を認めない趣旨の判決を行った。

同判決は，外国税額控除制度を利用した租税回避を否認する結果となったことから，同判決のいう法税69条の政策目的には租税回避否認の目的も含まれるのかどうかが議論となった[5]。この点については，外国税額控除制度の政策目的は，前述のように，国際的二重課税の排除と資本輸出中立性の確保に求めら

---

4) 金子『租税法』526頁。
5) 本判決については多くの論稿が公刊されている。一般的問題状況については，金子『租税法』132, 134, 491, 534頁を参照。個別検討については，今村『要件事実論』163～169頁，占部裕典「外国税額控除余裕枠の利用にかかる『租税回避否認』の検討（上）（下）」金融法務事情1730号32頁，1731号36頁（2005年）を参照。

れるべきであって，この目的に即して法税69条を解釈する場合，租税回避を否認する方向で働くこともあれば，逆に課税権を制限する方向で働くこともありうるので，同条は租税回避の否認を目的とした規定と解釈すべきではないと解される。このことは，所得税法95条の解釈適用に当たっても，同じである。

第4　要件事実

1　平均課税に係る争いの要件事実（不動産賃貸に係る臨時所得の例）

前提事実　原告Ｘは，平成〇年分の不動産所得に係る所得税につき，平均課税を適用して，課税総所得金額△△万円，所得税額△△円とする確定申告をした。

訴訟物
　更正処分の違法性

請求原因
　（行政処分の存在）
　①　処分行政庁が平均課税の適用を否認して，課税総所得金額××円，所得金額××円としてなした更正処分が存在する。
　（違法性の主張）
　②　本件更正処分は，違法である。

抗弁（更正処分の適法性に関する評価根拠事実）
　①　Ｘは，都内に3棟の賃貸物件を所有している。
　②　当該賃貸物件の所在する地域の賃料相場に大きな変動はないから，Ｘの申告に係る収入金額は，通常の暦年不動産所得に係る収入金額とほぼ同額である。
　③　Ｘの賃貸物件について，修繕・増改築等はなく，必要経費額にも大幅な変動はない。
　〔主張の趣旨：Ｘの課税所得金額は，前年申告額とほぼ同額の××円であり，これは通常の暦年所得額であるから，平均課税を適用する余地はない。〕

再抗弁（更正処分の適法性に関する評価障害事実）
　①　賃貸物件3棟のうち，2棟はテナントが退去し，賃料収入がない。
　②　賃貸物件1棟については，未払い賃料につき別件取立訴訟を提起し

ていたところ，訴訟上の和解により，過去3年分の賃料相当額を一括して支払を受けた。
③　当該過去3年分の未払い賃料の一時払い金は，不動産所得××円に相当する。
④　当該不動産所得に係る一時払い金は，②の事実により，所税2条1項24号・所税令8条所定の「営業補償として収受した金額」に該当する臨時所得である。
⑤　当該臨時所得につき，平均課税を適用すると，平成〇年分の課税総所得金額は△△万円，所得税額△△円となる。
〔主張の趣旨：本件更正処分には，営業補償として収受した3年分の未払い賃料の一時払い金を，通常収入金額と誤認して不動産所得に係る所得税の年税額を計算した違法がある。〕

2　外国税額控除に係る争いの要件事実

下記事例は，いわゆるガーンジー島損保子会社事件判決（最判平21・12・3民集63巻10号2283頁，原審東京高判平19・10・25訟月54巻10号2419頁，第1審東京地判平18・9・5税資256号順号10495）を素材とし，その事実関係を簡略化して作成したものである。

前提事実　原告Xは，平成〇年分の事業所得に係る所得税につき，外国税額控除を適用して，課税総所得金額△△△万円，所得税額△△万円とする確定申告をした。これに対して，処分行政庁は，Xの同事業所得の具体的な評価根拠事実を示して，課税総所得金額×××万円，所得税額××万円とする更正処分をした（ただし，この評価根拠事実は，課税経緯等として，本件素材判決の別紙に記載されているはずのところ，これが省略されているため不明である）。

訴訟物
　更正処分の違法性

請求原因
　（行政処分の存在）
　①　処分行政庁が外国税額控除の適用を否認して，課税総所得金額××

円，所得金額××円としてなした更正処分がある。
（違法性の主張）
② 本件更正処分は，違法である。

抗弁（更正処分の適法性に関する評価根拠事実）
① XがG国に納付した租税は，G国課税当局とXとが協定を締結して総売上金額の一定割合を納付したものであり，益金から損金を控除した残額である所得金額に対応する租税ではない。
② XがG国に納付した租税に係る課税標準等又は税額等は，課税所得金額に対して法定税率を適用して計算したものではなく，課税当局と納税義務者との合意により決められた比率を適用して計算したものであるから，租税法律主義に基づく我が国所得税法における所得税に相当する租税には該当しない。
③ XがG国に納付した税額について外国税額控除を認めない趣旨の本件更正処分に違法はない。
〔主張の趣旨：XがG国に納付した租税は，わが国の所得税法上，外国税額控除の対象とされる所得税に該当しないので，本件更正処分に違法はない（ただし，上記抗弁においては，上記「前提事実」で述べた「本件事業所得の評価根拠事実」が冒頭で記載されたうえ，それをめぐる法律的争点に係る具体的事実が摘示されるべきであるところ，当該評価根拠事実が省略されているため不十分な点があることに留意されたい）。〕

抗弁に対する原告の主張
① XがG国に納付した租税は，売上高を課税標準とする租税であって，我が国の所得税とは異なるが，収益税の一種であるから，所得税に「相当する」税である。
② G国においては，収益税について，同国法に基づき，法定税率の一定の範囲において，課税当局と納税義務者とが協定により税率を決定する制度となっており，納税義務者と課税当局とが任意に比率を決定できるわけではなく，あくまで同国法に基づく合法な税率に基づく租税である。
③ Xは，G国において同国法に基づき所得税に相当する租税を納付した。
〔主張の趣旨：XがG国に納付した租税は，外国の法令により課される

所得税に相当する税であるから，外国税額控除の対象となる（なお，前述したように評価根拠事実が不明確であるため，原告の上記主張が再抗弁といえるかどうか問題があるので，ここでは，「抗弁に対する原告の主張」と記載した）。】

第7節　租税特別措置法関係

第1　租税特別措置法の特殊性

　租税特別措置とは，所得税法，法人税法等の個別租税法（これを「本法」という）の規定について，何らかの政策目的を実現するために，当該課税要件の内容に一定の変更を加える制度のことをいう。このような制度は，本法内において，原則に対する例外の形で変更規定が設けられることもあるが，一般的には，租税特別措置法にまとめられている。租税特別措置の内容としては，租税負担を軽減する租税優遇措置と，これを加重する租税重課措置とがあるところ，実際には，多くの規定は，租税優遇措置に係るものである[1]。租税特別措置法の規定は，基本的に時限立法ではあるが，期限において適用期間を延長する法改正が行われ，実際には，恒久措置化していることが多い。恒久措置化している理由としては，租税特別措置の根拠とされた政策目的が存続しているという場合もあるが，租税特別措置の内容が本来は本法に規定されてしかるべきところ，本法の条文に大きな変動を与えたり，関連する他の条文を相当改正する必要が生ずるなど，法技術上の困難が生ずる結果，租税特別措置法に編入されている場合もある。

　とはいえ，いずれにせよ租税特別措置は，担税力の観点から同様の状況にある特定の納税義務者や特定の課税物件に対して，立法上の特例を設けて，異なる租税負担にするものであるから，そもそもそのような立法が憲14条1項に規定する租税公平主義ないし租税平等原則に違反しないかどうか争われることがある。この点については，当該立法が不合理な差別をもたらす場合には同条に違反する。その合理性の判定は，当該立法措置の政策目的ないし制度趣旨の合

---

1) 租税優遇措置固有の問題については，佐藤英明「租税優遇措置」碓井光明＝来生新編『岩波講座　現代の法8　政府と企業』（岩波書店，1997年）155頁を参照。政策税制全般については，占部裕典『政策税制の展開と限界』（慈学社，2018年）を参照。

理性の有無，当該目的達成のための有効性の有無，当該措置により生ずる租税負担の差異が著しいか否かという三つの観点から行われるべきである[2]。

　また，こうした租税特別措置の特徴（すなわち，特定の政策目的を達成するために設けられた特例であるということ）は，当該法令の解釈適用にも影響を与えることがある。たとえば，法税69条の外国税額控除に関するものではあるが，前述した最判平17・12・19民集59巻10号2964頁（りそな銀行外税控除否認事件判決）は，外国税額控除制度は「同一の所得に対する国際的二重課税を排斥し，かつ，事業活動に対する税制の中立性を確保しようとする政策目的に基づく税制である」から，この「本来の趣旨目的から著しく逸脱する態様で利用して納税を免れ，我が国において納付されるべき法人税額を減少させた上，この免れた税額を原資とする利益を取引関係者が享受するために，取引自体によっては外国法人税を負担すれば損失が生ずるだけであるという本件取引をあえて行う」ような場合には，「我が国ひいては我が国の納税者の負担の下に取引関係者の利益を図るもの」であるから，「本件取引に基づいて生じた所得に対する外国法人税を法人税法69条の定める外国税額控除の対象とすることは，外国税額控除制度を濫用するものであり，さらには，税負担の公平を著しく害するものとして許されないというべきである」と判示し，政策目的ないし制度趣旨を重視した限定的な解釈を行っている。それゆえ，租税特別措置の適用の可否が争われる訴訟においては，要件事実論の観点からも，当該制度趣旨を重視した主張立証が必要となると解される[3]。

　租税特別措置の数は現在極めて多いため，本稿においては，特に譲渡所得に係る特例的措置として特徴的な，土地等・建物等に係る譲渡所得の主な特例と有価証券に係る譲渡所得の主な特例とを取り上げ，それらの要件事実を分析することにする。なお，土地等とは，土地及び土地の上に存する権利のことをいい，建物等とは，建物及びその附属設備若しくは構築物のことをいう（租特31条1項）。これらの租税優遇措置の適用を受けようとする者は，各措置に係る根拠法令により，その受けようとする年分の確定申告書において，その旨を記載したうえ財務省令で定める各種書類の添付をしなければならないこととされているのが特徴である。

---

2)　金子『租税法』89頁。
3)　要件事実の観点からの分析として，谷口智紀「租税特別措置法における要件事実論」伊藤＝岩﨑『要件事実論の展開』403頁以下。

第2　土地等・建物等に係る譲渡所得の主な特例
1　長期譲渡所得又は短期譲渡所得に係る特例
(1)　長期譲渡所得に係る一般的特例

　土地等・建物等の譲渡の年の1月1日現在で所有期間が5年を超えるものの譲渡による所得を長期譲渡所得という（租特31条1項）。長期譲渡所得については，課税所得を平準化し，暦年所得を対象とする累進税率の適用を緩和するため，分離課税が採用されている。

　土地等・建物等の譲渡に係る長期譲渡所得の特例の政策目的ないし制度趣旨は，時期により大きく変化してきている[4]。

　まず，地価高騰期においては，資産格差の拡大の是正や有限資産である土地の有利性の縮減といった政策目的から税率が高めに設定されたことがあったが，平成元年前後のいわゆるバブル経済期の後，バブル崩壊による不況の長期化を受けて，逆に不動産取引の促進と不動産市場の活性化を図ることが政策目的に変わり，さらにいわゆる金融ビッグバンによる金融資産に係る税制改革が行われ，不動産に係る譲渡所得課税と有価証券に係る譲渡所得課税のバランスをとることも考慮された結果，適用税率については，平成16年度の税制改正以降[5]，所得税率が15％の定率（かつ低率）に引き下げられた（租特31条1項）。また，宅地の供給等を促進する目的で，優良宅地の造成等のための土地の譲渡（具体的な適用対象については，租特31条の2第2項及び租特令20条の2）に対しては，平成31年12月31日までの時限措置として，譲渡所得金額が2,000万円以下である場合には10％の税率を乗じた金額，2,000万円を超える場合には，200万円と2,000万円を超える部分に対して15％を乗じた金額との合計額に引き下げられている（租特31条の2第1項）。

　次に，特別控除額に係る特例として，米国サブプライムローン危機に端を発する平成20年9月のいわゆるリーマンショックを受けた経済対策の一つとして，土地需要を喚起するという目的で，平成21年度税制改正により[6]，平成21年1月1日から同22年12月31日までの間に取得した土地等・建物等に係る長期譲渡所得の計算に当たっては，他の特例との選択的措置として，1,000万円の特別控除額を控除することができる（租特35条の2第1項。同項の適用を受けるため

---

[4]　金子『租税法』277～281頁，『注解所得税法』782頁以下。
[5]　国税庁『平成16年版改正税法のすべて』（大蔵財務協会，2004年）62頁以下。
[6]　国税庁『平成21年版改正税法のすべて』（大蔵財務協会，2009年）98頁以下。

には，確定申告書においてその旨の記載と財務省令〔租特規18条の3〕で定めるものの添付が必要とされている〔租特35条の2第3項〕）。また，同じ政策目的により，不動産所得，事業所得又は山林所得を生ずべき業務を行う個人が，平成21年1月1日から同22年12月31日までの間に土地等を取得し（これを「先行取得土地等」という），財務省令（租特規18条の8の3）所定の事項を記載した届出書を税務署長に提出したときで，取得の年の12月31日後10年以内に，他の事業用土地等を譲渡した場合には，当該利益金額（当該譲渡に係る収入金額から当該土地等の取得価額を控除した残額をいう）から80％を控除した金額を当該譲渡所得の金額とすることとされている（租特37条の9の5）。

以上の優遇措置に対して，土地等・建物等の長期譲渡所得の計算上生じた損失については，平成16年度税制改正により[7]，土地等・建物等の譲渡による譲渡所得以外の所得との間の損益通算及び繰越控除を認めないこととされている（租特31条1項，同条3項2号・3号。なお，租特31条1項括弧書きにより，長期譲渡所得に係る特別控除も廃止された）。これらの措置は，株式の譲渡損失について他の所得との損益通算や繰越控除が認められないこととの衡平を図るためのものと説明されている。

(2) **短期譲渡所得に係る一般的特例**

土地等・建物等の譲渡の年の1月1日現在で所有期間が5年以下のものの譲渡による所得を短期譲渡所得という（租特32条1項）。短期譲渡所得については，分離課税とされているものの，土地等・建物等の投機を抑制し，合わせて当該当期利益を吸収するという政策目的により，租税重課措置がとられてきた。平成16年税制改正以後[8]，緩和されてはいるものの，所得税率は30％の定率とされている（租特32条1項）。

また，土地等・建物等の短期譲渡所得の計算上生じた損失については，平成16年度税制改正により，長期譲渡所得の場合と同じく，土地等・建物等の譲渡による譲渡所得以外の所得との間の損益通算及び繰越控除を認めないこととされている（租特32条1項）。

2 居住用財産に係る譲渡所得の特例

居住用財産（居住の用に供している家屋，その敷地，その上に存する権利等をい

---

7) 前掲注5)『平成16年版改正税法のすべて』63〜64頁。
8) 前掲注5)『平成16年版改正税法のすべて』68〜70頁。

う）に係る譲渡所得については，住替え促進等の観点から，様々な租税優遇措置が設けられている[9]。

(1) 優遇税率の特例

所有期間が10年を超える居住用財産を譲渡した場合の譲渡所得については，譲渡所得金額が6,000万円以下である場合には10％の税率を乗じた金額，6,000万円を超える場合には，600万円と6,000万円を超える部分に対して15％を乗じた金額との合計額に引き下げられている（租特31条の3第1項）。ただし，この特例の適用は，当該譲渡が，譲渡者の配偶者その他政令（租特令20条の3）で定める特別の関係のある者に対する者である場合は除かれる。

(2) 3,000万円特別控除額の適用

居住用財産（ただし，災害により滅失した居住用財産も含む）を譲渡した場合には，長期譲渡所得又は短期譲渡所得の計算に当たり，次の(3)に掲げる買換え・交換の特例を選択しないときには，3,000万円の特別控除額を適用することができる（租特35条1項・2項）。

(3) 特定居住用財産の買換え・交換に係る特例

個人が，平成5年4月1日から同31年12月31日までの間に，その有する居住用財産でその年1月1日において所有期間が10年を超えるものの買換え又は交換を行ったときで，当該譲渡に係る対価の額が1億円以下である場合には，当該譲渡家屋における居住期間が10年以上であること，その他の一定の要件を満たすもの（これを「特定居住用財産」という）であることを条件に，買換え又は交換した資産の取得に要した金額の範囲内で，譲渡はなかったものとみなされる（租特36条の2第1項，36条の5）。

また，地価下落の状況を利用した居住用財産の買換え又は交換による居住条件の改善と住宅市場の活性化を促進するための臨時的措置として，平成16年1月1日から同31年12月31日までの間に行った居住用財産又は特定居住用財産の譲渡により生じた損失については，他の所得との間で損益通算が認められ，さらに通算後に残った譲渡損失額については，一定の要件のもとに，翌年以降3年間にわたり繰越控除を行うことが認められている（租特41条の5第1項・4項，41条の5の2第1項・4項）。

その他，買換え・交換の特例については，事業用資産について，様々な特例

---

[9] 金子『租税法』279―280頁，『注解所得税法』788～801頁。

措置が設けられている（租特37条・37条の4ないし7・37条の9の5等）。

3 空き家対策に係る特別控除の特例

被相続人の居住用財産を相続した者が、当該居住用財産を譲渡しやすくして、空き家のまま放置しないようにすることを目的として、平成28年税制改正により[10]、空き家対策税制が創設された。すなわち、被相続人の居住用家屋（昭和56年5月31日以前に旧耐震基準により建築された家屋で、相続開始の直前において被相続人が居住していたもの）及びその敷地の用に供されていた土地等で一定の要件を満たすもの又は当該被相続人の居住用家屋を除却した後のその敷地の用に供されていた土地等で一定の要件を満たすものを、相続人又は遺贈により取得した者が平成28年4月1日から同31年12月31日までの間に譲渡した場合、譲渡の対価が1億円を超えるものを除き、その譲渡に係る譲渡所得の計算に当たり3,000万円の特別控除を適用することとされた（租特35条3項ないし10項）。

第3 有価証券に係る譲渡所得の主な特例
1 株式等に係る譲渡所得の特例

株式等の有価証券に係る譲渡所得課税は、昭和22年度の税制改正により創設されたが、昭和28年度の税制改正により、所得課税の対象から除外され、代わりに、取引価額に低率の流通税を課することとし、すなわち有価証券取引税が課されることとなった。この改正の趣旨は、有価証券の譲渡所得の捕捉困難という徴収技術上の問題と租税負担を軽減して証券市場の育成を図るという経済政策とにあった[11]。しかしながら、その後の株価高騰の時期を経て、有価証券の譲渡に対する租税負担が、他の資産の譲渡に対する譲渡所得税の負担に比べて低すぎるとの批判が強まり、資産所得課税の公平の観点から、昭和63年12月の税制改正により、有価証券に係る譲渡所得に対して所得税を課する制度が復活した。

現在においては、租特37条の11第2項に規定する上場株式等以外の株式等（これを「一般株式等」という）を平成28年1月1日以後に譲渡をした場合の譲渡所得等（その譲渡による事業所得、譲渡所得及び雑所得の金額をいう）に対しては、他の所得と分離して、15％の定率で課税することとされ、また、当該譲渡

---

10) 国税庁『平成28年版改正税法のすべて』（大蔵財務協会、2016年）151頁以下。
11) 金子『租税法』267頁、『注解所得税法』802頁。

所得等の計算上生じた損失の金額は、生じなかったものとみなすこととされている（租特37条の10第1項）。

他方、上場株式等（その範囲については、租特37条の11第2項において、金融商品取引所に上場されている株式等のほか、一定の公社債までの15項目が規定されている）を平成28年1月1日以後に譲渡をした場合の譲渡所得等（その譲渡による事業所得、譲渡所得及び雑所得の金額をいう）に対しても、他の所得と分離して、15％の定率で課税することとされているが（租特37条の11第1項）、上場株式等の譲渡損失の金額については、上場株式等の配当等の金額との間で、その金額を限度として、損益通算をすることが認められている（租特37条の12の2第1項）。この損益通算の適用を受けるためには、適用を受けようとする年分の確定申告書にその旨を記載し、関係書類を添付しなければならない（租特37条の12の2第3項・4項）。さらに、損益通算後も残った損失については、3年間にわたり繰越控除をすることもできる（租特37条の12の2第9項）。

2 特定口座制度の創設と金融商品取引業者等による源泉徴収

有価証券に係る譲渡所得課税の原則は、上記1のように、分離課税の上、申告納税する方法（これを「申告分離課税」という）であるが、これに対しては、納税義務者の納税負担を増加し、個人株主の市場離れを招くとの批判が強かった。そこで、平成14年度税制改正により[12]、特定口座制度が創設され（租特37条の11の3）、居住者又は国内に恒久的施設を有する非居住者（これを「居住者等」という）が、金融商品取引業者等との間で、上場株式等保管委託契約（租特37条の11の3第3項2号）又は上場株式等信用取引等契約（同項3号）を締結し、その営業所に特定口座（同項1号）を設定した場合には、その特定口座に保管を委託している上場株式等又は当該口座内で処理された信用取引に係る上場株式等の譲渡による所得については、他の株式等の譲渡による所得とは区別して金額を計算し、納税義務者の選択により、当該金融商品取引業者等による源泉分離課税（15％の所得税率）が行われることになった（租特37条の11の4）。

納税者により源泉徴収の選択がなされた特定口座を「源泉徴収選択口座」と呼び、それ以外の特定口座を「簡易特定口座」という。源泉徴収選択口座を有する居住者等は、当該口座内の譲渡損益については確定申告を要せず（租特37

---

[12] 国税庁『平成14年版改正税法のすべて』（大蔵財務協会、2002年）97頁以下。

条の11の5），金融商品取引業者等による源泉徴収によって完了する。

なお，平成20年度税制改正により[13]，上場株式等の譲渡に係る源泉徴収選択口座において，特定上場株式配当勘定を設けることが認められ，当該勘定に上場株式等の配当等の受け入れができるようになった結果（租特37条の11の6第1項），当該源泉徴収選択口座内における上場株式等の譲渡損失の金額と上場株式等の配当の金額との損益通算ができるようになった（租特37条の11の6第6項）。

3 特定管理株式等が価値を失った場合の譲渡所得等の特例

特定管理株式（特定口座内保管上場株式等が上場株式等に該当しなくなった場合に，金融商品取引業者等が引き続き保管を継続するために開設される特定管理口座に係る振替口座等に記載又は記録がなされた株式をいう）又は特定保有株式（平成21年1月4日において特定管理株式であった株式で同年1月5日に指定管理口座から払い出されたもののうち，同日以後新たな取得及び譲渡がなされていない株式をいう）が，当該株式等の発行法人等の解散・清算の結了等の事実により株式としての価値を失ったことに基因して損失が生じた場合には，当該事実が発生したときに当該株式が譲渡され，譲渡損失が生じたものとみなすこととされている（租特37条の11の2第1項・2項）[14]。この取扱いを受けるためには，適用を受けようとする年分の確定申告書において，関係規定の適用を受ける旨の記載をし，かつ財務省令（租特規18条の10の2，同条の10の3）で定める書類を添付する必要がある（租特37条の11の2第3項・4項）。

第4 要件事実

1 租税優遇措置に係る抗告訴訟の特色

租税優遇措置に係る規定は，一定の政策目的を実現するために，あえて特定の納税義務者や課税物件のような課税要件に変更を加え，当該租税負担を軽減するものである以上，当該課税要件を解釈又は適用の技術によって拡張又は縮小することにより，政策目的の実現に結びつかない租税負担の軽減を導くべきではない。政策目的を逸脱した租税負担の減少という結果を導く租税特別措置法の解釈又は適用は，法的安定性や予測可能性を害することから租税法律主義

---

13) 国税庁『平成20年版改正税法のすべて』（大蔵財務協会，2008年）108頁以下。
14) 国税庁『平成25年版改正税法のすべて』（大蔵財務協会，2013年）120頁以下。

に違反し，かつ合理的根拠なく特定の納税義務者の租税負担を減少することから租税公平主義にも違反するおそれもある。

それゆえ，租税優遇措置に係る規定の適用を受けようとする納税義務者は，原則として，確定申告書等において，租税優遇措置の適用を受ける旨の記載をし，かつ関係書類を添付することになっている。租税優遇措置に係る規定の適用につき，これを否認して行う更正決定等の課税処分は，納税義務者からの申請に対する拒否処分の性質を併せ持っているということもできるが，結局は，更正決定等の課税処分金額の当否が争われることに変わりはないから，要件事実の判断にあたっても，請求原因の書き方等に影響することはないと考えられる。

2 具体例による検討

検討対象とする事案は，措置法35条所定の居住用財産の譲渡所得の3,000万円特別控除の適用の可否に関するもので，実体上の争点は，居住用財産の譲渡があったか否か，である[15]。

前提事実は，次のとおりである。原告Xは，義弟であるAと本件土地及び本件建物を共有し，居住していたところ，Xの居住部分となっていた建物部分を取り壊して，その敷地部分を第三者に譲渡したが，Aは残存部分の建物に居住を続けていた。Xは，自己の共有持分に係る敷地の譲渡の対価につき，居住用財産の譲渡として3,000万円の特別控除を適用して期限内申告を提出したところ，Y税務署長から，特別控除の適用を認めない趣旨の更正処分を受けた。処分理由には，本件土地の譲渡は居住用財産の譲渡に該当しない旨が記載されていた。

訴訟物
　　処分行政庁のXに対する本件更正処分の違法性
請求原因
　　（行政処分の存在）
　　① 処分行政庁による，Xに対する更正処分がある。

---

[15] この事案は，東京地判平21・11・4税資259号順号11304及び東京高判平22・7・15税資260号順号11479の事案を一部変更して作成したものである。なお，谷口・前掲注3)・411頁以下の分析も参照。

（違法性の主張）
② 本件更正処分は，違法である。

抗弁（更正処分の適法性に関する評価根拠事実）
① Xは，普通の一棟の家屋である本件家屋とその敷地である本件土地をAと共有し，本件家屋にAと共に居住していた。Aは，②の取り壊し後も，残存家屋部分に居住している。
② Xは，本件家屋においてXのみが居住していた部分を取り壊して，同部分の敷地部分のXの共有持分を第三者に売却した。
〔主張の趣旨：Xの共有持分は，本件建物の全体に及ぶのであるから，本件家屋部分の取り壊しにより，Xの共有持分に係る家屋及び敷地を譲渡したことにならない。本件一団の土地上には，居住用財産である残存家屋部分が存続している以上，本件土地の一部の譲渡は，居住用財産の譲渡に該当しない。よって，本件家屋部部の敷地の譲渡は，居住用財産の譲渡には該当しないから，Xの譲渡所得に係る所得税につき，3,000万円の特別控除を認めない趣旨の本件更正処分に違法はない。〕

抗弁に対する原告の主張
① 本件残存家屋部分は，機能的にみて，Xに係る独立した居住用の家屋とはいえない。
② Xは，本件残存家屋部分に居住していない。
③ Aの共有持分に相当する本件残存家屋部分の敷地は，Xに係る居住用財産には該当しない。
④ Xは，Aとの間で，Xの共有持分に相当する本件家屋部分の敷地を譲渡して，その譲渡代金により他に転居することを合意している。
〔主張の趣旨：Xは，居住用財産の共有持分全部を譲渡しているから，措置法35条に規定する居住用財産の譲渡に係る3,000万円の特別控除の適用を受けることができるにもかかわらず，これを認めない趣旨の本件更正処分には違法がある（なお，判決文からは評価根拠事実に不明確な点があるため，原告の上記主張が再抗弁といえるかどうか問題があるので，ここでは，「抗弁に対する原告の主張」と記載した）。〕

第3章
租税手続法関係

序節　租税手続法総論

　納税義務が成立した場合，納税義務の確定を経て，確定された納税義務は徴収（弁済）される。納税義務の成立は，課税要件（納税義務者，課税物件，その帰属，課税標準及び税率）の充足によるが（第2章参照），納税義務の確定は，国税通則法（その法源には，政令を含む。税通125条参照）の手続に基づく，①自動確定方式（税通15条3項），②申告納税方式（調査に基づく更正・決定を含む。税通16条1項1号）及び③賦課課税方式（税通16条1項2号）による。

　また，納税義務の履行は，任意の納付のほか，④国税徴収法（その法源には，政令を含む。税徴186条参照）の手続により行われる。

　納税義務の確定のうち，上記①は，本章第5節（源泉徴収関係）において，上記③は，本章第1節第4（加算税賦課決定処分をめぐる訴訟類型）において，確定した納税義務の履行（上記④）は，本章第6節（滞納処分関係）において，それぞれ検討し，以下では，納税義務の確定のうち，上記②に関わる更正処分（税通24条）を中心に検討を加える（「東日本大震災からの復興のための施策を実施するために必要な財源の確保に関する特別措置法」（平成23年法律第117号）によって，平成25年1月1日から平成49年12月31日までの間に生ずる所得については，併せて，復興特別所得税も徴収されることになるが，以下では，細かくなるので，原則として復興特別所得税には，触れないことにする）。

　更正処分（税通24条）の処分要件（処分を適法になし得るために法律で規定されている要件。適法要件と同じ意味である）は，①納税者が，税務署長に納税申告書を提出したこと（以下，特に断らない限り，上記申告書の提出を単に「申告」と，上記納税申告書を単に「申告書」という）[1]，②国（税務署長等）が税務調査をし

---

1)　納税申告書とは，申告納税方式による国税について，納付すべき税額を確定させる効力をもって納税者から提出される申告書のことをいい，この申告書による申告のことを納税申告という。

たこと，③上記①の申告書に記載された課税標準等又は税額等の計算が国税に関する法律の規定に従っていないとき，その他当該課税標準等又は税額等が調査したところと異なるときである（なお，更正処分には，他にも期間制限（税通70条）や更正通知書の送達（税通28条）等の要件もあるが，ここでは，差し当たり，上記3つの要件を念頭において論ずる）。更正処分につき，以下の具体例を考える。

なお，本章で取り上げる行政処分の取消訴訟に係る処分の違法性（訴訟物）[2]に関する要件事実の時的要素は，特に断らない限り，存在時点（基準時）

確定申告書とは，所得税法120条に基づき，納税者から提出される申告書のことをいい，確定申告書による申告を確定申告（確定所得申告）という。確定申告は，税通17条以下に定める納税申告の一種である（『DHC所得税法』5844頁）。

2）　本章では，行政処分の取消訴訟の訴訟物を取り上げているが，以下では，参考までに，取消訴訟以外の抗告訴訟（対象としては，処分を考える）の訴訟物等について説明しておく（以下の説明では，序節第2〔218頁〕も参照されたい。）。第1に，無効等確認の訴え（行訴3条4項）についてであるが，無効確認の訴え（例えば，差押処分の無効確認の訴え等。この訴えの性質は，過去の事実に係る確認訴訟である）については，その訴訟物は，重大かつ明白な違法性である（司研『実務研究』164頁。この点，第2章第3節第1・2〔48頁〕も参照）。原告は，原告適格を基礎付ける事実（行訴36条参照）のみならず，当該処分につき，重大かつ明白な違法性を基礎付ける事実（無効事由）を主張立証しなければならない（最判昭42・4・7民集21巻3号572頁）。もっとも，出訴期間及び不服申立前置を基礎付ける事実の主張立証は不要である（行訴38条1項による8条及び14条の不準用）。無効確認の訴えの請求棄却の確定判決は，既判力をもって，重大かつ明白な違法性の欠如を確定するが，処分の適法性は確定しない（第7節第3・2(1)〔325頁〕参照）。ところで，無効等確認の訴えの「等」に含まれる処分の不存在確認の訴えについては，独立に説明されることは少ない（司研『実務研究』164頁でも，上記の点についての説明はない。ただし，判例上，上記の点がクローズアップされたものとして，最判平14・1・17民集56巻1号1頁がある）。そこで，この点について説明しておくと，処分の不存在確認の訴え（例えば，差押処分の不存在確認の訴え等。この訴えの性質は，前記と同様，過去の事実に係る確認訴訟である）の訴訟物は，適法な処分の存否であり，原告は，原告適格を基礎付ける事実（行訴36条）の主張立証を要するものの（前記と同様，出訴期間及び不服申立前置を基礎付ける事実の主張立証は不要である），無効確認の訴えのように，無効事由に準ずるものとして，処分の不存在事由（処分の成立要件の不該当の明白性・重大性）を主張立証する必要はなく（ただし，不存在の対象となる処分の特定（特定方法としての請求原因）の主張は必要である），被告において，処分の適法な存在を基礎付ける事実を抗弁として主張立証しなければならないものと解される。処分の不存在確認の訴えの請求棄却の確定判決は，既判力をもって，処分の適法な存在を確定する。

以上のように，行訴3条4項に一括して規定されている無効確認の訴えと処分の不存在確認の訴えとで，訴訟上の取扱いを別異に解釈することは，同項に関する立案担当者の意思（杉本良吉『行政事件訴訟法の解説』（法曹会，1963年）15頁）に沿うものとはいえないかもしれないが，同項のあるべき制度趣旨を，処分の瑕疵・効果の重大性に共通性があり，出訴期間等の制限を外すべきであるという点にではなく，処分の公定力が問題とならないことに共通性があり，出訴期間等の制限が問題とはならない（逆に，それ以上の共通性はない）という点に求めれば，上記の解釈も，制度趣旨に反するとまではいえないであろう。

第2に，不作為の違法確認の訴え（行訴3条5項。例えば，更正の請求（税通23条）に対する

の意味である[3]。
（設例）

> Xは，平成〇〇年□月□日，自己が代表取締役を務め，発行済株式総数のすべてを保有する同族会社A（以下「A社」という。）に多額の金銭（××円）を貸し付けたところ，所轄税務署長Bは，税務調査の結果，この金銭の貸付けには，XとA社との間に利息の合意（その当時の銀行の長期貸出約定平均金利年利〇〇％とする合意）があると認定し，Xがした白色申告（青色申告書以外の申告書による申告）には，この雑所得の記載がないとして，Xには，上記の利息相当額△△円の雑所得（所税35条）を認めることができるという根拠事実その1で本件更正処分をし，Xに対し，根拠事実その1をその理由として提示した。
> Xは，本件更正処分に不服があるとして本件更正処分の取消訴訟[4]を提起し

不作為の違法確認の訴え等）についてであるが，この訴えの性質は，現在の法律関係に係る確認訴訟であり，処分の不作為による違法性が訴訟物となろう。
　　第3に，義務付けの訴え（行訴3条6項。その具体例については，本章第1節第2・4「青色申告承認申請の却下処分の取消訴訟」の再々々抗弁の3番目の※〔242頁〕を参照）及び差止めの訴え（行訴3条7項。例えば，差押処分の差止めの訴え等）についてであるが，これらの訴えの法的性質が，形成訴訟であるとすると，不処分又は処分の違法性（行訴37条の2，37条の3，37条の4の各5項の各形成要件の存否）が訴訟物となろう（上記第2及び第3の訴訟類型についての違法性の時的要素〔基準時〕につき，後掲注3）参照）。

3)　要件事実の時的要素には，本文で述べた存在時点（基準時）の意味と，先後関係の意味とがある（河村＝中島『ハンドブック』31～32頁）。ところで，行政処分の取消訴訟に係る違法性（処分要件の充足）の時的要素（基準時）は，行政処分の取消訴訟の本質が，行政処分（第一次判断権の行使）に対する事後審査にあることから，一般に，処分時であると解されているが，それは，判決時（口頭弁論終結時）が違法性の基準時にならないということを意味するにすぎず，その「処分時」の具体的意味（文字通り処分時か，処分より前の特定の時点か〔例えば，本章第1節第3・1(1)〔244頁〕，第4・2(2)2)〔250頁〕，3(4)柱書〔252頁〕参照〕）については，さらに，個々の要件事実ごとに，その根拠法令の制度趣旨に照らして検討を加える必要がある。なお，不作為の違法確認の訴え（行訴3条5項），義務付けの訴え（行訴3条6項）及び差止めの訴え（行訴3条7項）の違法性の時的要素（基準時）は，取消訴訟や無効等確認訴訟とは異なり，事実審の口頭弁論終結時となろう（西川知一郎編著『リーガル・プログレッシブ・シリーズ行政関係訴訟』（青林書院，2009年）〔石田明彦〕128～129頁参照）。

4)　更正処分の取消訴訟の「請求の趣旨」は，例えば，「B税務署長が，Xに対し，平成〇〇年〇月〇日付けでした，平成〇〇年分の所得税（及び復興特別所得税）の更正処分のうち，総所得金額を〇〇円，所得税（及び復興特別所得税）の納付すべき税額△△円を超える部分を取り消す。」となる（実務では，上記と併せて過少申告加算税賦課決定処分等（本章第1節第4〔249頁〕参照）の取消しも求めるのが通例である。）。「……を超える部分」とは，申告に係る所得金額等を指す。このような限定を付する理由は，申告に係る所得金額等を超えない部分については，法定の期間内に更正の請求（税通23条）によって争うべきであるから，その部分につき，取消しを求める訴えの利益はないと解されているからである（この点については，本章序節第2・2〔222頁〕参

た。
　Y（被告国）は，上記訴訟において，仮に，XとA社との間の貸付けにつき，利息の合意がなかったとしても，同族会社の行為計算否認の規定（所税157条）を適用して，利息相当額△△円の雑所得を認めることができるという根拠事実その2を追加的ないし交換的に主張した。

第1　行政処分の取消訴訟における訴訟物
1　行政処分の取消訴訟における訴訟物―違法性一般説

　前記「設例」の更正処分の取消訴訟のような行政処分の取消訴訟の訴訟物は，当該処分の違法性一般であると解されている（最判昭49・7・19民集28巻5号897頁等判例，通説）。これは，次の理由に基づく。行政処分の取消訴訟は，行政処分の公定力（行政行為は，無効な行政行為でない限り，手続及び内容に瑕疵があっても取り消されるまでは，有効なものとして扱われるという効力）を排除するための形成訴訟であると解されるところ，形成訴訟の訴訟物は，民事訴訟法学では，一般に，形成要件（形成を求める法的地位）であると解されているから，行政処分の取消訴訟の訴訟物も，その形成要件であると解される。そこで，行政処分の取消訴訟の形成要件が問題となるが，この点，行政処分の形成要件は，他の形成訴訟のそれとは異なり，形成要件の内容が実定法に個別・具体的に列挙されていないため，抽象的な違法性そのもの（行政法規の定める処分要件を欠き違法であること）であると解され，行政処分の取消訴訟の訴訟物もまた，当該行政処分の違法性一般であると解されるのである（違法性一般説）。
　そうすると，訴訟物は，処分の違法性一般であることから，処分自体が訴訟物の構成要素となり，「処分の同一性」が肯定される範囲で画されることになる（処分の個数自体も問題となるが（これは，大きな問題である），ここでは論じない）。その場合，「処分の同一性」といっても，次の2つの異なる観点に留意する必要がある。まず，行政処分の判断構造の違いに由来する「処分の同一性」問題である（第1の留意点）。次に，「処分の同一性」の判断基準の違い自体に由来する「処分の同一性」問題であり，後記2⑴の第1類型の処分（更正処分）における具体的な発現形態の1つとして，いわゆる総額主義と争点主義の

　照）。また，総所得金額，納付すべき税額を基準として取消しの範囲を定めているのは，実務が総額主義（本章序節第1・3⑵〔217頁〕参照）に依拠しているからである。

対立がある（第2の留意点）。両留意点の関係は，「処分の同一性」において，第1の留意点が，その大枠（上限）を画し，第2の留意点が，その具体的範囲を画するという関係に立つ。

「処分の同一性」は，①既判力（行訴7条，民訴114条1項）の及ぶ範囲，②いわゆる処分理由の差替え[5]の可否及び範囲，③取消判決の拘束力（行訴33条2項）の及ぶ範囲を画する機能を有する（上記③については，後記2(3)2)で触れるにとどめる）。

2 第1の留意点——行政処分の判断構造の違いに由来する「処分の同一性」問題

(1) 第1類型の処分と第2類型の処分[6]

一つ目は，行政処分の判断構造の違いに由来する「処分の同一性」問題である。すなわち，行政処分には，①複数の積極的（消極的）要件のすべての充足（不充足）を理由として行われる類型の処分（以下「第1類型の処分」という。例えば，本章序節柱書で述べたとおり，更正処分は，税務署長は，前記の3つの処分

---

[5] 処分理由の差替えの問題は，行政事件訴訟における解釈上の主張制限の問題である（このほか，解釈上の主張制限として，違法性の承継の否定（本章第6節第3・3注28）〔313頁〕参照），既判力の作用等がある。明文のある主張制限として，時機に後れた攻撃防御方法等の却下（行訴7条，民訴157条），自己の法律上の利益に関係のない違法の主張制限（行訴10条1項），裁決取消しの訴えにおける原処分の違法の主張制限（裁決固有瑕疵のみ主張可。裁決固有瑕疵につき，後掲注25）参照），固定資産税に関する地方税法434条2項の主張制限等がある）。「処分理由」とは，一義性を欠く用語であるが，ここでは，課税庁が処分に当たり，附記理由とした，適用法律及びその法律要件に該当する事実のこと（処分理由に根拠資料が指摘されている場合〔本章第3節第1・1(1)〔272頁〕参照〕でない限り，根拠資料そのものは，処分理由に含まれず，その差替えは，民事訴訟の一般原則に照らし，原則として許される〔司研『実務研究』182頁参照〕）をいうものとしておく。本章では，この処分理由を簡略化して，「理由」又は「根拠事実」と呼ぶことがある。また，処分理由の「差替え」も多義的な用語である。根拠事実と少しでも異なる事実を主張すれば，「差替え」に当たるのかは明確ではない。ここでは，「差替え」とは，処分の附記理由と社会通念上同一性を有する範囲を超える事実を，追加的ないし交換的に主張することをいうと定義しておく。ここでいう社会通念上同一性を有する範囲は，そもそも，理由の差替えといえるかどうかの基準であるから，理由の差替えであることを前提として，その許される範囲の基準として，しばしば言及される基本的課税要件事実の同一性が失われない範囲（本章序節第1・3(2)〔217頁〕参照）よりは，当然に狭い範囲である。

[6] 後掲注25)でも述べるとおり，第1類型の処分と第2類型の処分の区別は，訴訟物についてだけではなく，要件事実の確定についても実益がある（後掲注29）も参照）。すなわち，訴訟物レベルで，第1類型の処分と第2類型の処分とを区別し，要件事実レベルで，第2類型の処分のうち，申請型と非申請型とを区別して検討する（なお，処分の名宛人〔準名宛人というべき者を含む〕による処分の取消訴訟の対象となる第1類型の処分は，通常，非申請型の侵害処分である）ということである。

要件のすべて審査し，これを充足したと判断した場合に行われるから，第1類型の処分である。ここでは，第1類型の処分をこのように理解しておく。理論的には，更に，選択的な許可事由を定める申請の拒否処分（複数の積極的要件のすべての不充足を理由とするもの）も，これに含まれるのかが問題となるが，ここでは，検討しない）と，②a．複数の積極的要件のうち，1つの不充足を理由として，又はb．複数の消極的要件のうち，1つの充足を理由として，行われる類型の処分（以下「第2類型の処分」という）とがある。

第2類型の処分には，さらに，(i)上記bに対応して，既にした処分を消極的要件（取消事由）の充足を判断して取り消すタイプの地位剥奪処分とでもいうべきもの（以下「取消型処分」という）と，(ii)上記a及びbに対応して，申請の積極的要件（許可事由）の不充足，又は消極的要件（不許可事由）の充足を判断して申請を拒否するタイプの処分（以下「申請拒否型処分」という）とがある[7]。

上記のいずれの類型の行政処分であっても，行政処分の取消訴訟の本質が，行政処分（第一次判断権の行使）に対する事後審査にあることに照らすと，その対象となる行政処分の同一性は，その根拠法令の制度趣旨に照らして，事後的・評価規範的に見て，行政庁が第一次判断権を行使したと評価し得る範囲によって画されるものと解される[8]。

---

[7] 本文で述べた第1類型の処分と第2類型の処分につき，司研『実務研究』141頁以下参照。なお，第2類型の処分のうち，申請拒否型処分は，法令に基づく申請に対し，却下処分がされる場合を念頭においており，例えば，納税者が，租税優遇措置に係る規定の適用について，確定申告書等にその適用を受ける旨を記載し，関係書類を添付して，確定申告書等を提出したが，更正処分を受けたような場合（第2章第7節第4・1〔201頁〕参照）は含まれない（この場合の更正処分は，第1類型の処分と考えるべきである）。また，第1類型の処分・第2類型の処分と侵害処分・授益処分（拒否処分）とは，いずれとも結び付き得るところ（後掲注26）参照），ある申請拒否型処分が，侵害処分（具体例につき，後掲注25）参照）に当たるのか，それとも，授益処分の拒否処分（本章第1節第2・2〔237頁〕第3・2(1)〔245頁〕，第5・3〔258頁〕参照）に当たるのかは，処分要件を定める根拠法令の制度趣旨に基づく実質的解釈（原則の自由を制約する許可的なものか，特権を付与する特許的なものか）によることになる。この場合，例えば，ある根拠法令が，a及びbの許可事由という形で規定しているものの，その実質的解釈の結果，これを侵害処分である不許可処分の適法要件（不許可事由・申請拒否事由）として読み替える必要が生じた場合，その処分要件は，非a又は非bとなること（その読み替えた後の処分要件について要件事実を考えるべきこと）に注意が必要である。

[8] 司研『実務研究』150頁参照。このように，行政処分の取消訴訟において，審判の対象となる処分の同一性が問題となり，理由の差替えの可否の論点が問題となるのは，本文で述べたとおり，行政処分の取消訴訟の本質が行政処分の事後審査にあるからである。しかし，上級審（抗告審）において，原審がした処分の当否の審査が問題となる場合には，抗告審の構造は続審であるから（通説），上記のような問題は生じない。抗告裁判所には，民訴331条で，控訴審における理由の差替えを許容する民訴302条2項が準用されている。

(2) 第1類型の処分

第1類型の処分については，行政庁は，その処分要件のすべてについて充足の有無を判断することが求められているから，行政庁の判断は，その処分要件の判断全体に及び，その判断全体の当否が訴訟物である違法性の対象となる（後記(3)2)の「結論同一説」と同様の判断構造となる）。

したがって，訴訟物について生ずる既判力は，訴訟で争点とはならなかった処分要件の判断を含めて，訴訟物である当該処分の違法性（適法性）全体に及ぶ。そして，手続上の適法要件の欠如を理由とする取消判決の既判力も，実体上の適法性の要件を含めて全違法事由に及ぶ。

また，理由の差替えについては，訴訟物の範囲に関する主張であれば，一応，許されることになる（この点については，さらに，後記3(1)の〔A〕の考え方〔判断同一説・総額主義〕と〔B〕の考え方〔根拠同一説・争点主義〕の対立を検討する必要がある）。

(3) 第2類型の処分

第2類型の処分については，分けて考える必要がある。

1) 取消型処分

取消型処分（地位剥奪処分）については，行政庁は，取消処分の理由となった取消事由（処分事由）の充足について判断することが求められているから，行政庁の判断は，行政庁が判断すべき処分要件（取消事由）に関する違法性に限定され，その取消事由に係る判断部分のみが訴訟物である違法性の対象となる（後記2)の「理由同一説」と同様の判断構造となる）。

したがって，訴訟物について生ずる既判力は，上記範囲に限定される。

また，理由の差替えについては，別の取消事由を主張して処分の効力を維持しようとしても，処分を根拠付ける事実が異なり，「処分の同一性」（訴訟物の同一性）が失われるので，そのような理由の差替えは許されない。

もっとも，以上は，取消事由ごとに別個の処分を構成する場合のことである（租税に関する取消処分は，いずれも上記の場合である）。上記とは異なり，処分要件を定める根拠法令の趣旨が，処分事由をそれぞれ別個独立の行為とするものではなく，これらに共通する一定の状態を処分要件とする点にある場合（例えば，国家公務員の適格性を欠くことを理由とする分限処分等の場合）には，各処分事由を含む，その一定の状態に関する行政庁の判断の当否が訴訟物を構成することになる（この場合には，後記2)の「結論同一説」と同様の判断構造となる。）。

2） 申請拒否型処分

この点は，見解が分かれる。

〔α〕一つは，処分の同一性（行政庁の判断）は，前記1)の取消型処分と同様，処分理由とされた個々の申請拒否事由（積極的要件のうち，一つの不該当，又は消極的要件のうち，一つの該当。以下では，行政庁が，消極的要件 a, b, c のうち，a に該当すると判断した例で考える）によって画されるという考え方[9]である（以下，仮に「理由同一説」と呼んでおく）。訴訟物は，「a に該当する。」という行政庁の判断に関する違法性の有無となる。

したがって，訴訟物について生じる既判力は，上記範囲に限定される。

また，理由の差替えについては，行政庁（以下では，便宜上，行政庁や課税庁が主張するとか，行政庁や課税庁による理由の差替えは許されないとかなどの表記をしている箇所があるが，この主張等の主体は，正確には，行政主体である国であるので，ご留意いただきたい）が，b 又は c の該当性を主張することは，「処分の同一性」（訴訟物の同一性）を害し，許されないことになる[10]。

〔β〕もう一つは，処分の同一性（行政庁の判断）は，前記1)の取消型処分とは異なり，申請拒否事由の存否全体（上記の例では，行政庁が，「a に該当する。」という点を処分理由としたとしても，事後的・評価規範的に考えれば，それは，一種の例示にすぎず，a 以外の事由については，オープンになっており，「a, b 又は c のいずれかに該当する」という判断であると考え，その全体が行政庁の判断であると考えるのである）によって画されるという考え方である（以下，仮に，「結論同一説」[11]と呼んでおく）。訴訟物は，「a, b 又は c のいずれかに該当する。」という行政庁の判断に関する違法性の有無となる。

裁判所が，申請拒否型処分を取り消すためには，処分理由とされた a の不該当を確定するだけでは不十分であり，a, b 及び c のすべての不該当を確定する必要があり（立証責任によって不該当が確定する場合のみならず，主張責任によって〔つまり，主張がされないことによって〕その不該当が確定する場合を含む），その範囲全体が訴訟物となる（この点で，前記(2)の第1類型の処分と同様の判断構造となる）。

9） 司研『実務研究』149〜151頁。
10） 司研『実務研究』205頁。
11） 司研『実務研究』160頁でいう「結論同一説」。結論同一説に立つものとして，石崎誠也「申請拒否処分における処分理由の追加・変更について」法政理論37巻1号（2004年）23頁以下参照。

したがって、訴訟物について生じる既判力は、上記範囲全体に及ぶ。

また、理由の差替えについては、行政庁が、b又はcの該当性を主張することは、「処分の同一性」(訴訟物の同一性)の範囲内の主張として、一応、許されることになる(この点については、さらに、後記3(1)の〔A〕の考え方〔判断同一説・総額主義〕と〔B〕の考え方〔根拠同一説・争点主義〕の対立を検討する必要があるが、判例は、理由の差替えを許容している[12])。

さて、〔α〕(理由同一説)と〔β〕(結論同一説)のいずれの考え方によるべきであろうか。

思うに、申請拒否型処分において、理由の差替えを否定すると、申請拒否型処分が取り消されても、今度は、別の理由で再度申請が却下され(行訴33条2項)、訴訟物の重要な機能である紛争の一回的解決が図られないことになるから、紛争の一回的解決の点を重視して、〔β〕の結論同一説をとるのが相当であろう。その上で、紛争の一回的解決は、申請拒否型処分において、取消訴訟と申請型の義務付け訴訟との併合審理(行訴37条の3第1項2号・3項2号・4項)がされた場合、よりよく実現されることになる(申請型の義務付け訴訟の要件事実については、第1節第2・4「青色申告承認申請の却下処分の取消訴訟」の再々々抗弁の3番目の※〔242頁〕を参照)。

もっとも、〔β〕の結論同一説に立つ場合、〔α〕の理由同一説から、申請拒否型処分の取消判決の拘束力(行訴33条2項)に関する一般的な考え方と平仄が合うのか疑問であると批判されているので、この点について、検討しておく必要がある[13]。

---

[12] 最判平11・11・19民集53巻8号1862頁(逗子市情報公開請求事件)は、情報公開条例に基づく非開示処分(申請拒否型処分として第2類型の処分であると考えられる。)の取消訴訟につき、申請拒否理由の追加(理由の差替え)を認める。最判解民・平成11年度(下)〔34〕830頁〔大橋寛明〕は、上記最高裁判決は、第2類型の処分の理由の差替えを制限する見解(本文の〔α〕の理由同一説)を採らないものと理解するのが素直であろう、としている。したがって、本文の〔β〕の結論同一説は、上記最高裁判決と整合的である。なお、最判昭53・9・19集民125号69頁〔個人タクシー免許期限変更申請拒否処分事件〕は、申請拒否処分について理由の差替えを認めるが、そこで問題となっている新規免許に係る拒否事由と免許期限更新に係る拒否事由とは選択的に存在するものではなく、上記最高裁判決の事案は、本文で述べる例とは異なる。

[13] 司研『実務研究』160〜162頁。申請の積極的要件の一部不該当を理由とする申請拒否型処分(以下「却下処分」という。)の取消訴訟においては、申請の積極的要件のすべての該当が原告(納税者)によって主張されなければならないから(本章第1節第2・2〔237頁〕、第3・2(1)〔245頁〕、第5・3〔258頁〕参照)、これらの要件について、課税庁の主張(認否・反論)がされないことは考えられない。しかし、申請の消極的要件の一部該当を理由とする却下処分の取消訴訟の場合には、そのすべての該当について、課税庁から主張がされない場合があり得る(主張が

3) 手続上の適法要件違反を理由とする申請拒否型処分

　手続上の適法要件の不充足を理由として申請拒否型処分がされた場合には，事後的・評価規範的に見ても，原則として，実体上の適法要件の充足・不充足についての行政庁の第一次判断権は行使されているとはいえないから，手続上の適法要件の不充足に関する行政庁の判断（これは，前記2)の〔β〕の結論同一説に立つと，手続上の複数の適法要件が選択的に規定されている場合には，そのいずれかには該当するとの判断であり，手続上の複数の適法要件相互の理由の差替えは許される）のみが訴訟物の範囲に含まれることになる[14]。

　したがって，訴訟物について生じる既判力は，上記範囲に限定される。

　また，理由の差替えについては，行政庁が，手続上の適法要件以外の実体上の適法要件の不充足を主張することは，原則として許されないことになる[15]。

　されない事由については，主張責任によって，その事由が存在するとは扱われないという処理がされるので，裁判所の判断に支障は生じない）。この場合，例えば，行政庁が消極的要件の一部であるaのみを主張し，これが認められず，却下処分が取り消された場合，判決の理由中で触れられていない他の消極的要件（b，c等）の存在を理由として，改めて原告の申請を却下してよいかが問題となるのである。確かに，紛争の一回的解決を重視して〔β〕の結論同一説に立つのであれば，課税庁において，訴訟で主張が可能であれば，現に主張がされず，判決理由中に裁判所の判断として明示されていない他の消極的要件の不存在についても，拘束力が生じ，他の理由による再処分は許されないとしなければ一貫しない。そのためには，判決理由中に現に示された裁判所の判断についてのみ拘束力が生ずるとの一般的な考え方を修正しなければならないが，この点について，解釈論上の手当てをすることは可能である（興津征雄『違法是正と判決効－行政訴訟の機能と構造』（弘文堂，2010年）21頁以下参照）。したがって，〔a〕の理由同一説が指摘するとおり，取消判決の拘束力に関する従来の考え方を一部修正する必要があることになるが，その修正は可能であるので，〔β〕の結論同一説に立っても，特段の不都合を生ずるものではないものと考える。

　なお，手続上の適法要件違反を理由とする申請拒否型処分の取消判決の拘束力は，実体法上の適法要件違反を理由とする申請拒否の再処分を禁止しないので，この点は，取消判決の拘束力に関する従来の考え方と矛盾するものではない。

14) 最高裁は，処分庁が，原告の業務従事期間が，労働者災害補償保険法の施行前であったことを理由としてされた不支給決定の取消訴訟において，同法の適否といういわば「入口」の要件のみを判断して，業務起因性という実体上の適法要件の判断に触れずに処分の取消しを肯定した原審の判断を維持しており（最判平5・2・16民集47巻2号473頁〔ベンジジン事件〕），この最高裁判決は，本文で述べた考え方に沿うものであろう。なお，司研『実務研究』161頁は，本文の〔β〕（結論同一説）をとると，本文の考え方を導けないように評するが，結論同一説からも，事後的・評価規範的に見た場合，行政庁の手続上の適法要件に関する判断は，原則としてその限りの判断であると評価し得るので（ただし，後掲注15）参照），本文の結論を導くことは可能である（石崎・前掲「申請拒否処分における処分理由の追加・変更について」27～28頁参照）。この点の具体例については，本章第1節第2・2（237頁）で検討する。

15) もっとも，司研『実務研究』214頁が，「申請拒否処分の処分理由として明示されているのは手続的要件の不充足のみであっても，当該処分の処分要件の立て方，処分の性質に照らしてみると，

3 第2の留意点—「処分の同一性」の判断基準自体の違いに由来する「処分の同一性」問題

(1) 判断同一説と根拠同一説

　二つ目は，第1類型及び第2類型の各処分を通じて，「処分の同一性」をどのような判断基準を用いて判断するのかという問題である。前記2(1)のとおり，行政庁の判断は，その根拠法令の制度趣旨に照らして，事後的・評価規範的に見て，行政庁が第一次判断権を行使したと評価し得る範囲によることを説明したが，その行政庁の判断と，ある時点（取消訴訟時）での行政庁の判断とが同一かどうかが問題となる場合，その同一性をいかなる判断基準で評価するのかが，ここでの問題である。その判断基準には，大きく分けて次の二つがあり得ると思われる。

　〔A〕　一つは，行政処分の根拠法令の制度趣旨は，処分を適法とするための要件を明確にし，国民に予測可能性を与える点にあると解されるから，処分当時，処分要件を根拠付ける事実が客観的に存在し，処分要件を充足していると判断し得るのであれば，国民の予測可能性は害されないので，処分は適法であり，「処分の同一性」も，同一の処分要件について，それが充足しているとの判断が同一であれば足りるとする考え方である（以下，仮に，「判断同一説」と呼んでおく）。この考え方からすると，処分当時，客観的に存在する処分要件を根拠付ける事実であれば，「処分の同一性」の範囲内にある事実なので，処分後の訴訟の段階でも，原則として主張し得る（理由の差替えができる）ことになる。

　〔B〕　もう一つは，行政処分の根拠法令は，処分要件を定めるだけでなく，処分に際しての理由附記・理由の提示を定めており（所税150条2項，155条2項，税通74条の14，行手8条，14条等。本章第3節第1・1〔272頁〕参照），この制度趣旨は，国民の手続保障による利益を保護する点にあると解されるから，この趣旨を重視すると，〔A〕の判断同一説のいう，処分当時，処分要件を充足していると判断し得ることは，処分を適法とする上での前提条件にすぎず，処分

行政庁において実体的要件の一部の不充足をも同時に判断していると解される場合があり，このような処分について，その取消訴訟において実体的要件の不充足を追加主張することは許されよう。」として，行政庁が，手続上の適法要件以外の実体上の適法要件の不充足を主張することも例外的に許されるとしている点に留意されるべきである。この点の具体例については，本章第1節第3・1(2)（245頁）及び第5・3（258頁）で検討する。

当時，処分庁が判断した根拠事実まで同一でなければ，処分も同一とはいえないとする考え方である（以下，仮に，「根拠同一説」と呼んでおく）。この考え方からすると，処分当時，処分庁が判断した根拠事実とは異なる別の根拠事実は，「処分の同一性」を基礎付けるものとはいえないので，処分後の訴訟の段階では，原則として主張し得ない（理由の差替えができない）ことになる。

　この〔A〕と〔B〕の考え方は，第1類型と第2類型の各処分の区別根拠とは異なる分類基準によるため，いずれの類型の処分とも結び付く。すなわち，この〔A〕と〔B〕の考え方は，第1類型の処分については，課税処分[16]につき，総額主義と争点主義という形で（この点は，次の(2)で述べる。）現れ，課税処分では，所得税のような国税に係る処分のみならず，固定資産税のような地方税に係る処分でも問題となるし，課税処分以外の第1類型の処分でも問題となるし[17]，第2類型の処分でも問題となる[18]。

---

[16] 以下では，「課税処分」という場合，更正処分（税通24条），決定処分（税通25条），再更正処分（税通26条）及び賦課決定処分（税通31条ないし33条）並びに納税告知処分（税通36条）を指すもの（税通116条1項本文かっこ書参照）と解しておく。

[17] 例えば，地方税のうち，固定資産税に関する処分では，その適否について，固定資産の価格を基準とするのか（総額主義に対応），その算定に当たっての総務大臣の告示（「固定資産評価基準」）の適否を基準とするのか（争点主義に対応）という形で，その対立が現れる（岩﨑政明「地方税における要件事実論」伊藤＝岩﨑『要件事実論の展開』483頁参照）。また，課税処分以外の第1類型の処分では，土地収用法の事業認定を例（同法20条各号の処分要件のみを考える）にとってみよう（司研『実務研究』143頁参照）。起業地内の地権者（事業認定の準名宛人）が原告となった事業認定の取消訴訟において，国等が，土地収用法20条各号の処分要件の根拠事実（同法26条1項の「事業の認定をした理由」。平成13年の法改正によって同法26条1項の告示の対象として追加された）と異なる根拠事実を主張することができるかは，「処分の同一性」の判断基準の考え方の違いによる。すなわち，事業認定は，土地収用法20条各号を充たしていると判断し得る限りにおいて，処分が同一であると考えると，被告は，原則として，その取消訴訟において，告示の対象となった事実以外の事実も根拠事実として主張し得ることになる（〔A〕の判断同一説）。他方，事業認定は，土地収用法20条各号の根拠事実が同一であると判断し得る限りにおいて，処分が同一であると考えると，被告は，原則として，その取消訴訟において，告示の対象となった事実以外の事実を根拠事実として主張し得ないことになる（〔B〕の根拠同一説）。

[18] 例えば，行政庁が，申請の消極的要件（不許可事由）a，b，cのうち，aに該当すると判断し，それを附記理由として，第2類型の処分である申請拒否型処分をしたとする。この場合，前記2(3)2)の〔β〕の結論同一説に立つと，訴訟物は，「a，b又はcのいずれかに該当する。」という行政庁の判断に関する違法性の有無であるから，〔A〕の判断同一説に立つと，行政庁が，b又はcの該当性を主張し，理由を差し替えることは，訴訟物の範囲内の主張であり，原則として許されることになる。しかし，〔B〕の根拠同一説に立つと，たとえ，その主張が訴訟物の範囲内の主張であったとしても，その理由の差替えは，理由附記の趣旨からして，原則として許されないことになる（なお，第2類型の処分のうち，取消型処分の場合には，〔A〕〔B〕のいずれの考え方に立っても，結論に大きな違いは生じない）。

さて，〔A〕（判断同一説）と〔B〕（根拠同一説）のいずれの考え方によるべきであろうか。

思うに，訴訟物の重要な機能である紛争の一回的解決を重視すれば，〔A〕の判断同一説をとるべきである。ただし，〔B〕の根拠同一説が重視する根拠に関する手続保障の考え方も重要であるから，この観点も取り入れて，理由の差替えの限界を判断するのが相当であると考える（私見からの課税処分に関する具体的帰結については，後記(2)を参照）。

(2) 総額主義と争点主義

私見によれば，前記(1)の〔A〕と〔B〕の考え方の対立が，課税処分（第1類型の処分）の訴訟物の捉え方において発現したものが，総額主義と争点主義の対立である。

総額主義は，処分当時，客観的に存在した処分要件を根拠付ける事実との関係での税額の適否を問題とし（したがって，正しい税額（同一の課税標準ではない）の範囲内では，根拠事実を異にしても，処分は同一である）．他方，争点主義は，税務署長が，処分当時，理由附記に係る根拠事実との関係での税額の適否を問題とする（したがって，正しい税額の範囲内でも，根拠事実を異にすれば，「処分の同一性」が失われる）。総額主義は，前記(1)の〔A〕の判断同一説と，争点主義は，前記(1)の〔B〕の根拠同一説と，それぞれ結び付く。

判例は，総額主義の立場をとっている（最判平4・2・18民集46巻2号77頁等）。前記(1)の私見からすると，この問題に関しても，総額主義を前提に，理由の差替えにおいて，手続保障の考え方を取り入れてその限界を判断するのが相当である，ということになる。

私見によれば，総額主義に立てば，課税処分の正しい税額の範囲内で，理由の差替えは，原則として許される（前記「設例」では，原則として，根拠事実その2を追加的ないし交換的に主張することは許される。この点につき，東京地判平8・11・29判時1602号56頁参照）が，手続保障の観点から，納税者の利益を害する特段の事情がある場合には，例外的に許されないことになる（もっとも，総額主義に立っても，争点主義の考え方である手続保障の観点をさらに重視すれば，争点主義による帰結と同様の帰結を導くことも可能となるが，以下では，総額主義という場合，そこまでは考えないこととする）。

他方，争点主義からは，原則として理由の差替えは許されない（前記「設例」では，原則として，根拠事実その2を追加的ないし交換的に主張することは許され

ない）が，納税者の利益を害しない特段の事情がある場合（基本的課税要件事実の同一性が失われない場合[19]）には，例外的に許されることになる。

このように，総額主義と争点主義の対立は，結論的に同一の方向に向けて収斂しつつある[20]が，総額主義と争点主義のいずれの立場に立つかによって，理由の差替えの可否についての原則・例外の規範構造が異なることになり，このことは，要件事実の構成に影響を与える（本章第3節第1・2(2)〔273頁〕参照）。

第2 行政処分の取消訴訟における要件事実
1 要件事実の決定基準―侵害処分・授益処分説

前記第1の1のとおり，行政処分の取消訴訟の訴訟物を形成要件である違法性一般であると捉えたとして（違法性一般説），その違法性（適法性）を基礎付ける事実の立証責任の所在（立証責任対象事実の確定）をどのように考えればよいのであろうか。立証責任の所在についての一般論としては，訴訟物の法律関係を規律している実体法の制度趣旨[21]を基本に据える「裁判規範としての民法説」（第1章第1節・第2節〔9頁以下〕参照）が妥当であり，以下では，この説を前提に考える（なお，主張責任の所在は，立証責任の所在と一致するものとして確定させるべきである[22]）。

この考え方を租税に関する行政処分の取消訴訟に当てはめれば，次のとおりとなる。

---

[19] 争点主義の立場からは，基本的課税要件事実の同一性が失われない範囲での理由の差替えは認められるとされる（金子『租税法』1008頁）。しかし，いかなる場合に基本的課税要件事実の同一性が失われない範囲といえるのかは明確ではない。納税者の理由の差替えによる不利益は，基本的課税要件事実の同一性という抽象的な観点から捉えるのではなく，当該事案の特質を踏まえた上で具体的に捉えられるべきように思われる。「基本的課税要件事実の同一性」の意義や範囲について再検討を加える必要があることを指摘するものとして，占部裕典「更正にかかる処分理由の差替えの許容性―更正の除斥期間経過後に処分理由の差替えは認められるか―」同志社法学301号（2004年）35頁以下参照。

[20] 岩﨑政明「租税訴訟における訴訟物の考え方」伊藤＝岩﨑『要件事実論の展開』127～128頁参照。

[21] 本文の「制度趣旨」は，沿革等から認定した歴史的立法者意思を基礎として，社会的実態（国民の法意識），立法後の事情等を考慮して確定した「あるべき制度趣旨」を意味する（河村浩「要件事実論における法律の制度趣旨把握の方法論―租税特別措置法35条1項の「居住の用に供している家屋」（譲渡所得に関する特別控除）の要件事実の分析を題材として」伊藤＝岩﨑『要件事実論の展開』41頁以下参照）。その制度趣旨確定作業の実際については，前掲注2），第4節第2（279頁），第5節第2・2(2)（297頁）及び第7節第2・1（317頁）を参照されたい。また，法解釈における社会的実態の重要性については，本章第4節第3・2(5)（286頁）を参照されたい。

[22] 伊藤『要件事実の基礎』149頁以下。

まず，課税処分について考えてみよう。課税処分は，財産権が保障されている国民一般を出発点として考えると，国民が本来有する権利を制限する典型的な侵害処分である。原告において，請求原因として，当該課税処分を特定して，これが違法であると主張し，取消しを求める処分の存在を主張立証すれば足りる[23]。これに対し，被告である国（課税庁）において，抗弁として，課税処分の適法要件（課税の手続上の適法要件〔納税義務を具体的に確定させるための手続的要件〕及び実体上の適法要件〔いわゆる課税要件〕）を基礎付ける事実の主張立証責任を負うと考えることが，行政庁に課税処分を課すことを認めている法律の制度趣旨に適うことになる[24]（ただし，納税者に有利な課税処分の例外的規定であると解すべき規定がある場合，その例外的規定の適用を基礎付ける事実については，原告において，再抗弁として主張立証責任を負うと解するのが，その例外的規定の制度趣旨に合致することになる。このことは，侵害処分について，その処分要件を基礎付ける事実について，行政庁が主張立証責任を負うことと矛盾することを述べているわけではない）。

　次に，租税に関する行政処分のうち，国民が本来有する利益・地位に比して特別な利益を付与する授益処分について考えてみよう。この場合，授益処分によって利益を受ける原告において，授益処分を受け得ることを基礎付ける事実を主張立証し，被告である国において，原告が当該授益処分を受けることがで

---

[23] 行政処分の訴訟物が，形成要件としての違法性一般であるとすると（違法性一般説），行政処分の取消しを求めようとする国民としては，請求原因としては，当該行政処分を特定し，それが違法であることを主張すれば足りよう。この請求原因は，攻撃方法としての請求原因ではなく，特定方法としての請求原因（行訴7条，民訴133条2項2号）である。特定方法としての請求原因の主張は，攻撃方法としての請求原因とは異なり，事実主張ではなく，法律上の主張である（したがって，特定方法としての請求原因を欠いた場合は，訴えは，訴訟物が特定されていないことになり，訴え提起の要件を欠き，却下される）。また，行政処分の存在自体は，訴訟要件であるので，原告が，行政処分の存在自体を証明することができない場合，訴えは訴訟要件を欠き，却下される。行政処分が，権限を有する行政機関によって，行政法規の手続に従いなされたことは，被告国の抗弁である。

[24] 課税処分の取消訴訟における原告に有利な事実（必要経費の額等）について，原告の主張，証拠の申出を規定する税通116条（昭和59年の法改正により規定された）は，その歴史的立法者意思に照らしても，納税者である原告に自己な事実の立証責任を一般的に負担させることを意図した規定であるとはいえないので（岩﨑政明「租税訴訟における納税者の証拠提出責任－改正国税通則法116条の意義と適用範囲－」判タ581号（1986年）44頁以下参照），本文のように，課税庁が，課税処分の適法要件を基礎付ける事実（必要経費が一定額を超えては存在しないことを含む）の主張立証責任を負うと解することの妨げとなるものではない（もっとも，納税者が，自己に有利な例外的規定であると解される規定に係る要件事実の主張立証責任を負うことがあることは，本文で述べたとおりである）。

きない例外的事情の主張立証責任を負うと考えることが，当該授益処分を受ける者に，国民が一般的に有する利益以上の利益を付与することを認める法律の制度趣旨に適うことになる[25]。

---

25) 授益処分の申請拒否型処分（第2類型の処分）に係る取消訴訟の攻撃防御の構造は，これまで明確に論じられているとはいい難いと思われる。私見によれば，その構造は，前掲注16)の課税処分（第1類型の処分）とは異なり，次のとおりとなる（裁量権の逸脱又は濫用（行訴30条）という一般的な主張は除いて考える）。すなわち，原告（納税者）は，侵害処分の場合と同様，請求原因として，申請却下処分等の授益処分の拒否処分の存在を主張立証して，その違法性を主張する必要があるが，これをもって足り，被告国は，抗弁として，授益処分の拒否処分に係る手続が適法にされたことを基礎付ける事実を主張立証すべきであると考える。なぜならば，「法律による行政の原理」を維持し，もって，行政処分によって不利益を受ける国民の権利，利益を保護しようとする行政処分の取消訴訟の制度趣旨（本章第7節第3・1(1)〔319頁以下〕参照）に照らすと，国民の適法な申請が前提となる申請拒否型の行政処分であっても，まずは，行政処分が法律に基づいて適式に行われたことが明らかにされなければならず，権限を有する行政機関による理由附記等の手続上の適法要件を充たさない却下処分の場合，国民の適法な申請を基礎付ける事実等の有無の判断に立ち入るまでもなく，取り消されなければならないからである。例えば，原告の申請に不備があったが，他方で，その申請に対する行政処分（却下処分）にも，法律の手続規定に違反する瑕疵があった場合，原告の適法な申請があるとはいえないという理由で（つまり，原告の適法な申請を基礎付ける事実を請求原因であると解して，その主張立証がないという理由で），原告の請求を棄却するのは，「法律による行政の原理」という行政処分の取消訴訟の制度趣旨からみて相当とは思われないからである。

もっとも，この点に関しては，申請拒否型の行政処分の場合，適法な申請を基礎付ける事実は，その本質的要素であり，その事実の有無がはっきりしないのに，行政機関が一定の行政処分をしなければならないとするのは相当ではないから，上記の処分の存在及び違法性の主張に加えて，適法な申請を基礎付ける事実が当初から請求原因として必要であるとする見解（伊藤滋夫「要件事実論の考え方」伊藤『環境法要件事実』89～90頁）も有力である（伊藤説の詳細については，第1章第2節第3・3〔13頁以下〕を参照されたい）。この点については，これまで十分に議論がされているとはいい難く，見解が分かれるところであろう。

さて，以下では，前記の私見に沿って説明するが，原告は，再抗弁として，適法な申請を基礎付ける事実，申請の許可事由等の授益処分を受け得ることを基礎付ける事実を主張立証すべきことになる。なぜならば，前記のとおり，私見によれば，原告は，適法な申請を基礎付ける事実を当初から請求原因として主張立証する必要はないと解されるところ，申請拒否型の行政処分が適法となる処分要件の一部（手続上の適法要件）を満たしている場合（抗弁が成り立つ場合）であっても，当該申請がその実体的要件を満たしている場合には，行政機関は，原則としてその申請を許可しなければならず，却下処分をすることが許されないことになるから，上記申請を基礎付ける事実は，上記抗弁から生ずる効果（処分が適法であること）を妨げるものとして，再抗弁となるからである（もっとも，上記の私見の構造を前提として，授益処分を受け得ることを基礎付ける事実を「請求原因の予備的主張」（河村＝中島『ハンドブック』103頁以下参照）と捉える考え方も成り立ち得るが，ここでは，上記のとおり，授益処分を受け得ることを基礎付ける事実は，再抗弁であると解しておく）。さらに，被告国は，再々抗弁として，原告が当該授益処分を受けることができない例外的事情（申請拒否事由等）を主張立証すべきである。

以上の私見を，棄却裁決の取消訴訟（行訴3条3項。一種の授益を求める訴訟であると解される。）に当てはめてみよう。請求原因は，裁決の存在及び違法主張（出訴期間遵守を含む。），抗弁として，裁決の処分要件（手続上の適法要件）の充足を基礎付ける事実，再抗弁として，審査請

以上の考え方は、いわゆる侵害処分・授益処分[26]説と呼ばれる考え方である。ここでは、侵害又は授益の判断の前提となる国民の一般的地位の内容（一定の基準を備えた国民）をどのようなレベルのものとして捉えるのかがポイントになる[27]。そして、どのような立場・レベルの国民を出発点として処分の不利益性、授益性を考えるのかは、その処分の根拠法令の制度趣旨によって決定されるものと解される。この点については、後に、具体的に検討する（後記2、本章第1節第2・2〔237頁〕及び3〔239頁〕、第3・2(1)〔245頁〕、第4・1〔249頁〕、第5・3〔258頁〕及び4〔260頁〕、第4節第3・1〔282頁〕、第5節第2・4(1)〔296頁〕参照）。

　手続法的事項（広義の訴えの利益〔本章第1節第1柱書〔230頁〕参照〕、不服申立て前置〔税通115条1項本文〕、出訴期間〔行訴14条〕の遵守等の訴訟要件の充足）に関する事実は、厳密な意味での要件事実ではないが、当該手続法の制度趣旨に照らし、原則・例外による要件事実論的思考が必要かつ有益であることにかんがみ、そのような手続法的事項に関する事実を含めて、広い意味で「要件事実」（請求原因）と呼ぶこととする（「はしがき」参照）。

　以上の要件事実の論理的構造は、場合によっては、請求原因から再々々抗弁まで細分化されることがあるが（本章第1節第2・4〔240頁〕、第5・5〔261頁〕参照）、このような構造は、実際に、この請求原因以下の構造の順序で主

　　求の適法要件の充足と裁決固有瑕疵（行訴10条2項。ただし、再抗弁となる裁決固有瑕疵は、裁決の手続上の適法要件を基礎付ける事実（抗弁）の否認（裁決の手続的瑕疵）を除く、裁決の内容的瑕疵である。例えば、裁決の理由不備の法令適用の誤り等）とを基礎付ける事実となろう（裁決固有瑕疵に関する立証責任が原告にあることにつき、司研『実務研究』177～178頁、今村ほか『租税訴訟の理論と実務』145頁〔脇博人〕参照）。

　　さらに、私見によれば、侵害処分であっても、申請拒否型処分（第2類型の処分。例えば、建築基準法に基づく建築確認をしない処分や情報公開条例に基づく非開示処分等。前掲注7）参照）の場合、申請要件の具備については、申請要件の具備を求める根拠法令の制度趣旨に照らし、原告が再抗弁として主張立証責任を負うものと解される（申請の不許可事由については、被告が主張立証責任を負う）。

　　以上のとおり、私見は、申請拒否型処分（授益処分、侵害処分）に係る取消訴訟の主張立証責任の基本的構造を明らかにし得るものと考える。

26) この侵害処分・授益処分（拒否処分）は、第1類型の処分・第2類型の処分とは異なる観点からの分類であり、論理的には、いずれとも結び付く。例えば、侵害処分かつ第1類型の処分は、更正処分（税通24条）等の課税処分である。侵害処分かつ第2類型の処分は、青色申告承認の取消処分（所税150条）、納税猶予処分の取消処分（税通49条）等である。また、授益処分かつ第1類型の処分は、納税猶予処分（税通46条）等である。授益処分の拒否処分かつ第2類型の処分は、青色申告承認申請の却下処分（所税145条）、納税猶予の不許可処分（税通46条の2）等である。
27) 伊藤滋夫「要件事実論の考え方」伊藤『環境法要件事実』89～90頁。

張立証されなければならないことを意味するものではなく，実際の訴訟運営では，上記の構造いかんに関わりなく，争点を中心に適時に主張立証がされなければならないことは当然のことであり（行訴7条，民訴156条，税通116条），上記の要件事実の構造分析の問題と，訴訟運営の問題とは，別個の問題であるので，この点，混同されないように注意されたい。

2 要件事実の具体例―更正処分の取消訴訟を例として

更正処分（税通24条）は，財産権が保障されている国民一般を出発点として考えると，典型的な侵害処分である。前記「設例」に基づいて，更正処分の取消訴訟を例として考える（原告納税者をX，被告国をY，所轄税務署長をBとする。ここでは，推計課税〔本章第2節〔263頁以下〕参照〕については検討しない）。

なお，取消しを求めることができる訴えの利益[28]があると認められるのは，更正処分のうち，申告額を超える部分である（申告額を超えない部分の取消しは，更正の請求〔税通23条〕をする必要があるからである。ただし，更正の請求をしさえすれば，申告額を下回る更正の請求をした税額まで更正処分の取消訴訟において争うことができる。本章第1節第1・3〔232頁以下〕参照）。

訴訟物
　　YのXに対する本件更正処分の違法性
請求原因
（行政処分の存在）
　① B税務署長のXに対する平成○○年分の雑所得金額を△△円，所得税額を●●円とする本件更正処分が存在する。
（違法性の主張）
　② 本件更正処分は，違法である。
（不服申立て前置）
　③〔A〕 Xは，平成○○年●月●日，国税不服審判所長に対し，審査

---

28) 行政処分の取消訴訟の広義の訴えの利益には，①訴えの対象，②原告適格及び③狭義の訴えの利益（本案判決を得る必要性）の3つの意味がある（泉ほか『租税訴訟の審理』43頁以下）。本文で述べる訴えの利益は，この③の狭義の意味である。本章第1節第1〔230頁以下〕で検討する訴えの利益は，上記①の訴えの対象と上記③の狭義の訴えの利益の意味である。上記②は，租税訴訟で問題となることは少ないが，滞納処分関係（本章第6節第3・2〔310頁〕及び3〔312頁〕参照）では問題となり得る。

請求をしたが，その審査請求は，理由がないものとして棄却する旨の裁決を受け（税通115条1項本文），この裁決書謄本は，平成○○年△月△日，Xに送達（税通12条，101条3項）された。

又は

〔B〕 Xは，平成○○年●月●日，国税不服審判所長に対し，審査請求をしたが，審査請求のされた日の翌日から起算して3か月が経過しても審査裁決がされなかった（税通115条1項1号）。

又は

〔C〕 Xには，審査請求に基づく裁決を経ることにより生ずる著しい損害を避けるため緊急の必要（評価根拠事実）がある（税通115条1項3号前段）。

又は

〔D〕 Xには，審査請求についての裁決を経ないことにつき「正当な理由」（評価根拠事実）がある（税通115条1項3号後段）。

（出訴期間遵守）

④〔a〕 Xは，(i)上記③〔A〕の裁決があったことを知った日から6か月を経過する前に，かつ，(ii)裁決の日から1年を経過する前に，本件訴訟を提起した（行訴14条3項本文）。

又は

〔b〕 Xには，〔a〕(i)又は(ii)の期間を経過したことにつき，「正当な理由」（評価根拠事実）がある（行訴14条1項ただし書・2項ただし書・3項ただし書）。

※ 上記④〔a〕は，裁決を経た場合である。裁決を経なかった場合（前記③の〔B〕ないし〔D〕参照），「(i)前記①の本件更正処分があったことを知った日から6か月を経過する前に，かつ，(ii)上記処分の日から1年を経過する前に，本件訴訟を提起した」となる（行訴14条1項本文，2項本文）。

※ 原告が，既に審査請求棄却裁決の取消訴訟を提起しているときには，原処分の取消請求について追加的変更の申立てをする場合，その出訴期間につき，特則（行訴20条）がある。

※ 前記の不服申立て前置（税通115条1項。一般的な規定として，行訴8条2項参照）と出訴期間（行訴14条）は，それらの要件が充たされた場合に限り，課税処分の取消訴訟を許すというのが上記各規定の制度趣旨である

から，これらの規定の適用を基礎付ける事実（前記③の〔A〕ないし〔D〕及び④の〔a〕〔b〕は，相互に等価値の事実である）の立証責任は，Xにある。
※ 以上では，Xに訴えの利益・原告適格はあることを前提としている（前掲注28）参照）。

抗弁（本件更正処分の適法性に関する評価根拠事実）[29]
（手続上の適法要件）
① Xは，平成○○年分の所得税について，B税務署長に対し，平成○○年◎月◎日，総所得金額を××円（事業所得××円，雑所得0円）とする申告をした。
② B税務署長は，Xに対する税務調査をした。
※ 違法な税務調査と更正処分の取消しとの関係については，第3節第2（276頁）を参照。また，前記「設例」では，白色申告であるが，これが青色申告の場合，その更正には，原則として帳簿書類の調査が必要である（所税155条1項本文）。
③ B税務署長は，平成○○年○月○日付けで，Xに対する平成○○年分の総所得金額を○○円（事業所得に加え，雑所得△△円），所得税額を●●円とする本件更正処分をし，更正通知書（税通28条）がXに送達された。
④ B税務署長は，本件更正処分に際して，その理由（根拠事実その1）を書面で提示した（税通74条の14第1項，行手14条）。
※ 理由附記については，後記第3・1参照。
（実体上の適法要件）
⑤ 根拠事実その1──雑所得（所税35条）の発生原因事実
　a Xは，平成○○年□月□日，A社に対し，××円を貸し付けた。
　b Xは，上記の貸付けに際して，A社との間で，利息をその当時の銀行の長期貸出約定平均金利年利○○％とする合意をした。
　c Xは，貸付先であるA社の一人株主であって，その代表取締役の

---

29) 侵害処分のうち，第1類型の処分（本文の更正処分など）については，すべての処分要件を具備している事実は，被告に主張立証責任があると考えてよいが，侵害処分であっても，第2類型の処分である申請拒否処分の場合，申請要件を具備している事実は，原告に主張立証責任があることに注意すべきである（前掲注25）参照）。このように，第1類型の処分と第2類型の処分の区別は，訴訟物についてだけではなく，要件事実の確定についても実益がある（前掲注6）も参照）。

地位にあった。
※　上記ｃを含めた雑所得の要件事実につき，第2章第5節第2・10(5)〔143頁〕参照。上記⑤ｃと下記⑤'ｄとは，似ているが，上記ｃは，雑所得を基礎付ける事実であり，下記ｄは，所税157条の同族会社性を示す事実であり，その要件事実が要求される根拠及び内容が同じではない。

又は

⑤'　根拠事実その2―雑所得の発生の擬制（所税157条）
　　ｄ　Ａ社は，Ｘが，Ａ社の発行済株式総数のすべてを保有する同族会社である。
　　ｅ　Ｘは，上記⑤ａの貸付けに際し，Ａ社との間で，利息支払の合意をしなかった。
　　ｆ　上記ｅが不当であることを基礎付ける具体的事実（詳細は，本章第4節第4〔290頁〕参照）
　　ｇ　上記ａの借入当時の銀行の長期貸出約定平均金利は，年利○○％であった。

※　上記の根拠事実その1及びその2では，必要経費は考慮に入れていない。
※　前記④の本件更正処分当時の処分理由である根拠事実その1と，異なる根拠事実その2を，訴訟になってから，追加的ないし交換的に主張し得るかについては，争いがある（本章第3節第1・2〔273頁以下〕参照）。
※　理由の差替えを許す場合，納税者は，理由の差替えが許されない特段の事情（再抗弁）を主張立証することができる（本章第3節第1・2(2)〔273頁〕参照）。
※　被告国の本案前の抗弁については，本章第1節第1・1（230頁），2及び4（231，234頁）参照。
※　裁量権の逸脱又は濫用の主張（再抗弁）については，本章第1節第2・2（237頁），3（239頁），第5・3（258頁），4（260頁）参照。

第3　最近の法改正が要件事実に与える影響―理由附記，更正の請求，調査手続及び審査請求

1　理由附記

行政手続法が，平成5年に制定され，申請拒否型処分に対する理由の提示（行手8条），及び不利益処分（行手2条4号）に対する理由の提示（行手14条

の規定が定められたが，行政手続法の上記各規定は，平成5年の国税通則法の改正により，国税に関する法律に基づき行われる処分には適用されないものとされていた。

しかし，平成23年12月の国税通則法の改正（経済社会の変化に対応した税制の構築を図るための所得税法等の一部を改正する法律〔平成23年法律第114号〕による改正。以下，「平成23年12月の改正」という）によって，国税に関する法律に基づき行われる処分に，前記の行手8条及び14条の規定が全面的に適用されることとなった（税通74条の14第1項，行手8条，14条）。

したがって，青色申告に係る更正（所税155条2項等）で求められる理由附記の考え方が，今後は，白色申告に係る更正を含め，国税に関するすべての処分に求められることになろう[30]。なお，平成23年12月の改正より前から各税法において特別に設けられた理由附記の規定（所税155条2項等）は，各規定におけるこれまでの取扱いを尊重する趣旨から存置されることになった[31]。

2　更正の請求

平成23年12月の改正によって，①国税通則法上の通常の更正の請求（更正の請求の種類については，本章第1節第3・1(1)〔244頁〕参照）について，その請求期限が法定納付期限から5年以内に延長され（税通23条1項柱書。従来の1年から5年に延長された。併せて，公平の観点から，更正の期間制限も3年から5年に延長された〔税通70条1項〕），②更正の請求の基礎となる「事実を証明する書類」の添付が義務化され（平成23年12月の改正に伴う政令の改正〔国税通則法施行令の一部を改正する政令（平成23年政令第382号）〕による改正。以下「平成23年12月の政令改正」という）によって，税通令6条2項の「添付するものとする。」から「添付しなければならない。」と改められた），③「偽り」の更正請求書を税務署長に提出した者に罰則が規定された（税通128条1号）。

上記改正は，更正の請求期限を延長し，納税者の権利救済を拡大した反面，納税者に対し，厳しい措置を講じたものである。特に，平成23年12月の政令改正で，更正請求書の添付書類として，更正の請求の理由の基礎となる事実を証明する書類の添付が義務付けられたのは（税通令6条2項），納税者が更正の理

---

[30]　品川芳宣「租税手続法（国税通則法・国税徴収法）における要件事実」伊藤＝岩﨑『要件事実論の展開』110～111頁。
[31]　『国税通則法精解』944頁の注(2)。

由を証明するとの趣旨を明確化する点にあった[32]。

3 質問検査権の行使

　最決昭48・7・10刑集27巻7号1205頁は，所税234条1項（現行法にはない削除規定）につき，「質問検査の範囲，程度，時期，場所等実定法上特段の定めのない実施の細目については，右にいう質問検査の必要があり，かつ，これと相手方の私的利益との衡量において社会通念上相当な限度にとどまるかぎり，権限ある税務職員の合理的な選択に委ねられているものと解すべく，また，……実施の日時場所の事前通知，調査の理由および必要性の個別的，具体的な告知のごときも，質問検査を行なううえの法律上一律の要件とされているものではない。」と判示した。

　しかし，平成23年12月の改正によって，質問検査権の行使に関し，国税通則法の第7章の2で詳細な規定が設けられた。すなわち，税務調査には，原則として事前通知等が必要であり（税通74条の9），事前通知を要しない例外事由が定められ（税通74条の10），調査の終了の際の手続として，将来的に処分が行われるときには，その数額と理由を事前に開示すること（税通74条の11第2項）となり（その詳細は，平成23年12月の政令改正によって第7章の2が新設され，同施行令30条の2以下で定められた），その内容は大きく変わることとなった。

4 審査請求

　国税不服審判所に対する審査請求手続においては，従来から，処分庁から提出された書類その他の物件の閲覧権が認められていた（後記の平成26年6月の改正前の旧国税通則法96条2項。この規定は，旧国税通則法109条5項で参加人に準用されていた）。平成26年6月の改正（行政不服審査法の施行に伴う関係法律の整備等に関する法律〔平成26年法律第69号〕による改正。以下「平成26年6月の改正」という）によって，新たに97条の3の規定が設けられた。この規定の下では，審査請求人及び参加人は，処分庁から提出された書類その他の物件に限られず，担当審判官が職権で収集した書類その他の物件を含め，閲覧に加えて，写し等の交付を求めることができるようになった[33]。

32）『国税通則法精解』361頁の（注）。
33）『国税通則法精解』1123〜1124頁。

5 要件事実への影響

(1) 理由附記

　理由の差替えが原則として自由であると考えたとしても，理由附記が，すべての国税に関する行政処分に求められることになったことから，白色申告に係る更正処分についても，無制限に理由の差替えをすることは許されず，理由の差替えに対しては，それが許されない例外的事情（特段の事情）が，要件事実として意味を持つことになろう（詳細は，本章第3節第1・2〔273頁〕で述べる）。

(2) 更正の請求

　平成23年12月の改正及び政令改正によって，更正請求書に偽りの記載をして税務署長に提出した者に罰則規定が定められ，更正請求書の添付書類として，更正の請求の理由の基礎となる事実を証明する書類の添付が義務付けられたことに照らすと，更正の請求を基礎付ける事実については，納税者が立証責任を負うと解することが，これらの改正の趣旨に合致することになろう（詳細は，本章第1節第3〔244頁〕で述べる）。

(3) 質問検査権の行使

　前掲最決昭48・7・10の下では，質問検査権の行使は，権限ある税務職員の合理的な選択に委ねられているものと解されていたが，質問検査権の行使の要件が法定され，その詳細が政令で定められたことから，課税処分の取消事由となり得る課税手続上の瑕疵（調査手続の重大な違法）の要件事実（評価根拠事実）の内容が明確になったといえよう（詳細は，本章第3節第2・2〔276頁〕で述べる）。

(4) 審査請求

　国税不服審判所に対する審査請求に係る平成26年6月の改正に伴い，審査請求人及び参加人の手続保障が強化されたから，国税不服審判所がした裁決について，その裁決理由と異なる根拠事実をその後の訴訟で主張して差し替えることは，上記法改正の趣旨に照らし，一定の制限を受けることになろう[34]。したがって，裁決書の理由（税通101条1項4号）と異なる根拠事実の訴訟における差替えに対しては，それが許されない特段の事情が，要件事実として意味を持

---

34) 理由の差替えにより申請者の行政手続上の保障を剥奪する場合，理由の差替えが許されない場合がある（そのような特段の事情がある）ことにつき，前掲最判昭53・9・19（個人タクシー免許期限変更申請拒否処分事件），司研『実務研究』212〜213頁参照。

つことになろう（詳細は，本章第3節第1・2(2)〔273頁〕で述べる）。

第4　国税不服審判所に対する審査請求と要件事実論
1　国税通則法の平成26年6月の改正

　審査請求の制度は，平成26年6月の改正によって，異議申立制度の前置が廃止され（異議申立ては，再調査の請求と改められ，納税者の選択に委ねられるようになった），原則として審査請求に一本化されたので（税通75条1項参照），以下では，審査請求と要件事実論との関係について検討する。

2　審査請求に要件事実論が基本的に妥当すること

　審査請求の制度趣旨は，担当審判官が職権で証拠収集を行うことを認める（税通97条1項2号参照）など，簡易迅速に審査請求人の権利救済を図る点にある[35]。また，審査請求は，国税庁という徴税機関における最終的な「原処分の見直し」という法的性格を有する[36]。
　これらの点にかんがみると，審査請求において，民事裁判に近い手続（反論書の提出〔税通95条1項〕，口頭意見陳述〔税通95条の2第1項〕，証拠書類等の提出〔税通96条1項・2項〕等）がとられ，争点中心の手続運営がされているとしても，前記のとおり，国税不服審判所は，審査請求人の権利救済の観点から，最終的には，職権で原処分の正当性を判断しなければならない以上，その判断に必要な要件事実に係る当事者の主張が十分でない場合でも，そのことによる判断の不利益を当事者に帰せしめ，主張自体失当として，原処分の正当性に関する判断を回避することは許されないから，民事訴訟と同じ意味での「主張責任」を観念することはできないように思われる。
　もっとも，このような職権による手続構造においても，立証の対象となる要件事実が真偽不明の状態になることはあり得るので，立証責任を観念することはでき，要件事実論に準じた理論分析を行うことは可能かつ有益である。
　したがって，要件事実論は，審査請求手続に基本的に妥当するものと解されるので，本書で述べる要件事実論による分析は，審査請求手続においても参考になるものと考える。

---

35)　『国税通則法精解』1124頁。
36)　品川『国税通則法』359～361頁。

第1節　申告納税・附帯税関係

第1　課税処分の取消訴訟における訴えの対象（訴えの利益）──いわゆる吸収説と一部取消説

更正処分の取消訴訟における訴えの利益（広義の訴えの利益のうち，訴えの対象及び狭義の訴えの利益〔本案判決を得る必要性〕）をめぐる問題には，様々なバリエーション[1]が考えられる。ここでは，下記の代表的な3つの場合のみを取り上げる（後記1及び2は，最高裁判決があり，実務的には決着を見ているが，後記3は，いまだ最高裁判決が出されていない問題である）。

1　更正処分後の増額再更正──「大は小を兼ねる」吸収説

例えば，Xは，申告(a)をした後，税務署長Bから，増額更正処分(b)を受け，その取消訴訟を提起したとする。税務署長Bは，上記取消訴訟の係属中，Xに対し，増額再更正処分(c)をした。この場合，Xに，bの増額更正処分の取消訴訟につき，訴えの利益は認められるか。

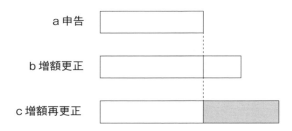

※　吸収説からは，cの網掛部分が取消しの対象。

更正処分の取消訴訟のような行政処分の取消訴訟の訴訟物は，当該処分の違法性一般であり（違法性一般説），その違法性は，処分の同一性を超えては及ばない（本章序節第1・1〔208頁〕）。そうすると，更正処分が複数行われた場合，各処分が異なる以上，裁判所は，各別に処分の違法性を判断すべきようにも考えられる。

---

[1]　本文で取り上げたもの以外のバリエーションについては，今村ほか『課税訴訟の理論と実務』101頁以下〔脇博人〕，中尾巧『税務訴訟入門〔第5版〕』（商事法務，2011年）154頁以下を参照されたい。

しかし，上記各処分は，同一の課税標準及び税額を確定させるという点で，その目的及び効果を共通にするから，これが複数行われている場合でも，総額主義（本章序節第1・3(2)〔217頁〕参照）に立てば，取消訴訟の対象としては，その総額を確定させるのに最も適した処分のみを対象にすべきであろう。なぜならば，各処分をそれぞれ取消訴訟の対象にすると，複数の処分の取消訴訟が各別の裁判所に係属することになり，紛争の一回的解決という判決（訴訟物）の重要な機能が損なわれるおそれがあるからである。

　そして，増額再更正処分は，当初の更正処分を全面的に見直して改めて課税標準及び税額を確定させるものであるから，当初の更正処分はその後の増額再更正処分に吸収されて，一体となるので，当初の更正処分取消訴訟の訴えの利益（広義。訴えの対象の意味である）は消滅し，増額更正処分を取消訴訟の対象とするのが相当である（吸収説。前頁の図のcの網掛部分が取消訴訟の対象となる。いわば大〔増額再更正処分〕は，小〔当初の増額更正処分〕を兼ねる場合である。結論同旨，最判昭42・9・19民集21巻7号1828頁）。

　前記の冒頭の例では，Xの提起したbの増額更正処分の取消訴訟は，その後のcの増額再更正処分によって，訴えの利益を欠くに至るから，cの増額再更正処分の取消訴訟へと訴えを変更（行訴19条2項，民訴143条）すべきことになる。

　この場合，bの増額更正処分の取消訴訟につき，審査請求を前置していれば足り（税通115条1項2号），また，出訴期間の遵守の有無も，両請求が実質的に同一であることに照らし，民訴147条（行訴7条）の規定にもかかわらず，bの取消訴訟を基準として充たしていれば足りるものと解される。

　なお，bの増額更正処分の手続的違法は，cの増額再更正処分に承継されるが（上記各処分は，同一の課税標準及び税額を確定させるという点で，その目的及び効果を共通にするからである。この点につき，本章第6節第3・3注28）〔313頁〕）参照），理由附記の違法については，増額再更正処分時に適式に理由附記をやり直すことで，当初の増額更正処分時の瑕疵（理由附記の不備）が治癒されることはあろう（本章第3節第1・1(1)〔272頁〕参照）。

2　更正処分後の減額再更正――「小は大を兼ねない」一部取消説

　例えば，Xは申告(d)をした後，税務署長Bから，増額更正処分(e)を受け，その取消訴訟を提起したとする。税務署長Bは，上記取消訴訟の係属中，Xに対

し，減額再更正処分(f)をした。この場合，Xに，eの増額更正処分の取消訴訟につき，訴えの利益は認められるか。

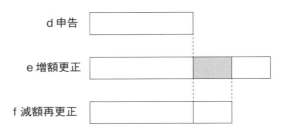

※　一部取消説からは，eの網掛部分が取消しの対象。

　fの減額再更正処分は，Xにとって有利な処分であるから，これを取り消す訴えの利益（狭義の訴えの利益のことである）はなく，fの減額再更正処分によって一部取り消された後の（これは，fの減額再更正処分によって訴えの対象が消滅したということである）eの増額更正処分の網掛部分が取消しの対象になるものと解すべきである（一部取消説。いわば小〔減額再更正処分〕は，大〔当初の増額更正処分〕を兼ねない場合である。結論同旨，最判昭56・4・24民集35巻3号672頁）。

　冒頭の例では，Xとしては，取消しの対象を減額再更正処分によって一部取り消された後の更正処分に取消しを求める範囲を一部減縮（訴えの一部取下げ）をすべきことになろう[2]。

3　更正をすべき理由がない旨の通知処分後の増額更正—「大は小を兼ねる」吸収説

　例えば，Xは，申告(g)をした後，税務署長Bに対し，更正の請求(h)を行い，その後，Xには，増額更正事由があるとして（この点につき，後記第3・2参照），更正をすべき理由がない旨の通知処分（以下，この項及び後記4において，単に「通知処分」という。）(i)を受け，その取消訴訟を提起したとする。税務署長Bは，上記取消訴訟の係属中，Xに対し，増額更正処分(j)をした。この場合，

---

[2]　この場合の請求の趣旨の一例を挙げれば，「B税務署長が，Xに対し，平成○○年○月○日付けでした，平成○○年分の所得税（及び復興特別所得税）の更正処分（ただし，平成○○年×月×日付けでなされた減額再更正後のもの）のうち，総所得金額を○○円，所得税（及び復興特別所得税）の納付すべき税額△△円を超える部分を取り消す。」となる。

Xに，iの通知処分の取消訴訟につき，訴えの利益は認められるか。

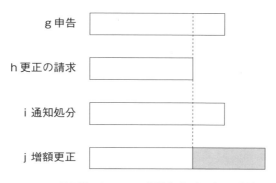

※　吸収説からは，jの網掛部分が取消しの対象。

　上記において，税務署長Bによって，Xに対し，増額更正処分(j)がされている以上，その増額更正処分を訴訟の対象としてXが納付すべき税額（総額）を確定すれば足りるものと解される。なぜならば，上記増額更正処分の取消訴訟において，Xは，更正の請求をしている以上，申告額を下回る更正の請求をした税額まで争うことができるものと解され，前記1と同様，いわば大（増額更正処分）は，小（通知処分）を兼ねる場合であると解されるからである（吸収説[3]。前記の図のjの網掛部分が取消訴訟の対象となる）。

　前記の冒頭の例では，前記1の場合と同様，Xの提起したiの通知処分の取消訴訟は，その後のjの増額更正処分によって，訴えの利益を欠くに至るから，jの増額更正処分の取消訴訟へと訴えを変更（行訴19条2項，民訴143条）すべきことになる。この場合，iの通知処分の取消訴訟につき，審査請求を前置していれば足り（税通115条1項2号），また，出訴期間の遵守の有無も，両請求が実質的に同一であることに照らし，民訴147条（行訴7条）の規定にもかかわらず，iの通知処分の取消訴訟を基準として充たしていれば足りるものと解される。この点は，前記1と同様である。

---

[3]　吉田徹「訴えの利益をめぐる問題」小川英明ほか編『新・裁判実務大系第18巻　租税争訟〔改訂版〕』（青林書院，2009年）149頁以下，今村ほか『課税訴訟の理論と実務』114頁以下〔脇博人〕。本文で述べた例（通知処分後の増額更正処分）の吸収説による結論は，更正の請求に対し，応答がないまま，増額更正処分がされ，その後に通知処分がされた場合（増額更正処分後の通知処分）でも，同様であり，通知処分は，先行する増額更正処分に吸収され，独立の取消訴訟の対象にはならない（広義の訴えの利益はない）ものと解される。

4 要件事実

更正処分の取消訴訟の請求原因は、本章序節第2・2（222頁）のとおりである。また、通知処分の取消訴訟の請求原因は、本節第3・2(1)（245頁）のとおりである（いずれの場合も、請求原因としては、当該処分の存在（訴訟要件でもあるので、立証を要する）と違法性の主張で足りる（本章序節第2・1注25）〔220頁〕参照））。

これに対し、前記1及び3の事例では、被告国は、本案前の抗弁（訴えの利益消滅の主張）として、bの増額更正処分後にcの増額再更正処分がされたこと（前記1の場合）、又はiの通知処分の後にjの増額更正処分がされたこと（前記3の場合）を主張立証することができる（Xは、この本案前の抗弁に対応して、その後の処分の取消訴訟へと訴えを変更すべきことになる）。

また、前記2の事例では、被告国は、本案前の一部抗弁（訴えの利益の一部消滅の主張）として、eの増額更正処分後にfの減額再更正処分がされたこと（fの減額再更正処分を超える税額部分については、訴えの利益が消滅したこと）を主張立証することができる（Xは、この本案前の一部抗弁に対応して、訴えの一部を取り下げることになる）。

以上の被告国の本案前の抗弁でいう要件事実は、本章序節第2・1で述べた広い意味での「要件事実」である。

第2 青色申告をめぐる訴訟類型
1 青色申告の制度趣旨及び概要
(1) 制度趣旨

青色申告は、いわゆる「シャウプ勧告」に基づいて、正確な記帳に基づいて所得を計算する事業者に税制上の特典を与えるものとして昭和25年に創設された制度である（昭和40年の改正で、現在の条文のような規定に改められた）[4]。この点、最高裁（最判昭49・9・20刑集28巻6号291頁）は、青色申告の制度趣旨について、次のように説示している。青色申告制度は、「納税者が自ら所得金額及び税額を計算し自主的に申告して納税する申告納税制度のもとにおいて、適正課税を実現するために不可欠な帳簿の正確な記帳を推進する目的で設けられたものであって、適式に帳簿書類を備え付けてこれに取引を忠実に記載し、

---

4) 『DHC所得税法』6781頁以下。

かつ，これを保存する納税者に対して特別の青色申告書による申告を承認し，青色申告書を提出した納税者に対しては，推計課税を認めないなどの納税手続上の特典及び各種準備金，繰越欠損金の損金算入などの所得計算上の特典を与える」ものである。その特典の中でも，青色申告者の所得金額を更正するためには，帳簿書類を調査しなければならず（所税155条1項），更正通知書に理由附記が求められること（所税155条2項）が重要である。

(2) 青色申告の承認

青色申告の承認（所税144条）とは，前記(1)の制度趣旨を前提とすれば，「課税手続上及び実体上種々の特典（租税優遇措置）を伴う特別の青色申告書により申告することのできる法的地位ないし資格を納税者に付与する設権的処分」（最判昭62・10・30集民152号93頁）である（なお，みなし承認の制度〔所税147条〕につき，後記4〔240頁〕参照）。

所税143条は，不動産所得，事業所得又は山林所得を生ずべき業務を行う居住者は，納税地の所轄税務署長の承認を受けた場合には，確定申告書及び当該申告書に係る修正申告書を青色の申告書により提出することができるとし，所税144条は，その年分以後の各年分の所得税につき前条の承認を受けようとする居住者は，その年3月15日まで（その年1月16日以後新たに同条に規定する業務を開始した場合には，その業務を開始した日から2月以内）に，当該業務に係る所得の種類その他財務省令で定める事項を記載した申請書を納税地の所轄税務署長に提出しなければならないと規定する。そして，所税149条は，青色申告書には，財務省令で定めるところにより，貸借対照表，損益計算書その他不動産所得の金額，事業所得の金額若しくは山林所得の金額又は純損失の金額の計算に関する明細書を添付しなければならないと規定する。

その一方で，所税145条は，所税144条の申請書の提出があった場合において，その申請書を提出した居住者につき，所税145条各号のいずれかに該当する事実があるときは，その申請を却下することができると規定する。このように，所得税法では，所税144条等の申請要件と，所税145条の却下事由とを分けて規定している（この規定振りは，国税通則法が，納税の猶予事由〔税通46条1項ないし3項〕と，その不許可事由〔税通46条の2第10項〕とを区別して規定していることと構造が似ている。後記第5・1(2)(3)〔257頁〕参照）。上記の申請要件の具備の時的要素は処分時であり，後記(3)のとおり，申請却下事由のそれも処分時である。

(3) **青色申告の承認申請の却下**

　青色申告の承認申請の却下（所税145条）の要件は，次のとおりである。以下の申請却下事由の時的要素は，前記(2)のとおり，処分時である。
① 所税144条の申請書の提出があった場合であること
② 所税145条各号のいずれかに該当する事実があること

　　1号：その年分以後の各年分の所得税につき所税143条（青色申告）の承認を受けようとする年における同条に規定する業務に係る帳簿書類の備付け，記録又は保存が同法148条1項（青色申告者の帳簿書類）に規定する財務省令で定めるところに従って行われていないこと。

　　2号：その備え付ける前号に規定する帳簿書類に取引の全部又は一部を隠ぺいし又は仮装して[5]記載し又は記録していることその他不実の記載又は記録があると認められる相当の理由があること。

　　3号：所税150条2項（青色申告の承認の取消し）の規定による通知を受け，又は同法151条1項（青色申告の取りやめ）に規定する届出書の提出をした日以後1年以内にその申請書を提出したこと。

(4) **青色申告承認の取消し**

　青色申告承認の取消し（所税150条1項）の要件は，次のとおりである（以下の各号に定める年まで遡ってその承認を取り消すことができる）。以下の取消事由の時的要素は，処分時である。

　　1号：その年における所税143条に規定する業務に係る帳簿書類の備付け，記録又は保存が同法148条1項（青色申告者の帳簿書類）に規定する財務省令で定めるところに従って行われていないこと。　その年。

　最判平17・3・10民集59巻2号379頁は，税務職員の検査に「適時にこれを提示することが可能なように態勢を整えて当該帳簿書類を保存していなかった場合」には，青色申告承認の取消事由に該当する旨判示しており，従来，争われてきた「納税者の正当な理由のない帳簿書類の提示拒否」は，上記に当てはまる一場合ということになろう。また，前記のとおり，取消事由の時的要素は，処分時であるから，取消処分後に納税者が課税庁に帳簿書類を提示した事実は，

---

5) 税法上，同一の用語については，できる限り統一的に解釈すべきであるから（一種の体系的解釈），青色申告の承認申請の却下事由（所税145条2号）としての「隠ぺい」「仮装」（所税150条1項3号の「隠ぺい」「仮装」も同じ。これらは，いずれも評価的要件である）も，重加算税の「隠ぺい」「仮装」（本節第4・3(4)1）〔252頁以下〕参照）と同様の意味に解すべきである。

その評価障害事実には当たらない。そして，上記処分後の帳簿書類提示の事実は，処分時の取消事由不存在の間接事実としても，その推認力は弱いであろう。なぜならば，納税者が，処分時には帳簿書類の提示態勢を整えていなかったが，その後に帳簿書類を整理してこれを提示した可能性を否定することができないからである。

　2号：その年における前号に規定する帳簿書類について所税148条2項の規定による税務署長の指示に従わなかったこと。　その年。

　3号：その年における1号に規定する帳簿書類に取引の全部又は一部を隠ぺいし又は仮装して記載し又は記録し，その他その記載又は記録をした事項の全体についてその真実性を疑うに足りる相当の理由があること。　その年。

2　青色申告承認申請の却下処分の取消訴訟

　広い意味での青色申告承認申請の却下処分は，前記1(2)の所税144条等の申請要件を欠く場合[6]，又は前記1(3)の所税145条の却下事由のいずれかがあると認められる場合にされるから，第2類型の処分・申請拒否型処分（本章序節第1・2(3)2)3)〔212，214頁〕参照）に相当する。

　広い意味での青色申告承認申請の却下処分のうち，まず，申請要件を欠く場合の却下処分（申請が不適法である旨の通知処分）では，課税庁は，申請要件の欠如という手続上の適法要件の不充足についてしか判断していないから（実体上の適法要件についても判断しているとみるべき特段の事情は見当たらない），その取消訴訟において，実体上の申請却下事由（所税145条各号）の主張（理由の差替え）は，許されないことになる（ただし，手続上の複数の申請却下事由相互の理由の差替えは許される。以上につき，本章序節第1・2(3)3)〔214頁〕参照）。

　次に，申請却下事由（所税145条各号）が存在する場合の却下処分では，課税庁は，「各号のいずれかに該当する。」との判断をしているものと解されるから，訴訟物は，上記の判断の当否全体に及び，また，その訴訟物を判断同一説・総額主義（本章序節第1・3(2)〔217頁〕参照）的に捉えれば，課税庁の申請却下

---

[6] 所得税法144条等の申請の形式的要件を欠く申請（例えば，提出期限を経過した申請，不動産所得等の業務を行う者でない者による申請等）に対しては，行政実務上，申請が不適法である旨の通知をして，所得税法145条の却下処分と区別しているようであるが（『DHC所得税法』6800頁，岩﨑『租税法』265〜266頁．ここでは，形式的要件を欠く申請を含めて，広い意味での申請の却下処分を考えることとする（申請が不適法である旨の通知の行政処分性は認められるものと考える）。

処分の理由の差替え（処分理由とはされなかった，他の申請却下事由の主張）も原則として許されることになる（本章序節第1・2(3)2)〔212頁〕参照）。

青色申告承認申請の却下処分の取消訴訟の請求原因としては，当該処分の存在と違法性の主張で足り，被告国は，抗弁として，税務署長が青色申告承認申請の却下処分をした等の当該処分の適法性に関する評価根拠事実の主張立証責任を負う（本章序節第2・1注25)〔220頁〕参照）。

ところで，青色申告は，前記1(1) (234頁) のとおり，納税者である国民一般に所得計算上の特典を与える制度であるから，納税者である国民一般を出発点として考えると，青色申告の承認申請は，授益処分を求めるものであって，その申請を拒否する青色申告の承認申請却下処分の取消しを求める納税者である原告は，所税144条等の申請要件を基礎付ける事実（再抗弁事実〔本章序節第2・1注25）〔220頁〕参照〕。評価的要件については，その評価根拠事実を指す〔以下同じ〕）の立証責任を負うものと解すべきである。このように納税者側に立証責任があると解することは，所税149条が，青色申告書に不動産所得の金額等に関する明細書の添付を求めている趣旨にも合致することになろう。

ただし，所税145条の却下事由を基礎付ける事実（再々抗弁事実）については，課税庁が立証責任を負うと解するのが，同条の制度趣旨に合致し，相当である。

他方，所税145条は，「税務署長は，……次の各号のいずれかに該当する事実があるときは，その申請を却下することが・で・き・る・。」として一種の効果裁量を認めているところ，裁量処分の取消しについて規定する行訴30条の趣旨（行政裁量の尊重）に照らすと，行政裁量を尊重しなくともよい例外的事情，つまり，裁量権の濫用又は逸脱を基礎付ける事実（再々々抗弁事実。法の趣旨・目的違反，平等原則違反，比例原則違反を基礎付ける事実7)）。これらに関する事情が，裁量権の濫用等を基礎付ける事実となることは，以下，同様である）の立証責任は，原告が負う（時的要素は，処分時である）。

なお，税務署長が，青色申告承認申請の却下処分をする際の手続上の適法要

---

7)　『条解行訴』615～617頁〔橋本博之〕。同書615頁は，裁量権の濫用又は逸脱の基準として，事実誤認を挙げるが，これは，通常，処分の適法要件を基礎付ける事実（抗弁）の否認にすぎず，再抗弁を基礎付ける事実には当たらないものと思われる。なお，平等原則違反等の憲法違反と要件事実との関係につき，本章第7節第3・1(3)注17) (322頁)）を参照されたいが，裁量権の逸脱等の場合の平等原則違反は，その違反の疑いでは足りないものと解される。以上は，裁量判断の結果に着目した伝統的なアプローチであるが，最近では，判断過程に着目したアプローチもある（判断過程審査）。ただし，この新しいアプローチについては，その検討を省略する。

件については，後記 4 (240頁) を参照されたい。

3　青色申告承認の取消処分の取消訴訟

　青色申告承認の取消処分（所税150条 1 項）は，前記 1(2)の取消事由の一つでも該当すれば，行われる処分であるから，第 2 類型の処分・取消型処分（本章序節第 1 ・ 2(3)1）〔211頁〕参照）に相当する。

　したがって，青色申告承認の取消処分では，課税庁は，取消事由の充足に係る処分理由についてしか判断していないから，その取消訴訟において，別の取消事由の主張（理由の差替え）は，許されないことになる[8]。

　青色申告承認の取消処分の取消訴訟の請求原因としては，前記 2 のとおり，当該処分の存在と違法性の主張で足りるものと解されるところ，青色申告承認の取消処分は，青色申告による恩典を与えるのに相応しくない者からその利益を剥奪する制度であるから，青色申告を受けた納税者を出発点として考えると，侵害処分であって，青色申告承認の取消しによって有利な効果を受ける課税庁は，その手続上の適法要件及び取消要件の充足を基礎付ける事実（抗弁事実）についての立証責任を負うものと解すべきである。

　なお，納税の猶予の取消しの手続には，国税通則法に弁明聴取手続が規定されているが（税通49条 2 項本文。これは，国税通則法制定当初からの規定である），青色申告承認の取消しには，そのような手続は求められない（税通74条の14第 1 項により，行手13条〔不利益処分をしようとする場合の手続〕は適用されない）。

　他方，所税150条は，「……次の各号のいずれかに該当する事実がある場合には，納税地の所轄税務署長は，……その承認を取り消すことが・で・き・る・。」として一種の効果裁量を認めているところ，裁量処分の取消しについて規定する行訴30条の趣旨（行政裁量の尊重）に照らすと，行政裁量を尊重しなくともよい例外的事情，つまり，裁量権の濫用又は逸脱を基礎付ける事実（再抗弁事実）の立証責任は原告が負う（時的要素は処分時である）。

　青色申告の取消しの効果は，当該取消事由が発生した年度から後のすべての年度に及び（最判昭54・ 4 ・ 5 集民126号443頁参照），しかも，上記取消しは，期間制限が設けられていないため（その取消しは，必ずしも帳簿の保存期間内に限られるわけではない。最判昭51・ 2 ・20集民117号81頁参照），納税者に予期せぬ

---

[8]　最判昭42・ 4 ・21集民87号237頁，司研『実務研究』157頁，208〜209頁，今村ほか『課税訴訟の理論と実務』96頁〔脇博人〕，350頁〔小尾仁〕。

重い負担が生ずる可能性がある[9]）。このような事情（前記2の比例原則違反を基礎付ける事実）は，裁量権の濫用又は逸脱を基礎付ける評価根拠事実となろう。

なお，税務署長が，青色申告承認の取消処分をする際の手続上の適法要件については，次記4を参照されたい。

4 要件事実

最後に，これまで述べてきたことをまとめておこう（税務署長をB，納税者をX，国をYとする）。

【青色申告承認申請の却下処分の取消訴訟】

訴訟物

　YのXに対する本件青色申告承認申請の却下処分の違法性

請求原因

（行政処分の存在）

　① B税務署長のXに対する本件青色申告承認申請の却下処分が存在する。

（違法性の主張）

　② 本件青色申告承認申請の却下処分は違法である。

　　※　不服申立て前置及び出訴期間遵守の主張は省略。

抗弁（本件青色申告承認申請の却下処分の適法性に関する評価根拠事実）

　① B税務署長は，平成○○年◎月◎日，Xに対し，本件青色申告承認申請の却下処分をした。

　② B税務署長は，平成○○年△月△日，Xに対し，本件青色申告承認申請の却下処分を書面によりその旨を通知し（所税146条），当該処分に係る通知書は，平成○○年△月△日，Xに送達（税通12条）された。

　③ B税務署長は，上記②の通知書において，その理由を提示した（税通74条の14第1項，行手8条）。

再抗弁（本件青色申告承認申請の却下処分の適法性に関する評価障害事実―青色申告承認の申請を基礎付ける事実）

　① Xは，B税務署長に対し，所税144条所定の事項（財務省令で定める事項を含む）を記載した申請書を提出して，青色申告の承認の申請を

9）　岩﨑『租税法』258頁。

②　Xは，不動産所得，事業所得又は山林所得を生ずべき業務を行う居住者である（所税143条）。

再々抗弁（本件青色申告承認申請の却下処分の適法性に関する再評価障害事実―所税145条各号の事由のいずれかの存在）

①　Xが，その年分以後の各年分の所得税につき，所税143条（青色申告）の承認を受けようとする年における同条に規定する業務に係る帳簿書類の備付け，記録又は保存が同法148条1項（青色申告者の帳簿書類）に規定する財務省令で定めるところに従って行われていないことを基礎付ける事実（所税145条1号）。

※　評価的要件である。

又は

②　Xが，その備え付ける前記①の帳簿書類に取引の全部又は一部を隠ぺいし又は仮装して記載し又は記録していることその他不実の記載又は記録があると認められる相当の理由があることを基礎付ける事実（所税145条2号）。

※　評価的要件である。「隠ぺい」「仮装」の内容は，重加算税のそれ（本章第1節第4・3(4)1)〔252頁〕参照）と同様の意味に解すべきである（前掲注5）参照）。

又は

③　Xは，所税150条2項（青色申告の承認の取消し）の規定による通知を受け，又は同法151条1項（青色申告の取りやめ）に規定する届出書の提出をした日以後1年以内にその申請書を提出した（所税145条3号）。

※　事実的要件である。

※　処分理由（抗弁③）以外の①ないし③を追加的ないし交換的に主張することができる（前記2参照）。これに対し，納税者は，理由の差替えが許されない特段の事情を，下記の再々々抗弁（裁量権の逸脱又は濫用）とは別系列の再々抗弁として，主張立証することができる（本章第3節第1・2(2)〔273頁以下〕参照）。

再々々抗弁（裁量権の逸脱又は濫用）

①　本件青色申告承認申請の却下処分は，B税務署長の裁量権の逸脱又は濫用に基づくものであることを基礎付ける事実

※　再々抗弁の再々評価障害事実の主張（再々々抗弁）は省略。

※　再々々抗弁に対する評価障害事実の主張（再々々々抗弁）は省略（以下，裁量権

の逸脱又は濫用の主張について同じ）。

※　ここで，申請型の義務付け訴訟（本章序節第1・2(3)2）〔213頁〕参照）の要件事実について，簡単に触れておく。青色申告承認の義務付け訴訟の請求原因は，訴訟要件として，①原告は，法令に基づく申請をし，これが却下されるなどしたこと（行訴37条の3第1項2号・2項），②上記義務付け訴訟が，処分の取消訴訟と併合提起されていること（同条3項），本案勝訴要件として，③取消訴訟に理由があると認められること（同条5項），④行政庁に裁量権の濫用又は逸脱が認められること等（同条5項），となる。上記①及び④は，前記の取消訴訟の抗弁，再抗弁及び再々々抗弁がこれに当たるであろう。

【青色申告承認の取消処分の取消訴訟】

訴訟物

　　YのXに対する本件青色申告承認の取消処分の違法性

請求原因

（行政処分の存在）

　　①　B税務署長のXに対する本件青色申告承認の取消処分が存在する。

（違法性の主張）

　　②　本件青色申告承認の取消処分は，違法である。

　　※　不服申立て前置及び出訴期間遵守の主張は省略。

抗弁（本件青色申告承認の取消処分の適法性に関する評価根拠事実）

（手続上の適法要件）

　　①　B税務署長は，平成○○年◎月◎日，Xに対し，本件青色申告承認の取消処分をし，その旨を書面で通知し（所税150条2項前段），当該処分に係る通知書が，平成○○年△月△日，Xに送達（税通12条）された。

　　②　B税務署長は，上記①の通知書において，本件青色申告承認の取消処分の基因となった事実が所税150条1項各号のいずれに該当するのかを附記した（所税150条2項後段）。

（実体上の適法要件）

　　③　Xは，平成○○年×月×日，青色申告の承認を受けた。

　　又は

　　③′　Xは，B税務署長に対し，青色申告の承認の申請の申請書を提出したところ，その年分以後の各年分の所得税につき青色申告の承認を受けようとする年の12月31日（その年11月1日以後，新たに業務を開始し

た場合には，その年の翌年2月15日）までにその申請につき承認又は却下の処分を受けなかった（所税147条）。

※ 所税150条は，「第143条（青色申告）の承認を受けた居住者につき」と規定するところ，上記の「承認を受けた」には，承認がみなされた場合を含むものと解される。青色申告の申請書の提出が，提出期限を経過した申請のように，申請の形式的要件を欠く場合，みなし承認の効果発生の有無については争いがある。

④〔A〕 Xが，その年における所税143条に規定する業務（不動産所得，事業所得又は山林所得を生ずべき業務）に係る帳簿書類の備付け，記録又は保存が同法148条1項（青色申告者の帳簿書類）に規定する財務省令で定めるところに従って行われていないことを基礎付ける事実（所税150条1項1号）。

※ 評価的要件である。

※ 前記1(4)で述べたとおり，税務職員の検査に「適時にこれを提示することが可能なように態勢を整えて当該帳簿書類を保存していなかった場合」も，上記1号の取消事由に当たる。

又は

〔B〕 Xが，その年における上記〔A〕に規定する帳簿書類について所税148条2項の規定による税務署長の指示に従わなかったこと（所税150条1項2号）

※ 事実的要件である。

又は

〔C〕 Xが，その年における上記〔A〕に規定する帳簿書類に取引の全部又は一部を隠ぺいし又は仮装して記載し又は記録し，その他その記載又は記録をした事項の全体についてその真実性を疑うに足りる相当の理由があることを基礎付ける事実（所税150条1項3号）。

※ 評価的要件である。「隠ぺい」「仮装」の内容は，重加算税のそれ（本章第1節第4・3(4)1）〔252頁以下〕参照）と同様の意味に解すべきである（前掲注5）参照）。

※ 処分理由（抗弁②）以外の〔A〕ないし〔C〕を追加的ないし交換的に主張することはできない（前記3参照）。

再抗弁（裁量権の逸脱又は濫用）

① 本件青色申告承認の取消処分は，B税務署長の裁量権の逸脱又は濫用に基づくものであることを基礎付ける事実

※ 抗弁の評価障害事実の主張（再抗弁）は省略。

第3 更正の請求（税通23条）をめぐる訴訟類型——更正をすべき理由がない旨の通知処分の取消訴訟

1 更正の請求，更正をすべき理由がない旨の通知処分及び理由の差替え

(1) 更正の請求及び更正をすべき理由がない旨の通知処分

更正の請求とは，納税者が，税務署長に対し，申告等によっていったん確定した課税標準等又は税額等を自己に有利に変更すべきことを求めることをいう。更正の請求には，国税通則法に基づく更正の請求，すなわち，通常の更正の請求（税通23条1項。いわゆる過大申告の場合）と，後発的事由に基づく更正の請求（税通23条2項）とがあり，個別の税法に基づく特殊な更正の請求（所得税法第7章 更正の請求の特例。所税152条以下）があるが，ここでは，国税通則法に基づく更正の請求のうち，通常の更正の請求（その根拠事実〔過大申告の原因事実〕は，原則として，法定申告期限満了時以前に存在していなければならない。つまり，その時的要素は，法定申告期限満了時である[10]）について検討する。

更正をすべき理由がない旨の通知処分（税通23条4項）は，納税者の更正の請求を拒否する処分であって，税額を確定させる処分ではない（税額は，申告によって確定する）。

上記通知処分の具体例としては，例えば，Xが，自己の勤務先の親会社から付与されたストックオプション（株式を一定の条件の下であらかじめ定められた価格で購入することができる権利）を行使して得た利益（権利行使利益）を給与所得としていったんは申告をしたものの，その後，上記利益は一時所得に該当するとして更正の請求をしたが，税務署長から上記通知処分を受けたような場合が考えられる（横浜地判平17・8・31税資255号順号10114参照。なお，ストック・オプションによる権利行使利益が給与所得に当たることにつき，最判平17・1・25民集59巻1号64頁参照）。

---

[10] 法定申告期限満了後，更正の請求期限満了時までに生じた事由（契約解除等の所得の喪失事由，税通23条2項各号の事由）について，通常の更正の請求が許されるのかについては争いがある（品川『国税通則法』76〜79頁参照）。これを認める裁判例もあり（東京地判平21・2.27判タ1355号123頁〔相続税の期限内申告をした後，当事者の合意で遺産分割をやり直してした更正の請求が適法と認められた事例〕，東京高判昭61・7・3訟月33巻4号1023頁〔税通23条1項の請求期間内に同条2項各号の事由が生じた場合，同条1項の通常の更正の請求をなし得るとされた事例〕），このような考え方に立てば，更正の請求の時的要素は，更正の請求期限満了時で足りる場合があることになろう。

(2) 理由の差替え

　更正をすべき理由がない旨の通知処分は，第2類型の処分・申請拒否型処分（序節第1・2(3)2)3)〔212，214頁〕参照）に相当する。更正の請求は，①申告をした者が，②法定の期間内に，③減額更正をすべき更正の請求の根拠事実（上記①の申告が過大申告となった原因事実。前記事例でいえば，Xの所得〔権利行使利益〕が給与所得ではなく，一時所得に該当すること）を記載し，その証明書類を添付した更正請求書を税務署長に提出してすることが要件となるから（上記各要件事実は，後記2(2)のとおり，納税者の再抗弁であると解される），これらの要件を1つでも欠いた場合，上記通知処分がされることになる。その場合の課税庁の判断は，これらの①ないし③の要件のいずれかを欠いているというものであるから，訴訟物は，上記①ないし③の判断の当否全体に及び，また，その訴訟物を判断同一説・総額主義（本章序節第1・3(2)〔217頁〕参照）的に捉えれば[11]，課税庁の上記通知処分の理由の差替え（上記の再抗弁の否認という主張，又は後記2(1)のとおり，申告外の所得の存在という再々抗弁の主張）も原則として許されることになる。

　なお，課税庁が，更正の請求の形式的要件（例えば，記載や資料の添付）の欠如という手続上の適法要件の不充足を，附記理由とした場合であっても，更正の請求に対しては，税務調査をしなければ，上記通知処分をすることができないので（税通23条4項），課税庁は，過大申告の有無等の実体上の適法要件の充足・不充足につき，同時に判断しているものと解され，実体法上の適法要件の充足・不充足の追加主張をすること（理由の差替えをすること）も許されると解される（本章序節第1・2(3)3)注15)〔214頁〕参照）。

2　要件事実
(1) 授益処分の拒否処分という観点からのアプローチ

　更正をすべき理由がない旨の通知処分の取消訴訟の請求原因としては，当該処分の存在と違法性の主張で足りる（本章序説第2・1注25)〔220頁〕参照）。

　ところで，更正の請求の制度趣旨は，申告納税制度の下では，申告によって申告者の納付すべき税額が原則として確定するところ，その税額に誤りがあった場合，一定の要件の下に例外的に申告額を下回る税額に改めることを認め，

---

11)　今村ほか『課税訴訟の理論と実務』95〜96頁〔脇博人〕。

もって，納税者の不利益を救済しようとする点にある。そうすると，納付すべき税額を申告によって自ら確定させた国民を出発点として考えると，上記訴訟では，自己が申告した税額を下回る減額更正を求める点で，申告によって税額が確定する納税者にとって有利な効果を得ようとするものであるから，納税者において，更正の請求を基礎付ける事実（申告，更正の請求の形式的要件の充足のほか，申告書により納付すべき税額が過大であることの評価根拠事実。その評価根拠事実は，前記1(1)の事例〔244頁〕でいえば，Xの所得〔権利行使利益〕が一時所得に該当することを基礎付ける事実となる）についての主張立証責任を負う[12]ものと解すべきである（原告が主張立証責任を負う上記事実の法的性質は，再抗弁であると解される〔本章序説第2・1注25）〔220頁〕参照〕）。

　もっとも，納税者である原告が，更正の請求を基礎付ける事実（再抗弁事実）の主張立証責任を負うとしても，当該年の真実の所得金額（申告に係る所得以外の他の所得が存在しないこと）までの主張立証責任を負うものではないと解される。更正の請求の制度趣旨に照らすと，申告外の所得の発生原因事実（再々抗弁事実。増額更正事由）については，税務調査を行った課税庁がその主張立証責任を負うべきものである。申告外の所得の存在もまた，更正の請求の書かれざる消極的要件であると解釈すれば，このような消極的要件に係る課税庁の主張（申告外の所得の存在）も，訴訟物の範囲内の主張として許されるものと解される（このような課税庁の主張が許される場合，納税者は，理由の差替えが許されない特段の事情を主張立証することができる〔本章第3節第1・2(2)〔273頁〕参照〕）。

　また，更正の請求に対しては，前記1(2)のとおり，税務調査をしなければ，更正をすべき理由がない旨の通知処分をすることはできないので（税通23条4項），その調査手続に，その不存在と同視し得る程度に重大な違法が認められる場合には，上記通知処分が違法になるものと解され，その重大な違法の評価

---

[12]　東京高判平14・9・18判時1811号58頁，泉ほか『租税訴訟の審理』83頁，182頁，『税務訴訟と要件事実論』20頁〔平野敦士〕参照。なお，平成23年12月の政令改正によって，更正請求書の添付書類として，更正の請求の理由の基礎となる事実を証明する書類の添付が義務付けられた（税通令6条2項）。この趣旨は，納税者が更正の理由を証明するとの趣旨を明確化する点にあるものとされている。また，平成23年12月の改正によって，更正請求書に偽りの記載をして税務署長に提出した者に罰則規定が定められた（税通128条1号）。このような改正の内容及び趣旨に照らせば，更正の請求を基礎付ける事実について，納税者が立証責任を負うことが一層明確になったものといえよう（以上につき，本章序説第3・5(2)〔228頁〕参照）。

根拠事実は，納税者の再抗弁となる（本章第3節第2・3〔276頁〕参照）。

なお，更正をすべき理由がない旨の通知処分後，増額更正がされた場合には，上記通知処分は増額更正に吸収され，上記通知処分の取消訴訟は，訴えの利益（広義）を欠くに至るため，上記通知処分後に増額更正がされた事実は，被告国の本案前の抗弁となる（本節第1・3〔232頁〕及び4〔234頁〕参照）。

(2) まとめ

最後に，これまで述べてきたことをまとめておこう（税務署長をB，納税者をX，国をYとする）。

訴訟物
　YのXに対する更正をすべき理由がない旨の通知処分（本件通知処分）の違法性
請求原因
（行政処分の存在）
　① B税務署長のXに対する本件通知処分が存在する。
（違法性の主張）
　② 本件通知処分は，違法である。
　※　不服申立て前置及び出訴期間遵守の主張は省略。
抗弁（本件通知処分の適法性に関する評価根拠事実）
　① 税務署長は，Xからの更正の請求に係る課税標準等又は税額等について税務調査をした（税通23条4項）。
　※　上記①のXの更正の請求は，そのような請求が外形的に存在するという事実をもって足りる。Xの更正の請求が税通23条所定の要件を充たしている事実は，後記のとおり，Xの再抗弁である。
　② B税務署長は，平成○○年◎月◎日，Xに対し，本件通知処分をし（税通23条4項），当該処分に係る通知書は，平成○○年△月△日，Xに送達（税通12条）された。
　③ B税務署長は，上記②の通知書において，その理由を提示した（税通74条の14第1項，行手8条）。
　※　被告国の本案前の抗弁については，本節第1・3〔232頁〕及び4〔234頁〕参照。
再抗弁（本件通知処分の適法性に関する評価障害事実―更正の請求を基礎付ける事実）

①　Xは，平成○○年×月×日，B税務署長に対し，申告をした（税通23条1項柱書）。

②　Xは，その法定申告期限から5年以内に（税通23条1項柱書），B税務署長に対し，法定の事項を記載した更正請求書（税通23条3項）に証明書類を添付して（税通令6条2項）[13]，更正をすべき旨の請求をした。

※　上記②の「5年以内に」の事実と等価値の事実として，「災害その他やむを得ない理由に基づき延長（税通11条）された期間内に」を主張立証することもできる。

③　前記①の申告書に記載した課税標準等又は税額等の計算が国税に関する法律の規定に従っていないか，又は当該計算に誤りがあり（税通23条1項1号），その結果，前記①の申告書により納付すべき税額が過大となった[14]（前記事例の更正の請求に対する更正をすべき理由がない旨の通知処分でいえば，Xのストック・オプションによる権利行使利益は一時所得に該当し（一時所得該当性を基礎付ける事実），一時所得の所得税法上の計算方法（所税34条2項・3項，22条2項2号参照）によれば，納付すべき税額が過大となることなど）。

※　申告書により納付すべき税額が過大であることは評価的要件であるので，その評価根拠事実が要件事実となる。

※　抗弁①の調査手続に重大な違法が認められることの再抗弁は省略。

再々抗弁（本件通知処分の適法性に関する再評価障害事実―申告外の所得の発生原因事実〔増額更正事由〕）

---

13)　本文の更正請求書への証明書の添付が更正の請求の方式であると解されるかについては，平成23年12月の政令改正前には，大阪地判昭52・8・2行集28巻8号808頁が，上記改正前の税通令6条2項が「添付するものとする。」と規定し，「添付しなければならない。」との規定の仕方をしていないこと等を考慮し，上記書類の添付は，更正請求の方式であると解すべきではないと判断していた。しかし，平成23年12月の政令改正後の規定は，「添付しなければならない。」との文言に改められたのであるから，平成23年12月の政令改正後の解釈としては，上記書類の添付は，更正請求の方式であると解すべきことになる（反対，品川『国税通則法』90頁。訓示規定にすぎないとする）。

14)　本章第1節第3・2(1)（245頁）の私見とは異なり，確定申告をした者のうち，過大申告をした者を出発点として考えると，通知処分は一種の侵害処分であるということになり，本文の再抗弁③（更正の請求の根拠事実）の不存在（本文の事例の更正の請求に係る通知処分でいえば，Xの所得（権利行使利益）が給与所得に該当することを基礎付ける事実）について，被告が立証責任を負うとする考え方もあり得ると思われる（結論同旨，『条解行訴』265～266頁〔岩﨑政明〕）。ただし，侵害処分であっても，申請拒否型処分の場合，申請要件を具備している事実（本文の②）については，原告がその主張立証責任を負うことに注意すべきである（『条解行訴』244頁〔鶴岡稔彦〕参照）。この点につき，本章序節第2・1注25）（220頁）参照。

① Xの申告外の所得の発生原因事実
※ 理由の差替えとして，課税庁の主張（申告外の所得の存在）も，訴訟物の範囲内の主張として許されるものと解される。このような課税庁の主張が許される場合，納税者は，理由の差替えが許されない特段の事情を主張立証することができる（本章第3節第1・2(2)〔273頁〕参照）。
※ 裁量権の逸脱又は濫用の主張（再抗弁，又は再々々抗弁）については，前記第2・2（237頁）及び3（239頁），後記第5・3（258頁）及び4（260頁）参照。

第4 加算税賦課決定処分をめぐる訴訟類型
1 附帯税と加算税

附帯税とは，本税たる国税債権に付加して負担させる国税である。具体的には，延滞税，利子税及び加算税である（税通2条4号）。加算税には，過少申告加算税（税通65条1項），無申告加算税（税通66条1項），源泉徴収による不納付加算税（税通67条1項）及び重加算税（税通68条1項）がある。これらの加算税の制度趣旨は，不申告ないし不納付に対する行政上の措置（制裁）を課し，もって，申告納税制度及び源泉徴収制度の維持を図ろうとする点にある。

加算税は，更正処分等に附帯して賦課決定処分がされる本税に関する処分とは別個の処分ではあるが，加算税賦課決定処分の取消訴訟においては，本税に関する処分につき，不服申立てを前置していれば足りるものと解される[15]（また，重加算税賦課決定処分は，過少申告加算税賦課決定処分を包含しているから〔後記3(3)〔252頁〕参照〕，後者の処分を認定する場合でも，前者の処分につき，不服申立てを前置していれば足りるものと解される）。

以下では，過少申告加算税と重加算税について検討するが，これらの処分は，財産権が保障されている国民一般を出発点として考えると，典型的な侵害処分である。

2 過少申告加算税の「正当な理由」
(1) 過少申告加算税の意義

過少申告加算税は，期限内申告（期限後申告でも，期限後となったことにつき，納税者に「正当な理由」がある場合を含む）において，更正等がされ，当初の申

---

[15] 今村ほか『課税訴訟の理論と実務』378〜379頁〔小尾仁〕。

告額が過少となった場合に課せられるものである（税通65条1項）。

(2) 「正当な理由」がある場合の過少申告加算税の免除

1) 制度趣旨

過少申告につき，「正当な理由」があると認められる部分（税通65条4項1号）には，過少申告加算税は賦課されないこととされている（このほか，更正があるべきことを予知してされたものではない修正申告の場合〔税通65条5項〕にも，免除の対象となるが，ここでは論じない）。

上記免除の制度趣旨は，納税者に「正当な理由」がある場合にまで過少申告加算税を課すことは納税者にとって不当ないし酷であるという点にある。

2) 「正当な理由」の意義等

「正当な理由」の意義につき，後掲最判平18・10・24は，「真に納税者の責めに帰することのできない客観的な事情があり，上記のような過少申告加算税の趣旨に照らしてもなお納税者に過少申告加算税を賦課することが不当又は酷になる場合をいうものと解するのが相当である」と判示している。

具体的には，①税法解釈の疑義，②事実関係の誤認，③課税庁の対応の各場合について問題となる。その時的要素は，申告時ないし過少申告加算税の成立時期である法定申告期限の経過時（税通15条2項13号）であり，「正当な理由」は，それ以前の行為がその評価根拠事実となる（上記時点より後の行為は，上記評価根拠事実の間接事実である）。

3) 「正当な理由」に関する税法解釈をめぐる最高裁判決

ここでは，上記2)①の税法解釈の疑義に関して，対照的な判例を挙げる。1つは，本章第4節第1（278頁）で取り上げる，いわゆる平和事件（最判平16・7・20集民214号1071頁）である（本書の上記の箇所では，前掲最判平16・7・20の判示のうち，更正処分の取消訴訟に関する部分に限って取り上げている）。本事案は，同族会社の代表者が，当該同族会社に無償で巨額の金銭を貸し付けたところ，当該代表者に利息相当額の雑所得に係る更正処分がされ，過少申告加算税が賦課されたというものである。前掲最判平16・7・20は，税務職員が執筆・監修した書籍において，業績悪化のため資金繰りに窮した会社のために代表者個人が運転資金500万円を無利息で貸し付けたという設例につき，代表者個人に所税36条1項にいう収入すべき金額がない旨が解説されるなどしていたとしても，上記設例と本件とは事案を異にするというべきであるとして，税通65条4項（1号）にいう「正当な理由」があるとは認めなかった。

もう1つは、いわゆるマイクロソフト事件（最判平18・10・24民集60巻8号3128頁）である。本事案は、子会社の代表者等として勤務していた納税者が、米国の親会社から付与されたストック・オプションを行使し、権利行使益を得たところ、これを一時所得に当たるとして申告を行ったが、給与所得に当たるとして増額更正がされ、過少申告加算税が賦課されたというものである。前掲最判平18・10・24は、東京国税局直税部長が監修し、同局所得税課長が編者となった「回答事例による所得税質疑応答集」には、外国法人である親会社から日本法人である子会社の従業員等に付与されたストックオプションの権利行使益については、ストックオプションが給与等に代えて付与されたと認められるとき以外は一時所得として課税されることになるという趣旨の記述がされ、所得税基本通達等において上記ストックオプションの権利行使益が給与所得として課税されることになる旨明記されたのは、平成14年になってからのことであること等に照らし、「真に上告人の責めに帰することのできない客観的な事情があり、過少申告加算税の趣旨に照らしてもなお上告人に過少申告加算税を賦課することは不当又は酷になるというのが相当であるから」、税通65条4項（1号）にいう「正当な理由」があると認めた。

上記各最高裁の判断は、その判断の前提となる事実関係を異にするものであり、両判断に矛盾ないし相反する点があるとはいえないと思われる。いわゆる平和事件に係る前掲最判平16・7・20は、納税者側の主張に一見沿うかにみえる通達、文献等があるだけでは「正当な理由」を基礎付ける事情として十分ではないことを示唆する点で重要である。

以上の「正当な理由」は、評価的要件であるから、その評価根拠・障害事実が要件事実となる。そして、「正当な理由」の評価根拠事実は、この要件の趣旨が納税者の利益保護の観点から例外的に過少申告加算税を免除する点にあることに照らすと、納税者において、その評価根拠事実を主張立証すべきである（結論同旨、最判平11・6・10集民193号315頁）。

3　重加算税の「隠ぺい」「仮装」等

(1)　重加算税の意義

重加算税は、納税者がその国税の課税標準等又は税額等の計算の基礎となるべき事実の全部又は一部を隠ぺいし、又は仮装し、その隠ぺいし、又は仮装したところに基づき納税申告書を提出していたときに、過少申告加算税等に代え

て課せられるものである（税通68条1項ないし4項）。

(2) 制度趣旨

　最判平7・4・28民集49巻4号1193頁は,「重加算税の制度は,納税者が過少申告をするについて隠ぺい,仮装という不正手段を用いていた場合に,過少申告加算税よりも重い行政上の制裁を科することによって,悪質な納税義務違反の発生を防止し,もって申告納税制度による適正な徴税の実現を確保しようとするものである。」と判示している。

(3) 重加算税賦課決定処分と過少申告加算税賦課決定処分との関係

　この点,最判昭58・10・27民集37巻8号1196頁は,重加算税は,過少申告加算税の賦課要件に該当することに加えて,納税者が不正手段を用いたという特別の事由が存する場合に課せられるものであるから,重加算税の賦課は,過少申告加算税の賦課に相当する部分をその中に含んでいると判示する（包含説）。この包含説に立つと,いわば大（重加算税賦課決定処分）は,小（過少申告加算税賦課決定処分）を兼ねるから,訴訟物の前提となる「処分の同一性」（本章序節第1・1〔208頁〕参照）が肯定されることになる。そして,その訴訟物の範囲内で,課税庁の重加算税の適法要件に関する主張（抗弁）には,隠ぺい又は仮装が認められない場合に備えて,過少申告加算税の賦課要件に関する主張が予備的に主張されていると解されることになる。

　ただし,重加算税賦課決定処分の理由の提示には,過少申告加算税賦課決定処分の理由が明示的には示されていないはずであるから,その後の過少申告加算税賦課決定処分に関する主張は,処分理由の差替えに当たる可能性があるが（本章序節第1・2(1)注5）〔209頁〕参照）,過少申告加算税賦課決定処分に関する追加主張は,当初の主張に予備的に包含されているものと解されるから,納税者に特に不利益を与えることはなく,許されることになろう（本章第3節第1・2(2)〔275頁〕参照）。

(4) 課税要件

　以下の要件事実の時的要素は,申告時ないし重加算税の成立時期である法定申告期限の経過時（税通15条2項13号）である。上記基準時以前の行為が要件事実となり,上記時点より後の行為は,上記要件事実の間接事実となる。

　1）**客観的要件―隠ぺい,仮装**

　隠ぺいとは,課税要件事実の全部又は一部を隠すことをいい,仮装とは,存在しない課税要件事実が存在するように見せかけることをいう（青色申告との

関係につき，前記第2注5)〔236頁〕参照)。これらの行為は，一見すると，事実的要件のように見えるが，後記の「つまみ申告」の例を考えると，一種の評価的要件であると解される。

「つまみ申告」(帳簿操作を前提とせず，故意に所得金額等の一部をつまみ出し，過少申告をする行為)ないし「ことさらの過少申告」については，過少申告行為のうち，納税者に不正行為が認められるものを特に重い負担を課しているという重加算税の制度趣旨に照らすと，「重加算税を課するためには，納税者のした過少申告行為そのものが隠ぺい，仮装に当たるというだけでは足りず，過少申告行為そのものとは別に，隠ぺい，仮装と評価すべき行為が存在し，これに合わせた過少申告がされたことを要する」が，「納税者が，当初から所得を過少に申告することを意図し，その意図を外部からもうかがい得る特段の行動をした上，その意図に基づく過少申告をしたような場合」をもって足りる(前掲最判平7・4・28)。

また，最判平6・11・22民集48巻7号1379頁は，真実の所得の調査解明に困難が伴う状況を利用し，真実の所得金額を隠ぺいしようという確定的な意図の下に，必要に応じ事後的にも隠ぺいのための具体的工作を行うことも予定しつつ，会計帳簿類から明らかに算出し得る所得金額の大部分を脱漏し，所得金額をことさら過少に記載した内容虚偽の確定申告書を提出した場合には，隠ぺいに当たると判示している。

上記のような行為を基礎付ける主観的・客観的事情が，「つまみ申告」(ことさらの過少申告)における「隠ぺい又は仮装」の評価根拠事実となろう。

2) 主観的要件―故意等

隠ぺい又は仮装の行為についての認識は必要であるが，納税者において，過少申告となることの認識(租税を免れることの認識)までは不要である(最判昭62・5・8集民151号35頁)。ただし，上記1)のとおり，「つまみ申告」ないし「ことさらの過少申告」については，過少申告の意図ないし真実の所得金額を隠ぺいしようという確定的な意図が必要となる。

3) 主体的要件―納税者

税通68条1項ないし3項の「納税者」とは，国税に関する規定により国税を納める義務等がある者(税通2条5号)のことをいうから，個人が第三者に申告を委任し，その第三者が「隠ぺい又は仮装」をした場合，原則として，納税義務者である当該個人が「隠ぺい又は仮装」をしたことにはならない。しかし，

例外的に、第三者の「隠ぺい又は仮装」を納税者本人の行為と同視することができる特段の事情（例えば、納税者本人が、第三者の不正行為を認識し、又は容易に認識可能であり、法定申告期限までに第三者に対する監督等によってその是正が可能であったことを基礎付ける事実等）がある場合（最判平18・4・20民集60巻4号1611頁参照）には、「納税者」の行為と等価値の事実があるものとして、重加算税の課税要件を充たすことになろう。上記特段の事情は、主体的要件に関する評価根拠事実となる。

4)「正当な理由」による免除の規定なし

重加算税について定める税通68条1項ないし4項には、「正当な理由」による免除の規定はないから、重加算税賦課決定の取消訴訟において、納税者の「正当な理由」の主張は、主張自体失当である。

ただし、上記(3)のとおり、納税者の「隠ぺい又は仮装」が認められない場合でも、過少申告加算税の賦課要件が認められる限り、過少申告加算税相当部分を超える部分のみが一部取消しの対象になるとすると、「正当な理由」の主張は、過少申告加算税の賦課要件が判断される場合には、意味を持つ主張となろう。

4　要件事実

最後に、これまで述べてきたことをまとめておこう（税務署長をB、納税者をX、国をYとする）。

【過少申告加算税賦課決定処分の取消訴訟】

訴訟物

　YのXに対する本件過少申告加算税賦課決定処分の違法性

請求原因

（行政処分の存在）

　① B税務署長のXに対する本件過少申告加算税賦課決定処分が存在する。

（違法性の主張）

　② 本件過少申告加算税賦課決定処分は違法である。

　※ 不服申立て前置及び出訴期間遵守の主張は省略。なお、不服申立て前置については、本税に関する処分につき、前置していれば足りる（前記1〔249頁〕参照）。

抗弁（本件過少申告加算税賦課決定処分の適法性に関する評価根拠事実）
（手続上の適法要件）
　① Xは，平成○○年×月×日，期限内申告をした。
　又は
　①′ Xは，平成○○年×月×日，期限後申告をしたが，それには「正当な理由」（評価根拠事実）がある。
　② B税務署長は，平成○○年○月○日，Xに対し，更正処分をした。
　③ B税務署長は，平成○○年◎月◎日，Xに対し，本件過少申告加算税賦課決定処分をし，当該処分に係る通知書は，平成○○年△月△日，Xに送達（税通12条）された。
　④ B税務署長は，上記③の通知書において，その理由を提示した（税通74条の14第1項，行手14条）。
（実体上の適法要件）
　⑤ 上記②の更正処分によって，上記①又は①′のXの申告額が過少（評価根拠事実）になった。

再抗弁（本件過少申告加算税賦課決定処分の適法性に関する評価障害事実—「正当な理由」を基礎付ける事実）
　① Xには，抗弁⑤の過少申告に「正当な理由」（評価根拠事実）がある。
　※ 「正当な理由」の評価障害事実の主張（再々抗弁）は省略。
　※ 裁量権の逸脱又は濫用の主張（再抗弁）については，前記第2・2（237頁）及び3（239頁），後記第5・3（258頁）及び4（260頁）参照。

【重加算税賦課決定処分の取消訴訟】
訴訟物
　YのXに対する本件重加算税賦課決定処分の違法性
請求原因
（行政処分の存在）
　① B税務署長のXに対する本件重加算税賦課決定処分が存在する。
（違法性の主張）
　② 本件重加算税賦課決定処分は，違法である。
　※ 不服申立て前置及び出訴期間遵守の主張は省略。
抗弁（本件重加算税賦課決定処分の適法性に関する評価根拠事実）
（手続上の適法要件）

①　Xは，平成〇〇年×月×日，期限内申告をした。
又は
①′　Xは，平成〇〇年×月×日，期限後申告をしたが，それには，「正当な理由」（評価根拠事実）がある。
②　B税務署長は，平成〇〇年〇月〇日，Xに対し，更正処分をした。
③　B税務署長は，平成〇〇年◎月◎日，Xに対し，本件重加算税賦課決定処分をし，当該処分に係る通知書は，平成〇〇年△月△日，Xに送達（税通12条）された。
④　B税務署長は，上記③の通知書において，その理由を提示した（税通74条の14第1項，行手14条）。

（実体上の適法要件）
⑤　前記②の更正処分によって，前記①又は①′のXの申告額が過少（評価根拠事実）になった。
⑥　Xは，国税の課税標準等又は税額等の計算の基礎となるべき事実の全部又は一部を隠ぺいし，又は仮装した（評価根拠事実）。
⑦　Xは，上記⑥の隠ぺい又は仮装に基づいて，前記①又は①′の申告をした。

※　重加算税の場合，「正当な理由」があるとの納税者の再抗弁は，主張自体失当である。ただし，意味がある主張となる場合につき，前記3⑷4）（254頁）参照。
※　抗弁の評価障害事実の主張（再抗弁）は省略。
※　裁量権の逸脱又は濫用の主張（再抗弁）については，前記第2・2（237頁）及び3（239頁），後記5・3（258頁）及び4（260頁）参照。

第5　納税の猶予等をめぐる訴訟類型

納税の猶予とは，納期限の延長又は延納の制度とは別に，通常ならば，納付遅延となる場合，一定の要件の下に納税を猶予する制度のことをいう。以下では，税通46条2項に規定されている一般的な納税の猶予（災害等に基づく猶予）について検討する。

1 納税の猶予の制度趣旨及び概要

(1) 制度趣旨

租税徴収確保のためにかえって国民（納税者）の生活保障を損なう結果となることは，租税が持つ本来の機能（福祉国家の財源となること）に反することになるから，納税者保護の観点から，一定の要件の下に納税の緩和措置を認めるものである[16]。

(2) 納税の猶予事由

税通46条2項の納税の猶予を受けるための要件は，次のとおりである。以下の猶予事由の時的要素は処分時である。納税の猶予に関する審査については，税務調査を経る必要がある（税通46条の2第6項）。

① 納税者が，税務署長に対し，税通46条の2第2項所定の申請をしたこと

② 税通46条2項各号（1号：納税者がその財産につき，震災，風水害，落雷，火災その他の災害を受け，又は盗難にかかったこと，2号：納税者又はその者と生計を一にする親族が病気にかかり，又は負傷したこと，3号：納税者がその事業を廃止し，又は休止したこと，4号：納税者がその事業につき著しい損失を受けたこと，5号：前各号のいずれかに該当する事実に類する事実があったこと）のいずれかに該当する事実があること[17]

③ 納税者がその国税を一時に納付することができないと認められること及び一時に納付することができないと認められる金額（税通46条2項柱書）

(3) 納税の猶予の不許可事由

税務署長等は，納税の猶予の申請書の提出があった場合において，当該申請者について上記(2)の納税の猶予事由があると認められるときであっても，次の各号のいずれかに該当するときは，同条の規定による納税の猶予等を認めないことができる（税通46条の2第10項）。納税の猶予の不許可の制度趣旨は，納税者の利益に配慮しつつ，国の租税徴収権を保護しようとする点にある。以下の猶予の不許可事由の時的要素は，処分時である。

1号：49条1項1号（後記2(2)の納税の猶予の取消事由。この1号は，繰上請求〔納付すべき税額の確定した国税について，納期限を繰り上げて請求すること〕の事

---

[16] 『国税通則法精解』526頁。
[17] 税通46条2項5号を総括規定（受け皿規定）として，1号から4号は，その評価根拠事実を法定する変則的評価的要件である。変則的評価的要件につき，伊藤『要件事実の基礎』292頁参照。

由があること）に掲げる場合に該当するとき。

2号：当該申請者が，税務調査の質問に対して答弁せず，又は同項の規定による検査を拒み，妨げ，若しくは忌避したとき[18]。

3号：不当な目的で納税の猶予等の申請がされたとき，その他その申請が誠実にされたものでないとき[19]。

なお，納税の猶予の審査については，前記(2)のとおり，税務調査を経る必要があるところ（税通46条の2第6項），その調査手続に，その不存在と同視し得る程度に重大な違法が認められる場合には，納税の猶予の不許可処分が違法になるものと解される（本章第3節第2・2〔276頁〕参照）。

上記不許可事由のうち，上記2号事由は，上記の調査手続に重大な違法性があること（評価根拠事実）に対する評価障害事実としても機能することになろう。

2 納税の猶予の取消しの制度趣旨及び概要

(1) 制度趣旨

納税の猶予を受けた者でも，一定の事由が生じた場合には，税務署長等は，その猶予の取消し等することができる（税通49条）。納税の猶予の取消しの制度趣旨は，納税者の利益に配慮しつつ，国の租税徴収権を保護しようとする点にある。

(2) 納税の猶予の取消事由

その取消事由は，ⓐ納税の猶予を受けた者であること，ⓑ税通49条1項各号のいずれかに該当すること（上記49条1項各号の構造も，変則的評価的要件〔前記1(2)注17参照〕）であると解される。上記ⓑの猶予の取消事由の時的要素は，処分時である。

3 納税の猶予の不許可処分の取消訴訟

納税の猶予の不許可処分（税通47条2項）は，前記1(2)①ないし③の積極的

---

[18] 「拒み」とは，言語又は動作で検査を承諾しないこと，「妨げ」とは，検査に障害を与えること，「忌避」とは，積極的行動によらないで検査の対象から免れることをいう（税基通第46条の2関係6）。

[19] 例えば，猶予の申請が不許可（一部許可を含む）又はみなし取下げ（税通46条の2第9項後段）となった後，同一の国税について再度猶予の申請がされたとき（新たな猶予該当事実などが発生するなど，その申請に正当な理由があるときを除く）などが該当する（税基通第46条の2関係7）。

要件のうち，いずれかの要件を欠く場合，又は前記1(3)の消極的要件（不許可事由）のいずれかに該当すると判断される場合にされるから，第2類型の処分・申請拒否型処分（本章序節第1・2(3)2)〔212頁〕3)〔214頁〕参照）に相当する。

納税の猶予の不許可処分では，課税庁の判断は，前記の積極的要件（許可事由）のうち，いずれかの要件を欠くこと，又は前記の消極的要件（不許可事由）のいずれかに該当することであるから，訴訟物は，上記の判断の当否全体に及び，また，その訴訟物を判断同一説・総額主義（本章序節第1・3(2)〔217頁〕参照）的に捉えれば，課税庁の納税の猶予の不許可処分の理由の差替え（上記の積極的要件のすべての充足の否認という主張，又は消極的要件のいずれかの充足という主張）も原則として許されることになる。

なお，課税庁が，納税の猶予の申請の形式的要件の欠如（税通46条の2第2項所定の申請ではないこと）という手続上の適法要件の不充足を，附記理由とした場合であっても，納税の猶予の申請に対しては，前記1(2)のとおり，税務調査を経る必要があるので（税通46条の2第6項），課税庁は，納税の猶予の実体上の適法要件の充足・不充足につき，同時に判断しているものと解され，実体法上の適法要件の充足・不充足の追加主張をすること（理由の差替えをすること）も許されると解される（本章序節第1・2(3)3)注15)〔214頁〕参照）。

納税の猶予の不許可処分の取消訴訟の請求原因としては，当該処分の存在と違法性の主張で足り，被告国は，抗弁として，税務署長が納税の猶予の不許可処分をした等の当該処分の適法性に関する評価根拠事実の主張立証責任を負う（本章序節第2・1注25)〔220頁〕参照）。

ところで，納税の猶予は，納税者である国民一般を納税の緩和措置の一環として保護するものであるから，納税者である国民一般を出発点として考えると，その申請は，授益処分を求めるものであるから，その申請を拒否する納税の猶予の不許可処分の取消しを求める納税者である原告は，前記1(2)①ないし③の積極的要件を基礎付ける事実（再抗弁事実〔本章序節第2・1注25)〔220頁〕参照〕。評価的要件については，その評価根拠事実を指す〔以下同じ〕）の立証責任を負うものと解すべきである。このように納税者側に立証責任があると解することは，税通46条の2第2項が，納税の猶予の申請書に同法46条2項各号のいずれかに該当する事実を証するに足りる書類の添付を求めていることにも合致することになろう。

ただし，前記1(3)の消極的要件（不許可事由）を基礎付ける事実（再々抗弁事

実)については，課税庁が立証責任を負うと解するのが，国の租税徴収権の保護という制度趣旨に合致し，相当である。

他方，税通46条の2第10項は，「税務署長等は，……次の各号のいずれかに該当するときは，同条の規定による納税の猶予……を認めないことができる。」として一種の効果裁量を認めているところ，裁量処分の取消しについて規定する行訴30条の趣旨（行政裁量の尊重）から，行政裁量を尊重しなくともよい例外的事情，つまり，裁量権の濫用又は逸脱を基礎付ける事実（再々々抗弁事実）の立証責任は，原告が負う（時的要素は，処分時である）。

なお，税務署長が，納税の猶予不許可処分をする際の手続上の適法要件については，後記5を参照されたい。

4 納税の猶予の取消処分の取消訴訟

納税の猶予の取消処分（税通49条1項）は，前記2(2)ⓑの取消事由の1つにでも該当すれば，行われる処分であるから，第2類型の処分・取消型処分（本章序節第1・2(3)1)〔211頁〕参照）に相当する。

したがって，取消型処分においては，課税庁は，取消事由の充足に係る処分理由についてしか判断していないから，その取消訴訟において，別の取消事由の主張（理由の差替え）は，許されないことになる。

納税の猶予の取消処分の取消訴訟の請求原因としては，前記3のとおり，当該処分の存在と違法性の主張で足りるものと解されるところ，納税の猶予の取消処分は，租税徴収権の保護という観点から，納税の猶予を受けた納税者から納税の猶予の利益を剥奪するものであるから，納税の猶予を受けた納税者を出発点として考えると，侵害処分であって，納税の猶予の取消しによって有利な効果を受ける課税庁は，その手続上の適法要件及び取消事由の充足を基礎付ける事実（抗弁事実）についての立証責任を負うものと解すべきである。なお，納税の猶予の取消しには，弁明聴取手続が規定されていること（税通49条2項本文）に注意すべきである。

他方，税通49条1項は，「税務署長等は，その猶予を取り消し，又は猶予期間を短縮することができる。」として一種の効果裁量を認めているところ，裁量処分の取消しについて規定する行訴30条の趣旨（行政裁量の尊重）から，行政裁量を尊重しなくともよい例外的事情，つまり，裁量権の濫用又は逸脱を基礎付ける事実（再抗弁事実）の立証責任は，原告が負う（時的要素は，処分時で

ある）。

なお，税務署長が，納税の猶予取消処分をする際の手続上の適法要件については，後記5を参照されたい。

5 要件事実

最後に，これまで述べてきたことをまとめておこう（税務署長をB，納税者をX，国をYとする）。

【納税の猶予の不許可処分の取消訴訟】

訴訟物
　YのXに対する本件納税の猶予の不許可処分の違法性

請求原因
（行政処分の存在）
　①　B税務署長のXに対する本件納税の猶予の不許可処分が存在する。
（違法性の主張）
　②　本件納税の猶予の不許可処分は，違法である。
　※　不服申立て前置及び出訴期間遵守の主張は省略。

抗弁（本件納税の猶予の不許可処分の適法性に関する評価根拠事実）
　①　B税務署長は，Xからの納税の猶予の申請に係る税務調査をした（税通46条の2第6項）。
　※　上記①のXの納税の猶予の申請は，そのような申請が外形的に存在するという事実をもって足りる。Xの納税の猶予の申請が税通46条の2所定の要件を充たしている事実は，後記のとおり，Xの再抗弁である。
　②　B税務署長は，平成〇〇年◎月◎日，Xに対し，本件納税の猶予の不許可処分を通知し（税通47条2項），当該処分に係る通知書は，平成〇〇年△月△日，Xに送達（税通12条）された。
　③　B税務署長は，上記②の通知書において，その理由を提示した（税通74条の14第1項，行手8条）。

再抗弁（本件納税の猶予の不許可処分の適法性に関する評価障害事実―納税猶予の申請を基礎付ける事実）
　①　Xは，B税務署長に対し，税通46条の2第2項所定の事項を記載し，関係書類を添付した申請書を提出して，納税猶予の申請をした（税通

② Xに納税の猶予事由（税通46条2項各号）のいずれかがあることを基礎付ける事実

③ Xが，その国税を一時に納付することができないと認められること及び一時に納付することができないと認められる金額（税通46条2項柱書）

※ 抗弁①の調査手続に重大な違法が認められることの再抗弁（前記1(3)〔257頁〕参照）は省略。

再々抗弁（本件納税の猶予の不許可処分の適法性に関する再評価障害事実―納税猶予不許可事由の存在）

① Xに納税の猶予不許可事由（税通46条の2第10項各号のいずれか）があることを基礎付ける事実

※ 処分理由（抗弁③）以外の猶予不許可事由（税通46条の2第10項各号）を追加的ないし交換的に主張することができる（前記3〔258頁〕参照）。

再々々抗弁（裁量権の逸脱又は濫用）

① 本件納税の猶予の不許可処分は，B税務署長の裁量権の逸脱又は濫用に基づくものであることを基礎付ける事実

【納税の猶予の取消処分の取消訴訟】

訴訟物

YのXに対する本件納税の猶予の取消処分の違法性

請求原因

（行政処分の存在）

① B税務署長のXに対する本件納税の猶予の取消処分が存在する。

（違法性の主張）

② 本件納税の猶予の取消処分は違法である。

※ 不服申立て前置及び出訴期間遵守の主張は省略。

抗弁（本件納税の猶予の取消処分の適法性に関する評価根拠事実）

（手続上の適法要件）

①〔A〕 B税務署長は，平成○○年×月×日，Xに対する納税猶予の取消事由について，Xの弁明を聴取した（税通49条2項本文）。

又は

〔B〕 Xには，繰上請求の事由（税通38条1項各号）がある（税通49

条2項本文)。

又は

　　〔C〕　Xは，B税務署長に対し，「正当な理由」なく（評価根拠事実[20]），弁明しなかった（税通49条2項ただし書）。

※　上記①の〔A〕ないし〔C〕は，相互に等価値の事実である。

②　B税務署長は，平成○○年◎月◎日，Xに対し，本件納税の猶予の取消処分をし，その旨を通知し（税通49条3項），当該処分に係る通知書は，平成○○年△月△日，Xに送達（税通12条）された。

③　B税務署長は，上記②の通知書において，その理由を提示した（税通74条の14第1項，行手14条）。

（実体上の適法要件）

④　Xは，平成○○年□月□日，納税の猶予を受けた。

⑤　Xに納税の猶予の取消事由（税通49条1項各号）のいずれかがあることを基礎付ける事実

※　処分理由（抗弁③）以外の猶予取消事由（税通49条1項各号）を追加的ないし交換的に主張することはできない（前記4〔260頁〕参照）。

再抗弁（裁量権の逸脱又は濫用）

①　本件納税の猶予の取消処分は，B税務署長の裁量権の逸脱又は濫用に基づくものであることを基礎付ける事実

第2節　実額課税と推計課税

第1　基本的考え方

推計課税は，原則としての実額課税に対する例外であって，以下の検討は，主として，この例外を正当化するための理由（正当理由）を，要件事実論における評価的要件という視点から検討し，この問題に関して適切妥当な結論を導こうとするものである[1]。

---

[20]　この場合における「正当な理由がなく弁明をしないとき」とは，災害，病気による入院等，納税者の責めに帰することができないと認められる理由がないにもかかわらず弁明をしない場合をいう（税基通第49条関係6）。

[1]　本節における説明は，拙稿「説明論文　民事訴訟における要件事実論の租税訴訟における有用性──その例証としての推計課税と実額反証の検討」伊藤『租税法の要件事実』80頁以下と基本

ここでの「正当理由」の検討の考え方も方法も，借地・借家関係における更新拒絶の正当事由についての判断（賃貸人・賃借人の双方に存する事由の総合的判断）と原理的には，まったく同様であると考えればよい[2]。

第2　所税156条の趣旨

　課税処分の取消訴訟においては，課税処分が適法であることの評価根拠事実について，どのような方法で立証するにせよ[3]，課税庁に主張立証責任がある。こうした事実を通常の方法で証明するということから出発すると，課税所得を根拠付ける事実（前記評価根拠事実のことであり，典型的には，収入額と必要経費額となるであろう）を証明しなければならない。しかも，こうした評価根拠事実を民事事件における通常の証明度，すなわち高度の蓋然性をもって証明しなければならない。これが原則である。ただ，納税義務者の資料の不整備，非協力などの事情があるために，上記のような通常の証明度による証明が困難な場合のあることが，容易に予想できる。もちろん，そうした理由で立証が困難であるからといって，そのために立証が不能であるとして，簡単に課税を放棄するわけにはいかない。

　そこで，どう考えるべきかについて，まず，結論から述べると，課税処分取消訴訟における基本的考え方[4]を踏まえ，かつ，この問題については，要件事実論における等価値の理論[5]を適用して，推計課税に関する要件事実を考える

　　　的に同旨であるが，説明方法については，改めているところも相当ある。
　　　この問題に関する最近の文献としては，泉ほか『租税訴訟の審理』213頁以下がある。
- 2) 評価的要件については，要件事実論では，評価根拠事実と評価障害事実を常に考えることになる。評価的要件については，前記第1章第2節第4「評価的要件の重要性」（17頁以下）及び伊藤『要件事実の基礎』291頁以下各参照。
- 3) 青色申告でない場合においては，証拠方法について，特別の制限も優遇もない（所税156条は証拠方法に関することを何も定めてはいない）。特別の規定がない場合には，それが経験則に合致している限り，どのような証拠方法によって，事実を認定（もちろん，どのような場合に認定できたと考えるかが問題である）しても自由であると考えるべきであり，青色申告の場合における，帳簿書類の調査の必要性についての定め（所税155条1項・2項）は，同申告制度の推進のために，一種の証拠方法の制限を特別に課していると考えることができよう。
- 4) 前記第1章第2節第3「租税訴訟における要件事実はどのようにして決定されるか」（11頁以下）参照。
- 5) 私見は（そして相当数の賛成意見がある），通常必要とされる要件事実の本質的部分が一部不足しているときは，当該部分が欠落していても，全体として要件事実から発生する法律効果が等価値になると考えてよい事実（簡単にいえば，等価値の事実）を補充することを容認する。この考え方は，本質的部分が一部不足していても，本質的部分が充足されていると同じように扱うということであるから，本質的部分が充足されて所期の法律効果が発生するのを原則と考えると，一

べきである。そうすると、「立証の困難性の評価根拠事実（推計課税の必要性の評価根拠事実）＋所得税法156条の予定する低い証明度による証明」で通常の証明度による証明と等価値と考えるという前提で要件事実を考えることになる[6]（その際に、上記評価根拠事実について、後述の評価障害事実を認めることが重要なポイントとなる[7]）。これら評価根拠事実と評価障害事実（もとより、このような評価根拠事実・評価障害事実については、低い証明度では不十分であって、高度の蓋然性を基準とする通常の証明度による証明が必要である）の全体の総合判断によって、推計課税による低い証明度による証明で足りるか否かを判断することになる。なぜ低い証明度でよいか、そう考えてよい場合の要件はどのようなものかについて、以下に更に引き続き説明する。

　推計課税を必要とするような立証の困難な場合においても、事実上の推定のルールによって証明してもまったく差し支えない。この意味で、推計課税は、なにも立証に関して証拠方法を制限しているわけではない（所税156条から、立証を何らかの証拠方法に限定する趣旨はなにも読み取ることができない）。同条が、事実上の推定による認定を認めた趣旨の規定であると考える説があるとすれば（例えば、泉ほか『租税訴訟の審理』217頁参照）、同説には賛成できない。事実上の推定は、上記のように特別の規定がなくても、常に事実認定においては認められるべきものだからである。したがって、事実上の推定説は、所得税法に同条が設けられた趣旨を説明することができない。

　推計課税を必要とするような場合には、このような事実上の推定のルールを認めるだけでは、高度の蓋然性を基準とする通常の証明度を前提とすると、課税処分の取消訴訟において、課税庁は、ほとんどの場合、課税所得の発生について立証責任を果たすことができず、敗訴することになるであろう。

　そこで、所税156条は、同条所定の方法による課税を適法であると定め、同条の要件を満たすことによって、効果としては、証明度についても、高度の蓋然性に達しない低い証明度でも差し支えないことを定めたことになる[8]。

　　　種の例外を認めることになる。例外を認めるためには（その例外であっても、原則と等価値であると扱うために）、その例外の評価根拠事実が主張立証されなければならないことになる。
　　　この「等価値の理論」については、伊藤『要件事実の基礎』100頁以下参照。
6）　関係要件事実の具体的構造については、後記第4・1「判断の基本的構造」（267頁）参照。
7）　前記第1「基本的考え方」参照。
8）　証明度が低くてよいと定めた例としては、民事訴訟法248条がある。この規定の趣旨については、意見が分かれているが、私見は、証明度の軽減を定めたものであると考えている（拙稿「民事訴

租税訴訟においても，証明というものは，本来は高度の蓋然性をもって証明しなければならない（これが原則である）のであるから，上記のように低い証明度でも足りるとするためには，その例外として，これを容認する正当性の根拠（これが，通常，推計課税の必要性の要件といわれるものである）を具体的に，主張立証することが必要である。そうすることによって，はじめて，証明度の低い推計課税という方法による立証を容認することができるのである。

　このように証明度の軽減を考えないとすると，真実の課税所得の額を最終的な立証の対象と考えた場合において，実額課税はその額を立証するべきである[9]が，推計課税はその額を立証しなくてもよく（推計課税という方法による限り，実額課税と同様の証明度で同額を立証することは不可能である），その額に近い周辺の額を立証するべきであるということになり，実額課税と推計課税とは，立証の対象が異なってよい（換言すれば，二つの異なった課税所得を前提とした課税処分，つまり二つの異なった課税処分を認める）ことになり，相当ではないと考える。

　上記私見の理論的構造は，更正処分取消訴訟において，原告である納税者が請求原因で違法であると指摘した更正処分の適法性の評価根拠事実として，課税庁は，真実の所得金額（収入金額から必要経費額を控除した金額）とその根拠となる具体的事実を，実額課税と推計課税の二つの方法（選択的）による抗弁として立証するというように考えるわけであるから，このような問題は存在しない。

　もとより，実際にした課税の状況に応じて，どちらか一方のみを抗弁とすることは，まったく差し支えない（というよりも，実際には，抗弁は，少なくとも訴訟当初は，どちらか一方のみであろう。その後の原告の主張立証によって，他方の抗弁が提出されることになる可能性がある）。

第3　推計課税と実額反証との関係—従来の考え方

　この要件に関係して，課税処分取消訴訟における推計課税の取扱いについて

訟法248条の定める『相当な損害額の認定（中）』判時1793号（2002）3頁以下参照。
9）　もちろん，すべての事実認定というものは（その意味では，実額課税における事実認定も），最終的には，真実そのものを立証できるとは限らず，真実に限りなく近いものを立証するに止まることもあるという制約（前提）があるが，それは，ここで問題としていることと性質の違うことである。

は、主なものとして、大きくいって、次の二つの考え方がある。

まず、課税庁は、推計課税の必要性の要件を満たすことが証明されなければ実額を証明する必要があるが、同要件が証明されたときは、納税者において実額の証明は一切許さないとする考え方（①の考え方）がある。このように厳密に２分して考えた場合には、同一の課税処分の適法性の評価根拠事実の立証であるにもかかわらず、なぜこのように、性質の異なった二つの立証方法があるのか、その両者の関係をどのよう考えるのかなどについて、どのように合理的に説明するかということが問題となる。

次に、推計課税の方法を適法として認めておきながら、後になって、実額反証という名のもとに、納税者による実額による立証を認める考え方（②の考え方）もある。おそらく、これが現在の裁判例（この点に関する最高裁の考え方は明らかではないが）、学説の多数の採る考え方であると思われる[10]）。この考え方は、特別の制限もなく、実額反証という名のもとに、単に実額を主張立証することによって、推計課税の方法による認定を覆すことを認めるものであって、推計課税を認めた趣旨に反することになるとの疑問があると考える。

どのようにしたら、こうした二つの考え方にある問題点を解消して、適切な方法を見出すことができるであろうか。以下に、筆者の考えているところを述べてみたい。

第４　推計課税と実額反証との関係──私見
1　判断の基本的構造

推計課税については、すでに（前記第２「所税156条の趣旨」）述べたように、

---

10) 東京高判平６・３・30裁判所 HP（「租税判例百選」110事件）は、所税156条の推計課税における実額反証の問題に関しては、「税務署長を被告とする所得税更正処分取消訴訟において原告が直接資料によって収入及び経費の実額を主張・立証することは、被告の抗弁に対する単なる反証ではなく、自らが主張・証明責任を負うところの再抗弁であり、しかも、その再抗弁においては単に収入又は経費の実額の一部又は全部を主張証明するだけでは足りず、収入及び経費の実額をすべて主張・証明することを要するというべきである」（3頁）と判示する。しかし、この判示は、実額反証という考え方を認めるという点及びその考え方の内容として、「経費の実額」のすべてについて主張立証責任が納税者にあるとする点の２点において、疑問である。

　この問題について、井上康一「租税法における『推定』の諸相──推計課税に関する議論の整理を中心として」伊藤＝岩﨑『要件事実論の展開』156頁以下は、推計課税の性質を法律上の事実推定とするが、その論拠は十分でない、と考える。

　この問題について、岩﨑政明「租税訴訟における訴訟物の考え方」伊藤＝岩﨑『要件事実論の展開』129頁以下は、私見と同旨である、と考える。

評価根拠事実と評価障害事実（これらの事実自体は，高度の蓋然性を基準とする通常の証明度による証明が必要である）の全体の総合判断によって，推計課税による低い証明度による証明で足りるかを判断することになる。

　課税処分取消訴訟における判断の構造の骨子は，原告が，請求原因として，当該課税処分の存在の主張とその違法であることの指摘をした後は，次のようになる。

　推計課税の方法によることを必要とするような，立証が困難な場合には，通常は，課税庁は，推計課税における要件の主張立証を先行させるであろうが，理論上は，実額課税における要件の主張立証を先行させてもよい。後記2「要件事実（推計課税である場合）」に記載してある抗弁と後記3「要件事実（推計課税でなくなった場合）」に記載してある抗弁との間には，理論上の主張立証の先後関係があるわけではない。また，両者の主張立証があった場合において，裁判所はどちらから判断してもよく，その抗弁の一つでも認めることができれば，他の抗弁を判断する余地はない。以上のことは，あたかも，貸金返還請求訴訟において免除の抗弁と弁済の抗弁とが提出された場合と同様である（この場合も，例えば免除の抗弁に再抗弁があり，弁済の抗弁には再抗弁がないということがあっても不思議ではない）。

　以下では，課税庁が通常するであろう主張立証の仕方を前提として，<u>推計課税である場合</u>を最初に，それが不成功に終わった場合，すなわち<u>推計課税でなくなった場合</u>（推計課税による方法は許されない）をその次に説明する。

2　要件事実（推計課税である場合）

　通常の証明度で証明するのが原則と考えると，一種の例外の場合ということになる。

　抗弁（被告）
　① 推計課税の必要性——その評価根拠事実（課税庁の主張立証するべき積極的要件）

　推計課税が必要な合理的理由があることを示す具体的事実である。そのような要件を充たす典型的なものは，税務調査の障害となる納税者の非協力と判断できる具体的事実であろう。そうした事由の存在が推計課税の必要性の評価根拠事実となる。

　そうした具体的事実として，例えば，「関係帳簿が，その整理が不可能なほ

ど混乱した状態にあったこと」,「課税庁による関係帳簿の提出の要請に応じなかったこと」(どこまで詳しく,その内容をいわなければならないかの問題がある)などを挙げることができよう。この場合には,抗弁として,そうした状況を主張すれば足り,そういう状況があったことについて合理的な理由がないことまでも主張する必要はない[11]。こうした評価根拠事実と評価障害事実との具体的振り分けは,重要な意味をもつ作業であり,この点については見解が分かれるであろうと考える。

この抗弁が立証されないと,推計課税が必要な合理的理由があるとはいえないのであるから,抗弁②「推計課税による課税所得の存在―その評価根拠事実」の立証による課税所得の立証は許されないことになる。

② 推計課税による課税所得の存在―その評価根拠事実

「推計方法が合理的であり,その基礎となる数字が正確である」ことを示す具体的事実である。所税156条に定める各状況を構成する具体的事実が,ここにいう評価根拠事実となる。特に説明をするほどのことはない。

再抗弁(原告)

① 上記評価根拠事実①に対する評価障害事実(納税者の主張立証するべき消極的要件)

抗弁が,前記の課税資料となる帳簿の提出要請が拒否されたことを内容とする場合に,もし,実情として,例えば,「提出を要請された関係帳簿が業務上の正当な理由で,遠方に保管してあり,課税庁の要請にそのまま直ちに応じることは,社会通念上不可能であったこと」があれば,上記抗弁に対する例外として,納税者において,こうしたことを根拠づける具体的事実(評価障害事実)を再抗弁として主張立証することができると考える。

もちろん,どのような事実を評価障害事実として認めることができるかについては,十分な検討が必要である。おそらく多くの場合,評価根拠事実の強さと評価障害事実の強さとを総合的に判断して,納税者の権利の保護に適正な配慮をし,かつ,適正な課税を確保するという税法の基本的制度趣旨を踏まえた,いわば「正義」の観点から,推計課税の必要性を判断することになろう。

---

11) これに対する例外ももちろん考えうる。例えば,あり得ない「教室設例」であるが,課税庁が,「100万冊の帳簿を税務調査の当日突然に特定して,1時間以内に提出せよ。」といった要請を出したとすると,その要請の内容自体から,そこに評価障害事実が表れているのであるから,そうした抗弁は,直ちに理由がないと判断されよう。

例えば、帳簿の不整理などが単なる不注意によるものであったような場合には、課税庁の要請があって直ちにその整備に応じた状況を提供したことをここでの評価障害事実（再抗弁）として認めてよいと考えられる。

他方、例えば、納税者が、推計のために根拠となる資料を発見するのが困難な性質の事項については特に念を入れて、その実額を示す、自己に不利益な資料を徹底的に隠ぺいするといった不正義なことをした場合には、このような事実を内容とする、推計課税の必要性の抗弁を覆すに足りる評価障害事実を認めることは、極めて困難であろう。

まず、合理的な評価障害事実が主張立証された場合には、推計課税が必要な合理的理由があるとはいえないのであるから、抗弁②「推計課税による課税所得の存在─その評価根拠事実」の立証による課税所得の立証は許されないことになる。

他方、合理的な評価障害事実が主張立証されたとはいえない場合には、推計課税が必要な合理的理由があることになるのであるから、今さら、納税者が「実額反証」の名のもとに、実額を立証することは許されないということになると考える。推計課税の場合にも、重要なのは真実であるから、それを直接資料で証明することを禁じる理由はないという考え方も、一理あるとしても、手続的正義（再抗弁となる評価障害事実は、最終的には、上記のように「正義」の観点から決せられたものであることを、想起するべきである）も無視はできない要素である。推計課税という制度を認めた以上、このように考えるべきである、と考える。

②　上記評価根拠事実②に対する評価障害事実

「推計方法が不合理であり、その基礎となる数字が不正確である」ことを示す具体的事実（ただし、評価根拠事実と両立する事実でなければならない。積極的に矛盾する事実は否認にすぎない）が、これに該当する。所税156条に定める各状況を構成する具体的事実（例えば債務の増減の状況）が実情と異なることを示す事実もこれに入るし、いわゆる「実額反証」も、実額反証肯定説のいう意味とは異なるが、ここにおいて機能する側面をもつ。例えば、推計課税において推定される収入金額が、実額によって認定される収入金額を著しく上回ることを立証すれば、それは、その推計課税における推計方法が不合理であることを示す効果がある。留意するべきは、ここで納税者は、実額が具体的なある特定の額であることまでも立証することが必要であるわけではないし、また逆に、

単に実額を立証するだけでは不十分であるということである。あくまでも，推計額が著しく（どの程度になれば「著しく」であるかはもとより問題であるが）実額と乖離するものであることを示す具体的事実を立証することが必要であり，かつ，それで足りる（それによって推計課税における推計方法が不合理であることを示すことができるからである）。こうした考え方は，推計額に対して性質の違う実額を提示すること自体をもって争うという考え方（この考え方については筆者は疑問を持つ）ではない。

以上の私見は，推計課税の範囲内において，推計方法の合理性の争いとして，いわゆる「実額反証」の考え方の一部を生かしたものということができよう。

3　要件事実（推計課税でなくなった場合）

通常の証明度で証明するのが原則と考えると，その原則どおりの場合ということになる。

以上に説明したように，推計課税が必要な合理的理由があることを示す具体的事実（推計課税の必要性の評価根拠事実）である抗弁の立証ができなかった場合，又は，推計課税が必要であるかの見地からみて，評価障害事実が再抗弁として認められた場合には，推計課税が必要な合理的理由があるとはいえないのであるから，推計課税の方法で課税所得を立証することは許されず，当然のことながら，課税庁は，実額課税の原則に戻って，推計課税でない方法によって，課税所得について主張立証をしなければならない（その点について立証責任を負う）。

その場合の抗弁以下の要件事実の一例は次のとおりである。

抗弁（被告）

課税所得の実額についての立証責任対象事実（「収入－必要経費」などの通常の抗弁と同一である事実）

この事実については，通常の証明度による証明が必要である。

否認（原告）

この場合における，抗弁事実と両立しない原告に有利な事実の主張（いわゆる「実額反証」の主張としての具体的事実の主張は，そうなる可能性が強い）の基本的性質は，抗弁事実の否認であり，再抗弁ではない。否認のための立証活動は，ふつうの反証である。本証ではないし，いわゆる間接反証（私見は，間接反証という考え方を認めないが）でもない[12]。

第3節　課税手続上の瑕疵と課税処分の取消し

第1　附記理由をめぐる問題
1　附記理由の趣旨及び程度，適用範囲並びに瑕疵の治癒
(1)　附記理由の趣旨及び程度

　国税に関する法律に基づき行われる処分に対する附記理由は，所税150条2項，155条2項，税通74条の14，行手8条，14条等によって求められる。

　附記理由の趣旨及び程度について，最判昭38・5・31民集17巻4号617頁は，次のように説示している。「一般に，法が行政処分に理由を附記すべきものとしているのは，処分庁の判断の慎重・合理性を担保してその恣意を抑制するとともに，処分の理由を相手方に知らせて不服の申立に便宜を与える趣旨に出たものであるから，その記載を欠くにおいては処分自体の取消しを免れないものといわなければならない。ところで，どの程度の記載をなすべきかは，処分の性質と理由附記を命じた各法律の規定の趣旨・目的に照らしてこれを決定すべきであるが，」所税45条2項（上記当時の条文）が「附記すべきものとしている理由には，特に帳簿書類の記載以上に信憑力のある資料を摘示して処分の具体的根拠を明らかにすることを必要すると解するのが相当である。」

　もっとも，帳簿書類の記載の否認を伴わない更正については，最判昭60・4・23民集39巻3号850頁は，更正通知書の更正の理由において，帳簿書類の記載以上に信憑力のある資料を摘示するものでなくとも，理由附記制度の趣旨目的を充足する程度に具体的に明示するものであれば足りるとしている。

(2)　適用範囲

　附記理由の求められる適用範囲については，平成23年12月の国税通則法の改正によって，国税に関する法律に基づき行われる処分に，行手8条及び14条の規定が全面的に適用されることとなったことから，国税に関するすべての処分ということになる（税通74条の14第1項，行手8条，14条）。上記(1)の青色申告に係る更正（所税155条2項等）で求められる理由附記の最高裁の考え方（資料を摘示して処分の具体的根拠を明らかにすべきこと，又は理由附記制度の趣旨目的を充足する程度に具体的に明示するものであること）が，今後，白色申告に係る

---

12)　間接反証理論の批判については，伊藤『要件事実の基礎』121頁以下参照。

更正を含め，国税に関するすべての処分に求められることになろう（本章序節第3・1〔225頁〕参照）。

したがって，国税に関するすべての処分について，理由附記という手続上の適法要件を欠く処分は，その実体上の適法要件の充足についての判断に立ち入るまでもなく，取消しの対象となるから，理由附記の充足は，被告国において主張立証すべき抗弁となる。

(3) 瑕疵の治癒

附記理由が不完全な場合の瑕疵の治癒については，原処分後の再調査の請求に係る決定又は審査裁決において，理由が提示されたとしても，そのことで遡及的に不十分な理由附記の瑕疵の治癒を認めることは，前記(1)の理由附記の趣旨に反し許されないので（最判昭47・3・31民集26巻2号319頁等），このような主張は，抗弁として主張自体失当である。ただし，当初の更正処分後に増額再更正処分がされ，その時に適式に理由附記をやり直すことで，当初の更正処分時の瑕疵（理由附記の不備）が治癒されることはあり[1]（本章第1節第1・1〔230頁〕参照），この場合には，上記事実は抗弁となる。

2　理由の差替えの可否・要件事実

(1) 視点の設定

この問題を検討するに当たっては，①理由（根拠事実）を差し替えることによって，「処分の同一性」（訴訟物）の範囲を超える主張（抗弁として主張自体失当の主張）になるのではないかとの「処分の同一性」からの理論的視点（以下「①の視点」という）と，②前記1(1)の理由附記の制度趣旨（(a)処分庁の恣意の抑制，(b)不服の申立ての便宜）等に反するのではないかとの実質的視点（以下「②の視点」という）の2点が重要である。

(2) 要件事実

ここでは，〔A〕青色更正の附記理由と異なる主張，〔B〕白色更正の附記理由と異なる主張，〔C〕審査裁決の理由と異なる主張，〔D〕更正の除斥期間経過後の新たな主張，〔E〕申請拒否型処分と附記理由と異なる主張，〔F〕重加算税賦課決定処分の要件である納税者の「隠ぺい又は仮装」が認められない場合の過少申告加算税の賦課要件の主張がそれぞれ問題となる。

〔A〕（青色更正の附記理由と異なる主張）及び〔B〕（白色更正の附記理由と異

---

1) 吉田・前掲（本章第1節・注3）〔233頁〕）「訴えの利益をめぐる問題」156～157頁参照。

なる主張）については，①の視点からすると，総額主義と争点主義の対立が問題となる（本章序節第1・3(2)〔217頁〕参照）。総額主義に立つと，〔A〕であれ，〔B〕であれ，原則として，理由の差替えは許されることになる。しかし，②の視点からすると，〔A〕であれ，〔B〕であれ，納税者は，課税庁の理由の差替えの抗弁に対し，理由の差替えが納税者の利益を害して許されない特段の事情（前記(1)②の(a)又は(b)の趣旨に反する事情）を再抗弁として主張立証することができよう[2]。争点主義に立つと，差し替える理由の主張に加えて，理由の差替えが納税者の利益を害さず，それが許される特段の事情（前記(1)②の(a)及び(b)の趣旨に反しない事情）を併せて抗弁として主張立証することが求められよう。このように，総額主義に立つか，争点主義に立つかで，特段の事情の内容及び規範構造上の位置付け（再抗弁か，抗弁か）かが変わってくることになろう（本章序節第1・3(2)〔217頁〕参照）。

〔C〕（審査裁決の理由と異なる主張）については，①の視点からすると，裁決書に理由を付すること（税通101条1項4号）が求められるのは，原処分の理由附記とは異なり，審査請求の判断の理由を明らかにするためのものであるから，審査請求が原処分の見直しという法的性格（本章序節第4・2〔229頁〕参照）を有するとしても，裁決書の理由が，直ちに「処分の同一性」に影響を与えるものとはいえない。しかし，②の視点（ただし，ここでは，原処分の理由附記の制度趣旨というよりは，法が裁決書に理由を付することを求めた制度趣旨）からすると，国税不服審判所に対する審査請求に係る平成26年6月の改正に伴い，審査請求人及び参加人の手続保障が強化されたから（本章序節第3・5(4)〔228頁〕参照。なお，上記の裁決書の必要的記載事項の法定〔税通101条1項〕も，平成26年6月の改正によるものである），裁決書の理由と異なる根拠事実の追加的ないし交換的な主張は，納税者の利益を害する特段の事情があれば，上記法改正の趣旨（手続保障の強化）に照らし，許されないと解する余地があろう（前掲最判昭

---

[2] 最判昭56・7・14民集35巻5号901頁は，結論として，青色更正の理由の差替えを許すが，「被処分者たる上告人に格別の不利益を与えるものではない」事案に関するものであり，しかも，上記最高裁判決自体が「更正の理由とは異なるいかなる事実をも主張することができるとか解すべきかどうかはともかく，」と理由の差替えの可否について，留保を付している。また，前掲最判平11・11・19（逗子市情報公開請求事件）は，情報公開条例に理由附記の要請がある場合でも，理由の差替えは許されるとしたが，その差替えが許されない例外的な場合があることを否定しているとはいえない。したがって，本文で述べたこと（理由の差替えを許さない例外を認めること）は，上記各最高裁判決の判示とは抵触するとはいえないと考える。

53・9・19〔個人タクシー免許期限変更申請拒否処分事件〕参照）。

〔D〕（更正の除斥期間経過後の新たな主張）については、①の視点からすると、総額主義に立てば、除斥期間経過後の新たな主張であっても、その差替えは、原則として許されることになろう（つまり、差替えに係る主張が除斥期間内であることは、その要件事実とはならない）。ただし、②の視点（ただし、ここでは、理由附記の制度趣旨というよりは、法が除斥期間を定めた法的安定性の確保という制度趣旨）からすると、納税者は、課税庁の理由の差替えに対し、理由の差替えが許されない特段の事情（除斥期間を定めた法の趣旨に反する事情）を主張立証することができよう。

〔E〕（申請拒否型処分と附記理由と異なる主張）については、①の視点からすると、手続上の適法要件違反を理由とする申請拒否型処分については、原則として、理由の差替えは許されないが、行政庁において実体上の適法要件の充足・不充足について同時に判断していると解される場合には、例外的にその追加主張も許されよう（本章序節第1・2(3)3)注15）〔214頁〕）。また、実体上の適法要件違反を理由とする申請拒否型処分については、附記理由と異なる申請拒否事由との差替えも、許されることになろう（本章序節第1・2(3)2)〔212頁〕）。以上において、理由の差替えが許される場合であったとしても、②の視点からすると、納税者は、課税庁の理由の差替えに対し、理由の差替えが納税者の利益を害し許されない特段の事情を主張立証することができよう。

〔F〕（重加算税賦課決定処分の要件である納税者の「隠ぺい又は仮装」が認められない場合の過少申告加算税の賦課要件の主張）について、①の視点からすると、重加算税賦課決定処分は、過少申告加算税賦課決定処分を包含していると解されるから、「処分の同一性」に問題はない。また、②の視点からすると、重加算税決定処分の理由の提示には、過少申告加算税賦課決定処分の理由が明示的に示されていないともいい得るが、過少申告加算税賦課決定処分の理由は、重加算税賦課決定処分の理由の論理的前提をなすものであり、これに関する追加主張は、当初の主張に予備的に包含されていると解されるから、納税者に特に不利益を与えることはなく、許されることになろう（本章第1節第4・3(3)〔252頁〕参照。この場合には、納税者は、理由の差替えが許されない特段の事情を主張立証することはできないことになる）。

第2　質問検査権行使をめぐる問題

1　税務調査と処分

　国税通則法では，一定の処分の前提として税務調査（質問検査権の行使）が要求されている場合がある（更正処分〔本章序節柱書〔205頁〕参照〕，青色申告の更正と帳簿調査〔本章第1節第2・1(1)〔234頁〕参照〕，更正の請求〔本章第1節第3・1(2)〔245頁〕参照〕，納税の猶予〔本章第1節第5・1(2)〔257頁〕参照〕等）。税務調査については，国税通則法の第7章の2で詳細な要件が定められている（本章序節第3・3〔227頁〕参照）。

2　違法な税務調査と更正処分の取消し

　更正処分の処分要件（適法要件）には，国（税務署長等）が税務調査をしたことがその要件の一つとして挙げられる。したがって，税務署長が全く調査をすることなく，更正処分をした場合には，当該更正処分は，処分要件を欠き，違法となる（名古屋高判昭52・4・19税資94号134頁）。このことは，更正処分以外の場合でも，課税庁のする一定の処分に税務調査が義務付けられている場合，同様であろう（前記1参照）。

　ただし，税務調査が行われたが，その手続に違法性が認められる場合には，その調査手続の違法性は，国家賠償請求の対象となるかどうかは別として，更正処分が客観的に認められる総額の範囲を超えない限り（総額主義），直ちに更正処分の違法性に結び付くものとはいえないが，調査手続に刑罰法令違反，公序良俗違反等の重大な違法（瑕疵）があり，調査の不存在と法的に同視し得る場合，当該更正処分は，処分要件を欠き，違法となろう（前掲名古屋高判昭52・4・19）。このことは，財産調査と滞納処分の効力との関係についても妥当しよう（本章第6節・注1）〔299頁〕参照）。

　なお，課税処分の取消訴訟に係る確定判決の既判力と国家賠償請求の違法性との関係については，本章第7節第3・2（324頁）を参照。

3　要件事実

　更正処分の取消訴訟に対する請求原因及び抗弁は，本章序節第2・2（222頁）で述べたとおりである（抗弁のうち，手続上の適法要件を基礎付ける事実において，税務調査をした事実が現れる）。

　税務調査手続の不存在は，その否認にすぎないが，税務調査手続に重大な違

法があることの評価根拠事実は，抗弁の税務調査手続の存在を前提としつつ，それが法的には不存在と評価し得る事実をいうものであるから，抗弁を前提とする再抗弁であり，納税者において，主張立証すべきであろう[3]。なぜならば，課税処分において確定されるのは，課税標準及び税額であり，税務調査は，その調査手段にすぎないから，課税処分がその総額を超えないのに（総額主義），税務調査の違法を理由として課税処分を取り消すべき場合とは，例外的場合であり，その例外的事実は納税者において主張立証すべきであると考えるのが，租税公平主義の趣旨及び処分をするための手段にすぎないという調査手続の性質に合致するといえるからである。

　Xが主張立証すべき重大な違法性の評価根拠事実の例としては，以下のような事実が考えられる。

再抗弁（調査手続の重大な違法の評価根拠事実）
　① B税務署の税務職員〇〇は，Xの居宅にXの承諾を得ないで立ち入った。
　② 税務職員〇〇は，Xに対し，税務調査の事前通知をしなかった。
　③ 税務職員〇〇は，Xに対する税務調査の終了の際，将来的にXに更正処分が行われる予定であったにもかかわらず，その数額と理由を事前に開示しなかった。

　なお，再抗弁②に関して，事前通知を要しない例外的要件（税通74条の10）に該当する事実は，再々抗弁として，被告国において，その評価障害事実として主張立証すべきであろう（その他の評価障害事実の例として，本章第1節第5・1(3)〔257頁〕参照）。

---

[3] 反対，泉ほか『租税訴訟の審理』111頁。税務調査が適法であることを基礎付ける事実の立証責任は，被告にあるとする。

第4節　同族会社の行為又は計算の否認規定に係る要件事実（所税157条関係）

(設例)

> 　Xは，A社（パチンコ機器製造事業等を目的とする会社）の発行済株式総数のすべてを保有する株主であり，同社の代表取締役である。A社は，法税2条10号所定の同族会社である。
> 　Xは，その保有に係る甲社の株式（以下「甲社株」という。）の51％に相当する数の株式を証券会社を通じて，A社に1,000億円で譲渡し，その購入資金相当額を銀行から有利子（年利3％）で借り入れ，平成〇〇年□月□日，同額の1,000億円をA社に対し，無利息で期限の定めなく貸し付け（A社が，Xから借り入れた行為を「本件借入行為」という），A社は，本件借入行為による借入金で甲社株の購入代金を支払った。Xには，A社に甲社の発行済株式の51％を取得させることにより，Xの甲社に対する支配権を維持する目的並びにXの死亡後の甲社株の散逸防止及びXの相続税対策という目的があった。なお，A社は，本件借入行為当時，実質的な営業活動を行っていなかった。
> 　B税務署長は，A社の無利息の本件借入行為はXの利息相当額（本件借入当時の銀行の長期貸出約定平均金利年利5.58％で計算した金額）の雑所得の負担を不当に減少させる結果になるとして，Xに対し，平成〇〇年分の雑所得金額を△△円，所得税を●●円とする更正処分（以下「本件更正処分」という）をした。

第1　否認規定の概要及び「設例」に係る裁判例

　我が国の法人のうち，同族会社（ただし，その定義及び範囲は時期によって変遷がある）が占める割合は，約95％に上り，この実態は，昭和25年頃からさしたる変化もなく推移してきている[1]。

　この同族会社については，その行為又は計算について否認規定が存在する。所税157条，法税132条，132条の2及び132条の3等である。このうち，所税

---

1) 村上泰治「同族会社の行為計算否認規定の沿革からの考察」税務大学校論叢11号（1977年）231頁，金子『租税法』495頁参照。法解釈（要件事実の分析）に際しては，このような社会的実態を踏まえることが重要である（本章序節第2・1注21)〔218頁〕及び第4節第3・2(5)〔286頁〕参照）。

157条1項は,「税務署長は,次に掲げる法人の行為又は計算で,これを容認した場合にはその株主等である居住者又はこれと政令で定める特殊の関係のある居住者……の所得税の負担を不当に減少させる結果となると認められるものがあるときは,その居住者の所得税に係る更正又は決定に際し,その行為又は計算にかかわらず,税務署長の認めるところにより」所得税の税額を計算することができる旨規定する(以下では,所税157条1項の規定を「否認規定」といい,上記の「株主等である居住者」を「株主等」と,「行為又は計算」を「行為計算」と,それぞれ略称する)。

　否認規定は,後記第2・1(1)で述べる大正12年に規定が設けられた沿革(当時の税制の下での納税者の不当な行為を,新しい否認規定で対処することができるようにしたこと)に照らし,租税回避を否認するために特別に創設された例外規定である(租税回避禁止の原則の確認・注意規定ではない)と解されるから[2],例外規定である否認規定の適用範囲が不明確であると,納税者の一般的な予測可能性に反し,租税法律主義(課税要件明確主義)の趣旨に反する可能性が生ずる。したがって,否認規定の解釈にあたっては,この点に十分な留意が必要である。

　否認規定と関連する前記「設例」は,いわゆる平和事件(1審・東京地判平9・4・25判時1625号23頁,2審・東京高判平11・5・31税資243号127頁,最判平16・7・20集民214号1071頁)を基に作成したものである(以下,上記の1審の東京地裁判決を「平和事件・東京地裁判決」と,上記の最高裁判決を「平和事件・最高裁判決」と,それぞれ略称する。なお,平和事件・最高裁判決の判示のうち,過少申告加算税賦課決定処分の「正当な理由」に関する部分については,本章第1節第4・2(2)3)〔250頁〕を参照)。

第2　制度趣旨
1　制度の沿革,立法者意思
　制度趣旨の理解については,本章序節第2・1注21)(218頁)を参照されたい。
(1)　制度の沿革
　否認規定の基礎となる規定は,大正12年の所得税法の改正によって制定され

---

[2]　清永敬次『租税回避の研究』(ミネルヴァ書房,1995年)415頁。

たものである（所得税法〔大正12年法律第8号〕73条ノ3。今でいう同族会社の定義は，同法73条ノ2に規定されていた）。73条ノ2は，株主又は社員の1人及び特殊関係者の出資額が会社資本の2分の1以上を占める会社を，今でいう同族会社として定義し，73条ノ3が，この法人と株主等の間の行為（この時点では，計算は規定されていない）について，「所得税逋脱ノ目的アリト認ムル場合」に否認をなし得るものと規定した[3]。

上記規定は，大正11年7月20日答申の「臨時財政経済調査会答申税制整理案」に由来し，そこでは，「法人ト個人トノ課税方法ヲ異ニスル結果，近来資産家中所得税ノ軽減ヲ主タル目的トシテ，財産保全会社ヲ設立スルモノ少ナカラザルガ如シ，此ノ点ヲ改正シテ公平ヲ期スルノ方法ナキヤ。」とされていた。このようなことからすると，立法者意思（事実としての歴史的立法者意思の意味である。以下同じ）は，当時の税制の下での納税者の不当な行為を，新しい否認規定で対処することができるようにし，もって，租税回避手段を防止するための措置を規定しようというものであろう[4]。

その後，大正15年の所得税法の改正によって，前記の73条ノ3は，73条ノ2とされ，その条文は，「所得税逋脱ノ目的アリト認メラルルモノアル場合」「同族会社ノ行為又ハ計算」について否認し得るものとして（なお，大正15年の改正において，初めて「同族会社」の定義規定が置かれた〔21条ノ2第2項〕），「行為」と「計算」との区分が導入された[5]。その立法者意思は，「行為」の及ぼす効果が事業年度後に生じた場合でも否認の対象とし得るように「行為」とは切り離して別個に「計算」のみを否認の対象にしたという点にある[6]。

昭和22年法律第27号の所得税法制定時の条文（67条）では，「所得税逋脱ノ目的」は，「所得税を免れる目的」と改められ，さらに，シャウプ勧告による税制改革の一環として行われた昭和25年法律第71号による改正の結果，67条は，「所得税の負担を不当に減少させる結果となると認められるものがあるとき」と現行の否認規定と同様の表現振りに改められた[7]。ただし，昭和25年の改正が，否認規定の適用要件として，租税回避の目的を不要とする趣旨で意識的に

3） 清永・前掲『租税回避の研究』308〜309頁。
4） 村上・前掲「同族会社の行為計算否認規定の沿革からの考察」236〜238頁。
5） 清永・前掲『租税回避の研究』320〜321頁。
6） 村上・前掲「同族会社の行為計算否認規定の沿革からの考察」246〜247頁。
7） 『DHC所得税法』7089頁。

なされたものかどうかについては，そのことをうかがわせる立法資料は見当たらない[8]。

(2) 歴史的立法者意思

前記(1)の否認規定の沿革からすると，否認規定の基となった規定は，大正12年に，資産家が，財産保全会社（同族会社）を設立し，所得税の負担を免れようとする行為に対処するため新しく規定を設け，大正15年には，同族会社の定義規定を置いて，行為と計算の区別を導入してその適用範囲を拡大してきたものであるから，否認規定の立法者意思は，同族会社の特殊性に着目し，株主等の所得税負担の不当な減少を防止しようとした点にあったものと認められる。

2　あるべき制度趣旨

上記1(2)の否認規定の歴史的立法者意思は，租税負担の公平を図るという観点から，今日においても，正当なものであると考える。ただ，以下の点について，立法者意思を補足しておくのが妥当である。

第1点は，立法者が同族会社に着目した理由である。それは，同族会社の特殊性，すなわち，その閉鎖性ゆえに，株主等による会社操作が容易であるという点に求められよう[9]。

第2点は，否認規定創設後の事情の考慮である。すなわち，近時の国際的な租税回避を防止するための移転価格税制の導入である。昭和61年度の税制改正において，移転価格税制が導入され，親子会社等の特殊性から，親会社による会社操作が容易であり，価格操作による租税回避が行われやすいことに着目して，法人と国外関連者との間の取引の価格を独立当事者間取引としての価格（独立企業間価格）で行われたものとしてみなして法人税を計算することが規定されたが（租特66条の4）[10]，このような移転価格税制も，否認規定と関連する制度として，その制度趣旨を否認規定の立法者意思に加味してあるべき制度趣旨を考えるべきであろう。

以上をまとめると，否認規定の立法者意思は，前記のとおり，基本的に正当

---

[8] 昭和25年の法人税法の改正において，所得税法の否認規定と同様，「法人税を免れる目的」の文言が改められているが，そのように改められた理由が明確ではないことにつき，村上・前掲「同族会社の行為計算否認規定の沿革からの考察」252頁参照。
[9] 水野忠恒『租税法〔第5版〕』（有斐閣，2011年）539頁。
[10] 水野忠恒『大系租税法〔第2版〕』（中央経済社，2018年）758頁以下。

であると考えるが，同族会社に着目する理由を補って，また，近時の国際的な租税回避のための新しい制度（移転価格税制）導入の趣旨も加味して，あるべき制度趣旨を考えるべきである。すなわち，否認規定は，同族会社において，これを支配する株主等の所得税の負担を不当に減少させるような行為計算が行われやすいことにかんがみ，税負担の公平を維持するため，株主等の所得税の負担を不当に減少させる結果となると認められる行為計算が行われた場合，これを正常な行為計算に引き直して当該株主等に係る所得税の更正又は決定を行う権限を税務署長に認めたものであると解される（平和事件・最高裁判決）。

　このような否認規定は，前記第1のとおり，租税回避を否認するために特別に創設された例外規定であると解される。

第3　否認規定の要件・効果の分析
1　否認規定適用の法律効果―所得発生の擬制

　本件更正処分は，財産権が保障されている国民一般を出発点として考えると，国民が本来有する権利を制限する典型的な侵害処分であるから，納税者は，請求原因として，本件更正処分の存在を主張立証し，それが違法であることを主張すれば足り，その適法性を基礎付ける事実（その侵害を正当化する事実）は，被告国の抗弁となり，雑所得の発生を基礎付ける事実がその要件事実となる（本章序節第2・2〔222頁〕参照）。

　ところで，前記「設例」のような無利息貸付については，所得税法上は，利息の発生を認定して収入金額として所得の有無を判断することはできない（法税22条2項対照）。しかし，前記第2のとおり，否認規定は，大正12年における所得税法改正当時，所得税の軽減を主たる目的として財産保全会社を設立して租税負担を回避することが多く行われていたことにかんがみ，公平を期するため，これを正常な行為計算に引き直して株主等に係る所得税の更正又は決定を行う権限を税務署長に認めたものであるから，否認規定が適用されると，その法律効果として所得の発生（収入発生又は経費不発生）が擬制されるものと解すべきであり（平和事件・東京地裁判決[11]参照），否認規定の適用を基礎付ける要件事実は，実際の所得の発生と等価値の要件事実となろう（ただし，両事実が

11）　この点の平和事件・東京地裁判決の説示（所得発生の擬制）に疑問を呈するものとして，岸田貞夫＝中江博行「所得税法157条（行為計算否認）」小川英明ほか編『新・裁判実務大系　第18巻　租税争訟〔改訂版〕』（青林書院，2009年）383頁以下がある。

等価値の要件事実であるとはいえ，本件更正処分当時の処分理由とは異なる根拠事実を，訴訟になってから，追加的ないし交換的に主張し得るかについては，争いがある〔本章第3節第1・2〔273頁〕参照〕。）。

このように，本件更正処分の適法性を基礎付ける抗弁事実は，所税157条の要件事実となる。

2　否認規定適用の要件—要件事実の分析
(1)　総　　説

否認規定の概要は，前記第1のとおりであるところ，前記第2・2の否認規定の制度趣旨（同族会社の特殊性に着目した創設的な例外規定）に照らすと，否認規定に規定されている事項は，その例外的な法律効果（前記1のとおり，所得発生の擬制である）の発生にとって，すべてが必要な積極的要件であると解するのが，上記の制度趣旨に合致する（もっとも，評価的要件の場合，その評価根拠事実が積極的要件に該当する事実となるのであって，評価障害事実は，その消極的要件に該当する事実となる）。

したがって，否認規定適用のための積極的要件は，①同族会社であること，②同族会社の行為計算であること，③同族会社の行為計算を容認した場合，株主等の所得税の負担を減少させる結果となること，④所得税の負担の減少は不当であること，以上の四つの要件[12]であると解される（後記(4)のとおり，上記③と④は，異なる評価的要件を定めているものと解する）。

以下，上記の要件ごとにその要件事実を検討する。

(2)　同族会社であること（上記(1)①）

同族会社の定義は，法税2条10号に規定されているが，概要，3人以下の株主等並びにこれらと政令（法税令4条）で定める特殊の関係のある個人及び法人が，自己株式を除く発行済株式総数の100分の50（50％）を超えて保有している会社のことをいう。法税2条10号の「政令で定める特殊の関係のある個人

---

12) 例えば，今村『要件事実論』66頁や大江『要件事実租税法（上）』498頁は，本文で述べた否認規定の（積極的）要件を所税157条1項の条文の文言からストレートに導いている。しかし，このように解すると，否認規定の実質的検討なしにその要件ないし要件事実を決定していることになり，法律の条文構造（形式）のみに依拠する規範説（旧法律要件分類説）への思わざる思考の揺らぎ（伊藤編著『新民法（債権関係）の要件事実Ⅰ』4頁〔伊藤滋夫〕参照）が生ずることになる。この点は，民法の要件事実の分析のみならず，租税法の要件事実の分析においても，十分に留意が必要である。

及び法人」は，「特殊の関係」という一種の評価を含む評価的要件であり，その内容を定める要件（法税令4条）は，その評価根拠事実を定める変則的評価的要件[13]の一種である。前記「設例」では，Xは株主であるので，このような同族関係者の要件事実は問題とはならない。

(3) **同族会社の行為計算であること**（前記(1)②）

前記第2・1(1)のとおり，否認規定の基となった規定は，大正12年に創設され，大正15年の改正において，「行為」と「計算」とが区分されたところ，その改正の趣旨は，「行為」の及ぼす効果が事業年度後に生じた場合でも否認の対象とし得るように「行為」とは別に「計算」を否認の対象にしたという点にある。そうすると，「行為」と「計算」には，法人の対外的な関係において問題となるのか，対内的な関係において問題となるのかという違いはあるものの，「行為」によって直ちに効果が生ずる場合には，通常は，「行為」を否認の対象とすれば足り，要件事実論の観点から，両者を厳密に区別する実益は乏しいことになる。前記「設例」では，A社のXからの本件借入行為は直ちに効果が発生するので，その本件借入行為のみを否認の対象として問題とすれば足りよう。

(4) **同族会社の行為計算を容認した場合，株主等の所得税の負担を減少させる結果となること**（前記(1)③）

この「税負担の減少」の要件の充足の有無を判断する上で，〔A〕個人の側のみに着目して個人の所得税の負担の減少のみを判断すれば足りるのか（このように判断するものとして，東京地判平元・4・17訟月35巻10号2004頁等），それとも，〔B〕同族会社と個人との間の取引を全体的に見て，個人の所得税の負担が実質的に減少しているのかどうかを判断する必要があるのか（このように判断するものとして，東京高判平10・6・23税資232号755頁等。この〔B〕の考え方によれば，株主等の所得税の負担の減少のみならず，そのことに伴って，株主等が同族会社から受け取る役員報酬や配当利益等への影響の有無及び程度—両者の相関関係とその関連性の程度—が考慮される）が問題となる。

否認規定において，このような問題が生ずるのは，次のような事情による。すなわち，同族会社の行為計算の否認規定は，法人税に関しては，法税132条に規定されているところ，法税132条では，同族会社の行為計算の結果，当該同族会社が法人税を不当に免れるかどうか，つまり，行為計算の主体と否認の

---

13) 変則的評価的要件につき，伊藤『要件事実の基礎』292頁参照。

効果を受ける主体とがいずれも当該同族会社と同一であるため，端的に当該同族会社の行為計算を対象として法人税の負担を不当に減少させるかを問題にすれば足りる。しかし，所得税に係る否認規定は，同族会社の行為計算を否認の対象としながら，その効果は，同族会社の株主等の個人に生じ，行為計算の主体と否認の効果を受ける主体とが同一ではないため，その否認の要件を考える上では，法人税のそれとは異なる問題点が生ずることになるのである。

　前記第2・2（282頁）の株主等の所得税負担の不当な減少を防止するという否認規定の制度趣旨に照らせば，〔B〕のように株主等と同族会社との間の取引を全体的に見て，株主等が所得税の負担を実質的に減少させている場合にのみ否認の適用を認めれば十分である。〔A〕のように考えると，個人の所得税の負担が形式的に減少していきえすれば足りることになって，かえって，制度趣旨との関係で過ぎたる効果（株主等が実質的に得ている利益を超えて株等の権利を侵害することになること）を認めることになる。したがって，〔B〕の考え方が妥当である（〔B〕の考え方は，後記(5)の独立当事者間取引基準とも整合的である）。

　〔B〕の考え方に立つと，「税負担の減少」の要件は，株主等と同族会社との間の取引を全体的に見て，株主等が所得税の負担を実質的に減少させているかという一種の評価を問題とするものであるから，事実的要件ではなく，評価的要件ということになろう[14]。そうすると，株主等の所得税の負担のみに着目した場合の所得税負担の減少を基礎付ける事実が，評価根拠事実に，他方で，株主等と同族会社との間の取引を全体的に見て，株主等の所得税の負担が実質的に減少しているとはいえない特段の事情が，評価障害事実に，それぞれ該当することになろう（〔A〕の考え方は，要件事実論的にいえば，この評価障害事実の主張を主張自体失当とする考え方だということができる）。

---

[14] この点，今村『要件事実論』67頁は，「所得税の負担の減少」は，「当該行為や計算を容認した場合には，その株主等の所得税の負担が減少するかとの事実を問うものであり」，「不当性」は，「そのような所得税の負担の減少が『不当と評価されるものである』かとの評価を問うものである」（傍点・筆者〔河村〕）として，「所得税の負担の減少」を事実的要件，「不当性」を評価的要件と解されるようである（同書69頁のブロック・ダイアグラムにも，「不当性」にのみ評価根拠事実の記載がある）。しかし，本文で述べたとおり，「所得税の負担の減少」は，一種の評価であるから，「所得の負担の減少」も「不当性」も，いずれも評価的要件と捉えるのが相当である。ただ，両者は，異なる評価を問題とするものであるから，否認規定の「所得税の負担を不当に減少させる結果となる」という文言は，一体的な評価的要件を定めるものではなく，二つの異なる評価的要件を定めるものと解するのが相当である。

前記「設例」では，本件借入行為から得られたであろう利息相当額が巨額（100億円につき，年利5.58％で単純計算すると，年5億5,800万円）であるため，その行為計算とXがA社から受ける利益との間に相関関係があるとは認め難く，上記評価障害事実が成り立つことは，実際上考えにくいであろう。

(5) 所得税の負担の減少は不当であること（前記(1)④）

否認規定の適用をめぐって実務的に最も大きく争われるのが，この税負担の減少の「不当性」の要件である。この「不当性」の要件充足の有無を判断する上で，〔a〕同族会社と非同族会社とを対比して，非同族会社では，通常行うことができない行為計算であるかどうかを基準とするのか（同族・非同族対比基準。このように判断するものとして，東京高判昭40・5・12税資49号596頁〔ただし，法税違反の刑事事件の判決〕等），それとも，〔b〕純粋経済人の行為として不自然・不合理な行為計算であるかどうかを基準とするのか（経済的合理性基準。このように判断するのが最近の多くの下級審の裁判例である。例えば，広島地判平2・1・25行集41巻1号42頁等）が問題となる[15]。

前記第2・2（282頁）のとおり，同族会社において租税回避がされやすいという実態に着目して創設された否認規定の沿革及び制度趣旨に照らすと，同族会社の特質に着目した〔a〕の考え方が素直である。

しかし，我が国の法人の約95％が同族会社であるという社会的実態（前記第1参照）からすれば，同族会社といっても，大企業といってよい会社規模から，文字どおり，小規模閉鎖会社といってよいものまで様々であるから，非同族会社では，通常行うことができない行為計算という基準を導き出すことは困難である[16]。前記第2・2（281頁）のとおり，否認規定の立法者が同族会社に着目した理由は，株主等による会社操作が容易であるという特殊性にあると解すべきであるから，そのような当事者の特殊な関係がなければ，通常行われないような経済的合理性を欠く行為計算かどうかで判断すべきであり，〔b〕の考え方が相当であると考える。〔b〕の経済的合理性基準は，より具体的には，当該行為計算が異常ないし変則的取引であり，事業目的を欠いているか否かを基準とすべきであろう（事業目的基準）。

そして，前記第2・2（281頁）のとおり，国際的な租税回避を防止するた

---

15) 今村ほか『課税訴訟の理論と実務』272頁以下〔今村隆・有賀文宣執筆〕，永石一郎「要件事実論の変遷」伊藤眞ほか共編『これからの民事実務と理論』107頁。

16) 金子『租税法』498頁。

めの移転価格税制が，親子会社等の特殊な関係から租税回避が行われやすいことに着目して法人と国外関連者との間の取引の価格を独立当事者間取引としての価格（独立企業間価格）で行われたものとみなして法人税を計算するものとしていること（租特66条の4）にもかんがみると，「異常ないし変則的取引」か否かは，この独立当事者間取引（独立，対等で相互に特殊性がない当事者間で通常行われる取引）と異なっていること（独立当事者間取引基準）によって判断することができるものと解される[17]。

否認規定の「不当性」の解釈につき，独立当事者間取引基準を採用したものとして，平和事件・東京地裁判決があり，同判決の説示を参照すると，「不当性」の評価障害事実としては，①所得税負担の減少の程度が軽微であることを基礎付ける事実，②所得税負担の減少が社会通念上相当であることを基礎付ける事実が考えられよう。

前記「設例」での「不当性」の要件事実の詳細については，後記第4（289頁）を参照されたい。

(6) 補論・租税回避の目的ないし意図について

否認規定には，明文で納税者の租税回避の目的ないし意図（以下「租税回避目的」という）は定められていない。しかし，否認規定の基となった規定の条文の文言は，大正12年の規定創設時には，「所得税逋脱ノ目的アリト認ムル場合」とされ，その後，「所得税を免れる目的」とされ，さらに，昭和25年改正で「所得税の負担を不当に減少させる結果となる」に改められたが，昭和25年改正が，租税回避目的を要件として不要とする趣旨で改正がされたことをうかがわせる立法資料は見当たらず（前記第2・1(1)〔279頁〕参照），かえって，昭和25年の改正前から，一般に，上記の「目的」は客観的目的であると解釈されていたこと[18]に照らすと，昭和25年の改正によって，その「目的」の従前の解

---

17) 本文で述べたとおり，経済的合理性基準は，異常ないし変則的取引で事業目的を欠いている場合であると解されている（事業目的基準）。他方で，本文で述べた独立当事者間取引基準は，事業目的を欠いているとはいえない場合に適用される基準であるとの理解（水野・前掲『租税法』543頁はそのような理解であろうか。）もあり得るところである。しかし，このように，事業目的を欠いている場合に事業目的基準が，事業目的を欠いているとはいえない場合に独立当事者間取引基準が，それぞれ適用されるというように，適用領域を異にする2つの基準が独立に存在すると理解するのではなく，「経済的合理性基準」をより具体化した判断基準として，事業目的基準のほか，独立当事者間取引基準があるものと理解するのが相当であるように思われる。したがって，「行為」が事業目的を欠いていること，「行為」が独立当事者間取引と異なることは，いずれも，「不当性」の評価根拠事実になるものと考える。

釈を変更したものとは認められず，昭和25年の改正は，単に規定の表現振りの整備を図ったにすぎないものと認めるのが相当である。

したがって，否認規定の適用において，租税回避目的は，その適用要件の一つであると解すべきである。

ただ，その租税回避目的は，否認規定の制度趣旨が，前記第２・２（281頁）のとおり，同族会社における租税回避による不当な税負担の減少を防ぐ点にあることに照らすと，納税者の租税回避の主観的意図を意味する[19]と解するのは狭きに失するから，客観的な租税回避目的を意味する[20]ものと解すべきである。

このように解すると，客観的な租税回避目的の存在は，同族会社の行為計算が租税回避目的以外には考えられないという一種の評価を要件とするものであると解され，結局，その要件事実は，前記の行為の経済的合理性に反することを基礎付ける事実と同じものとなるため，否認規定の適用要件として租税回避目的が必要か否かという解釈論は，たとえ租税回避目的が必要であるとの結論をとったとしても，その租税回避目的を基礎付ける事実は，不当性を基礎付ける事実をもって足りるから，要件事実論の観点からは，実益をもたないことになろう[21]。

---

[18] 昭和25年の法人税法の改正において，法人税法上の否認規定につき，「法人税を免れる目的」の文言が改められているが，そのように改められる前から，上記の目的は客観的な目的を指すと解されていたことにつき，村上・前掲「同族会社の行為計算否認規定の沿革からの考察」252頁の注４）参照。

[19] この点，否認規定の適用において，租税回避の主観的意図が必要であり，納税者がその不存在を立証した場合には，租税回避として否認されるべきではないとの見解（八ッ尾順一『租税回避の事例研究―具体的事例から否認の限界を考える〔三訂版〕』（清文社，2007年）147頁）がある。また，法税132条の「不当性」要件に関して，それ自体では否認の対象とはならない複数の行為を「一体」と評価して否認の対象とするために，法人の租税回避の主観的意図をいわば接着剤として重視するものとして，東京地判平12・11・30訟月48巻11号2785頁がある（同判決の上記評価につき，岩﨑政明「判批」ジュリ1215号（2002年）193～194頁，同「租税回避の否認と法の解釈適用の限界―取引の一体的把握による同族会社の行為計算否認―」金子宏編『租税法の基本問題』（有斐閣，2007年）79～80頁参照）。前掲東京地判平12・11・30の解釈は，第４節第１で触れた租税法律主義との関係で問題が生じよう。

[20] 岸田＝中江・前掲「所得税法157条（行為計算否認）」379～380頁。平和事件・東京地裁判決は，否認規定の対象行為を客観的な租税回避行為に限定される理由はないとするが，本文で述べたとおり，客観的な租税回避目的は否認規定の適用要件の１つであると解されるから，かかる解釈は相当ではない。

[21] この点，金子『租税法』の17版431頁では，同族会社の行為計算否認の規定の解釈・適用上問題となる主要な論点は，①当該の具体的な行為計算が異常ないし変則的であるといえるか否か，②その行為計算を行ったことにつき正当な理由ないし事業目的があったか否か，及び③租税回避の意図があったと認められるか否か，であるとされていたが，最新版（22版）である金子『租税法』

前記の租税回避目的は，組織再編成税制の租税回避の否認（法税132条の２）が問題となった，いわゆるヤフー事件（最判平28・2・29民集70巻2号470頁）が説示する「組織再編成を利用して税負担を減少させることを意図したもの」（これは，客観的な意図の意味に解される）と同様のものであろう。ヤフー事件の前掲最判平28・2・29は，前記(5)の経済的合理性基準とは異なり，濫用基準とでもいうべき基準を示すが，この濫用基準のうち，組織再編成行為の不自然性は，経済的合理性基準に，税負担の減少以外の事業目的その他の事由の存否は，事業目的基準に対応しており，これらの事情が，「組織再編成を利用して税負担を減少させることを意図したもの」を基礎付けることになり，上記の濫用基準という考え方も，否認規定の「不当性」要件に関する経済的合理性基準の考え方の延長線上にあるものといえよう[22]（したがって，法税132条の２適用の要件事実も，この第４節で述べたことが参考になるものと思われる）。

第４　否認規定に基づく本件更正処分の取消訴訟の要件事実

　最後に，これまで述べてきたことをまとめておこう（この点については，本章序節第２・２〔222頁〕も参照）。

訴訟物
　ＹのＸに対する本件更正処分の違法性
請求原因
（行政処分の存在）
　①　Ｂ税務署長のＸに対する平成〇〇年分の雑所得金額を△△円，所得税を●●円とする本件更正処分が存在する。
（違法性の主張）
　②　本件更正処分は，違法である。
　※　不服申立て前置及び出訴期間遵守の主張は省略。

　　　498〜499頁では，その主要な論点は，上記①②のみであり，上記③は，上記②の主観的側面であって，いわば繰り返しであるから，21版以降は削除している，との断り書きが記載されている。このような金子説における「租税回避の意図」の否認規定の要件における位置付けは，上記③を主観的意図であると捉えるべきかどうかは別として，本文で述べたところと通底する点があるものと考える。なお，金子『租税法』の記述に変遷については，谷口勢津夫「租税回避否認規定に係る要件事実論」伊藤＝岩﨑『要件事実論の展開』292頁の注47）から教示を受けた。
[22]　岩﨑政明「判批」判評705号（2017年）10〜11頁，同「判批」民商153巻6号（2018年）982〜984頁。

抗弁（本件更正処分の適法性に関する評価根拠事実―所税157条）
（同族会社）
　①　A社は，Xが，A社の発行済株式総数のすべてを保有する同族会社である。
（同族会社の行為）
　②　Xは，平成○○年□月□日，A社に対し，1,000億円を貸し付け，A社は，Xから本件借入行為をした。
（所得税の負担を減少させる結果となること（利息相当額の雑所得の負担を免れたこと）の評価根拠事実）
　③　Xは，A社との間で，A社の本件借入行為について，利息支払の合意をしなかった。
（不当性の評価根拠事実）
　〔行為が事業目的を欠いていること〕
　④　A社は，本件借入行為当時，実質的な営業活動を行っていなかった。
　⑤　Xは，A社に甲社の発行済株式の51％を取得させることにより，Xの甲社に対する支配権を維持する目的を有しており，そのために，A社に本件借入行為をさせた。
　〔行為が独立当事者間取引と異なること〕
　⑥　Xは，A社に対し，A社の本件借入行為に係る長期にわたる多額の金銭の貸付けによって，A社から，銀行の長期貸出約定平均金利による利息に相当する利益を受けているのに，A社との間で，上記のような利息支払の合意をしなかった。
　⑦　本件借入当時の銀行の長期貸出約定平均金利は，年利5.58％であった。
　※　手続上の適法要件を基礎付ける事実の主張は省略。

再抗弁（本件更正処分の適法性に関する評価障害事実）
（所得税の負担を減少させる結果となることの評価障害事実）
　①　もし，XがA社から利息相当額を受け取っていれば，A社からXに支払われる役員報酬等がそれだけ減額される関係にあり，Xの実質的な税負担としては，特段の減少はなかった。
　※　ただし，本設例では，利息相当額が巨額であるから，そのような事実関係はない。
（不当性の評価障害事実）

② 抗弁③の所得税負担の減少が社会通念上相当であることを基礎付ける事実：Xには，Xの死亡後の甲社株の散逸防止及びXの相続税対策という目的があった[23]。

又は

③ 抗弁③の所得税負担の減少の程度が軽微であることを基礎付ける事実：例・本件借入行為に係る元本額は，少額である，又はその利息相当額の計算の基礎となる年利が少率である。

※ 上記③は，前記①の税負担の減少の評価障害事実とは異なり，税負担の減少を前提として，その程度が軽微であることをいうもので，「不当性」の評価障害事実に位置付けられるものである。ただし，本設例では，そのような事実関係はない。

第5節　源泉徴収関係

第1　給与所得等に係る源泉徴収（所税183条1項）

1　源泉徴収制度

所得税法は，申告納税制度を採用しているが，給与所得等に対する所得税等の徴収に関しては，源泉徴収制度を採用している。すなわち，所税183条（源泉徴収義務）1項は，「居住者に対し国内において第28条第1項（給与所得）に規定する給与等（以下この章において「給与等」という。）の支払をする者は，その支払の際，その給与等について所得税を徴収し，その徴収の日の属する月の翌月10日までに，これを国に納付しなければならない。」と規定し，給与所得

---

[23] 今村『要件事実論』69頁は，本文の抗弁⑤と再抗弁②とを併せて「不当性」の評価根拠事実（反対給付の不存在）として一括して挙げているが，上記⑤と上記②は可分であり，しかも，上記②は，「不当性」の評価障害事実（Xの社会通念上相当な意図）として再抗弁として機能するものであって，抗弁として機能するものではないから，このように上記⑤と上記②とを併せて一括して抗弁として整理することには疑問がある。上記の例は，例えば，「同居の親族」と民110条の表見代理の「正当な理由」との関係につき，「親族」が評価根拠事実に，「同居」（権限を濫用しやすい環境）が評価障害事実に当たり，両者が可分であり，攻撃防御としての機能が異なる（河村＝中島『ハンドブック』91頁）のと同様の例であると解される。

平和事件・東京地裁判決は，本件借入行為をした動機，目的に非難されるべき点がないとしても，このような動機等は，「不当性」の判断を覆すべき特段の事情に当たらない（当該事案では，「不当性」の評価を障害するほどの強い事情ではない）と説示しているから，一般論としては，動機，目的の正当性を基礎付ける事実が「不当性」の特段の事情に該当する余地を認めているものと解される。

者等が申告の上，直接に納税するという方法によることなく，給与等の支払者等の納税義務者以外の第三者をして，その支払金額等を課税標準として計算した税額相当額を天引徴収させ，この徴収した金額を国に対し，租税として納付させる制度を採用しているのである。このような制度を源泉徴収制度という[1]。

2 源泉徴収制度の制度趣旨

その制度趣旨は，①租税の徴収の確保や課税標準等の捕捉が容易であること，②給与所得者等にとっても納税の手続が簡略になることにある[2]。

3 手続の概要[3]

所得税法上，徴収義務者たる支払者は，給与等を納税義務者である受給者に支払う際，所得税相当額を徴収し，徴収した翌月10日までにこれを国に納付しなければならず（所税183条1項），また，支払者が上記法定納期限までに納付しなかったときは，税務署長は，納税の告知（税通36条1項2号）及び督促（税通37条）の手続を経て滞納処分（税通40条）を行い，これを徴収することになる（所税221条）。

この支払者の徴収納付義務は，受給者から租税を徴収する義務と徴収した租税を国に納付する義務とからなる特殊な義務であるが，国に対する給付義務を内容とする点において，本来の納税義務に類似するため，国税通則法では，源泉徴収義務者たる支払者を納税者（税通2条5号）とし，源泉徴収所得税の納税義務は，源泉徴収の対象となる所得の支払の時に成立し，成立と同時に特別の手続を要しないで納付すべき税額が確定する，いわば「自動確定」の制度を採用している（税通15条1項・2項2号・3項2号）。

支払者の源泉徴収義務は，給与等の受給者が源泉徴収を受忍する義務（以下「源泉納税義務」という）を負うことが前提とされているが，本来の申告所得税

---

1) 今村ほか『課税訴訟の理論と実務』353～354頁〔小尾仁執筆〕。序節柱書（205頁）で触れた「東日本大震災からの復興のための施策を実施するために必要な財源の確保に関する特別措置法」（平成23年法律第117号）によって，平成25年1月1日から平成49年12月31日までの間に生ずる所得について，源泉所得税を徴収する際，復興特別所得税も併せて源泉徴収されることになる。

2) 今村ほか『課税訴訟の理論と実務』354頁〔小尾仁〕。なお，源泉徴収の段階で確定的な税額に近い金額を徴収する点を源泉徴収制度の制度趣旨に加えるべきか否かについては，本節第2・4(2)(297頁)参照。

3) 今村ほか『課税訴訟の理論と実務』354～355頁〔小尾仁執筆〕。

の納税義務者である受給者と課税権者である国又は源泉徴収所得税の徴収義務者である支払者との基本的な法律関係を明らかにする規定は設けられていない。

4 源泉徴収をめぐる法律関係

源泉徴収をめぐる法律関係は，前記3の手続の概要を前提として図示すると，次のとおりとなる[4]。

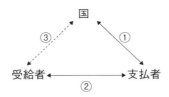

上記①は，支払者が，国に対し，源泉徴収所得税の徴収納付義務を負う公法関係である。

上記②は，受給者が，支払者に対し，源泉徴収所得税の天引きの受忍義務を負う私法（雇用）関係である。

上記③において，国と受給者との間には，直接的な法律関係は存在しない。

第2 源泉徴収所得税の納税告知処分の取消訴訟

1 納税告知処分の法的性質

前記第1・3のとおり，源泉徴収所得税については，申告納税方式による場合の納税者の税額の申告やこれを補正するための税務署長等の処分（更正，決定），賦課課税方式による場合の税務署長等の処分（賦課決定）なくして，その税額が法令の定めるところに従って当然に，いわば自動的に確定するものとされるのであるから，納税告知処分（税通36条1項2号）の法的性質は，税額の確定した国税債権につき，納期限を指定して納税義務者等に履行を請求する行為，すなわち，徴収処分である（最判昭45・12・24民集24巻13号2243頁参照）。

2 納税告知処分の取消訴訟――争い得る違法事由の範囲

源泉徴収所得税についての納税告知処分は，上記1のとおり，徴収処分としての性質を有するところ，源泉徴収所得税額につき，税務署長の意見と支払者

---

4) 今村ほか『課税訴訟の理論と実務』357頁〔小尾仁執筆〕参照。

の意見とが異なる場合には、当該税額による所得税の徴収を防止するため、支払者は、再調査の請求、審査請求の手続をとり得るほか、納税告知処分の取消訴訟も提起し得るものと解される。そして、この場合、支払者は、納税告知の前提となる源泉徴収義務の存否又は範囲を争って、納税告知処分の違法性を主張することができる（最判平30・9・25民集72巻4号317頁参照）[5]。

3 受給者の法的救済方法

前記第1・4のとおり、国と受給者との間には、直接的な法律関係は存しないから（前記第1・4の図③の部分）、源泉徴収所得税の納税告知について、その取消訴訟の原告適格を有する者は、支払者に限られ、受給者には原告適格は認められない。また、源泉徴収に際し、誤って過大に徴収し納付した場合の国に対する過誤納金の還付請求も、支払者のみが行使することができ、受給者が、国に対し、過誤納金の還付請求ないし不当利得返還請求をすることは認められない[6]。

さらに、給与等の支払者がした源泉徴収所得税の源泉徴収に誤りがある場合（なお、源泉徴収に誤りはないが、結果として過納付となった場合には、受給者は、国から所得税の還付を受けることができる〔所税138条1項〕）、その受給者は、所税120条1項に基づき、確定申告を行い、支払者が誤って徴収した金額を当該所得税の額から控除し、又はその誤徴収額の全部もしくは一部の還付を受けることはできない（最判平4・2・18民集46巻2号77頁）。なぜならば、源泉徴収所得税の納税に関しては、国と法律関係を有するのは支払者のみであって、受給者と国との間には直接の法律関係を生じないものとされており、所税120条1項5号は、源泉徴収所得税の徴収・納付における過誤による過不足の清算を行うことを予定していないからである。そうすると、受給者が、源泉徴収所得税の過不足の清算を求めて、確定申告をし、その結果、課税庁から更正処分等

---

5) 本文のように納税告知処分の前提問題である納税義務の存否又は範囲を争うことができると解しても、先行処分の違法性を後行処分において争うことができないという違法性の承継を否定する考え方（第6節第3・3注28）〔313頁〕参照）と矛盾するものではない。なぜならば、源泉徴収所得税額の確定には、賦課決定処分のような先行処分が存在せず、いわば法令上自動確定の仕組みが採用されている以上、先行処分が存在する違法性の承継の問題とは性質を異にする問題だからである（今村ほか『課税訴訟の理論と実務』360～361頁〔小尾仁執筆〕）。
6) 過大に徴収された源泉徴収額については、支払者に天引きがされている場合には、受給者本人からの還付請求を認めるべきであるとする見解に、岩﨑『租税法』282頁がある。

がされ，これに取消訴訟を提起したとしても，その請求は棄却されることになるから，この手続において，受給者が，国との間で，源泉徴収所得税額を争うことはできない。

したがって，受給者としては，国との間で，源泉徴収所得税額を争うためには，前記2の支払者が納税告知処分が違法であるとして提起した納税告知処分の取消訴訟において，支払者側に補助参加し（行訴7条，民訴42条。もとより，支払者も，受給者に対し，訴訟告知〔行訴7条，民訴53条〕をすることができる），その違法性を主張するほかないことになる[7]。

4 要件事実

（設例）

> Xは，パブを経営する個人である。Xは，パブで雇用するホステスに対し，半月ごとに（毎月1日から15日まで及び毎月16日から月末まで。各期間を「本件各集計期間」という），報酬の支給計算をして報酬を支払っていた。その報酬の支払方法は，ホステス1時間当たりの報酬額に勤務時間数を乗じて手当を加算した額から，所税205条2号，所税令322条の控除額（所税204条1項6号に掲げる報酬の控除額）として，同一人に対し1回に支払われる金額として，5,000円に本件各計算期間の全日数を乗じて計算した金額を控除し，これに100分の10の税率を乗じて源泉徴収した残額を支払うというものであった。Xは，平成●●年△月分から平成××年△月分までの各月の源泉徴収所得税を法定納期限までに納付した。
>
> しかし，所轄税務署長であるBは，上記控除額は，ホステスの実際の出勤日数を乗じて計算した金額であるとして，これをもとに計算される源泉徴収所得税額とXの納付額との差額につき，納税告知処分（以下「本件納税告知処分」とい

---

[7] 支払者が，課税庁からの納税告知処分を争うことなく確定させてしまった場合には，受給者には，国との間で，納税告知処分の違法性を争う方法がないことになる。この場合，納税告知処分の前提となる源泉納税義務の存否及び範囲には影響しないから（ただし，支払者が，国（課税庁）との間の納税告知処分の取消訴訟において，受給者に訴訟告知しておけば，その前提問題である源泉徴収（納税）義務の存否及び範囲について，支払者と受給者との間に参加的効力（行訴7条，民訴53条4項，46条）が生ずる。），源泉徴収分をめぐる紛争は，受給者と支払者との間の源泉徴収分に係る訴訟（支払者が提起する求償権行使の訴訟（所税222条）や受給者が提起する不当利得返還訴訟（民703条）等）において，決着が図られることになる（これらの訴訟の法的性質は，納税告知処分の有効又は無効を争う争点訴訟（行訴45条）であると解される）。

う。）をした。Xは，不服申立てを経由した後，○○地方裁判所に納税告知処分の取消訴訟を提起した（通常は，併せて不納付加算税の賦課決定処分（第1節第4・1〔249頁〕）の取消しを求めるのが通例であるが，ここでは，その検討を省略する）。

(1) 侵害処分という観点からのアプローチ

本件納税告知処分は，財産権が保障されている国民一般を出発点として考えると，典型的な侵害処分である。

訴訟物
　YのXに対する本件納税告知処分の違法性
請求原因
（行政処分の存在）
　① B税務署長のXに対する平成●●年△月分から平成××年△月分までの各月の源泉徴収所得税額について，納付すべき税額を○○円とする本件納税告知処分が存在する。
（違法性の主張）
　② 本件納税告知処分は，違法である。
　※ 不服申立て前置及び出訴期間遵守の主張は省略。
抗弁（本件納税告知処分の適法性に関する評価根拠事実）
（手続上の適法要件）
　① B税務署長は，Xに対し，本件納税告知処分に係る納税告知書を送達した（税通36条2項本文）。
　② B税務署長は，本件納税告知処分に際して，その理由を書面で提示した（税通74条の14第1項，行手14条）。
　※ 納税告知処分は，徴収処分の一種であるが（前記1〔293頁〕参照），総額主義的に理解するのが相当であるから（最判平16・9・7集民215号13頁参照），納税告知処分の理由の差替えも，本章第3節第1・2（273頁）で述べたところに準じて考えればよい。
（実体上の適法要件）
　③ Xは，パブを経営し，パブで雇用するホステスに対し，本件各集計期間において，報酬を計算して支給していた（所税204条1項6号）。

④　Xは，ホステスに対し，ホステス1時間当たりの報酬額に勤務時間数を乗じて手当を加算した額から，所税205条2号，所税令322条の控除額を控除し，これに100分の10の税率を乗じて源泉徴収した残額を支払っていた。

⑤　所税令322条の控除額について，本件各計算期間におけるホステスの実際の稼働日数に所税令322条所定の5,000円を乗じて計算すると，平成●●年△月分から平成××年△月分までの各月の源泉徴収所得税額は，××円となる。

⑥　Xが，上記③の期間の源泉徴収所得税として，△△円を納付したから，上記③の××円との差額○○円は，「源泉徴収による国税でその法定納期限までに納付されなかったもの」(税通36条1項2号)に当たる。

(2) 要件事実決定の前提となる法令の解釈―租税法律主義・課税要件明確主義との関係

前記(1)の抗弁（実体上の適法要件を基礎付ける事実）の要件事実を導き出す前提となる，所税令322条の控除額の解釈が問題となる。すなわち，〔A〕所税令322条の「当該支払金額の計算期間の日数」とは，被告国が抗弁で主張するように，本件各集計期間のうち，ホステスの実際の稼働日数（後掲最判平22・3・2の原審〔原々審〕の採用する解釈）なのか，それとも，〔B〕本件各計算期間の全日数（後掲最判平22・3・2の採用する解釈）なのかという問題である。

この点，最判平22・3・2民集64巻2号420頁は，「租税法規はみだりに規定の文言を離れて解釈すべきものではな」いから，〔A〕の解釈を採ることは，「文言上困難であるのみならず，ホステス報酬に係る源泉徴収制度において基礎控除方式が採られた趣旨は，できる限り源泉所得税額に係る還付の手数を省くことにあったことが，立法担当者の説明等からうかがわれるところであり，この点からみても，」〔A〕の解釈は採用し難いとして，〔B〕の解釈によるべきであると判断した。

租税法規の解釈においては，租税法律主義・課税要件明確主義の観点から，文理解釈を基本としつつも，その文言の通常の意味の範囲内であれば，その制度趣旨を考慮に入れた目的論的解釈をすることも許されるものと解される[8]。

しかし，本設例の場合，「計算期間の日数」を「計算期間」と「日数」とを

一体的に解釈して，字義どおり計算期間の全日数と素直に解釈しないで，「計算期間」と「日数」とを峻別して捉え，「計算期間」は，使用者が報酬支給のために設定した計算期間，「日数」は，その計算期間中のある特定の日の集計数（ホステスが実際に稼働した日の合計数）であると解釈することは，所税令322条を含む所得税法の法令中に，その「日数」をホステスの実際の稼働日と解釈することの手掛かりとなる文言等がないことから，通常の判断能力を有する一般人を基準とすると，上記解釈は，予想外の解釈として，「計算期間の日数」という文言の通常の意味の範囲を超える可能性がある[9]。

仮に，この点を暫く措くとしても，ホステス報酬に係る源泉徴収制度における基礎控除方式が採られている制度趣旨が，前掲最判平22・3・2が判示するように，できる限り，源泉徴収所得税額に係る還付の手続を省くという点にあり，ホステスの実際の必要経費に近似する額を控除する点にあるとはいえないとすると[10]，ホステスの稼働日数を基準として実際の必要経費に近似するよう

---

[8]　河村浩「要件事実論における法律の制度趣旨把握の方法論─租税特別措置法35条1項の『居住の用に供している家屋』（譲渡所得に関する特別控除）の要件事実の分析を題材として」伊藤＝岩﨑『要件事実論の展開』48頁参照。

[9]　前掲最判平22・3・2の上告受理申立理由書（民集64巻2号432頁参照）は，「計算期間の日数」を一体的に捉えることを前提に，時間的連続性（一定の幅）を前提とする「計算期間の日数」が，集計日数（点）を意味すると解することは，概念上矛盾を生じさせると主張している。しかし，本文で述べたとおり，「計算期間」と「日数」とを峻別して考えれば，必ずしも「期間」の概念と「日数」の概念とが矛盾するわけではない。本文の〔A〕の解釈が文理解釈を超える理由は，上記のように概念の矛盾が生ずるからではなく，本文で述べたように，一般人から見た予測可能性を超えるいう点にあるものと解される。

[10]　目的論的解釈の前提となる歴史的立法者意思（目的）の確定は，一種の事実認定である。ホステスの報酬に係る源泉徴収制度における基礎控除方式の歴史的立法者意思が，前掲最判平22・3・2が判示するように，できる限り，源泉徴収所得税額に係る還付の手続を省くという点にあったことは明らかである（前掲最判平22・3・2の調査官解説133～134頁〔鎌野真敬執筆〕参照。上記最判の原審〔原々審〕も，還付の手続を省くという点は，その制度趣旨に含めて考えている）。問題は，このような歴史的立法者意思に加えて，解釈者の考えるあるべき立法者意思（制度趣旨）として，源泉徴収の段階で確定的な税額に近い金額を徴収する点をその制度趣旨として考慮することが許されるのかという点にある。上記原審（原々審）は，上記を許されると判断したのであるが，所得税法上，ホステスの報酬による所得については，事業所得の確定申告時に正確な税額が算定されることが予定されていること，所税令322条所定の職種の控除額は，ホステスを含め必要経費に近似するように定められているとはいい難いことに照らすと，原審（原々審）のように，還付の手続を省くということに加えて，確定的な税額に近い金額を徴収する点を基礎控除方式のあるべき制度趣旨に含めて考えることは困難であろう。また，還付の手続を省くという歴史的立法者意思に格別不合理な点があるわけではないのであるから，その歴史的立法者意思を基礎として目的論的解釈がなされるべきである。以上の歴史的立法者意思とあるべき立法者意思との関係については，河村・前掲「要件事実論における法律の制度趣旨把握の方法論」52頁以下を参照。

に「計算期間の日数」を限定して解釈すべきであるとはいえず、〔A〕の解釈は、目的論的解釈としても相当ではないことになろう。かえって、前記の基礎控除方式の制度趣旨が、事後の還付の手続を省くという徴収の抑制にあるとすると、「計算期間の日数」の意味を限定しないで、「計算期間の全日数」と字義どおりに文理解釈する方が、抑制的な徴収となり、その制度趣旨に合致することになる。

このように、課税処分の取消訴訟の要件事実を確定するに当たっては、課税要件の文言解釈の範囲内において、制度趣旨に沿った目的論的解釈も許容されると解されるが、そもそも、文言の範囲かどうかの判定（一般人の当該解釈の予測可能性の有無）や、制度趣旨の確定の仕方に誤りがあると、要件事実の確定にも誤りが生ずることになるので、注意を要するところである。前掲最判平22・3・2は、この点に注意喚起を促すものといえ、実務的に重要な判決である。

第6節　滞納処分関係

第1　滞納処分と私法の適用
1　国税徴収法の制度趣旨

滞納者に対する滞納処分は、国税徴収法に従って行われる。国税徴収法の制度趣旨は、租税が国家の財源となることから、租税債権の迅速かつ効率的確保の見地から、私債権にない自力執行権を認め、債務名義なしに一定の手続上の適法要件の充足の下、国に滞納者の財産を差押えを認めるという点にある。

ただし、国税徴収法上の強制徴収は、裁判所の手続的関与なしに自力執行権が付与されることから、強制徴収するに先立って、国は、滞納者（債務者）の責任財産かどうかを必要に応じて調査し（税徴141条ないし147条）、滞納者の責任財産であると判断されるものに限って強制徴収する仕組みがとられている点に注意が必要である[1]。

---

[1]　民事執行法に基づく強制執行手続では、国税徴収法の手続とは異なり、判決手続等を経て債務名義が作成され、これに基づき強制執行手続が行われることから、強制執行の段階では、債務者の責任財産の外観に基づいて強制執行をすることが許され（外観主義）、差押えの対象財産が債務者の責任財産外であるとの不服申立ては、そのことを主張する者が、第三者異議の訴え（民執38条）等の手続によって強制執行手続の適否を争うものとされている（中野＝下村『民事執行法』280頁参照）。

2 国税徴収における私法の一般ルールの適用

　滞納者に対する差押え等の処分は，国と被差押者との間の権力関係に基づく法律関係であるが，いったん租税債務の金額が確定した後の租税債権の徴収の側面では，金銭債権としての性質が強く現れるから，特別の規定（例えば，国税との相殺禁止につき，税通122条，その例外規定〔還付金等の国税への充当〕につき，57条1項参照）がない限り，租税債権と私債権とを区別する理由がない。

　また，租税債権の徴収の側面では，租税債権と他の私債権の利益とが衝突することが考えられるが，この場合，その調整のルールとしては，私債権の一般ルールを適用することが，取引の安全保護，取引における予測可能性（法的安定性）に資するものである。

　したがって，所得税を含む国税債権の徴収においては，国が訴訟の原告となる場合であろうと（後記第2の場合。ここでは，民467条2項，511条等の適否を検討している），被告となる場合であろうと（後記第3の場合。ここでは，民94条2項の適否を検討している），いずれも，私債権の一般ルールを適用して，両債権の調整を図るのが相当である[2]。つまり，その限りにおいて，民法の要件事実論がそのまま適用されることになる。

第2　国が訴訟の原告となる場合──差押債権取立訴訟

（設例）

　　国（所轄庁・B税務署長）は，A（滞納者）に対し，平成○○年分の所得税に係る国税債権200万円を有していた。Aは，Yに対し，100万円の貸金債権（以下「本件貸金債権」という。）を有していた。B税務署長は，上記国税債権を徴収するため，AがYに対して有する本件貸金債権を差し押さえ，Yに対し，債権差押通知書（税徴62条1項）を送達した（送達方法につき，税通12条ないし14条参照）。その結果，国（徴収職員）は，本件貸金債権の取立権（税徴67条1項）を

　　なお，本文で述べた強制徴収に先立つ調査手続について，違法性がある場合，これが滞納処分の効力に影響を与えるかどうかは，第3節第2・2（276頁）で述べたところに準じて考えればよい。
2）　この問題は，租税債権の法的性質論という租税法総論の大きな問題である。この点については，佐藤英明「租税債権と私債権（その1）（その2）」法教240号104頁以下，241号92頁以下（いずれも2000年），同「『租税債権』論素描」金子宏編『租税法の発展』（有斐閣，2010年）3頁以下を各参照。

取得した。

1 差押債権取立訴訟の請求原因

(1) 手続の概要

　差押債権取立訴訟とは，租税債権者である国が，滞納者の第三債務者に対する債権を滞納処分により差し押さえた上，その取立権に基づき第三債務者から被差押債権を取り立てるために提起する民事訴訟のことをいう[3]。国税徴収法に基づく債権差押え（以下，単に「債権差押え」という）については，税徴62条以下で規定されている（電子記録債権については，税徴62条の2で規定されており，本解説では，電子記録債権以外の債権を念頭に置いて検討する）。

　債権差押えは，第三債務者に対する債権差押通知書の送達により行われ（税徴62条1項），債権差押えの効力は，債権差押通知書が第三債務者に送達された時に生ずる（同条3項）[4]。徴収職員は，差し押さえた債権の取立てをすることができる（税徴67条）[5]。

　ところで，国は，被差押債権の第三債務者に対し，国税債権を有しているわけではないから，第三債務者が国の取立てに任意に応じないからといって，国（税務署長）が第三債務者に対し，滞納処分を行い，強制徴収を図り，自力執行を図ることは許されない。そこで，国は，第三債務者が国の取立てに任意に応じない場合には，解釈上，通常の民事訴訟としての差押債権取立訴訟を提起することができるものと解されている[6]。

(2) 差押債権取立訴訟の法的性質

　このような差押債権取立訴訟は，国と滞納処分の法律関係に立たない第三債

---

[3] 『徴収訴訟の理論と実務』29頁。
[4] 滞納処分としての差押えの場合，差押調書の作成及びその謄本の滞納者への交付が必要であるが（税徴54条柱書，同条2号），差押調書の作成は，債権差押えの効力発生要件ではない（徴基通54条関係1なお書き，『国税徴収法精解』448頁参照）。
[5] 国税徴収法では，民執155条1項のように，債務者に対する差押命令の送達された日から1週間を経過した時点で債権者に取立権が発生するといった時間的制限はない。民事執行法の時間的な規律は，債務者に差押命令に対する執行抗告及び執行停止の仮処分を求め得る機会（民執145条5項，10条6項）を保障する点にある。他方で，滞納処分としての差押えに対する不服申立て（再調査の請求，審査請求）は，処分の執行等を妨げず（税通105条1項本文），滞納処分の続行の停止等（同条2項）などの措置がとられない限り，滞納処分の執行は停止されない。
[6] 『徴収訴訟の理論と実務』34頁，『国税徴収法精解』530頁，徴基通67条関係4。なお，民事執行法には，明文で取立訴訟が認められている（民執157条）。

務者に対し，債務者の第三者に対する有する債権の取立てを許す点で，民事執行法上の取立訴訟（民執157条）と同様[7]，国の国税徴収法上の取立権（税徴67条1項）を根拠とする代位訴訟であると解される（法定訴訟担当説・通説）。法定訴訟担当説に立つと，取立権を欠く訴えは，却下される。

(3) 請求原因

差押債権取立訴訟は，上記(2)のとおり，国の取立権に基づく一種の代位訴訟であって，その訴訟物は，債務者の第三債務者に対する被差押債権となるから，その請求原因としては，①被差押債権の発生原因事実（本件貸金債権に即していえば，貸金返還請求権の発生原因事実）が必要である。なお，貸金請求権の発生原因事実としては，いわゆる貸借型理論による限り，消費貸借契約の本質的要素として，弁済期（返済時期）の合意が必要であると解される[8]。

さらに，法定訴訟担当説からは，広い意味での請求原因として，被差押債権を請求し得る原告適格という訴訟要件（広義の訴えの利益。本章第1節第1柱書〔230頁〕参照）を基礎付ける事実が必要となる。この原告適格を基礎付ける取立権の発生原因事実は，取立権が債権差押えの効力として生ずることから，差押えの要件を基礎付ける事実がこれに当たる。それは，②被差押債権が債務者に属すること，③滞納者の国税債権の滞納処分として，被差押債権が差し押さえられたこと，具体的には，債権差押通知書が第三債務者に送達されて差押えの効力を生じたこと，である（国税債権は，審査請求等によって争うことが予定されているから，その存否を第三債務者が差押債権取立訴訟において争うことは許

---

[7] 民事執行法上の取立訴訟（民執157条）の法的性質については，法定訴訟担当説（三ヶ月章『民訴研究第6巻』（有斐閣，1972年）7～8頁，竹下守夫『民事執行法の論点』（有斐閣，1985年）235頁等通説）のほか，差押債権者の固有の実体的地位に基づくという固有適格説（田中康久『新民事執行法の解説〔増補改訂版〕』（金融財政事情研究会，1980年）336頁，中野＝下村『民事執行法』716～717頁等の有力説）があり，この見解の対立は，そのまま国税徴収法上の差押債権取立訴訟の法的性質論に当てはまる（『徴収訴訟の理論と実務』29頁，41頁参照）。ここでは，通説である法定訴訟担当説に従っておく。両説の対立の実益は，取立権を欠く場合，その終局判決の内容が異なるという点にある。すなわち，法定訴訟担当説からは，本文で述べたとおり，取立権を欠く訴えは，却下されるのに対し，固有適格説からは，その請求は棄却されるという違いが生ずるのである。

[8] 貸金返還請求権の発生原因事実については，消費貸借契約の本質的要素として，貸借物の返還合意に弁済期（返済時期）の合意を含むか否かについて争いがあるが（いわゆる貸借型理論の採否），ここでは，貸借型理論に立って，弁済期の合意が必要であるとの説に立っておく。そうすると，貸金返還請求権の発生原因事実は，(a)貸主から借主に対する金銭の交付，(b)借主の金銭の返還合意（弁済期の合意を含む。），(c)弁済期の到来であると解されることになる（貸借型理論については，伊藤『要件事実の基礎』368頁参照）。

されないものと解される)。上記②は，税徴47条1項柱書が，「滞納者の国税につきその財産」を差し押さえなければならないと規定していること（徴基通47条関係5参照）及び前記第1・1のとおり，国税徴収法上の強制徴収は，強制徴収するに先立って，債務者の責任財産かどうかを調査し，債務者の責任財産と判断されるものに限って許されること，以上のことから必要となる（ただし，前記①を主張立証すれば，通常，上記②を主張立証したことになる）。また，上記③は，税徴47条，62条3項の規定から必要となる。

なお，前記①の要件を欠く請求は棄却され，前記②又は③の要件を欠く（つまり，取立権を欠く）訴えは，前記(2)のとおり，却下される点に注意を要する。

2　第三者対抗要件具備による債権喪失の抗弁——通知の先後関係

前記「設例」において，Yは，国に対し，AはZ（法人とする）に本件貸金債権を既に譲渡し，第三者対抗要件を具備しており，Aは債権を喪失しているから，Yには，国に対する本件貸金債権に係る債務の支払義務はない旨主張したとしよう。このYの主張は，債権譲渡の譲受人が第三者対抗要件を具備したことによって，相手方が確定的に債権を喪失したことをいう抗弁であり，第三者対抗要件具備による債権喪失の抗弁と呼ばれている[9]。

第三者対抗要件具備による債権喪失の抗弁の要件事実は，①対抗関係に立つ「第三者」の存在，つまり，AからZへの債権譲渡（この債権譲渡は，権利変動という一種の法律効果であるから，要件事実となるのは，その原因となる売買等の債権行為である。その摘示例については，後記5の「抗弁その1」①〔307頁〕を参照），②債権譲受人Zが第三者対抗要件（確定日付の証書による通知もしくは承諾〔民467条2項〕，又は法人の債権譲渡登記〔動産及び債権の譲渡の対抗要件に関する民法の特例等に関する法律4条1項〕）を具備したことである。

---

[9]　本設例では，Yは，本文の第三者対抗要件具備による債権喪失の抗弁のほかに，第三者対抗要件の抗弁（その詳細は，河村浩「第三者異議訴訟における対抗要件の抗弁をめぐる要件事実（下）」法律時報88巻4号（2016年）76頁以下参照）を主張立証することもできる。しかし，本設例では，結論だけいうと，第三者対抗要件の抗弁の要件事実は，上記の債権喪失の抗弁の要件事実に，債務者対抗要件（民467条1項）具備及び権利抗弁（「Zが，国に先立って第三者対抗要件を具備した場合には，国の差押債権者としての地位を認めない。」との意思表明）を加えたものとなり，上記の債権喪失の抗弁との関係で，その要件事実は，a＋b（エープラスビー。司研『第2巻』181頁以下参照）の関係に立ち，過剰主張となって攻撃防御方法として意味をなさないから，ここでの検討から除外する。

国は，債権譲渡の第三者対抗要件具備に準ずる滞納処分の差押えの効力発生要件具備，つまり，Yに対する債権差押通知書の送達を再抗弁として主張立証することができる。これに対し，Yは，債権譲受人Zの前記の第三者対抗要件具備が，上記Yに対する債権差押通知書の送達に先立つことを再々抗弁として主張立証することができる[10]。

　ただし，国の再抗弁である第三債務者に対する債権差押通知書の送達は，国の請求原因で既出（先行主張済み）であるから（前記1(3)③〔302頁〕参照），Yとしては，前記の債権喪失の抗弁に，債権譲受人Zの第三者対抗要件具備がYへの債権差押通知書の送達に先立つことを「せり上げて」[11]一括主張しなければ，債権喪失の抗弁は，主張自体失当となる。

　なお，Yの債権喪失の抗弁に対しては，国は，譲渡禁止特約（民466条2項，新民466条2項・3項）の再抗弁（譲渡禁止特約，そのことについての譲受人Zの悪意又は重大な過失〔評価根拠事実〕）を主張立証することができる（この点は，後記5では摘示を省略する）。

---

[10] 債権の二重譲渡において，譲受人相互間に優劣がない場合，その譲受人の1人から請求を受ければ，債務者は全額の支払義務を負う（最判昭55・1・11民集34巻1号42頁参照）。差押債権取立訴訟においても，差押債権者と債権譲受人とは，上記と債権の二重譲受人相互の関係と類似の関係に立つから，第三債務者において，国の被差押債権の喪失を主張立証しようとするのであれば，債権譲受人が優先することを主張立証する必要があるものと解される（司研『類型別』136頁参照）。この点，民事執行法上の取立訴訟についての所説ではあるが，上記の考え方とは異なり，差押債権者において，自己が優先すること（同時送達を含む。）の主張立証責任を負うべきであるとする見解（淺生重機「取立訴訟」『債権執行の諸問題』（判例タイムズ社，1993年）153頁）がある。しかし，優劣がない債権の二重譲渡において，各債権者は，債務者（本設例では，第三債務者）に対し，全額の請求をなし得るのが原則であることに照らすと，これと同様の法律関係に立つ差押債権取立訴訟において，債務者（第三債務者）が，他の債権譲受人が優先することの主張立証責任を負うと解するのが，優劣のない二重譲渡類似の法律関係に適合し相当であるから，上記見解は，妥当ではないと考える。なお，Yが先立つ対抗要件具備を立証し得なかった場合でも，Yの抗弁が一部抗弁として機能しないかという問題については，河村・前掲法律時報88巻4号76頁の注14)を参照されたい。
[11] 当事者の要件事実の主張がその要件事実の効果を打ち消す別の要件事実が弁論に不可避的に現れ，そのままの主張では，主張自体失当となってしまうため，これを避けるためその主張事実の下位の系列の主張事実をその上位の系列に繰り上げて（いわば，せり上げて）主張しなければならない場合のことを「せり上がり」と呼ぶ（司研『第1巻』62頁，伊藤『要件事実の基礎』365頁，河村＝中島『ハンドブック』101頁以下参照）。

3　相殺の抗弁その1―法定相殺

　前記「設例」において，Yは，国に対し，Aに差押え時以前に反対債権を取得していたから，その反対債権と相殺する旨主張したとしよう（この場合，国は，Yに対し，国税債権を有しているわけではないから〔前記1(1)〔301頁〕参照〕，Yの相殺の主張は，税通122条に反しない）。

　この場合の相殺の抗弁の適否は，民511条の「支払の差止めを受けた第三債務者は，その後に取得した債権による相殺をもって差押債権者に対抗することができない。」の「その後に取得した債権」の解釈問題である。すなわち，同条の「その後に取得した債権」は，その文言どおり，差押後に取得した債権のみを指し，その反対解釈の結果，差押以前に取得した反対債権であれば，反対債権と受働債権の弁済期の先後を問わず，無制限に相殺が可能なのか，それとも，「その後に取得した債権」は，差押後に取得した債権のほか，一定の場合（受働債権の弁済期が先に到来し，反対債権の弁済期が後に到来する場合。この場合，第三債務者は，反対債権の弁済期が到来するまで，自らの債務〔受働債権に係る債務〕を履行遅滞にしなければ，相殺ができないのだから，相殺への期待は正当とはいえないのではないかが問題となる），差押以前に取得した債権も含まれ，相殺の用に供し得る反対債権とはなし得ないのではないか，という解釈問題である。

　民511条の制度趣旨は，相殺権者の相殺による期待利益を保護しようとする点にあるから，このことに照らせば，相殺権者の利益を最大限に保護するのが相当であり，そうであれば，民511条の文言どおり，「その後に取得した債権」を，差押後に取得した債権のみを指すと解し，同条の反対解釈により，差押（送達）以前に取得した反対債権（上記の相殺の期待利益の保護という同条の制度趣旨からすると，差押えと反対債権の取得が同時の場合を含むものと解すべきである[12]）であれば，受働債権との弁済期の先後関係を問わず，無制限に相殺が可能であると解すべきことになる（無制限説。最判昭45・6・24民集24巻6号587頁）。

　ちなみに，今般の民法改正において，新民511条1項が無制限説に立つことに注意が必要である[13]。

---

[12]　大江『要件事実租税法（上）』173頁は，反対債権の取得が，債権差押通知書の送達時に「先立つ」ことが必要であるように記載しているが，本文のとおり，送達時「以前」で足りよう（この点につき，司研『第1巻』137頁参照）。

[13]　潮見佳男『民法（債権関係）改正法の概要』（きんざい，2017年）198～199頁，伊藤編著『新民

無制限説に立てば，相殺の抗弁の要件事実としては，①YのAに対する反対債権の発生原因事実[14]，②上記①が，請求原因の差押え（第三債務者Yへの債権差押通知の送達）時以前であること，③YのAに対する反対債権と被差押債権との相殺の意思表示が必要である[15]。

4　相殺の抗弁その2──三者間にまたがる2つの債権の相殺予約に基づく相殺の主張

　前記「設例」において，Yは，国に対し，訴外DのAに基づく債権で，AのYに対する債権（本設例でいえば，被差押債権・本件貸金債権）と相殺し得るとの訴外DとAとの間で締結された相殺予約の合意（以下「本件相殺予約」という）に基づき，国の被差押債権の差押え後，訴外DのAに対する債権とYのAに対する被差押債権に係る債務とを訴外Dが相殺した旨主張したとしよう。

　前記3の無制限説の考え方を基礎としてこの問題を検討すると，次のとおりである。すなわち，訴外DがAに対し，相殺の意思表示をしたということは，訴外DのAに対する債権をYに債権譲渡したものと評価し得る。そうすると，YがAに対する反対債権を取得するのは，訴外DのAに対する相殺の意思表示の時点（つまり，訴外DのAに対する債権の譲渡時点）であるから，国の差押え後に訴外DがAに対して相殺の意思表示をしたと主張しても，反対債権の取得（訴外DのAに対する相殺意思表示＝訴外DのAに対する債権譲渡）の時期が，国の差押えに後れる以上，無制限説の下でも，本件相殺予約に基づく相殺の抗弁は，民511条に照らし，主張自体失当となる。

　この点，最判平7・7・18集民176号415頁（判夕914号95頁）[16]は，上記と同様の考え方により，相殺の抗弁を排斥しており参考になる。

　　法（債権関係）の要件事実Ⅰ』331頁以下〔若柳善朗〕。
14)　反対債権の弁済期については，その反対債権が貸借型理論（前記1(3)〔302頁〕参照）の適用のある貸借型契約に基づく債権でない限り，附款（特約）である弁済期の合意が相殺の抗弁に対する再抗弁，その弁済期の到来が再々抗弁となる（司研『第1巻』124頁，河村＝中島『ハンドブック』341頁）。通常，本文①の反対債権には，Aの信用悪化を示す事情（例えば，Aが差押えを受けること等）があれば，Aが期限の利益を失う旨の期限の利益喪失の合意がされており，再々抗弁として，弁済期の到来として，(a)期限の利益喪失の合意，(b)期限の利益喪失事由の発生（本件貸金債権の差押え）を主張立証することができる（前掲最判昭45・6・24は，このような期限の利益喪失の合意（相殺予約）の下での相殺も有効であると判断したものである）。
15)　司研『第1巻』123頁，137頁。
16)　前掲最判平7・7・18の評釈として，前掲判夕914号95頁の解説が詳細で参考になる。

したがって，本件相殺予約に基づく相殺の抗弁の効力を認めようというのであれば，①訴外DとAとの間で本件相殺予約の合意をしたこと，②訴外DのAに対する債権の取得，③上記①の本件相殺予約に基づいて，訴外Dが，訴外DのAに対する債権（上記②の債権）と，AのYに対する債権（被差押債権・本件貸金債権）とを相殺する旨の意思表示をAに対してしたこと，④上記③の相殺の意思表示は，本件の差押え時（Yに対する債権差押通知書の送達時）以前であることが必要であろう[17]。

5 差押債権取立訴訟の要件事実

最後に，これまで述べてきたことをまとめておこう。

訴訟物
　　AのYに対する本件貸金債権（債権差押えに係る被差押債権）
請求原因
（訴訟物を基礎付ける事実―本件貸金債権の発生原因事実）
　①　Aは，Yに対し，100万円を交付した。
　②　Yは，Aに対し，上記100万円の返還を合意し，弁済期を平成□□年○月○日と定めた。
　③　上記②の弁済期が到来した。
（国の原告適格を基礎付ける事実―取立権の発生原因事実）
　④　B税務署長は，Aに対する平成○○年度の所得税200万円の滞納処分として，本件貸金債権を差し押さえ，Yに対し，債権差押通知書を送達した。
抗弁その1（第三者対抗要件具備による債権喪失の抗弁）
（第三者性を基礎付ける事実―債権譲渡）
　①　Aは，Zに対し，本件貸金債権を代金■■円で売った（以下「本件債権譲渡」という）。
（第三者対抗要件具備）
　②　AがYに対し，本件債権譲渡につき，確定日付のある証書による通

---

[17] 大江『要件事実租税法（上）』174頁は，訴外DのAに対する相殺の意思表示が，Yに対する債権差押通知書の送達に後れてもよいように事実整理をするが，本文で述べたとおり，このような整理は相当ではない。

知をした。

又は

　　Yが，A又はZに対し，本件債権譲渡につき，確定日付のある証書による承諾をした。

（以上につき，民467条2項）

又は

Zが本件債権譲渡につき，債権譲渡登記を経由した。

（動産及び債権の譲渡の対抗要件に関する民法の特例等に関する法律4条1項）

（第三者対抗要件具備が先立つ―せり上がり）

③　上記②の通知もしくは承諾又は債権譲渡登記は，Yに対する債権差押通知書の送達（請求原因④）に先立つ。

抗弁その2（法定相殺）

①　Yは，Aに対し，△△を代金××円で売った。

②　上記①の売買は，Yに対する債権差押通知書の送達（請求原因④）時以前である。

③　Yは，Aに対し，相殺の意思表示をした。

抗弁その3（相殺予約に基づく相殺）

①　訴外DとAは，Aが差押えを受けた場合，訴外DのAに対する債権とAのYに対する債権を相殺する合意（本件相殺予約）をした。

②　訴外Dは，Aに対し，△△を代金○○円で売った。

③　訴外Dは，本件相殺予約に基づいて，Aに対し，訴外DのAに対する債権とAのYに対する債権（被差押債権・本件貸金債権）とを相殺する旨の意思表示をした。

④　上記③の訴外DのAに対する相殺の意思表示は，Yに対する債権差押通知書の送達（請求原因④）時以前である。

第3　国が訴訟の被告となる場合——差押処分取消訴訟

（設例）

> 　Xは，本件土地を他から購入し，その地上に本件建物を新築したが，Aに了解を得ることなく，本件土地及び本件建物（以下「本件不動産」という）につき，A名義の保存登記及び前所有者からAが買い受けた旨の所有権移転登記を経由した。
> 　Aが平成○○年度の所得税200万円を滞納したため，Aの住所地（納税地）を所轄する（税通43条1項本文参照）B税務署長は，国税滞納処分として本件不動産を差し押さえた（以下「本件不動産差押え」又は「本件不動産差押処分」という）。
> 　そこで，Xは，B税務署長の本件不動産差押えは，本件不動産の所有者がXであるのにAであると誤認して差し押さえた違法な行政処分である旨主張して，国に対し，本件不動産差押えの取消訴訟を提起した。国は，本件不動産差押えに民94条2項が類推適用される旨主張した。B税務署長は，本件不動産差押えをする際，本件不動産の所有者がAではなく，Xであるという事実を知らなかったが，本件不動産の所有者がA以外に別にいるかもしれない可能性や疑いが一応ないではないとの認識を有していた。
> 　なお，Xの住所地（納税地）を所轄する税務署長は，C税務署長である。

1　本件不動産差押えに対する民94条2項類推適用の可否——国の「第三者」該当性

　この場合，Xは，A名義に登記を経由しただけであり，XとAとの間に意思の連絡がないから，虚偽表示があったとはいい難く，民94条2項の直接適用は困難である。しかし，民94条2項の制度趣旨は，本人の帰責性を考慮に入れながら，虚偽の外観を信頼した第三者を保護する点にあるから（権利外観法理），このことに照らすと，本人であるXが虚偽の外観を作出し，虚偽表示類似の状況[18]が存在する場合，同項を類推適用し，善意の第三者を保護するのが相当で

18）　虚偽表示類似の状況は，民法学説上，①意思外形対応型と②意思外形非対応型に分けて分析されている（四宮和夫＝能見善久『民法総則〔第9版〕』（弘文堂，2018年）237頁以下参照）。それは，後記2(1)で述べたとおり，第三者の保護要件の内容（善意の内容〔単なる事実の不知で足り

ある（判例・通説）。

同項の「第三者」とは，前記の制度趣旨に照らすと，表示の目的につき，法律上利害関係を有し，第三者として保護に値する者を指すと解されるから，滞納処分としての差押えをした国も，「第三者」に該当するものと解される（最判昭62・1・20訟月33巻9号2234頁[19]）。

2 民94条2項の「善意」

(1) 第三者の善意と本人の帰責性との相関的判断

民94条2項の適用要件となる「善意」は，「虚偽の外観であることを知らなかったこと」という単なる不知で足りるか，それとも，「正当な外観であると積極的に信じたこと」という積極的信頼まで必要か，また，その「善意」に過失がないことまで必要か（動的安全の保護の程度）については，本人の帰責性（静的安全の保護の程度）との相関的・比較衡量的判断によって決定される。つまり，本人の帰責性が大きいときは，第三者の保護要件の充足は，緩やかなもので足り，逆に，本人の帰責性が小さいときは，第三者の保護要件の充足は厳格なものとなるのである。なぜならば，そのように本人の利益と第三者の利益を双方の態様を考慮に入れて相関的に判断して第三者の保護要件を決定することが，本人の帰責性を考慮に入れながら，第三者の利益を保護しようとする民94条2項の制度趣旨（前記1参照）に合致するからである[20]。

(2) 善意の意義

本人の帰責性が大きい事案（本設例は，本人の帰責性が大きい，本人の意思と外形が対応している意思外形対応型〔前掲注18)参照〕に該当する）では，本人の静的安全に配慮する必要は少ないから，第三者の善意は，虚偽の外形を知らな

るか，積極的に反対事実を信頼する必要があるか〕，無過失の要否）は，本人の帰責性と相関的に利益衡量されるべきところ，上記①の類型では，本人の帰責性が強く，第三者の保護要件は緩やかでよい（消極的な善意で足り，無過失までは不要である）が，上記②の類型では，本人の帰責性が弱く，第三者の保護要件は厳格にならざるを得ない（積極的な信頼としての善意が必要でありつつ，かつ，無過失も必要である）からである。その詳細については，河村＝中島『ハンドブック』159頁以下，特に163頁の表を参照。

19) 本文の前掲最判昭62・1・20は，公売処分としての差押えの結果，競落人に対する所有権移転登記も完了していた事案についての判断であるが，国が，差押の対象物について法律上の利害関係を有しているか否かが国が保護される場合の決め手になるから，滞納処分の差押えがなされ，競落人が登場する前の段階であったとしても，同最判の射程は及ぶものと解される。

20) 河村＝中島『ハンドブック』74頁参照。

かったという意味での消極的な「善意」で足りよう[21]。この場合，第三者（B税務署長）が，本件不動産の所有者がAではないかもしれないといった可能性や疑いが一応ないわけではないといった認識を有していたとしても（いわゆる半信半疑），「善意」に該当する（最判平9・12・18訟月45巻3号693頁参照）。本設例では，国はなお「善意」といい得るが，半信半疑の善意の場合，民94条2項の「第三者」に無過失が必要であると解すれば，さらに，「半信半疑」なのに特段の調査をしなかった点に過失があるのではないかが問題となるが，この点は，後記(3)で検討する。

では，本設例の，Xの住所地（納税地）を所轄するC税務署長が，本件不動産の真の所有者がXであり，登記名義人Aではない事実を知っていたとしたならば，どうであろうか。これは，国の善意を，専らB税務署長の認識を基準とするのか，それとも，B税務署長の認識のみならず，C税務署長の認識も基準とするのかという問題である。

C税務署長は，原則としてAに対する徴収権限を有しないから（税通43条1項本文），B税務署長の認識を基準とすべきであろう[22]。

これに対し，C税務署長の認識も考慮に入れて国の「善意」の有無を判断し，機関内部の徴収権限の有無に関わりなく，C税務署長が悪意ならば，この場合，国は「善意の第三者」には当たらないと解する説もある[23]。

(3) 無過失の要否

さて，本人の帰責性が大きい本設例（上記(2)の意思外形対応型）では，第三者の善意には，無過失までは求められないと解される[24]。そうすると，国（以下では，C税務署長は，悪意ではなかったものとする）が，本件不動産のX所有につき，半信半疑であり，上記の点につき，特段の調査をしなかったとしても，国は，なお民94条2項の「善意」の第三者に当たると解されることになる。

---

21) 河村＝中島『ハンドブック』116頁以下参照。
22) 中尾巧『税務訴訟入門〔第5版〕』（商事法務，2011年）354頁，『徴収訴訟の理論と実務』239～240頁。福岡高判平12・3・10判例秘書L05520891は，通謀虚偽表示における第三者の善意，悪意の判断に際しては，差押処分をした徴収職員，徴税吏員の認識を問題とすべきであるとして同旨を説示する。
23) 東京地判平4・4・14判タ794号76頁。同裁判例は，国の一部の機関が事実を知っていたならば，そのことを前提として行政権が行使されるものと国民が期待することを根拠とする。
24) 河村＝中島『ハンドブック』163頁。

3 民94条2項類推適用の主張の攻撃防御方法上の位置付け

　国の民94条2項類推適用の主張が，攻撃防御方法として，どのように位置付けられるのかについて検討する（この点は，これまで十分に論じられていないと思われる[25]）。

　本件不動産差押処分の取消訴訟の訴訟物は，当該処分の違法性一般（本章序節第1・1〔208頁〕参照）であるから，Ⅹとしては，①本件不動産差押えという行政処分の存在（訴訟要件でもあるので，立証を要する），②その処分が違法であることの主張が上記訴訟物を特定するために必要であるが，これをもって足りる（本章序節第2・1〔218頁〕参照）。

　ところで，本件不動産差押処分は，滞納者Ａにとっては，典型的な侵害処分であるが，Ⅹにとっては，本件不動産差押処分の名宛人ではないことから，直ちにこれがⅩにとって侵害処分であるとはいえない。そこで，Ⅹは，前記の特定方法としての請求原因（前記①②。前記①は訴訟要件でもある）に加えて，広い意味での請求原因（前記第2・1(3)〔302頁〕参照）として，③本件不動産差押処分によって自己の所有権が侵害され，又は必然的に侵害される者であること（行訴9条参照）[26]の評価根拠事実[27]を主張立証する必要がある。

　このほか，広い意味での請求原因として，原告は，不服申立て前置（税通115条1項本文）及び出訴期間（行訴14条）の遵守といった訴訟要件の充足を基礎付ける事実の主張立証をする必要があるが，この点については，本章序節第

---

25) 例えば，大江『要件事実租税法（上）』159頁以下では，本設例と同様の，真実の所有者であると主張する者からの滞納処分としての差押処分の取消訴訟において，国の民法94条2項類推適用の主張が抗弁になる旨の事実整理をしているが，その国の主張の法律効果（本案前の主張か，本案の主張か，本案の主張であるとした場合，差押処分の適法性との関係でいかなる実体法的意味を持つのか）については，検討がされていない。また，最近の定評ある実務書である定塚誠編著『行政関係訴訟の実務』（商事法務，2015年）所収の澤村智子「徴収関係をめぐる紛争」（同書212頁以下）でも，上記の問題が取り上げられているが，その法律効果の分析はされていない。

26) この場合，Ⅹは，処分の名宛人（相手方）に準ずる者（行訴9条1項参照）か，第三者（同条2項）かという問題がある。ここでは，詳しく論ずる余裕がないが，最近の判例として，最判平25・7・12集民244号43頁参照。

27) Ⅹの原告適格を基礎付けるべき事実については，Ⅹが主張立証責任を負う（司研『実務研究』112頁）。そして，Ⅹの本件不動産の所有権が，本件不動産差押えによって侵害される（そのような因果関係が存在する）といえるためには，本件不動産差押えに先立つⅩの所有権取得が主張立証される必要がある（先後関係としての時的要素。本章序節柱書注3）〔207頁〕参照）。しかし，Ⅹの上記時点での所有権取得の事実が主張立証されれば，その所有関係は特段の事情がない限り，存続するものと考えられるから（河村＝中島『ハンドブック』43頁参照），本文のとおり，本件不動産差押えに先立つⅩの本件不動産のもと所有（所有権取得原因事実）が主張立証されれば足りることになる。

2・2（222頁）を参照されたい。

これに対し，国は，本案前の抗弁として，a．Xの原告適格の評価障害事実を，本案の抗弁として，β．本件不動産差押処分の適法性に関する評価根拠事実（後掲注31）参照）を主張立証することができる（上記βは，立証責任対象事実の決定におけるいわゆる侵害処分・授益処分説〔本章序節第2・1〔218頁〕参照〕の帰結である）。

以上の点をもう少し具体的に検討すると，次のとおりである。

滞納処分としての本件不動産差押えが適法となるためには，a．不動産の差押えの手続上の適法要件（税徴68条）を充たすこと，b．滞納者に対する国税債権（滞納処分の差押えの前提となる国税債権については，課税処分（定義については，本章序節第1・3⑴注16）〔215頁〕参照）の違法を理由にその存否を争うことは許されない[28]）に基づく差押えが，その実体上の適法要件（税徴47条）を充たすこと（このbの要件の中に，滞納者に差押対象財産が帰属することも含まれる。前記第2・1⑶〔302頁〕参照），が，それぞれ必要である。

そうすると，本件不動産差押えには，本件不動産の所有者を誤認した違法があるとのXの主張は，Xは本件不動産の所有者として原告適格を有するとの主張（前記③）に加えて，前記bの差押えの実体上の適法要件のうち，「滞納者に差押対象財産が帰属すること」という差押えの適法要件を欠くとの主張（本件不動産差押えの適法要件を基礎付ける事実〔前記β〕に対する積極否認の主張）を含むものであろう。

他方で，国の本件不動産差押えに民94条2項が類推適用されるとの主張は，仮に，Xが，本件不動産のもと所有者であったとしても，そのことを国に対抗することができない結果，本件不動産の所有者として，本件不動産差押えの取

---

[28] 滞納処分の差押えの前提となる国税債権については，更正処分等の違法を理由にその存否を争うことが許されないのは，更正処分等と滞納処分とは，それぞれの制度趣旨に照らし，目的及び効果を異にするので，前者の違法性は，後者に承継されない（違法性の承継の否定）と解されるからである（田中二郎『租税法〔第3版〕』（有斐閣，1990年）293頁参照）。したがって，国税債権の前提となる更正処分等の違法性を基礎付ける事実を納税者が主張しても，その主張事実は，滞納処分自体の違法性を基礎付ける事実（国の主張する滞納処分の適法性に関する評価障害事実）と等価値の事実とはいえず，その主張（再抗弁）は，主張自体失当となる（これは，一種の主張制限の問題であると解される。）。他方で，複数の処分が，その制度趣旨に照らし，目的及び効果を同一にし，違法性の承継が認められる例として，本章第1節第1・1（230頁）参照。この違法性の承継の問題と似て非なるものの例として，本章第5節第2・2（293頁）（納税告知処分の取消訴訟—争い得る違法事由の範囲）を参照。

消しを求める原告適格（前記③）の評価が障害されるとの主張（前記 α）であると解される（民94条2項類推適用によって，本件不動産の所有者がAとなり，本件不動産差押えの適法要件を基礎付ける事実（前記 β）が生ずるものと解することができるかについては，難しい問題がある）[29]。

4　差押処分取消訴訟の要件事実

最後に，これまで述べてきたことをまとめておこう。

> **訴訟物**
> 　国のAに対する本件不動産差押処分の（Xとの関係での）違法性
> **請求原因**

---

[29]　民94条2項が適用され，第三者が保護された場合，第三者がどのようにして権利を取得するのかという法律効果について，第三者が所有権を取得する転得者である場合，①第三者は，法定の効果として，原権利者から直接権利を承継取得すると解する法定承継取得説と，虚偽表示となる法律関係，その後の第三者の権利取得行為を順次有効視して，第三者の前主から権利を承継取得するものと解する順次取得説とが対立している（司研『類型別』80頁参照）。そして，民94条2項類推適用の場合は，順次取得説が有効視する虚偽表示となる法律関係が存在しないので，法定承継取得説的に考えるのが一般の見解である（河村＝中島『ハンドブック』163〜164頁参照）。

　しかし，本設例のように，第三者が差押債権者の場合，差押えは，被差押者に処分制限効を課すだけで，その者の権利を剥奪するわけではないから，第三者が民94条2項で保護されたとしても，第三者である差押債権者に原権利者から直接所有権が移転し，原権利者が権利を失うというように，法定承継取得説のように解することはできない。さりとて，民94条2項類推適用の事案では，通常，原権利者と登記名義人との間に売買等の直接の法律関係があるわけではないから，第三者が民94条2項で保護されたとしても，原権利者と登記名義人との間の法律関係を有効視して，原権利者が権利を失う（登記名義人が権利を取得する）というように，順次取得説のように解することもできない。そうすると，国の民94条2項類推適用の主張は，本件不動産差押えがAの責任財産に帰属する財産の差押えであるという本件不動産差押えの適法要件を基礎付ける事実の主張とはいい難い面がある（この点，伊藤滋夫教授からは，国が滞納処分としての換価権を法定承継取得すると考えれば，その換価権取得の効果として，本件不動産が滞納者に帰属することになるとの考え方もあり得るのではないかとの御教示を受けた。今後，換価権の内容を含めてよく考えてみたい）。

　上記のとおり，差押債権者に民94条2項が類推適用された場合の効果として，原権利者の権利の実体的な帰趨がどうなるのかについては，定かではない（この点については，全くといってよいほど，これまで議論がされていない）。ここでは，断定を避け，少なくとも，民94条2項類推適用によって，Xは，本件不動産の所有者であることを国に対抗することができなくなる限度で，本件不動産差押えの取消しを求める原告適格の評価障害事実としての効果が発生するものと考えておきたい。

　以上は，滞納処分としての差押えの問題として検討したが，民事執行における第三者異議の訴え（民執38条）でも，被告である差押債権者が抗弁として民94条2項類推適用による保護を主張した場合，同様の問題があるはずであるが，ここでも，その効果の分析はされていないように思われる。

（行政処分の存在）
　①　B税務署長のAに対する平成○○年分の所得税200万円の滞納処分として，本件不動産につき，本件不動産差押処分が存在する[30]。
（違法性の主張）
　②　本件不動産差押処分は，（Xとの関係で）違法である。
（原告適格の評価根拠事実）
　③　Xは，上記①に先立って，本件不動産を所有していた（争いがあれば，その所有権取得原因事実の主張立証を要する）。
　※　不服申立て前置及び出訴期間遵守の主張は省略。

抗弁（原告適格〔上記請求原因③〕の評価障害事実・民94条 2 項類推適用）[31]
（虚偽の外観）
　①　本件不動産には，本件不動産差押え時において，A名義の所有権保存登記及び所有権移転登記が経由されていた。
（帰責性の評価根拠事実）
　②　Xは，本件不動産差押え時以前に，自らの意思で，A名義で本件不動産の保存登記及び所有権移転登記を経由した。
（善意）

30）滞納処分としての不動産差押えは，滞納者に対し，差押書が送達された時（税徴68条 2 項）か，差押書の送達前に本件不動産への差押登記が経由された場合には，差押登記の時点（同条 4 項）に効力が生ずるが，それは，不動産差押えの手続上の適法要件として，国が主張立証責任を負う事項である。この点で，大江『要件事実租税法（上）』161頁は，差押処分取消訴訟の請求原因として，税務署長が登記名義人の建物に差押処分を行い，差押登記を経由したことを掲げるが，その請求原因は，差押処分の存在で足り，権限を有する税務署長が差押処分を行い，効力発生要件（差押登記経由等）を具備したことは，抗弁であって，これらの事実を請求原因に掲げるのは相当ではない。

31）本件の国の抗弁は，厳密には，本案前の抗弁である。上記抗弁が認められた場合，Xの請求は棄却されるのではなく，Xの原告適格の評価は障害され，Xの請求に係る訴えは却下されることになる。上記抗弁の各要件事実（①ないし③）の時的要素は，民94条 2 項の第三者保護という制度趣旨に照らし，いずれも国が第三者の地位に立つ時点，すなわち，本件不動産差押えの時点であると解される。なお，本件では，問題とはならないが，本案の抗弁（本件不動産差押処分の適法性に関する評価根拠事実）としては，（必要に応じて財産調査のための調査手続を経た上で）①○○税務署長が，債務者に対する平成○○分の所得税○○円の滞納処分として（納期限の経過，督促状の発付等を含む。税徴47条），本件不動産を差し押さえ，債務者に対し，差押書を送達したこと及びその差押の時点（登記がされている場合には，登記された時点と差押書送達時点のいずれか早い時点。税徴68条），②本件不動産が差押え時点において，債務者の所有に帰属すること（税徴47条 1 項柱書）の各事実が挙げられる。この場合，原告が上記②を争うことは，原告に原告適格が認められる根拠（原告に本件不動産の所有権があること）に照らし，特に制限を受けない（行訴10条 1 項参照）。

③　国は，本件不動産差押え時において，本件不動産の所有者がXであるとは知らなかった。
※　上記③の国の認識は，徴収権限を有する機関を基準とする説によれば，B税務署長が上記事実を知らなかったことを意味し，国のいずれかの機関を基準とする説によれば，B税務署長及びC税務署長のいずれも上記事実を知らなかったことを意味する（前記2(2)〔310頁〕参照）。

第7節　国家賠償関係

　本節では，国賠法1条1項の損害賠償請求を，以下，単に「国賠請求」と略称し，加害者を国で代表させて説明するが（国賠法2条1項の営造物責任については，言及しない），国賠請求の要件のうち，「違法性」要件を中心に，課税処分（定義については，本章序節第1・3(1)注16〔216頁〕参照）の取消訴訟を念頭に置いて国賠請求と課税処分の取消訴訟の相互関係について考察を加え，国賠請求の要件事実[1]を分析することとする。

第1　国賠請求の要件事実的構造
1　国賠法の制度趣旨

　憲法は，「何人も，公務員の不法行為により，損害を受けたときは，法律の定めるところにより，国又は公共団体に，その賠償を求めることができる。」（憲17条）と規定し，これを受けて，国賠法1条1項は，「国又は公共団体の公権力の行使に当る公務員が，その職務を行うについて，故意又は過失によって違法に他人に損害を加えたときは，国又は公共団体が，これを賠償する責に任ずる。」と規定する。その制度趣旨は，明治憲法下において妥当していた「国家無答責の原則」を否定し，違法な公権力の行使からの被害者救済を十分なものにする点にある[2]。なお，「法律による行政の原理」の実現という国賠請求

---

[1]　国賠請求の要件事実について論じた最近の論考として，中本敏嗣「不法行為7：国家賠償」伊藤滋夫総括編集・藤原弘道＝松山恒昭編『民事要件事実講座4巻（民法Ⅱ）物権・不当利得・不法行為』（青林書院，2007年）356頁以下，古賀寛「第11章　国家賠償法関係訴訟の証明責任・要件事実」新堂幸司監修・高橋宏志＝加藤新太郎編『実務民事訴訟講座〔第3期〕第5巻　証明責任・要件事実論』（日本評論社，2012年）303頁以下がある。本節の検討では，上記各論文において検討の対象とはされていない多くの論点について，筆者（河村）なりの考察を加えている。
[2]　佐藤幸治『憲法〔第3版〕』（青林書院，1995年）613～614頁参照。

の制度趣旨の位置付けについては，後記第3・1(1)(319頁)で述べる。

2　国賠請求の規範構造と攻撃防御の構造

上記1の違法な公権力の行使からの被害者救済という制度趣旨を踏まえた国賠請求の規範構造を検討すると，その原則的（積極的）要件に係る事実は，①国又は公共団体の公権力の行使に当る公務員の行為によること，②公務員の行為が，その職務を行うについてされたこと，③公務員の行為に，故意又は過失（評価根拠事実）があること，④公務員の行為が違法（評価根拠事実）であること，⑤公務員の行為によって被害者に損害が発生したこと，以上をもって足り，⑥公務員の過失の評価障害事実・公務員の行為の違法性を阻却する事由（法令に基づく正当な職務行為等の違法性の評価障害事実），⑦いったん発生した損害賠償請求権の消滅事由（消滅時効・国賠法4条，民724条前段等），損害の減額事由（過失相殺・国賠法4条，民722条2項等）については，その例外的（消極的）要件に係る事実であると解するのが相当である。

したがって，上記の国賠請求の規範構造を基礎とする，その攻撃防御の構造は，原告において，前記①ないし⑤を請求原因として主張立証すべきものであり，他方で，被告国において，前記⑥又は⑦等を抗弁として主張立証すべきものである，ということになる。

第2　国賠請求の違法性
1　違法性要件の要否—過失の要件との一元化の是非

前記第1・2の④の違法性は，客観的な法的義務違反であるから，公務員の過失を客観的注意義務違反として客観化して捉えると，過失と同義に帰着し，国賠請求の独立の要件にはならないとする見解（一元説）も有力である。しかし，国賠法1条1項は，わざわざ同項に「違法に」という文言を付加しており，その趣旨につき，立法当時の政府委員は，民709条の「権利侵害」（民法の一部を改正する法律〔平成16年法律第147号〕による改正前の民709条）と同一の概念であると説明しており[3]，それが歴史的立法者意思であると解されるから，上記立法者意思及び明文に反してまで前記④の違法性を要件として不要とする根拠は見当たらない。そして，民709条の解釈論として，過失と違法性を一元的に

---

3) 古崎慶長『国家賠償訴訟』（有斐閣，1971年）9頁。

捉える見解が有力であるとしても（ただし，本節の筆者〔河村〕は，民709条の解釈としても，過失と違法性を二元的に捉えるべきだと考えている），前記第1・1の違法な公権力の行使からの被害者救済を十分なものにするという国賠法の制度趣旨に照らすと，公権力の行使が違法なものか否かが確定される必要があるから，国賠法の解釈としては，―たとえ違法性の判断と過失の判断とが実際上重なる点があるとしても―，違法性の要件と過失の要件とを区別して二元的に捉えておくのが相当であると考える（二元説）[4]。そして，その場合の国賠請求の判断構造は，①まず，「違法性」の判断を行い，②次いで，「過失」の判断に進む，という二段階構造になるものと解するのが相当である。

2 違法性の要件事実

国賠法は，自然人である公務員の職務行為を媒介として，被害者に対し，違法な公権力の行使の結果生じた損害を賠償することを認めるものであるから，国が負う損害賠償責任の法的性質は，公務員の職務行為を介した代位責任である（代位責任説。判例・通説。この考え方が立法者意思でもある）。そして，公権力の行使は，その権力的作用には濃淡があるにせよ，本来，国民の権利，利益を侵害する危険性の高い行為であるから，国賠請求の違法性は，国民の権利等を侵害したという結果の違法に求めることはできず（結果不法説[5]），公務員の職務行為の違法に求めるべきである（行為不法説）。

そして，公務員の職務行為の違法は，公権力の行使に当たる公務員の職務行為を基準として，当該公務員の行為が，個別の国民に対して負担する職務上の法的義務に違背することであると解すべきである（最判昭60・11・21民集39巻7号1512頁等参照）。この考え方は，職務行為基準説と呼ばれることが多いが，最高裁自身が自らの立場を職務行為基準説と称しているわけではない[6]。この職務行為基準説は，違法性と過失とを一元的に捉える一元説と親和的であるが，

---

[4] 西埜『コンメンタール』503頁参照。実務の考え方も，基本的には，二元説ではないかと思われる（澤孝臣「立証－違法性の認定」村重慶一編『裁判実務大系18 国家賠償訴訟法』（青林書院，1987年）143頁，深見『国家賠償訴訟』50頁参照）。

[5] 結果不法説と結果違法説を使い分ける用例もあるとのことであるが（西埜『コンメンタール』148頁），本節の記述では，特に両者を区別しない。

[6] したがって，「最高裁判例は，職務行為基準説に立っている。」といわれる場合，そこでいう職務行為基準説という考え方には，様々なバリエーションがあり，一義的に内容が明確になっているわけではない点に注意が必要である。行為不法説には，このような職務行為基準説のほか，公権力発動要件欠如説がある（深見『国家賠償訴訟』58頁参照）。

違法性と過失とを二元的に捉える二元説を前提としても，成り立つ考え方である[7]。「違法性」は，評価的要件であるから，公務員が職務上の法的義務に違反することを基礎付ける事実が，評価根拠事実となり（その時的要素は，職務行為時である〔最判平元・6・29民集43巻6号664頁参照〕），国賠請求の請求原因となる（この違法性の評価根拠事実と等価値の事実については，後記第3・2(2)〔326頁〕参照）。違法性の評価障害事実〔違法性阻却事由〕は，被告国の抗弁となる。

第3 課税処分に関し国賠請求の違法性として問題となる具体例
1 課税処分の取消訴訟との関係
(1) 課税処分の取消訴訟の違法性と国賠請求の違法性との関係——違法性相対説

課税処分の取消訴訟の違法性と国賠請求の違法性とは，同一であるとする見解（違法性同一説[8]）も有力である。その根拠は，国賠請求の制度趣旨として，

---

[7] 職務行為基準説でいう公務員が遵守すべき「法的義務」を「注意義務」より広く捉える考え方を前提に，この問題を考えてみよう。例えば，執行官が立木ニ関スル法律の適用のない樹木（未登記立木）の執行につき，その他の財産権の執行によるべきか，動産執行によるべきかが問題とされた例（最判昭46・6・24民集25巻4号574頁〔ただし，民事執行法制定前の旧民事訴訟法の例〕）で考えると，未登記立木の執行に関するあるべき法解釈が，その他の財産権の執行の方法によるべきであるというのであれば，執行官が動産執行の方法により未登記立木を執行したとすれば，その執行官の職務行為は，法的義務に反する違法なものである。しかし，上記の執行方法に関する法解釈のいずれにも相当の根拠があり，その当時，説が分かれ，定説がなかったとすると，執行官の職務行為には，あるべき法解釈に依拠しないという意味での法的義務に違反する違法はあるが，公務員として尽くすべき注意義務に違反したという意味での過失はないということができる（本文の前記1の二段階構造）。したがって，違法性につき，上記の意味での職務行為基準説によることと，違法性と過失との関係を一元的に捉えるか，二元的に捉えるかという問題との間には，論理必然の結び付きはないものと解される（深見『国家賠償訴訟』50頁は，二元説を採りつつ，同書59頁は，職務行為基準説を支持する）。ただし，職務行為基準説と呼ばれる考え方において，公務員が遵守すべき「法的義務」とは，「注意義務」のことである，と定義すれば，その定義上，論理必然的に一元説が帰結されるが，これは，職務行為基準説の定義の問題である。最高裁が，その判決文上，明確に違法性と過失とを区別しないような説示をしていることがあるとしても，それは，判決書の説示の仕方の問題であって，必ずしも，その判断構造を反映しているとは限らないから（判決書には，主文の正当性の根拠を読み手に的確に伝えるという固有の目的があり，理論的な判断構造がそのまま判決書に表現されているとは限らない。この点につき，河村＝中島『ハンドブック』541～542頁参照），最高裁判決の説示の仕方を根拠として，最高裁判決が違法性と過失とを区別していないと速断することは当を得ないものである。

[8] 塩野『行政法Ⅱ』320～321頁。

「法律による行政の原理」を保障する点を重視することにある[9]。

しかし，国賠請求における違法な公権力の行使には，典型的な権力行為から私経済的作用に近い非権力的作用を有する行為まで多様なものが含まれるから（いわゆる広義説），「法律による行政の原理」の保障を重視するといっても，その保障の程度には相当の濃淡があり得るから，この点を国賠請求の制度趣旨に含めることには賛成であるが，これを基本的制度趣旨として重視することには躊躇を覚える（この点は，副次的制度趣旨ではなかろうか）。むしろ，国賠請求の基本的制度趣旨は，明治憲法下で否定されていた国賠請求を認め，もって，違法な公権力から生じた損害の塡補を通じて被害者救済を図る点にあると解すべきである（前記第1・1〔316頁〕参照）。このような国賠請求における被害者に対する損害塡補という制度趣旨は，行政処分の公定力（行政行為は，無効な行政行為でない限り，手続及び内容に瑕疵があっても取り消されるまでは，有効なものとして扱われるという効力）を排除することにより，「法律による行政の原理」を維持し，もって，行政処分によって不利益を受ける国民の権利，利益を保護しようとする行政処分（課税処分）の取消訴訟の制度趣旨とは，基本的に異なるものであろう。

そうすると，国賠請求の違法性においては，前記第2・2（318頁）のとおり，被侵害利益を有する国民との関係において，公務員の職務行為の法的義務違反を検討すべきであるのに対し，課税処分の取消訴訟の違法性においては，「法律による行政の原理」という観点から，法律が規定する課税処分の手続上の適法要件及び実体上の適法要件の各充足の有無を検討すべきことになると解されるから，両者は，その内容及び判断基準を異にするものと解される（違法性相対説[10]）。後掲最判平5・3・11（後記2(2)〔326頁〕参照）も，違法性相対説に立つ。

もっとも，違法性相対説に立っても，課税処分が適法であれば，課税処分に関する公務員の職務上の法的義務違反は原則として認められないであろうし，他方で，課税処分が違法であることが，国賠請求の違法性判断に影響を与える

---

9) 塩野『行政法Ⅱ』323頁。
10) 前記第2・2の違法性に関する職務行為基準説は，国賠請求に即した違法性判断を定式化するものであるから，違法性相対説と結び付く。ただし，その逆は成り立たない。すなわち，違法性相対説をとったとしても，結果不法説に立つことは可能であるからである（西埜『コンメンタール』157頁参照）。

ことがあり，両者の違法性が関連することがあり得ることに注意しておく必要がある（後記2(1)(2)）。

(2) 課税処分の取消訴訟を経由しない国賠請求の可否

これは，①課税処分は，行政処分であり，行政処分には，前記(1)の公定力があると解されているから，公定力を取消訴訟によって排除しなければ，課税庁（国）の課税処分が違法であるとはいえないのではないか[11]，②課税処分の出訴期間経過後に課税納付相当額の国賠請求を認めることは，出訴期間を制限し，法的安定性を確保しようとする法律（行訴14条）の制度趣旨に反するのではないか[12]という問題である（上記①では，国賠請求の損害として，慰謝料，弁護士費用を含むあらゆる損害において問題となり，上記②では，課税処分に係る課税納付相当額の損害に限って問題となる[13]）。

前記①の点（公定力を取消訴訟によって排除しなければ，課税処分が違法であるとはいえないのではないか）についてみると，前記(1)の違法性相対説に立つと，国賠請求の違法性は，課税処分の取消訴訟の違法性とその内容を異にするから，国賠請求をするに先立って，課税処分の取消訴訟を提起し，課税処分を取り消すとの確定認容判決を得ておく必要はない[14]。また，国賠請求の違法性と課税処分の取消訴訟の違法性とが内容において重なる点があったとしても，課税処分の公定力は，その処分が取り消されるまでは，有効と扱われることを意味するに過ぎず，当該課税処分の適法性を基礎付ける事実を法律上推定させるもの

---

11) これは，要件事実論的にいえば，もし，課税処分の公定力によって公権力行使の適法性が基礎付けられるとすると，課税処分の適法性という抗弁事実が請求原因において不可避的に不利益陳述されることになるため，原告としては，その効果を打ち消す課税処分の取消訴訟の確定判決の存在（再抗弁）を請求原因に追加して（「せり上げて」）主張しなければ，請求原因が主張自体失当になるのかという問題である。「せり上がり」につき，司研『第1巻』62頁，伊藤『要件事実の基礎』365頁，河村＝中島『ハンドブック』101頁以下参照。

12) これは，要件事実論的にいえば，課税処分の違法を理由とする国賠請求において，当該課税処分について出訴期間が経過しているのに，課税処分の取消訴訟が提起されていない事実が，信義則違反ないし権利の濫用の抗弁事実となるか，また，それが請求原因に出ている場合，その評価障害事実をせり上げない限り，請求原因が主張自体失当になるのかという問題である。

13) 小早川「課税処分と国家賠償」424頁参照。

14) 喜多村勝徳「行政処分取消訴訟における違法性と国家賠償事件における違法性の異同」藤山雅行編『新・裁判実務大系第25巻 行政争訟』（青林書院，2004年）481頁参照。なお，納税者が，課税処分によって納付した相当額を不当利得として返還請求する場合には，「法律上の原因なく」（民703条）の要件事実として，課税処分の取消しによる公定力排除が必要であると解される（小早川「課税処分と国家賠償」424頁参照）。ただし，一定の場合，課税処分が取り消されなくとも，課税庁による信義則違反的考慮から「法律上の原因」欠缺を招来し，徴収された所得税につき，不当利得返還請求権が成立し得ることにつき，最判昭49・3・8民集28巻2号186頁を参照。

ではないから，原告が，課税処分の違法を理由とする国賠請求の請求原因を主張しても，課税処分の存在によって当該処分の適法性が基礎付けられるものではなく，その請求原因は，主張自体失当になるものではない。

前記②の点（課税納付相当額の国賠請求と出訴期間の制限）についてみると，課税処分の出訴期間経過後に国賠請求を認めない法令上の規定はなく，仮に，このような国賠請求を認めても，課税処分の公定力を実質的に否定することになるとまではいえないから，課税処分の出訴期間経過後の課税納付額相当の国賠請求であることの一事をもって国賠請求を制限することできないとするのが近時の判例（最判平22・6・3民集64巻4号1010頁）である。

しかし，事案は異なるが，不動産競売事件の執行裁判所の処分のように，その手続内に救済手続がある場合には，その救済手続によらなければ，特別の事情がある場合でない限り，国賠請求によることができないとする判例（最判昭57・2・23民集36巻2号154頁）もあり，両判例の事案に共通する，手続の早期確定の要請からすると，両判例の帰結の違いを正当化することは難しいようにも感じられる（前掲最判昭57・2・23は，執行手続の特殊性〔大量の事件を迅速に処理する必要性〕を考慮した，射程の狭い判例であると理解して，両判例を矛盾なく解釈することになろうか）。

したがって，国賠請求するに先立って課税処分の公定力を排除しておく必要はないが，課税処分の出訴期間経過後に課税納付相当額の国賠請求をなし得るかという点については，前掲最判平22・6・3の立場に従えば，可能ということになる。

(3) **課税処分の違憲性と国賠請求の違法性との関係**

例えば，特定の人種の外国人が，その所有する不動産を他に譲渡した場合，その者にだけ高税率の譲渡所得税を課す法律（以下「本件法律」という）があったと仮定する（架空の設例である。以下では，国賠法6条の相互保証主義の適用は考えない）。この場合，その課税処分で譲渡所得税を課せられた外国人が，本件法律は人種に基づく差別（憲14条1項）であると主張し，課税納付相当額の損害を被ったとして国賠請求をした場合，その違法性は，課税処分の根拠となる本件法律には違憲の疑い[15]があり，課税庁の公務員は，原告に本件法律を適

---

15) 本件法律が違憲無効であることは，一種の法律効果であるから，違法性の評価根拠事実は，違憲無効を基礎付ける事実となる。もっとも，公務員としては，適用すべき法律が違憲であると断定することができなくとも，違憲の疑いがあれば，その適用を差し控えるべきであるから（憲法

用して課税処分を課すべきではないのに，当該処分を課したという職務上の法的義務違反となる（公務員が法の解釈を誤って法を適用した例に類似する）。そうすると，本件法律には，違憲の疑いがあり，当該事案において，その法律の適用が違法となることを基礎付ける事実（違法性の評価根拠事実）の立証責任は原告にある。

　その一方で，人種に基づく差別は，差別について疑わしい範疇に基づくものであり，本件法律に，憲法学でいう，いわゆる「違憲性の推定」が働くとすると（そのような学説[16]が憲法学では有力である。ただし，後記のとおり，本来，法律上の推定でないものに「推定」という用語を使用することは相当ではないと思われるが，以下は，憲法学での用例に従う），その合憲性を基礎付ける事実について，被告国において，立証すべきようにも考えられる。この両者の関係をどのように考えるべきであろうか。その検討に際しては，要件事実の立証責任の問題と，法律の憲法適合性を基礎付ける社会的事実（立法事実）の資料提出の負担の問題とを区別する必要がある[17]。

　国賠請求の違法性の評価根拠事実としては，本件法律の憲法適合性に疑いが生ずる事実（本件法律は，特定の人種の外国人にのみ重い譲渡所得税を課す内容であること）がこれに該当し，原告は，その事実について立証責任を負う。他方，違憲性の推定は，民主制の下で，国会が制定した法律は原則として合憲と扱われ，合憲性の推定が働くのであるが，このような場合とは異なり，裁判所は例外的に違憲の疑いをもって当該法律の憲法適合性を審査しなければならない場合であり，これは，違憲審査に対する裁判所の姿勢を表すものに過ぎず，立証責任の転換を伴う法律上の推定ではない（そもそも，法律を基礎付ける立法事実

99条の公務員の憲法尊重擁護義務），その評価根拠事実としては，当該法律に違憲の疑いがあることを基礎付ける事実をもって足りることになる。

16) 伊藤正己『憲法〔第3版〕』（弘文堂，1995年）249～250頁，芦部信喜（高橋和之補訂）『憲法〔第6版〕』（岩波書店，2015年）134頁。

17) 本文で述べた要件事実の問題と立法事実の問題とを分けて検討すべきであることにつき，河村浩「民事裁判の基礎理論・法的判断の構造分析(1)（下）－要件事実論とは，どのような考え方か－」判時2146号（2012年）18頁，安西文雄・判例評論630号〔京都地判平22・5・27判時2093号72頁の評釈〕（2011年）148頁以下，特に152頁参照。前掲京都地判平22・5・27は，行政処分の取消訴訟において，被告国が処分の適法性の立証責任を負うことから，処分の適法性の前提として，処分の合憲性についても，被告国が立証責任を負う旨判示するが，上記に照らし，相当ではないと解される。以上のことは，国賠請求以外の抗告訴訟（行訴3条。なお，裁量権の濫用等における平等原則違反につき，本章第1節第2・2注7）〔238頁〕）を参照），公法上の当事者訴訟（行訴4条）等において，違憲性が争点とされる場合でも，同様であろう。

については，それが真偽不明であっても，合憲性の判断を含む法律の適用は裁判所の職責であり，その合憲性判断は不能とはならないから，真偽不明があり得る要件事実とは異なり，立証責任が働く余地はなく，立証責任の転換を図る法律上の推定もまた観念し得ない）。

そうすると，原告が，本件法律の合憲性に疑いが生ずる事実を違法性の評価根拠事実として立証責任を負担するとしても，本件法律が違憲の推定が働く法律であるとすると，上記の違法性に関する立証責任の所在に関係なく，被告国は，本件法律の合憲性を基礎付ける社会的事実に係る資料を提出する事実上の負担を負う[18]。

もっとも，当該事案において，外国人に対して区別的取扱いをすることが，非常に特別な理由に基づくものであって，それは，通常，知り得ない事実であるとすると，そうした事実は，本件法律に違憲の疑いがあることの評価根拠事実に対する評価障害事実に当たるから，かかる事実については，被告国が主張立証責任を負う。なぜならば，上記事実は，当該事案に即した具体的事実であり，一般的な社会的事実である立法事実とは異なり，要件事実として扱うべきものだからである[19]。

以上のとおり，課税処分の違憲性と国賠請求の違法性とは，区別して捉えられるべきものである（しかも，裁判所によって，国賠請求の違法性は，常に判断されるが，課税処分の違憲性は，仮に，憲法適合性に関する社会的事実に係る資料が提出されたとしても，事件処理に必要な範囲を超えて憲法判断をすべきではないとの要請〔憲法判断回避の準則〕から，常に判断されるとは限らないことに注意すべきである）。

2 課税処分の取消訴訟に係る確定判決の既判力と国賠請求の違法性との関係

(1) 前訴の確定判決が請求棄却判決の場合

課税処分の取消訴訟の訴訟物は，当該訴訟において，争点とはならなかった

---

[18] この資料提出の負担は，立証責任ではなく，事実上の負担に過ぎない。ただし，被告国が，この立法事実に係る資料提出を怠ると，本件法律は違憲であるという姿勢で裁判所は違憲審査を行うから，本件法律は違憲と判断される可能性が高まり，したがって，公務員の職務行為の違法性も認められやすいことになる。
[19] この点は，伊藤滋夫教授から御教示を受けた。

違法事由を含む，当該処分の処分要件に係る違法性一般である（違法性一般説）。そして，課税処分は，行政庁が，すべての処分要件の充足の審査をしなければならない類型の処分（第1類型の処分）であるから（本章序節第1・2(2)〔211頁〕参照），前訴の請求棄却の確定判決の既判力（同判決の「主文に包含するもの」〔行訴7条，民訴114条1項〕）は，当該処分についてのすべての処分要件の充足について生ずることになる[20]。

したがって，前訴の請求棄却の確定判決の既判力は，当該処分が適法であるという点（手続上の適法要件の充足及び実体上の適法要件の充足）について生じ，前訴判決の既判力によって当該課税処分は法律上の要件をすべて充足した適法なものであると扱われる。

この場合，前記1(1)の違法性相対説を貫いて，前訴の請求棄却の確定判決の既判力は，後訴の国賠請求には及ばないとする考え方もある。しかし，たとえ違法性相対説に立っても，適法な（つまり，あらゆる違法事由のない）課税処分をした公務員に職務上の法的義務違反の違法事由は，原則として認められないであろう。そうすると，前後の訴訟の訴訟物は，同一ではないが，前訴の訴訟物についての判断と，後訴の訴訟物についての判断とが矛盾することになるから[21]，前訴の請求棄却の確定判決の既判力は，国賠請求訴訟に及ぶことになろう。判例（最判昭48・3・27集民108号529頁参照）も，結論同旨である。

このような既判力肯定説に立つと，前訴の課税処分の取消訴訟において請求棄却判決が確定している事実は，被告国の抗弁[22]となる。

---

20) 司研『実務研究』301頁。
21) この点，前訴である課税処分の取消訴訟の訴訟物（違法性一般）と，後訴である国賠請求訴訟の訴訟物（国賠法1条1項に基く損害賠償請求権）とは，同一の処分を問題とするものであるものの，訴訟物が異なるので，民事訴訟法で議論されている既判力の作用としては，訴訟物同一の場合ではなく，矛盾関係か先決関係（伊藤眞『民事訴訟法〔第6版〕』（有斐閣，2018年）539頁参照）が問題となる場合のはずであるが，行政法において，この点を明示して議論している文献はあまり見当たらない（古崎慶長『国家賠償法の理論』（有斐閣，1980年）280頁及び上野至「行政訴訟と国家賠償訴訟との関係」村重慶一編『裁判実務大系第18巻　国家賠償訴訟法』（青林書院，1987年）128頁が，先決関係に言及しているぐらいである）。処分取消違法と国賠違法とはそれぞれ内容が異なり（違法性相対説），前者が後者の先決関係にあるとはいえないから，本文では，判断の抵触の有無という矛盾関係の存否から既判力の作用が及ぶ範囲を検討している。
22) もっとも，既判力は，後訴の訴訟要件ではないものの，職権調査事項・職権探知事項であるから，既判力についての主張責任を観念することはできず，本文のように既判力に関する主張を主張責任を伴う抗弁と表現するのは，理論的には問題がある。しかし，前訴の請求棄却判決の確定の事実が真偽不明になることはあり得ないわけではなく，その場合の立証責任は，既判力によって利益を受ける国に属するので，本文のように既判力に関する主張を抗弁と表現しておく。

もっとも，税務調査手続（以下「調査手続」という）の違法を理由とする国賠請求については，次のように考えるべきであろう。すなわち，更正処分の取消事由に結び付く調査手続の違法は重大なものに限られるから（本章第3節第2・2〔276頁〕参照），前訴の既判力によって更正処分が適法であるとされても，それは，調査手続に重大な違法があるとは認められないことが確定するに過ぎず，調査手続の適法性が確定するわけではないから，後訴において，調査手続の違法性を改めて主張して国賠請求をすることは，前訴判決の判断との間に矛盾はなく，既判力によってかかる主張が制限されることはないものと解される（いわば小〔課税処分取消訴訟の違法〕は，大〔国家賠償請求の違法〕を兼ねない場合である。このことは，重大かつ明白な違法性を要件とする無効確認訴訟の請求棄却判決が確定しても，重大かつ明白な違法性の欠如が確定されるだけであって（本章序節柱書注2）〔206頁〕）参照），その既判力は，後訴の取消訴訟に及ばないと解されていること[23]と似ている）。以上のことからすると，課税処分取消訴訟に係る前訴において，原告の請求が棄却され，同判決は確定したとの事実は，課税処分の調査手続の違法を理由とする国賠請求に対しては，抗弁として，主張自体失当となろう。

(2) **前訴の確定判決が請求認容判決の場合**

例えば，前訴において，税務署長が，所得税の確定申告に対し，増額更正処分をしたが（税通24条），所得を過大に認定したため，そのことを理由に所得税更正処分が取り消されたとする（最判平5・3・11民集47巻4号2863頁の事例参照）。この場合，前記(1)とは異なり，前訴の請求認容の確定判決の既判力は，当該処分が違法であるという点について生ずる（当該処分が違法とされた個々の違法事由について既判力が生ずるものではない）。

前記1(1)の違法性相対説に立つと，前後の訴訟の違法性の内容が異なり，その判断に矛盾抵触が存在しないため，所得税更正処分が違法であるとの既判力は，国賠請求訴訟には及ばないことになる（既判力否定説）。

ただし，税務署長としては，所得税更正処分をするに際して，所得を正しく認定し，課税処分をすべき法的義務を負っているから，前訴において，所得税更正処分が，所得の過大認定を理由に取り消されたとの事実は，本来の違法性の評価根拠事実と等価値の要件事実（請求原因）として，原告において，主張

---

[23] 司研『実務研究』304頁。

立証することができるであろう。

これに対し，被告国は，違法性の評価障害事実として，税務署長が，所得税更正処分をするに際して，所得を認定判断する上で職務上の法的義務を尽くしたといえる特段の事情（抗弁）を主張立証することができよう[24]。

したがって，前訴の確定判決が認容判決の場合，違法性相対説に立つと，当該課税処分の違法性についての既判力は，後訴である国賠請求訴訟には及ばないものの，原告は，本来の違法性の評価根拠事実と等価値の事実として，前訴において，所得税更正処分が，所得の過大認定を理由に取り消された事実を主張立証することができ，他方で，被告国は，税務署長が，所得を認定判断する上で職務上の法的義務を尽くしたといえる特段の事情（評価障害事実）を主張立証することができることになろう。

以上の(1)及び(2)で述べたことは，前訴が不作為の違法確認の訴え（行訴3条5項，37条）であったとしても，基本的に妥当するであろう。

第4　国賠請求の違法性をめぐる論点の整理
1　「違法性」をめぐる学説の相互関係

これまで国賠請求の「違法性」をめぐって種々の学説が登場した。そこで，これらの学説の対立状況（相互関係）について，筆者（河村）が理解するところをモデルとして示せば（これらの学説の分布が実際に提唱されている学説のそれ

---

24) 本文で述べた前掲最判平5・3・11は，〔A〕「税務署長のする所得税の更正は，所得金額を過大に認定していたとしても，そのことから直ちに国家賠償法1条1項にいう違法があったとの評価を受けるものではなく，税務署長が資料を収集し，これに基づき課税要件事実を認定，判断する上において，職務上通常尽くすべき注意義務を尽くすことなく漫然と更正をしたと認め得るような事情がある場合に限り，右の評価を受けるものと解するのが相当である。」と判示し，続いて，〔B〕「税務署長がその把握した収入金額に基づき更正をしようとする場合，客観的資料等により申告書記載の必要経費の金額を上回る金額を具体的に把握し得るなどの特段の事情がなく，また，納税義務者において税務署長の行う調査に協力せず，資料等によって申告書記載の必要経費が過少であることを明らかにしない以上，申告書記載の金額を採用して必要経費を認定することは何ら違法ではないというべきである。」とする。〔A〕の命題は，正しい所得に基づいて更正すべきであることを前提とし，他方で，〔B〕の命題は，特段の事情があれば，申告書記載の金額を採用して所得を認定して更正しても違法ではないことを前提とするから，前掲最判平5・3・11の判示する〔A〕及び〔B〕の各命題に含まれる上記各規範は，原則・例外の規範構造を構成するものと解される（この点につき，小早川「課税処分と国家賠償」428頁以下の記述が大変示唆に富む）。そうすると，〔B〕の命題を基礎付ける事実は，本文で述べた被告国の主張立証すべき特段の事情に当たるであろう。

と厳密に一致しているとは限らないことにご注意いただきたい），整理すれば，以下のとおりとなる。

実務が依拠していると推測される考え方は，二元説―職務行為基準説―違法性相対説（後記図の網掛部分）であると思われる。他方，学説[25]は，二元説―公権力発動要件欠如説―違法性同一説が多数であると思われる。

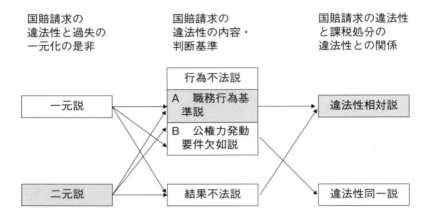

2 国賠請求の要件事実

最後に，これまで述べてきたことをまとめておこう。

訴訟物
　原告の国に対する国賠法1条1項に基づく損害賠償請求権
請求原因
　① 国の公権力の行使に当る公務員（税務署長）が，課税処分をした。
　② 公務員の上記①の行為が，その職務を行うについてされた。
　③ 公務員の上記①の行為に，故意又は過失（評価根拠事実）がある。
　④ 公務員の上記①の行為は，○○（評価根拠事実）の点で違法である。
　又は，
　④′ 課税処分取消訴訟に係る前訴において，原告の請求が認容されて，公務員がした上記①の課税処分が取り消され，同判決は確定した。

---

[25] 北村和生「国家賠償における違法と過失」『ジュリスト増刊　行政法の争点』（有斐閣，2014年）146頁以下参照。

※　上記④と等価値の事実である。
　⑤　公務員の上記①の行為によって原告（被害者）に損害が発生した。
　　その損害額は，〇〇円である。
抗弁その 1（請求原因④に対し・違法性阻却事由〔評価障害事実〕）
　公務員の上記①の行為の違法性（上記④）の評価を妨げる事実。
抗弁その 2（請求原因④に対し・前訴の請求棄却の確定判決の既判力）
　課税処分取消訴訟に係る前訴において，原告の請求が棄却され，同判決は確定した。
　※　抗弁その 2 は，請求原因④′とは両立しない。
　※　抗弁その 2 は，課税処分の調査手続の違法を理由とする国賠請求に対しては，主張自体失当となる。
抗弁その 3（請求原因④′に対し・違法性の評価を障害する特段の事情）
　公務員は，□□をすること（評価根拠事実）によって，職務上法的義務を尽くした。
抗弁その 4（請求原因⑤に対し・損害賠償請求権の消滅時効〔国賠法 4 条，民 724 条前段〕）
　①　原告は，平成〇年〇月頃，公務員の違法な職務行為を知り，もって，その頃，損害及び加害者を知った。
　②　①から 3 年の期間が満了した。
　③　国は，第●回口頭弁論期日において，原告に対し，消滅時効援用の意思表示をした。
抗弁その 5（請求原因⑤に対し・過失相殺〔国賠法 4 条，民 722 条 2 項〕）
　原告には，損害発生又は損害の拡大につき，■■の落ち度（評価根拠事実）があった。

事項索引

あ行

青色更正の附記理由と異なる主張············273
青色申告···································234
　　——の承認·····························235
　　——の承認申請の却下··················236
　　——の制度趣旨·························234
青色申告承認申請却下処分の取消訴訟········237
　　——の要件事実··························15
青色申告承認の取消し······················236
青色申告承認の取消処分の取消訴訟··········239
空き家対策に係る特別控除··················199
悪魔の証明·································185
異常ないし変則的取引······················287
一時所得···································127
　　——の課税方法·························132
　　——の金額·····························130
　　——の条文上の定義·····················128
　　——の評価根拠事実··············133, 146
　　——の評価障害事実·····················133
　　——の要件事実·························132
一時所得・雑所得の裁判規範としての構成···139
一時所得と雑所得の区分····················138
一部取消説·································232
一般株式等·································199
一般管理費·································158
一般経費···································164
一般経費と特別経費の区別に関する要件事実
　　···164
　　一般対応·································60
　　——の必要経費··························62
移転価格税制·······························281
違法支出に対する必要経費··················160
違法性相対説·······························320
違法性の承継·······························313
違法性の評価根拠事実と等価値の事実········326
違法性の要件事実··························318
違法な収入·································152
違法な税務調査と更正処分の取消し··········276

医療費控除·································181
インピューテッド・インカム·················45
隠べい，仮装·························236, 252
訴えの利益·································222
売上原価···························59, 158, 159
売上商品原価·······························159
a＋b······································303
営利を目的とする継続的行為······79, 130, 146
LPS··29

か行

外国税額控除·······························189
　　——の制度趣旨·························189
外国税額控除制度の政策目的················190
確定申告書·································206
加算税·····································249
家事関連費·································160
　　——に関する要件事実··················166
家事関連費・租税公課等····················159
家事上の経費·······························160
家事費······································62
過少申告加算税·····························249
課税所得································33, 62
課税処分································13, 216
　　——の違憲性·························322
　　——の適法性の立証······················65
　　——の取消訴訟を経由しない国賠請求の可
　　否·······································321
課税の平準化の必要性······················119
課税標準····································62
課税物件の時間的帰属·······················47
課税物件の人的帰属····················47, 48
課税要件····································19
課税要件明確主義··················9, 279, 297
　　——の制度趣旨·························10

稼得能力	33	経済的利益	115, 150
簡易特定口座	200	結論同一説	212
間接費	59	現実に入った収入	150
——の時間的帰属	60	源泉徴収	90
管理支配	50	——をめぐる法律関係	293
管理支配基準	55	源泉徴収所得税の納税告知処分の取消訴訟	293
ガーンジー島損保子会社事件	192	源泉徴収制度	291
期間税	47	源泉徴収選択口座	200
帰属所得	32	現物分割	126
基礎的な人的控除	179	権利確定主義	53, 54, 150
規範的要件	4	権利金	74
既判力と国賠請求の違法性	324	行為規範としての租税法	161
寄附金	182	更正処分後の減額再更正	231
基本的課税要件事実の同一性	218	更正処分後の増額再更正	230
キャピタル・ゲイン	108, 116	更正処分の処分要件	205
吸収説	231, 233	更正処分の取消訴訟	222
給与所得	87	更正の除斥期間経過後の新たな主張	275
——の課税方法	92	更正の請求	226, 244
——の金額	92	——を基礎付ける事実	246
——の評価根拠事実	94, 97, 104	更正をすべき理由がない旨の通知処分	244
——の評価障害事実	95, 98	更正をすべき理由がない旨の通知処分後の増額更正	232
——の要件事実	93	国外所得免除制度	189
給与所得（賞与）の評価根拠事実	96	国際的二重課税の排除	189
給与所得控除	90	国税徴収法の制度趣旨	299
「給与等」の条文上の定義	87	国税不服審判所に対する審査請求手続	227
「給与等」の特質	88	国税不服審判所に対する審査請求と要件事実論	229
強制換価手続による資産の譲渡	38	国籍要件	25, 26
行政処分の取消訴訟における訴訟物	208	国賠請求の違法性	317
行政処分の取消訴訟の制度趣旨	320	国賠請求の要件事実	328
業務について生じた費用	59	国賠請求の要件事実的構造	316
居住期間要件	25, 26	国賠法の制度趣旨	316
居住者	19, 20, 21	ことさらの過少申告	253
居住用財産に係る譲渡所得	197	個別対応	59
居住用財産の譲渡所得	202	根拠同一説	216
居所	21		
金銭	110	**さ行**	
金銭債権	110		
繰越控除	197	財産調査と滞納処分の効力	276
——が問題となる損失の種類	174	財産分与に係る所得	126
——という考え方	174	財産分与の本質	115
経営主体	51	裁判規範としての一時所得	129
経済的帰属説	49, 50	裁判規範としての民法	3
経済的合理性基準	286		

事項索引

裁判規範としての民事説·················218
債務超過··························39
債務の免除························150
　　——による事業所得部分の評価根拠事実···153
　　——による事業所得部分の評価障害事実···153
裁量権の濫用又は逸脱················238
差押債権取立訴訟····················300
　　——の請求原因···················301
　　——の法的性質···················301
　　——の要件事実···················307
差押処分取消訴訟····················309
　　——の要件事実···················314
雑所得····························136
　　——の課税方法···················142
　　——の金額······················142
　　——の条文上の定義···············137
　　——の評価根拠事実············135, 144
　　——の評価障害事実···············144
　　——の要件事実···················143
雑損控除··························180
　　——に関する要件事実·············183
　　——を認めない評価根拠事実······183, 183
サラリーマンマイカー訴訟···············36
3,000万円特別控除···················202
3,000万円特別控除額·················198
山林所得··························105
山林所得の課税方法··················106
山林所得の金額·····················106
山林所得の要件事実·················106
山林の定義·························105
山林の伐採又は譲渡··················112
事案解明義務···················18, 169
事案解明義務（狭義）················8, 18
事案の解明··························7
事案の解明義務論····················18
仕入原価··························158
仕入税額控除························12
自家用車の譲渡損失···················37
事業「から生ずる」所得の意義············80
事業所得···························75
　　——の課税方法····················81
　　——の金額·······················81
　　——の評価根拠事実············82, 85
　　——の評価障害事実············83, 86
　　——の要件事実···················81
事業専用部分か家事専用部分の判断·······167
事業主····························52
「事業」の条文上の定義················75
事業の特質··························78
事業目的基準······················286
資産損失··························162
資産の取得に要した金額···············123
資産の譲渡························39
「資産」の条文上の定義···············109
「資産」の特質······················110
資産の値上がり·····················115
資産の評価及び償却費················162
事実上の推定のルールによる証明········265
事実的要件··························5
事実と評価を区別する意味··············4
実額課税と推計課税·················263
実現原則··························54
実質所得者························51
実質所得者課税の原則················49
実体法の制度の趣旨···················3
質問検査権の行使··················227
支払能力···························33
資本輸出中立性····················190
シャウプ勧告·······················234
社会政策的な配慮····················35
社会的実態···················218, 278, 286
借用概念··························21
主位的主張·······················135
収益を享受する·····················49
重加算税·························251
重加算税賦課決定処分と過少申告加算税賦課
　　決定処分との関係················252
重加算税賦課決定処分における理由の追加···275
住所······························21
重大説····························48
収入·····························149
収入金額·························149
収入金額の時間的帰属············53, 54
収入した金額······················150
収入取得のために無関係の行為·········156
収入すべき金額····················149

事項索引

収入増加のための合理的な因果関係 …………156
収入に関する要件事実 ……………………152
受給者の法的救済方法 ……………………294
主張制限 ………………………………313
主張立証責任対象事実の決定基準 …………1
取得型（発生型）所得概念 …………………32
趣味，娯楽又は保養の用に供する目的 ……175
少額不追及 ………………………………35
消極的事実の立証 ………………………185
使用者便宜の原理 ………………………35
上場株式等 ………………………………200
譲渡益課税説 ……………………………118
譲渡益説 …………………………………118
譲渡所得 …………………………………107
　──と雑所得 …………………………127
　──と事業所得 ………………………127
　──と取得費 …………………………122
　──と代償分割 ………………………114
　──の課税方法 ………………………123
　──の基本的考え方 …………………107
　──の金額 ……………………………119
　──の評価根拠事実 …………………126
　──の要件事実 ………………………124
譲渡「による」所得の意義 ………………117
「譲渡」の条文上の定義 …………………112
「譲渡」の特質 ……………………………114
譲渡費用と譲渡所得における経費 ………120
消費税法30条 ……………………………12
商品先物取引 ……………………………45, 76
職務行為基準説 …………………………318
所得 ………………………………………32
　──の時間的帰属 ……………………53
所得区分 …………………………………62
　──の基礎にある考え方 ……………62
所得控除がされる理由 …………………177
所得控除の効果 …………………………182
所得控除の対象 …………………………178
所得税法156条の趣旨 …………………264
所得税法156条の低い証明度による証明 …265
処分の違法性一般 ………………………208
処分の同一性 ……………………………208
処分理由 …………………………………209
　──の差替え …………………………209

資力喪失 …………………………………38
白色更正の附記理由と異なる主張 ………273
侵害処分・授益処分説 ………………13, 218, 221
人格のない社団 …………………………28
審査裁決の理由と異なる主張 …………274
真実の所得金額の証明 …………………266
人種に基づく差別 ………………………323
心身に加えられた損害 …………………44
申請拒否型処分 …………………………212
　──と附記理由と異なる主張 ………275
親族が事業から受ける対価 ……………164
人的帰属 …………………………………47
真の財産分与 ……………………………127
推計課税 …………………………………263
　──でなくなった場合の要件事実 …271
　──と実額反証──私見 ……………267
　──と実額反証──従来の考え方 …266
　──の抗弁と実額課税の抗弁との関係 …268
　──の「正当理由」 …………………264
　──の必要性の評価根拠事実 ………265
　──の要件事実 ………………………268
ストックオプション ……………………95, 244
全ての所得 ………………………………20, 33
税額控除 …………………………………186
生活に通常必要である資産の損失 ……184
生活に通常必要でない資産 ……………36
　──の損失 ……………………………183
生活に通常必要でない動産 ……………36
生活に通常必要な動産 …………………35
生活の本拠 ………………………………22
生活用動産 ………………………………35, 36
生計の主宰者 ……………………………51, 52
生計を一にする …………………………51, 53
制限的所得概念 …………………………32
政策目的 ……………………………194, 196, 197
清算課税説 ………………………………109
「正当な理由」がある場合の過少申告加算税の
　免除 ……………………………………250
制度趣旨 …………………………………218
税の公平な負担 …………………………63
税負担の減少 ……………………………284
生命保険年金 ……………………………42
生命保険料 ………………………………182

せり上がり······················304, 321
前訴の請求棄却の確定判決の既判力··········325
前訴の請求認容の確定判決の既判力··········326
総額主義···························217
相殺予約に基づく相殺·················306
相続, 遺贈又は個人からの贈与··········41
争点主義···························217
争点訴訟···························295
訴訟物·······························13
租税回避の目的ないし意図·············287
租税重課措置·······················197
租税訴訟の要件事実····················9
　──の決定基準······················11
租税特別措置法·····················201
租税法の制度趣旨····················10
租税法律主義···················279, 297
租税優遇措置··················194, 201
損益通算······················170, 197
　──が認められない例外············172
　──に関する要件事実··············175
　──の特徴························171
　──の方法························173
損害保険契約に基づく保険金及び損害賠償金
　等·································44
損害補塡和解金······················45
損失の繰越控除················170, 174

た行

第1類型の処分··················209, 211
対価を得て継続的に行なう事業······77, 78
第三者対抗要件具備による債権喪失の抗弁···303
第三者対抗要件の抗弁·················303
退職所得···························98
　──の課税方法····················102
　──の金額························101
　──の要件事実····················102
「退職手当等」の条文上の定義············99
「退職手当等」の特質·················100
第2類型の処分··················210, 211
武富士事件·························23
タックスヘイブン·····················12
棚（たな）卸資産····················111
短期譲渡所得··················119, 197

担税力·······················33, 63, 194
　──に応じた課税の観点·············187
長期譲渡所得··················119, 196
徴税政策上の技術的見地················54
重複課税調整措置···················188
直接費······························59
　──の時間的帰属···················59
直接要した費用······················59
通勤手当····························91
つまみ申告·························253
定住意思···························22
定住意思要件························25
定住事実···························22
定住事実要件························25
手続上の適法要件違反を理由とする申請拒否
　型処分··························214
典型的評価的要件·····················5
同族・非同族対比基準·················286
同族会社の行為計算··················284
　──の否認規定····················278
特定管理株式·······················201
特定居住用財産·····················198
特定口座制度·······················200
特定保有株式·······················201
特別経費···························165
特別な人的控除····················179
「独立性」・「従属性」,「非独立性」·······88
独立当事者間取引···················287
土地使用裁決に係る損失補償金···········56
突発的な事故により資産に加えられた損害···44
取消型処分························211
取消しの効果······················239
取消判決の拘束力··················213

な行

二重課税調整措置···················188
二重課税の排除······················35
年金受給権·························43
年金二重課税訴訟····················42
年金払保障特約付生命保険契約··········43
年度帰属························47, 53
年末調整··························90
納税義務者·························19

——の資料の不整備，非協力……264
納税告知処分の法的性質……293
納税申告書……205
納税の猶予……256
 ——の取消事由……258
 ——の取消処分の取消訴訟……260
 ——の不許可事由……257
 ——の不許可処分の取消訴訟……258
納税の猶予事由……257

は行

配当控除……188
配当所得の課税方法……70
配当所得の金額……69
配当所得の本質……68
配当所得の要件事実……70
パス・スルー課税……29
判断同一説……215
販売できなかった商品……158
非永住者……19, 20
 ——の範囲の見直し……27
非課税所得……34
 ——の範囲……34
引当金……163
非居住者……20
低い証明度容認の根拠……266
必要経費……154
 ——が非課税となる理由……154
 ——の意義……157
 ——の額が不明確な場合……156
 ——の確定時期……59
 ——の時間的帰属……53
 ——の範囲……155
否認規定適用の法律効果……282
否認規定適用の要件……283
否認の事情……146
評価根拠事実と評価障害事実……5, 265, 268
評価的要件……4, 17
費用収益対応原則……59
不可分な一連の事実の切り離し……147
附記理由の趣旨及び程度……272
不作為の違法確認の訴え……327
附帯税……249

復興特別所得税……205
不動産所得……70
 ——の課税方法……72
 ——の金額……72
 ——の定義……70
 ——の評価根拠事実……125, 135
 ——の評価障害事実……125
 ——の要件事実……72
不動産等の「貸付け」……71
不当利得……55
フリンジ・ベネフィット……91
紛争の一回的解決……213, 214, 217, 231
分与義務の消滅……115
分離課税……196
平均課税……187, 188
米国デラウェア州LPS事件……29
平準化……187, 196
弁護士業務に係る必要経費……60
弁護士顧問料……81
変則的評価の要件……6, 76, 257, 258, 284
変動所得……187
包括的所得概念……33, 118
法人……28
法的判断の構造……1
法律上の原因なき利得の支配……55
法律的帰属説……49
法律による行政の原理……320

ま行

未実現の所得……32
民事訴訟の要件事実……1
民法現代語化法……2
民法94条2項の「善意」……310
民法94条2項類推適用……309
 ——の主張の攻撃防御方法上の位置付け…312
民法415条……2
民法770条1項……6
無効判定要件……48
無償譲渡と「譲渡」……112
無制限説……305
免除の抗弁と弁済の抗弁……268

や行

- ユニマット事件……………………………………23
- 要件事実……………………………………………1, 3
  - ――の決定基準…………………………………3
  - ――の時的要素………………………………206
  - ――の摘示の仕方(本書において)………65
- 要件事実論…………………………………………2
  - ――の基本……………………………………10
  - ――の等価値の理論…………………………264
- 予備的主張………………………………………135

ら行

- 濫用基準…………………………………………289
- 離婚に伴う財産分与と譲渡所得………………114
- 利子所得……………………………………………66
- りそな銀行外国税額控除否認事件……………190
- リミテッド・パートナーシップ………………29
- 理由同一説………………………………………212
- 理由の差替えの可否・要件事実………………273
- 理由附記…………………………………………225
- 旅行費用…………………………………………161
- 臨時所得…………………………………………187
- 累進税率表………………………………………186
- 歴史的立法者意思………………218, 281, 298, 317
- 労務その他の役務又は資産の譲渡の対価
  …………………………………………130, 146

わ行

- 和解金………………………………………………46

判例索引

最高裁判所

最判昭27・4・15民集6巻4号413頁………22
最判昭32・4・30民集11巻4号666頁………51
最判昭35・10・7民集14巻12号2421頁（鈴や金融事件）……………………68, 70
最判昭36・10・13民集15巻9号2332頁…121, 174
最判昭37・3・16集民59号393頁…………52
最判昭37・6・29税資39号1頁……………49
最判昭37・8・10民集16巻8号1749頁（通勤手当事件）……………………………91
最判昭38・10・29裁判所HP……………152
最判昭42・4・7民集21巻3号572頁………206
最判昭42・4・21集民87号237頁…………239
最判昭42・9・19民集21巻7号1828頁……231
最判昭43・10・31裁判所HP（榎本家事件）………………………………108, 121
最判昭45・6・24民集24巻6号587頁……305
最判昭45・10・23民集24巻11号1617頁（サンヨウメリヤス土地賃借事件）…71, 74, 112, 124
最判昭45・12・24民集24巻13号2243頁……293
最判昭46・11・9民集25巻8号1120頁……152
最判昭47・3・31民集26巻2号319頁……273
最判昭47・12・26民集27巻10号2083頁（割賦弁済土地譲渡事件）………………108
最判昭48・3・27集民108号529頁………325
最判昭48・4・26民集27巻3号629頁………48
最決昭48・7・10刑集27巻7号1205頁……227
最判昭49・3・8民集28巻2号186頁
……………………………………54, 150, 321
最判昭49・7・19民集28巻5号897頁……208
最判昭49・9・20刑集28巻6号291頁……234
最判昭50・5・27集民29巻5号641頁（財産分与事件）……………………114, 125
最判昭51・2・20集民117号81頁…………239
最判昭53・2・14LEX/DB21060860………77
最判昭53・2・16裁判所HP………………114
最判昭53・2・24民集32巻1号43頁……54, 55
最判昭53・9・19（個人タクシー免許期限変更申請拒否処分事件）………………228
最判昭53・10・31LEX/DB21063540（株式信用取引事件）………………………77
最判昭54・4・5集民126号443頁………239
最判昭55・1・11民集34巻1号42頁………304
最判昭56・4・24民集35巻3号672頁（弁護士顧問料事件）……………64, 78, 81, 232
最判昭57・2・23民集36巻2号154頁……322
最判昭58・9・9民集37巻7号962頁（5年退職事件）……………………………100
最判昭58・10・27民集37巻8号1196頁……252
最判昭58・12・6裁判所HP（10年退職事件）
………………………………………100
最判昭60・4・18訟月31巻12号3147頁……55
最判昭60・11・21集民39巻7号1512頁……318
最判昭62・1・20訟月33巻9号2234頁……310
最判昭62・10・30集民152号93頁…………14
最判昭63・10・18LEX/DB22003460………185
最判平元・6・29民集43巻6号664頁……319
最判平元・9・14裁判所HP………………115
最判平2・3・23集民159号339頁（サラリーマンマイカー訴訟）…………………36
最判平4・2・18民集46巻2号77頁……217, 294
最判平4・7・14民集46巻5号492頁……122
最判平5・2・16民集47巻2号473頁（ベンジン事件）…………………………214
最判平5・3・11民集47巻4号2863頁………326
最判平5・11・25民集47巻9号5278頁………54
最判平6・9・13裁判所HP………………114
最判平6・11・22民集48巻7号1379頁……253
最判平7・4・28集民49巻4号1193頁……252
最判平7・7・18民集176号415頁…………306
最判平9・12・18訟月45巻3号693頁……311
最判平10・11・10判時1661号29頁…………56
最判平11・6・10民集193号315頁…………251
最判平11・11・19民集53巻8号1862頁（逗子市情報公開請求事件）……………213
最判平13・7・13裁判所HP（りんご生産組合事件）……………………………93

最判平14・1・17民集56巻1号1頁............206
最判平16・7・20集民214号1071頁.......250, 279
最判平17・1・25民集59巻1号64頁............244
最判平17・2・1裁判所HP...................122
最判平17・12・19民集59巻10号2964頁（り
　そな銀行外国税額控除否認事件）......190, 195
最判平18・4・20裁判所HP（土地改良区決
　済金事件）..............................118, 121
最判平18・10・24民集60巻8号3128頁............251
最判平19・6・11裁判所HP....................158
最判平21・12・3民集63巻10号2283頁（ガー
　ンジー島損保子会社事件）..................192
最判平22・3・2民集64巻2号420頁............297
最判平22・6・3民集64巻4号1010頁............322
最判平22・7・6民集64巻5号1277頁（年金
　二重課税訴訟）............................42
最判平23・2・18裁判所HP・判タ1345号115
　頁（武富士事件）..........................23
最判平24・1・13民集66巻1号1頁（逆ハー
　フタックスプラン事件判決）..........64, 154
最判平25・7・12集民244号43頁...............312
最決平26・1・17税資264号順号12387............60
最判平27・3・10刑集69巻2号434頁（外れ馬
　券事件）..................................64
最判平27・7・17民集69巻5号1253頁（米国
　デラウェア州LPS事件）....................29
最判平28・2・29民集70巻2号470頁............289
最判平29・12・15裁判所HP（外れ馬券事件）
　.......................................64, 148
最判平30・6・1民集72巻2号88項...............5
最判平30・9・25民集72巻4号317頁............294

高等裁判所

東京高判昭40・5・12税資49号596頁............286
名古屋高判昭52・4・19税資94号134頁........276
東京高判昭61・7・3訟月33巻4号1023頁...244
大阪高判昭63・3・30LEX/DB22003163......185
大阪高判昭63・9・27訟月35巻4号754頁（サ
　ラリーマンマイカー訴訟）..................36
東京高判平3・6・6訟月38巻5号878頁......51
東京高判平6・3・30裁判所HP..............267
高松高判平8・3・26行集47巻3号325頁......56
東京高判平10・6・23税資232号755頁........284

東京高判平11・5・31税資243号127頁............279
東京高判平11・8・30LEX/DB28080816......166
福岡高判平12・3・10判例秘書L05520891......311
東京高判平14・9・18判時1811号58頁..........246
東京高判平19・10・10裁判所HP............69, 70
福岡高判平19・10・25訟月54巻9号2090頁
　（年金二重課税訴訟）......................42
東京高判平19・10・25訟月54巻10号2419頁
　（ガーンジー島損保子会社事件）............192
東京高判平20・2・28判タ1278号163頁（ユ
　ニマット事件）............................23
東京高判平22・6・23裁判所HP................40
名古屋高判平22・6・24税資260号順号11460
　..45
東京高判平22・7・15税資260号順号11479...202
東京高判平24・9・19判時2170号20頁....60, 156
名古屋高判平25・1・24民集69巻5号1462頁
　（米国デラウェア州LPS事件）..............29
東京高判平25・5・29裁判所HP................12
東京高判平26・2・5判時2235号3頁..........30
東京高判平26・5・19裁判所HP........120, 132
東京高判平28・2・17裁判所HP................134
東京高判平28・4・21裁判所HP（外れ馬券
　事件）................................131, 145

地方裁判所

高松地判昭41・11・17LEX/DB21024680......185
高松地判昭48・6・28裁判所HP（高松市塩
　田宅地分譲事件）..........................160
静岡地判昭50・10・28LEX/DB21051881......77
大阪地判昭52・8・2行集28巻8号808頁....248
京都地判昭56・3・6裁判所HP（大島別訴
　第一審）..................................97
名古屋地判昭60・4・26裁判所HP............77
神戸地判昭61・9・24訟月33巻5号1251頁
　（サラリーマンマイカー訴訟）..............36
福岡地判昭62・7・21LEX/DB22002000（九
　州電力検針員事件）........................82
大阪地判昭62・10・23LEX/DB22002548......185
東京地判平元・4・17訟月35巻10号2004頁...284
神戸地判平元・5・22 LEX/DB22003268（医
　大教授指導料事件）........................97
広島地判平2・1・25行集41巻1号42頁....286

千葉地判平2・10・31訟月38巻5号888頁……51
東京地判平4・4・14判タ794号76頁………311
名古屋地判平4・4・24判タ803号136頁……84
宮崎地判平6・5・30判タ875号102頁………12
仙台地判平6・8・29LEX／DB22008521…169
那覇地判平6・12・14判時1541号72頁………56
福岡高那覇支判平8・10・31行集47巻10号1067
　頁………………………………………………56
東京地判平8・11・29判時1602号56頁………217
東京地判平9・4・25判時1625号23頁………279
東京地判平10・2・24裁判所HP（岩手リゾー
　トホテル事件）…………………………………175
東京地判平12・11・30訟月48巻11号2785頁…288
神戸地判平14・10・7日税資252号順号9208…22
横浜地判平17・8・31税資255号順号10114…244
東京地判平18・9・5税資256号順号10495
　（ガーンジー島損保子会社事件）…………192
長崎地判平18・11・7訟月54巻9号2110頁
　（年金二重課税訴訟）…………………………42

東京地判平19・9・14判タ1277号173頁（ユ
　ニマット事件）…………………………………23
東京地判平20・11・28裁判所HP……………72
東京地判平21・2.27判タ1355号123頁………244
名古屋地判平21・9・30判時2100号28頁……45
東京地判平21・11・4税資259号順号11304…202
さいたま地判平21・11・25裁判所HP…………40
京都地判平22・5・27判時2093号72頁………323
東京地判平23・8・9判時2145号17頁………60
名古屋地判平23・12・14民集69巻5号1297
　頁（米国デラウェア州LPS事件）…………29
東京地判平25・9・27裁判所HP……………132
東京地判平27・5・14裁判所HP（外れ馬券
　事件）……………………………………………146
東京地判平27・5・21裁判所HP……………134

国税不服審判所

国税不服審判所裁決平15・4・24TAINS
　コードF0—1—085……………………………22

《著者紹介》

伊藤　滋夫（いとう・しげお）

【執筆担当】
第1章，第2章第5節，第3章第2節

【主要経歴】
1954年名古屋大学法学部卒，61年ハーバード・ロー・スクール（マスターコース）卒業（LL. M.），94年博士（法学）名城大学。56年東京地家裁判事補，以後，最高裁判所司法研修所教官（民事裁判担当・2回）などを経て，東京高裁部総括判事を最後に，95年依願退官。この間，法制審議会部会委員なども務める。現在は，弁護士，創価大学名誉教授，法科大学院要件事実教育研究所顧問。

【主要著書等】
『事実認定の基礎――裁判官による事実判断の構造〔補訂〕』（有斐閣，2000年）
『要件事実の基礎――裁判官による法的判断の構造〔新版〕』（有斐閣，2015年）
編『租税法の要件事実』（法科大学院要件事実教育研究所報第9号）（日本評論社，2011年）
共編『租税訴訟における要件事実論の展開』（青林書院，2016年）

岩﨑　政明（いわさき・まさあき）

【執筆担当】
第2章（第5節を除く）

【主要経歴】
1984年筑波大学大学院社会科学研究科法学専攻修了，法学博士（筑波大学）。愛知大学専任講師・助教授，富山大学助教授，横浜国立大学助教授・教授を経て，04年より同大学大学院国際社会科学研究科法曹実務専攻教授，07年同研究科法曹実務専攻長（法科大学院長），09年同研究科国際経済法学専攻長，18年4月より明治大学専門職大学院法務研究科（法科大学院）教授，現在に至る。この間，98年ロンドン大学客員研究員，99年ハーバード・ロー・スクール客員研究員のほか，国税庁国税審議会会長（税理士分科会会長兼務），税務大学校客員教授，神奈川県収用委員会会長，神奈川県弁護士会資格審査会委員，同懲戒委員会委員等を歴任。

【主要著書等】
『ハイポセティカル・スタディ租税法〔第3版〕』（弘文堂，2010年）
共編著『9訂版　税法用語辞典』（大蔵財務協会，2016年）
共編『租税訴訟における要件事実論の展開』（青林書院，2016年）

河村　浩（かわむら・ひろし）

【執筆担当】
第3章（第2節を除く）

【主要経歴】
1978年慶應義塾大学法学部法律学科卒。1993年京都地裁判事補，以後，東京地裁判事，総務省公害等調整委員会事務局審査官，東京高裁判事などを経て，2018年7月より，横浜地裁部総括判事。

【主要著書等】
共著『要件事実・事実認定ハンドブック〔第2版〕』（日本評論社，2017年）

要件事実で構成する所得税法

2019年4月10日　第1版第1刷発行

著者　伊　藤　滋　夫
　　　岩　﨑　政　明
　　　河　村　　　浩

発行者　山　本　　　継

発行所　㈱中央経済社

発売元　㈱中央経済グループ
　　　　パブリッシング

〒101-0051　東京都千代田区神田神保町1-31-2
電話　03（3293）3371（編集代表）
　　　03（3293）3381（営業代表）
http://www.chuokeizai.co.jp
印刷／文唱堂印刷㈱
製本／誠製本㈱

©2019
Printed in Japan

＊頁の「欠落」や「順序違い」などがありましたらお取り替えいたしますので発売元までご送付ください。（送料小社負担）

ISBN978-4-502-29181-4　C3032

JCOPY〈出版者著作権管理機構委託出版物〉本書を無断で複写複製（コピー）することは，著作権法上の例外を除き，禁じられています。本書をコピーされる場合は事前に出版者著作権管理機構（JCOPY）の許諾を受けてください。
　JCOPY〈http://www.jcopy.or.jp　eメール：info@jcopy.or.jp　電話：03-3513-6969〉

会計全書 平成30年度 [6月1日現在]

《3分冊》会計法規編■会社税務法規編■個人税務法規編

金子　宏 [監修]
斎藤静樹

定価17,280円（税込）

- 法令・通達を体系的に整理編集
- 見やすい使いやすい頭柱形式、未施行条文も該当箇所に掲記
- 各種会計基準、財表規則、会社法令など実用的に編集
- 6月1日現在の最新内容
- 収益認識や税効果会計の基準、事業承継税制の拡充をフォロー

【会計法規編】

■第1部　会計諸則
会計原則
企業会計諸則
会計基準及び適用指針

■第2部　金商法規
金融商品取引法（抄）
金融商品取引法施行令（抄）
企業内容等の開示に関する内閣府令
企業内容等開示ガイドライン
財務諸表等規則
財務諸表等規則ガイドライン
連結財務諸表規則
連結財務諸表規則ガイドライン
四半期財務諸表等規則
四半期財務諸表等規則ガイドライン
四半期連結財務諸表規則
四半期連結財務諸表規則ガイドライン
内部統制府令
内部統制府令ガイドライン
監査証明府令
監査証明府令ガイドライン

■第3部　会社法規
会社法
会社法施行令
会社法施行規則
会社計算規則
電子公告規則
商法（抄）
商法施行規則（抄）
中小企業の会計に関する基本要領
中小企業の会計に関する指針
公益法人会計基準
公益法人会計基準の運用指針

■第4部　監査諸基準
監査基準
監査における不正リスク対応基準
四半期レビュー基準
監査役監査基準
監査報告のひな型について
財務報告に係る内部統制基準・実施基準

【会社税務法規編】

国税通則法
国税通則法施行令
国税通則法施行規則
法人税法
法人税法施行令
法人税法施行規則
連結納税基本通達
法人税個別通達
租税特別措置法・同施行令・同施行規則（法人税法の特例）
租税特別措置法関係通達（法人税編）
租税特別措置法関係通達（連結納税編）
租税特別措置法関係通達—その2
減価償却資産の耐用年数等に関する省令
耐用年数の適用等に関する取扱通達
耐用年数の適用等に関する取扱通達—その2
震災特例法・同施行令・同施行規則（法人税法の特例）
震災特例法に係る法人課税関係の申請、届出等の様式の制定について
東日本大震災に関する諸費用の法人税の取扱いについて
復興特別措置法（復興特別法人税）
復興特別法人税に関する政令・省令
復興特別法人税関係通達
消費税法
消費税法施行令
消費税法施行規則
消費税法基本通達
消費税法関係個別通達
租税特別措置法・同施行令・同施行規則（消費税法の特例）
震災特例法・同施行令・同施行規則（消費税法の特例）
震災特例法律の施行に伴う消費税の取扱いについて
印紙税法
印紙税法施行令

印紙税法施行規則
租税特別措置法・同施行令・同施行規則（印紙税法の特例）
印紙税額一覧表
登録免許税法
登録免許税法施行令
登録免許税法施行規則
租税特別措置法・同施行令・同施行規則（登録免許税法の特例）
震災特例法・同施行令・同施行規則（登録免許税法等の特例）
租税特別措置の適用状況の透明化等に関する法律・同施行令・同施行規則

【個人税務法規編】

所得税法
所得税法施行令
所得税法施行規則
所得税基本通達
所得税個別通達
租税特別措置法・同施行令・同施行規則（所得税法の特例）
租税特別措置法関係通達（所得税法の特例）
震災特例法・同施行令・同施行規則（所得税法の特例）
租税特別措置法関係通達（所得税編）
震災特例法の制定等に伴う所得税（譲渡所得関係）の取扱いについて
東日本大震災に関する諸費用の所得税の取扱いについて
復興特別措置法（復興特別所得税）
復興特別所得税に関する政令・省令
相続税法
相続税法施行令
相続税法施行規則
相続税法基本通達
財産評価基本通達
相続税関係個別通達
租税特別措置法・同施行令・同施行規則（相続税法の特例）
租税特別措置法関係通達（相続税法の特例）
中小企業における経営の承継の円滑化に関する法律
震災特例法・同施行令・同施行規則（相続税法の特例）

中央経済社